大隈重信関係文書

11

よこ―わら　補遺 他

早稲田大学大学史資料センター編

みすず書房

大隈重信　明治 2 年頃（港区立港郷土資料館所蔵）

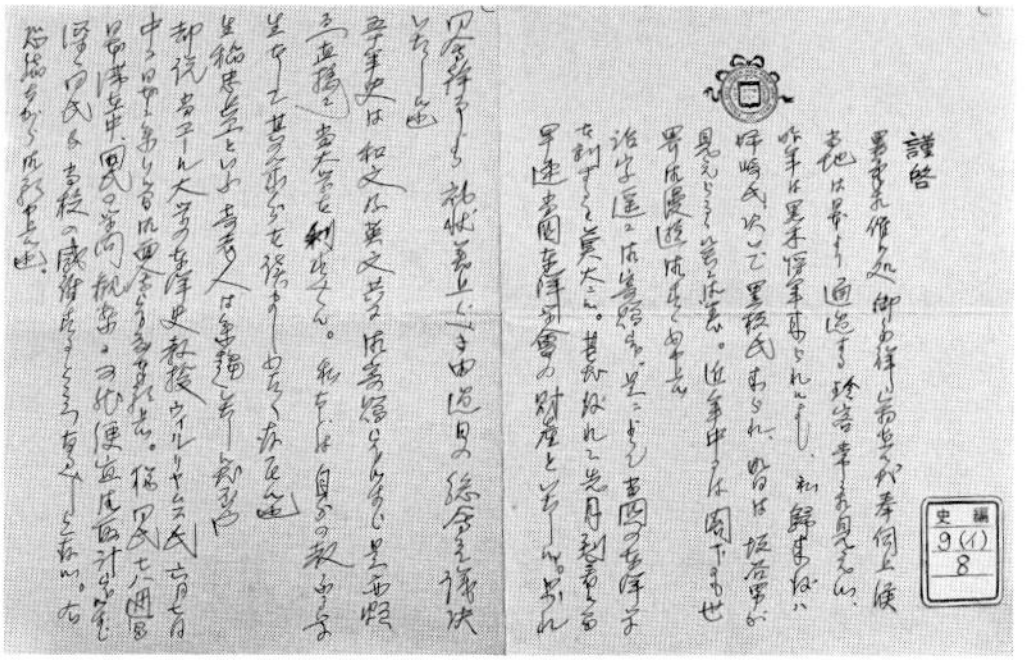

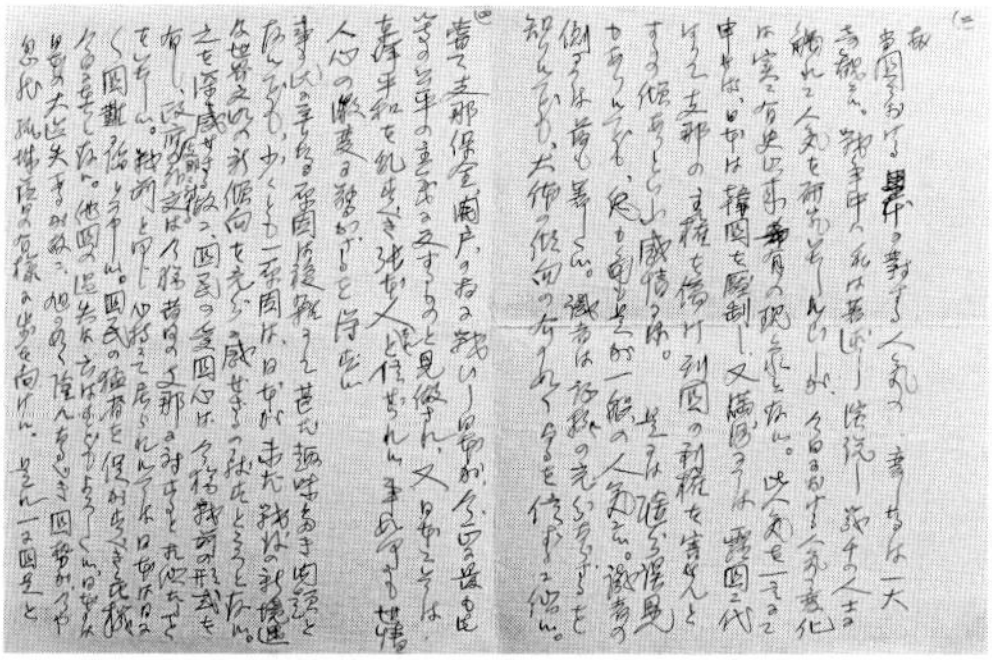

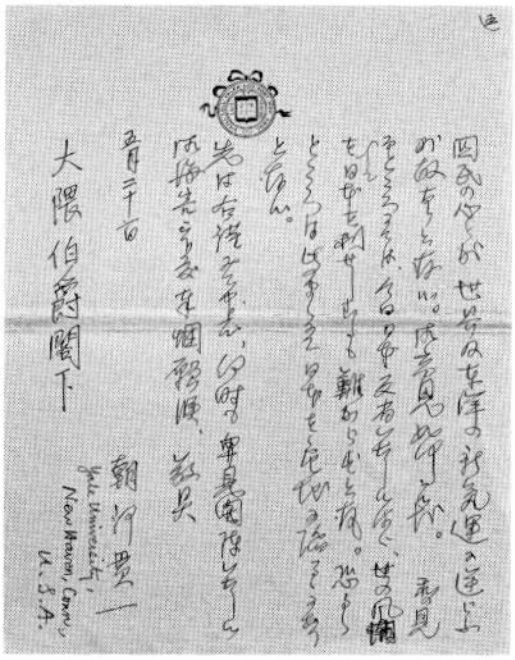

朝河貫一書翰 （明治 41）年 5 月 21 日（p. 158）

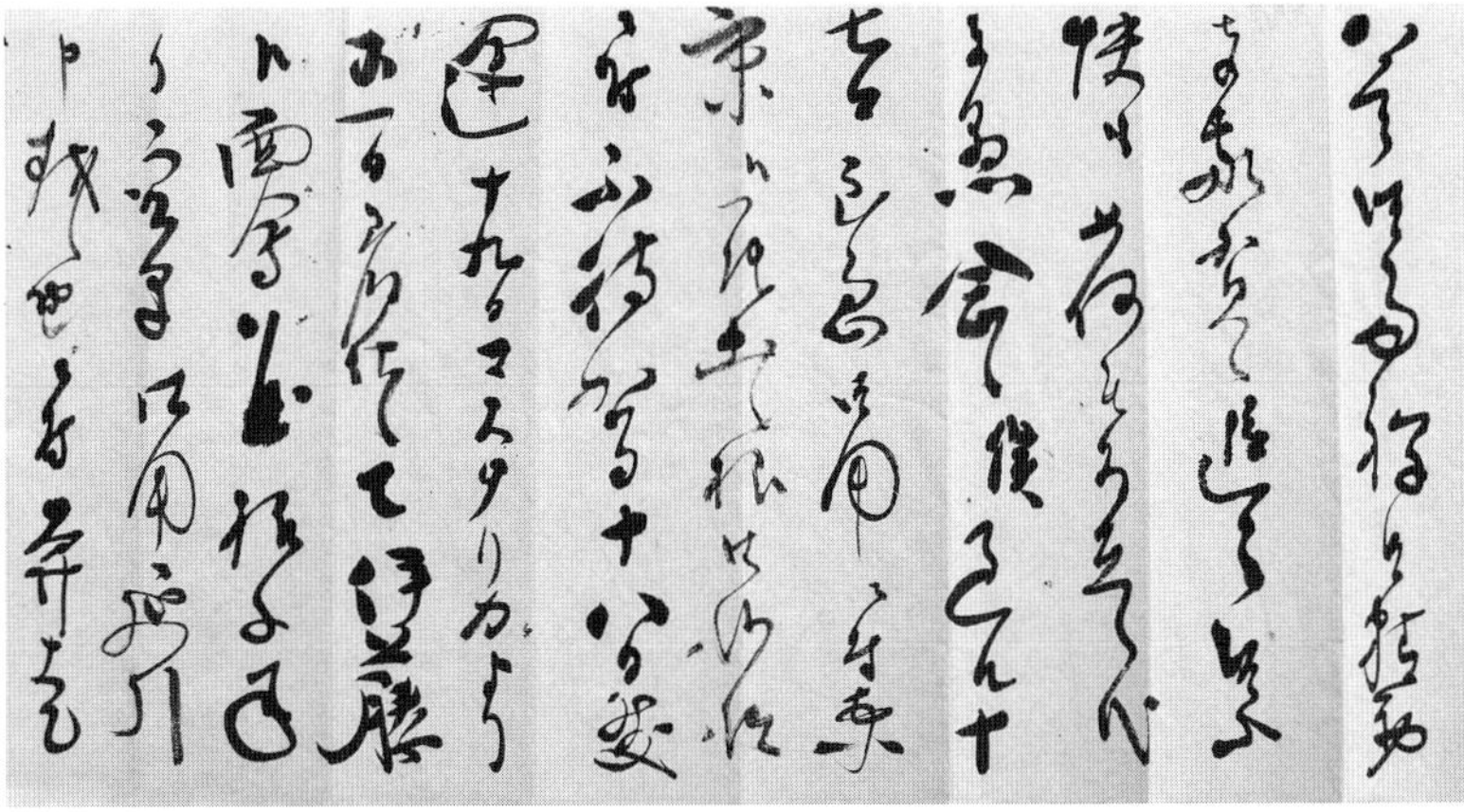

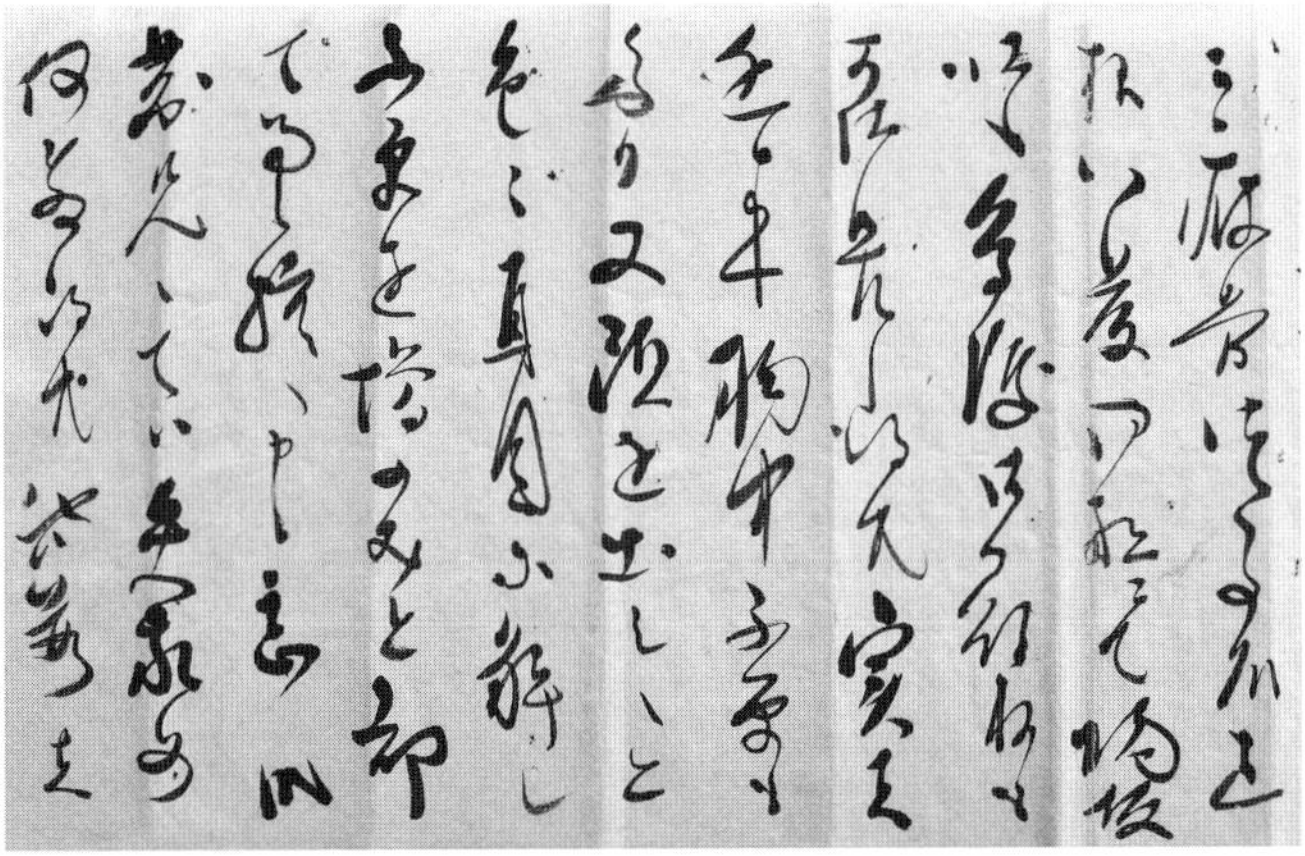

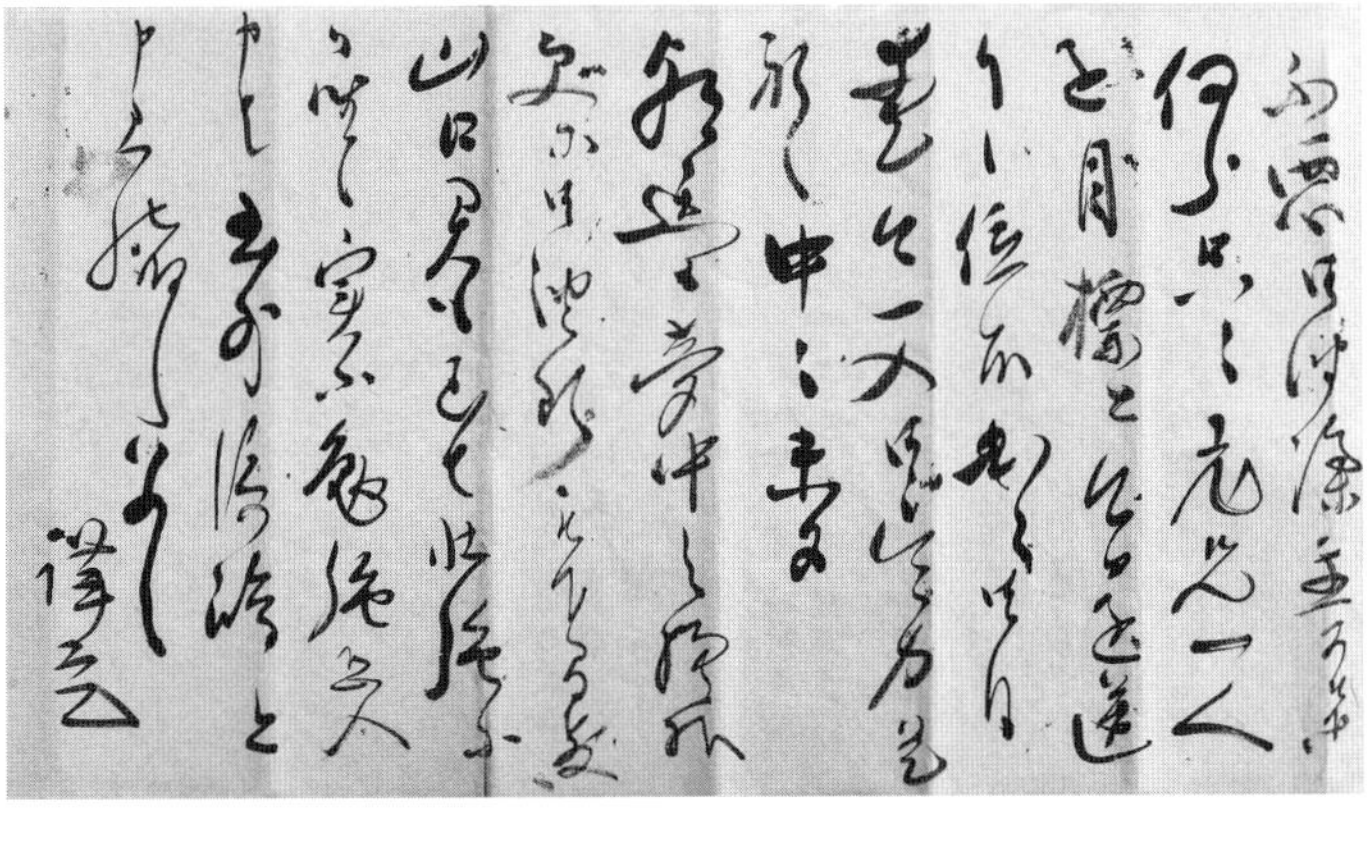

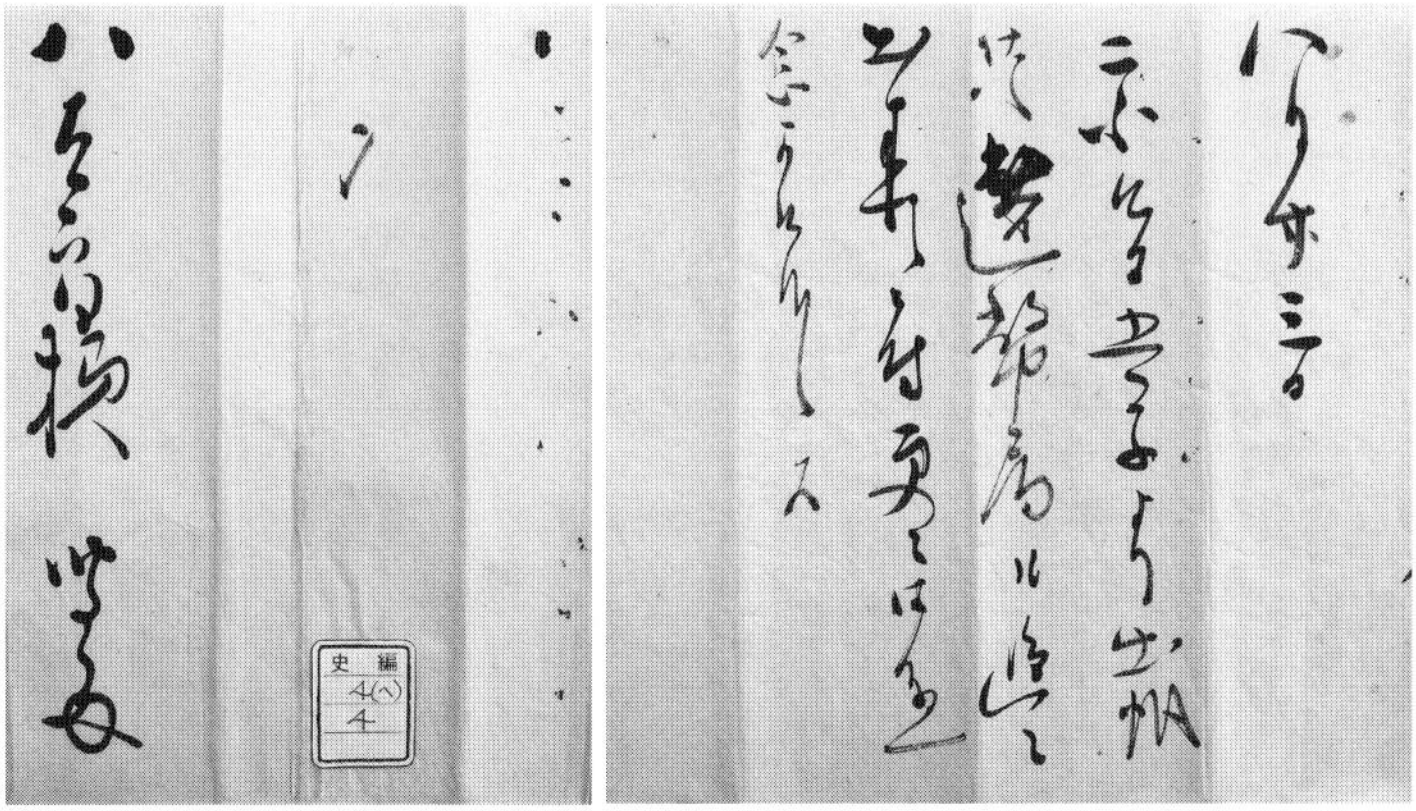

前ページより　井上馨書翰　（明治 2）年 8 月 23 日（p. 170）

岩倉具視書翰　（明治 14）年 5 月 29 日（p. 176）

袁世凱「大隈伯爵存　袁世凱贈」
大正 2 年 3 月 18 日贈

「肥前之男子」 慶応期（金沢美術工芸大学所蔵）
前列左から副島要作，副島種臣，小出千之助，大隈重信，中山信彬
後列左から中島永元，相良知安，堤董真，中野健明

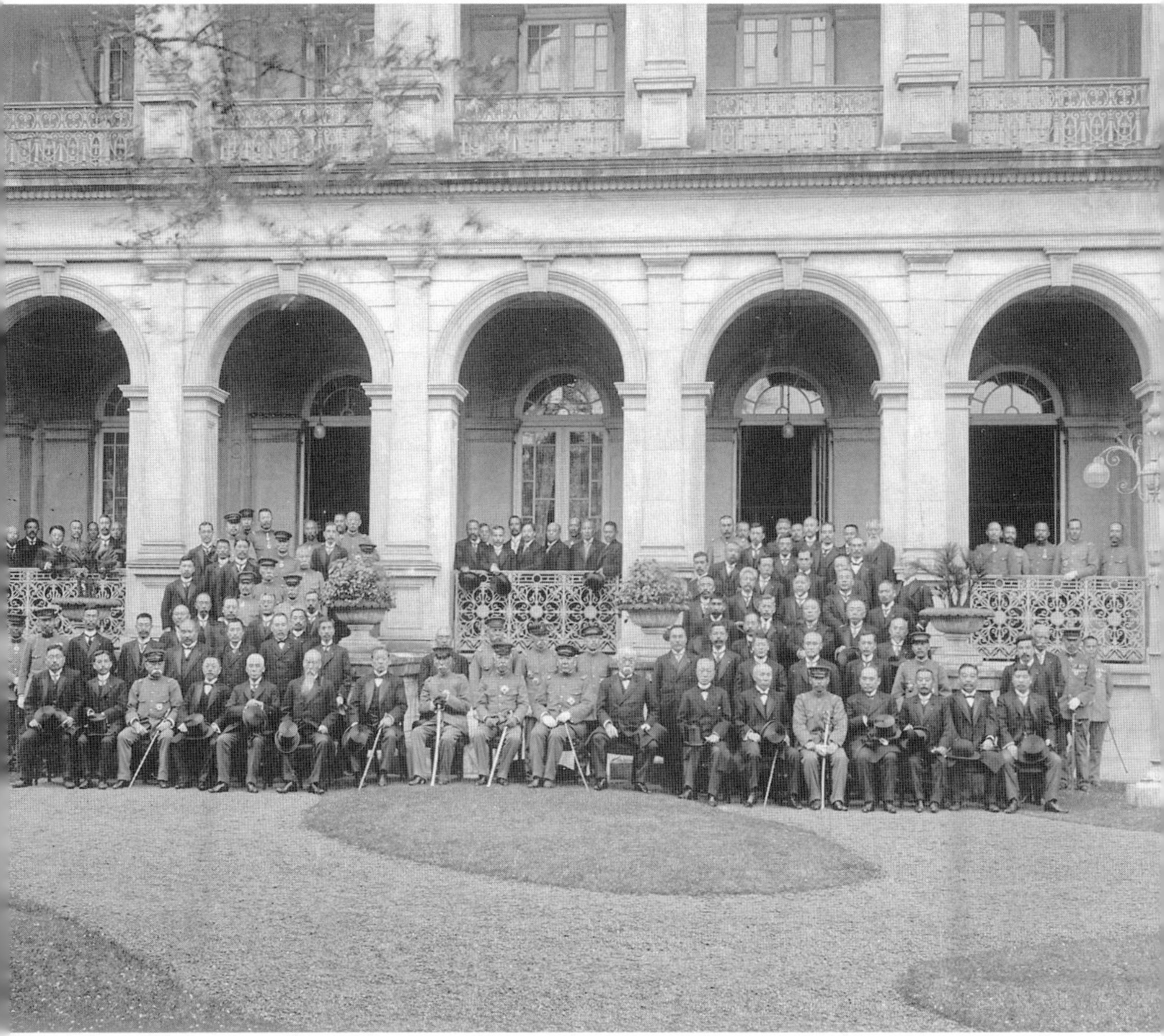

於伏見宮邸　明治45年4月16日
前列左三人目から土屋光春，長谷場純孝，原敬，渡辺千秋，井上馨，山県有朋，伏見宮貞愛親王，大山巌，松方正義，西園寺公望，大隈重信，上原勇作，牧野伸顕

『大隈重信関係文書』の編集にあたって

早稲田大学の創設者大隈重信（一八三八―一九二二）は、日本の近代国家の形成に深く関わるとともに、社会への影響力を終生持ちつづけた政治家であった。大隈の幕末・維新期から第一次世界大戦後に及ぶ八四年の生涯は、同時期の政治家の中でも、広範でかつ多様な人脈によって彩られている。本書は、そうした人びとが大隈へ宛てた書翰を編纂・刊行するものである。

本書が翻刻の対象とする大隈重信宛書翰は、（一）早稲田大学図書館、（二）早稲田大学大学史資料センター、（三）佐賀市大隈記念館、（四）その他の機関・個人、が所蔵する資料である。まず、（一）が所蔵する「大隈文書」は、主として大隈重信の死去直後に大隈家から寄贈されたものと、一九五〇年に嫡孫大隈信幸から寄贈されたものとからなる。前者は、大隈在官時代の官公文書を中心とし、政治・外交・勧業・財政・金融・宗教・教育など多岐にわたり、外国人の書翰・報告書・覚書などをも含んでいる。後者は大隈に宛てられた公私の書翰である。本書には、この双方の中の書翰約七〇〇〇点（欧文書翰を除く）のうちから約六〇〇〇点（予定）を翻刻し、さらに、一九二八年大隈重信の嫡子大隈信常から塩沢昌貞に贈られ、一九八八年に塩沢家から早稲田大学図書館に寄贈された書翰等も収録した。また（二）からは、一九七六年に大隈信幸より早稲田大学大学史編集所（当センターの前身）へ寄贈された「大隈重信関係文書」中約一五〇点の書翰を、（三）からは三四点を、それぞれ収録した。（四）については、現在収集し得ているものをはじめ、可能なかぎり博捜し収録に努めていく方針である。

周知のように、大隈重信への来翰を集めたものとしては、日本史籍協会編『大隈重信関係文書』全六巻がある。これは、一九三三年から三五年にかけて編まれたもので、宮内省臨時帝室編修局帝室編修官であった渡辺幾治郎らによって史料価値があると判断された書翰一二八七点が、年代順に配列編纂されている。この『大隈重信関係文書』が、明治初年以来の諸政治家の書翰を収載したものとして、明治維新史研究の深化・発展に多大な功績をもたらしたことは言うまでもない。しかし「明治十四年政変」以降の収載史料が極めて乏しく、また誤記等が散見されるなど、問題点がしばしば指摘されてきた。本書では、こうした問題点に鑑み、大隈重信に関わる人びとの書翰を、挨拶状や礼状等を除き網羅的に収載し、原文書の正確な翻刻につとめた。

書翰の収載にあたっては、全書翰を差出人別（五十音順）に分け、差出人ごとに年月日順に掲げるという方法をとった。収録にあたってはあくまでも原文書を尊重し、日本史籍協会編『大隈重信関係文書』所載の各書翰についても、早稲田大学図書館所蔵の「大隈文書」等で該当の原書翰が確認できない場合は、これを別巻にまわした。また年代についても再検討し、あらためて考証を加えた。なお、「大隈文書」中の大隈重信宛書翰については、かつて旧早稲田大学大隈研究室が作成した翻刻原稿がかなり残されており、今回の編集にあたっては、原文書との照合をおこなったうえで活用した。

当センターは、『早稲田大学百年史』（全五巻・別巻二・総索引年表）を刊行した大学史編集所を前身とし、一九九八年六月に設置された。センターの目的は「早稲田大学の歴史、創設者大隈重信および関係者の事蹟を明らかにし、これを将来に伝承するとともに、比較大学史研究を通じて、本大学の発展に資すること」にある。そしてその業務は、早稲田大学および大隈重信他、大学関係者・出身者に関する資料の収集・整理・保存・公開、関連貴重資料の翻刻・刊行、大学史に関する調査・研究とその成果の発表、展示会・講演会の開催など、きわめて多岐にわたる。本書の翻刻・刊行は、センターがかねてよりその目的に最も合致した重要な業務と位置づけてきたものの一つであり、大学の一二五周年記念事業の一環として今回実現の運びに至った。本事業の推進には、センター内に設けられた編集委員会があたり、実際の編集作業はその下に置かれた編纂委員会が担当した。

本書は全十巻・別巻一を予定しており、今後、一年一巻の割合で刊行を進める計画である。その間、可能なかぎり、新史料の発掘につとめていく所存である。

近年、近代日本の主要な政治家や大学創立者の関係史料が精力的に翻刻出版されているが、本書の発刊には、それらを凌駕する意義と価値のあることを確信している。大隈へ宛てられた書翰の一点一点を通じて、近代日本の歴史はその細部から精彩を放ちつつ、蘇ってくるに違いない。また、従来顧みられることのなかった人々も、存在感ある歴史上の人物として注目されることになるであろう。本書の刊行が、ひとり大隈重信研究にとどまらず、近代日本研究の多様な分野に寄与し、近代日本像の再構築に貢献していくことを切望して止まない。

おわりに、この事業に理解を示され、本書の出版刊行を快く引き受けて下さったみすず書房に、心から深甚の謝意を表したい。

二〇〇四年十月

早稲田大学大学史資料センター

『大隈重信関係文書』の完結にあたって

『大隈重信関係文書』は、全十巻および別巻をもって、大隈重信宛書翰約七〇〇〇点のうち約六〇〇〇点を収録することを予定して編纂を開始した。そして、二〇〇四年十月にその第一巻を刊行し、以来、一年に一巻ずつ刊行して、十一年目にあたる本年度、本巻の刊行をもってその編纂は完結した。ただし、以下の理由から最終巻に予定していた別巻を第十一巻として刊行することとした。

そもそも当初の編纂方針は、約一〇〇〇点の書翰を非収録書翰とし、各巻末にそのリストを掲出する予定であった。しかし、実際には収録書翰の恣意的な選択は避け、少しでも具体的な内容のある書翰は翻刻して収録してきた。また、早稲田大学図書館刊『大隈文書目録』において書類（Aの部）として整理されている資料もすべて調査し、書翰とみなしうるものは収録した。さらに編纂の過程で見つかった資料も多数に上った。そのため、これらを総合すると、全体で収録を予定していた分量を大幅に超過する見通しとなった。

一方、当初、別巻として予定していたのは、①本編に漏れた補遺書翰、②早稲田大学図書館・早稲田大学大学史資料センター・佐賀市大隈記念館以外の機関、個人が所蔵する書翰、③伝記等既刊本収載の書翰、日本史籍協会編『大隈重信関係文書』（全六巻）に収録はされているものの原史料を確認できなかった書翰、であった。しかし、これらのうち日本史籍協会編『大隈重信関係文書』収録の書翰について、原史料との照合を行ってきた結果、原史料未確認の書翰をそのまま本『大隈重信関係文書』に再録することは妥当ではないと判断するに至った。

そこで本巻では、別巻としての編纂方針を改め、分量上第一巻から第十巻までに収録できなかった書翰に加え、②については資料を博捜して可能な限り収録する一方、③については割愛することにした。また、これに従って本巻の呼称を第十一巻とした。

②の史料の掲載については、海の見える杜美術館、奥州市立後藤新平記念館、大阪商工会議所、沖縄県教育委員会、鹿児島県歴史資料センター黎明館、鹿島市民図書館、京都大学総合博物館、公益財団法人鍋島報效会、公益財団法人山縣有朋記念館、国立公文書館、国立国会図書館憲政資料室、国立歴史民俗博物館、佐賀県立図書館、佐賀県立博物館、東京都立中央図書館、西尾市岩瀬文庫、福岡市博物館、福島県立図書館、宇都宮恭三氏、鮫島弘武氏、匿名の所蔵の方より多大なご協力をいただいた。

編纂方針の変更により、本書はすべて原史料を確認した上で翻刻した書翰で占められることになった。また、現在、所在が確認できる大隈重信宛の日本人和文書翰については、年賀状や暑中見舞いに類する書翰をのぞき、そのほとんどが本書に収録された。本書全体の収録書翰数は約七四〇〇点である。本書が大隈重信研究のみならず、近代日本研究に有効に活用されることを切に願うものである。

二〇一五年三月

早稲田大学大学史資料センター

凡例

一、本書第一巻から第十巻（以下、既刊本と略す）では、①早稲田大学図書館所蔵の「大隈文書」、「大隈重信宛諸家書簡　塩沢昌貞旧蔵」、「原安三郎蒐集書画書簡」、「大隈家旧蔵　風雲書簡」（高田早苗旧蔵）及び同図書館収集文書、②早稲田大学大学史資料センター所蔵「大隈信幸氏寄贈　大隈重信関係文書」、「早稲田中学校高等学校寄贈　大隈重信関係文書」、「増田義和氏寄贈　大隈重信関係文書」、③佐賀市大隈記念館所蔵「大隈重信関係文書」から、大隈重信及び執事宛の書翰を収録した。なお①の「大隈文書」は、早稲田大学大隈研究室編『大隈文書目録』（一九五二年）の「B和文書翰」中の書翰を中心に、「A官庁関係文書」中の書翰（意見書・報告書・伺書の類は除く）等も採録の対象とした。

一、本書第十一巻では、①—③の書翰（差出人姓不詳書翰・差出人姓名不詳書翰を含む）のほか、既刊本の収録から漏れたものを「補遺」として収録した。また、①—③の書翰のうち、既刊本に収録された書翰の別紙であることが判明したものを「別紙補遺」として収録した。

一、本書第十一巻では、①—③以外の機関・個人所蔵の書翰のうち、原史料が確認される大隈重信宛書翰を「追補」として収録した。このうち、原史料が書翰差出人の控えであったと推測されるものについては、その標題を「書翰控」とした。「書翰控」に関して、原則として見消の部分は掲載しなかった。

一、挨拶状、年賀状、礼状等は、原則として除外した。なお①の「B和文書翰」で除外したものは、巻末に一覧表で示した。

一、書翰の配列は、差出人名の五十音順とし、差出人名の読み方が不明な場合は、各種人名辞典等により判断した。同一差出人内の書翰は、年月日順に配列した。

一、差出人順の通し番号を算用数字で付し、差出人、差出年月日を見出しとした。
一、差出人名が複数の場合、筆跡、役職、官位、文面等を勘案した上で、見出しとすべき差出人を決定した。また差出人名が団体の場合、その団体名を基本的に見出しとした。
一、差出年月日は、（1）書翰本文記載の年月日、（2）消印の年月日、（3）書翰の内容から推定される年月日、に即して確定した。
一、差出年には和暦を用い、消印により年月日を確定した場合は、見出しに（消印）と記載した。推定による年月日には（　）を付した。
一、書翰冒頭の余白に記された追伸は、本文末尾に表示した。また、他の追伸と区別するため、一行分余白を設けた。
一、欄外に書き込みがある場合は、該当する本文箇所に［欄外］と記し、その内容は、宛先名の後に記載した。
一、封筒、巻封、包紙等がある場合は、その形態を示し、内容を翻刻した。
一、①の「大隈重信宛諸家書簡　塩沢昌貞旧蔵」、「原安三郎蒐集書画書簡」、「大隈家旧蔵　風雲書簡」（高田早苗旧蔵）と早稲田大学図書館収集文書、及び②と③、①―③以外の機関・個人所蔵分からの収録書翰のみ、所蔵先を各書翰末尾に記載した。
一、必要な場合には、［編者註］を付けた。
一、書翰が印刷物の場合、見出しにその旨を記載した。なお、本文中の手書き箇所のみ、［編者註］で示した。
一、漢字は、慣習的に用いられる固有名詞を除き、新字体を用いた。
一、書翰中のカタカナ記載は、ひらがなに直した。但し人名、地名、電報、法令、擬態語、擬音語等は、そのままとした。
一、変体仮名は、ひらがなとした。但し、助詞の江（え）、而（て）、之（の）、者（は）は、そのままとした。
一、異体字は通例の字体に、合字はひらがなに直した。
一、適宜句読点を付し、闕字、平出は詰めた。
一、破損、虫損などのため判読不可能な箇所は、□で示した。字数がわかる場合は、字数分を□で示した。

一、誤字、脱字等には〔　〕で案を示すか、〔ママ〕を右行間に付した。同一書翰内に繰り返して誤字、脱字等がある場合は、初出部分にのみ付した。

一、今日から見て不適切な表現、あるいはプライバシーに関わる内容についても、本書の性格上そのままとした。

目次

『大隈重信関係文書』の編集にあたって …… i
『大隈重信関係文書』の完結にあたって …… iv
凡例 …… vii
1384 横田国臣 …… 1
1385 横田鍬太郎 …… 1
1386 横山一平 …… 2
1387 横山勝左衛門 …… 2
1388 横山貞秀 …… 3
1389 横山正脩 …… 11
1390 吉井友実 …… 12
1391 芳川顕正 …… 15
1392 吉沢源次郎 …… 19

1393 吉田清成……26
1394 吉田熹六……62
1395 吉田二郎……67
1396 吉田豊文……67
1397 吉田彦六郎……75
1398 吉田要作……76
1399 吉原重俊……77
1400 吉益正雄……80
1401 吉見資胤……80
1402 米田穣……81
1403 冷泉為紀……82
1404 盧高朗……82
1405 若尾幾造……83
1406 若槻礼次郎……83
1407 若原観瑞……84
1408 若山鉉吉……85
1409 若山儀一……86

1410 脇坂行三……95
1411 和気宥雄……95
1412 鷲尾隆聚……96
1413 和田謙吉……102
1414 和田維四郎・山本直成……103
1415 和田正脩……104
1416 渡辺栄治……108
1417 渡辺修……109
1418 渡辺清……109
1419 渡辺洪基……116
1420 渡辺治右衛門……123
1421 渡辺修二郎……124
1422 渡辺千秋……125
1423 渡辺千冬……128
1424 渡辺徹……129
1425 渡辺昇……130
1426 渡辺憲章……135

1427 渡辺　弘 …… 138
1428 渡辺　熙 …… 142
1429 渡辺福三郎・和太郎 …… 144
1430 和楽社委員 …… 145
1431 央　姓不詳 …… 145
1432 静介　姓不詳 …… 146
1433 常輔　姓不詳 …… 146
1434 寛　姓不詳 …… 147
1435 文三　姓不詳 …… 147
1436 姓名不詳 …… 148
1437 姓名不詳 …… 148
1438 姓名不詳 …… 149
1439 姓名不詳 …… 149
1440 姓名不詳 …… 150
1441 姓名不詳 …… 150
1442 姓名不詳 …… 152
1443 姓名不詳 …… 153

1444 姓名不詳……153
1445 姓名不詳……154
1446 姓名不詳……154

補遺

1 明石町役所詰合……157
2 赤土亮……157
3 秋山元蔵……157
4 朝河貫一……158
5 浅田次郎……159
6 浅見登郎……160
7 阿部泰蔵……160
8 荒木博臣……161
9 飯島省三郎……161
10 石井翼……163
11 石田義文……163
12 井田譲……164

13 板垣退助　164
14 市島謙吉・川上淳一郎・広井一他六名　165
15 市村光恵　166
16 五辻安仲　167
17 伊藤博文　167
18 井上馨　170
19 井上毅　171
20 井上準之助　172
21 井上信八　172
22 岩男貞俊　173
23 岩倉具視　173
24 岩橋轍輔　177
25 岩村茂　183
26 上野景範　184
27 上野理一　184
28 内海忠勝　186
29 梅謙次郎　186

30 江藤新平……186
31 榎本武揚……187
32 円城寺清……189
33 大木喬任……189
34 大久保利通……189
35 大蔵大少丞……191
36 大谷嘉兵衛……192
37 大谷光瑩……195
38 大谷光演……195
39 大谷光勝……196
40 大槻如電……197
41 岡部長職……197
42 尾崎行雄……199
43 長田秋濤……200
44 小野義真……200
45 加藤高明……201
46 加藤正義……201

47 川崎巳之太郎 …… 201
48 川路寛堂 …… 202
49 川尻治助 …… 209
50 河鰭斉 …… 209
51 川村純義 …… 210
52 北川泰次郎 …… 211
53 木戸孝允 …… 211
54 楠田英世 …… 213
55 熊谷武五郎 …… 214
56 黒沢信一郎 …… 214
57 黒田清隆 …… 215
58 郷純造 …… 215
59 河内直方 …… 215
60 古賀定雄 …… 217
61 五代友厚 …… 217
62 後藤象二郎 …… 218
63 西郷従道 …… 218

64 相良知安 …… 219
65 桜井彦一郎 …… 219
66 佐佐木高行 …… 221
67 篠野乙次郎 …… 222
68 佐野常民 …… 222
69 三条実美 …… 223
70 塩田三郎 …… 225
71 重岡薫五郎 …… 225
72 職務掛弁事 …… 227
73 関谷柳二・桐山純孝・一柳紹念 …… 227
74 千住代之助 …… 228
75 宗重望 …… 228
76 大史 …… 229
77 高田早苗 …… 230
78 高橋新吉 …… 230
79 高屋貞 …… 234
80 立嘉度 …… 234

81 伊達宗城……234
82 田中芳男……235
83 千葉胤明……235
84 張　玄一……236
85 角田真平……236
86 逓信大臣秘書官……236
87 鉄道掛……237
88 寺内正毅……237
89 寺島宗則……237
90 東京専門学校開院式祝賀表彰会委員……238
91 東京専門学校広島校友会総代……238
92 富岡敬明……239
93 内務卿……240
94 長岡義之……240
95 中野梧一……240
96 永野静雄……241
97 西徳二郎……242

98 西村貞陽……242
99 長谷川三郎兵衛……243
100 蕃地事務局……243
101 土方久元……243
102 平井希昌……244
103 平岡通義……255
104 平松時厚……256
105 福島九成……256
106 藤村紫朗……257
107 穆所濬……257
108 本間清雄……258
109 町田久成……259
110 丸尾文六……259
111 馬渡俊猷……260
112 光岡威一郎……262
113 三橋信方……262
114 森長義……263

115 山田喜之助……264

別紙補遺

26 浅田耕平・東海林貞之丞……267
55-5 有賀長雄……267
64-1 安藤就高……268
77-8 諫早家崇……268
110-3 井関盛艮……268
123-3 伊東武重……268
139-4 井上毅……269
142-12 井上勝……269
151-19 岩倉具視……270
151-106 岩倉具視……270
151-120 岩倉具視……270
151-143 岩倉具視……272
151-166 岩倉具視……272
158-19 岩橋轍輔……273

158-25 岩橋轍輔……274
211-27 大木喬任……275
216-1 大久保利通……276
216-13 大久保利通……276
369-6 金井之恭……277
397-5 河瀬秀治……277
446-12 九鬼隆一……278
458-8 熊谷武五郎……279
472-7 黒田清隆……280
1163 堀田連太郎……281

追補

1 朝河貫一……285
2 石井忠亮……287
3 石井忠恭……287
4 石橋重朝……288
5 井関盛艮……288

6 伊藤博文 …… 289
7 犬養　毅 …… 293
8 犬塚文十郎・田中清介・百武安太郎 …… 293
9 井上　馨 …… 293
10 岩倉具視 …… 297
11 岩崎弥太郎 …… 302
12 岩崎弥之助 …… 305
13 宇都宮太郎 …… 305
14 江藤新作 …… 306
15 大江　卓 …… 307
16 大木遠吉 …… 307
17 大木喬任 …… 308
18 大迫尚道 …… 309
19 小野義真 …… 309
20 片山伝七・犬塚文十郎 …… 310
21 楠田英世 …… 310
22 熊谷武五郎 …… 310

23 久米邦武……311
24 五代友厚……311
25 後藤新平……312
26 佐野常民……314
27 三条実美……314
28 志田林三郎……317
29 島義勇……317
30 副島道正……318
31 伊達宗城……318
32 谷口復四郎……319
33 谷口藍田……319
34 徳久恒範……320
35 中江兆民……320
36 仲小路廉……321
37 永田佐次郎……321
38 中野健明……322
39 中牟田倉之助……323

40 中村　覚……323
41 長森敬斐……323
42 鍋島直虎……324
43 鍋島直大……324
44 鍋島直彬……329
45 鍋島英昌……461
46 西岡逾明……462
47 西久保紀林……463
48 野村盛秀……463
49 土方久元……463
50 深川亮蔵……464
51 古川氏潔……464
52 古川源太郎……464
53 松方正義……465
54 松田正久……468
55 馬渡俊猷……469
56 牟田口通照……469

57 陸奥宗光 …… 469
58 望月小太郎 …… 472
59 本野盛亨 …… 473
60 柳原前光 …… 473
61 山尾庸三 …… 474
62 山県有朋 …… 474
63 山口尚芳 …… 475
64 吉井友美・門脇重綾 …… 475
65 吉田清成 …… 476

『大隈重信関係文書』第11巻・掲載該当書翰中非収録分
判明・訂正・追加リスト
『大隈重信関係文書』第11巻・編集担当者

細目次

1384 横田国臣……1
1（明治三十一）年七月九日……1
1385 横田鍬太郎……1
1（明治）三十一年七月二日……1
1386 横山一平……2
1（　）年（　）月八日……2
1387 横山勝左衛門……2
1（明治二）年四月六日（檜垣彌三郎と連名）……2
2（明治二）年四月十一日（宍戸平六と連名）……2
1388 横山貞秀……3
1（明治二）年二月一日（平井希昌と連名）……3
2（明治三）年四月二十一日……3
3 明治四年六月十七日……4
4 明治四年八月十二日……4
5 明治四年十二月十一日……5
6 明治五年七月十一日……5
7 明治六年五月二十三日……5
8（明治七）年五月五日……6
9 明治七年五月十八日……7
10 明治七年六月二十六日……7
11（明治）七年七月三十一日……8
12（明治七）年八月八日……8
13（明治）十一年四月五日……8
14（明治）十一年四月十四日……9
15（明治）十二年三月十二日……9
16（明治）十二年八月十五日……9
17（明治）十二年十月八日……10
18（明治　）年一月十五日（平井希昌と連名）……10
1389 横山正脩……11
1（明治）三十一年九月十四日……11
1390 吉井友実……12
1（明治二）年八月六日……12
2（明治二）年九月十七日……12
3（明治三）年十月八日……13
4（明治十一）年六月十六日……13
5（明治十二カ）年十一月八日（大隈重信・松方正義宛）……13
6（明治　）年三月十八日……14
7（明治　）年五月二十七日……14
8（　）年（　）月六日……15
1391 芳川顕正……15

1 (明治六) 年十二月二十四日……15
2 (明治六) 年十二月二十七日……15
3 (明治七) 年一月二十九口……16
4 (明治十三) 年五月八日……16
5 (明治二十一) 年六月四日……17
6 (明治二十一) 年六月九日……17
7 (明治　) 年二月八日……18
8 (明治　) 年二月九日……18
9 (　) 年四月三日……18
1392 吉沢源次郎……19
1 明治三年五月一日……19
2 明治三年五月十三日……20
3 明治三年十月二十七日……22
1393 吉田清成……26
1 明治三年十一月十日……26
2 (明治四) 年四月二日……27
3 明治四年四月十四日……27
4 明治四年六月十二日……28
5 明治四年七月十一日……28
6 明治四年七月二十六日……29
7 (明治四) 年十一月二日……29
8 明治六年五月三日……30
9 明治六年八月八日……30
10 (明治六) 年八月十四日……30
11 (明治六) 年十月九日……31
12 (明治六) 年十月十九日……31
13 (明治六) 年 (十) 月十九日……31
14 (明治六) 年十月二十六日……32
15 (明治六) 年十月二十八日……32
16 (明治六) 年十月二十九日……32
17 (明治六) 年十月三十日……33
18 (明治六) 年十一月十五日……33
19 (明治六) 年十一月二十七日……34
20 (明治六) 年十二月八日……34
21 (明治六) 年十二月十一日……35
22 (明治六) 年十二月十八日……35
23 (明治六) 年十二月二十日……35
24 (明治六) 年十二月二十五日……36
25 (明治六) 年十二月二十七日……36
26 (明治六) 年十二月二十八日……36
27 (明治七) 年一月四日……38
28 (明治七) 年 (一) 月八日……38
29 (明治七) 年一月十三日……39
30 (明治七) 年一月十五日……40
31 (明治七) 年一月十七日……40
32 (明治七カ) 年 (一カ) 月二十一日……41

33 （明治七）年二月一日……41
34 （明治七）年二月四日……41
35 （明治七）年二月五日……42
36 （明治七）年二月十三日……42
37 （明治七）年二月二十三日……43
38 （明治七）年三月三日……43
39 （明治七）年三月二十八日……44
40 （明治七）四月五日……44
41 （明治七）四月七日……45
42 （明治七）四月九日……45
43 （明治七）四月十四日……46
44 （明治七カ）年四月十四日……46
45 （明治七）年四月十六日……46
46 （明治七）年五月二十八日……47
47 （明治七）年六月十一日……47
48 （明治七）年六月十八日……47
49 （明治七）年六月十九日……48
50 （明治七）年六月二十日……49
51 （明治七）年六月二十三日……49
52 （明治七）年七月二十五日……50
53 （明治七）年八月一日……50
54 （明治七）年八月十日……51
55 （明治七）年九月一日……52
56 （明治七）年九月六日……52
57 （明治七）年九月十三日……53
58 （明治七）年九月二十日……53
59 （明治七）年九月二十五日……54
60 （明治七）年九月二十七日……54
61 （明治七）年十月二日……55
62 （明治七）年十月十三日……55
63 （明治七）年十月二十七日……55
64 （明治七）年十一月一日……56
65 明治七年十一月三十日……56
66 （明治七）年十二月八日……57
67 （明治七）年（　）月（　）日……57
68 明治十年一月中旬……58
69 （明治十二）年五月十二日……58
70 （明治　）年二月十三日……59
71 （明治　）年四月十七日……59
72 （明治　）年五月二十六日……59
73 （明治　）年八月二十五日……60
74 （明治　）年九月十四日……60
75 （明治　）年九月二十六日……60
76 （明治　）年十一月三日……61
77 （明治　）年十一月十一日……61
78 （明治　）年十一月十九日……61

79 (明治　)年(　)月十三日 …… 62
80 (明治　)年(　)月十六日 …… 62

1394 吉田熹六 …… 62
1 (明治十七)年八月二十五日 …… 62
2 (明治二十一)年三月九日 …… 64
3 (明治二十二)年九月七日 …… 65
4 (明治二十四)年(三)月(十六)日 …… 65
(大隈家執事宛)
5 (明治二十四)年(十一)月二十三日 …… 66

1395 吉田二郎 …… 67
1 (明治六)年十二月二十日 …… 67

1396 吉田豊文 …… 67
1 (明治八)年六月十四日(大隈重信・相良剛造宛) …… 67
2 (明治八)年十二月二十七日 …… 68
3 (明治九)年四月三十日(大隈重信・相良剛造宛) …… 68
4 (明治十カ)年五月六日(大隈重信・相良剛造宛) …… 69
5 (明治十二)年八月二十二日 …… 69
(大隈重信・相良剛造宛)
6 (明治十二)年九月一日(大隈重信・相良剛造宛) …… 70
7 (明治十二)年九月十二日(大隈重信・相良剛造宛) …… 70
8 (明治十三)年四月九日 …… 71
9 (明治十四)年二月十七日 …… 72
10 (明治十四)年七月二十三日 …… 72
11 (明治十四)年十月十四日 …… 73
12 (明治二十二)年一月一日 …… 73
13 明治四十一年一月十七日 …… 74
14 (明治　)年一月三日(大隈重信・相良剛造宛) …… 74
15 (明治　)年十二月三日 …… 75

1397 吉田彦六郎 …… 75
1 (明治三十)年九月十日(大隈重信・綾子宛) …… 75

1398 吉田要作 …… 76
1 (明治三十)年七月十日 …… 76

1399 吉原重俊 …… 77
1 (明治十一)年五月三十日 …… 77
2 (明治十一)年七月十日 …… 78
3 (明治十三)年二月二十八日 …… 78
4 (明治十三カ)年七月十三日 …… 79

1400 吉益正雄 …… 80
1 (明治二)年五月(　)日 …… 80

1401 吉見資胤 …… 80
1 明治三十三年三月二十七日 …… 80
2 (明治三十三)年四月二十一日 …… 81

1402 米田　穣 …… 81
1 明治三十一年九月十三日 …… 81

1403 冷泉為紀 …… 82
1 明治三十年六月二十六日 …… 82

1404 盧高朗 …… 82
1 (明治)八年三月十二日 …… 82
2 (明治十三)年三月二十三日 …… 83
1405 若尾幾造 …… 83
1 明治三十五年十二月十七日 …… 83
1406 若槻礼次郎 …… 83
1 大正五年三月十八日 …… 83
2 (大正九)年一月二十一日 …… 84
1407 若原観瑞 …… 84
1 (明治三十一)年三月三日 …… 84
2 (　)年十月二十五日 …… 85
1408 若山鉉吉 …… 85
1 明治三十一年一月六日 …… 85
1409 若山儀一 …… 86
1 (明治七)年七月一日 …… 86
2 (明治十一)年五月八日 …… 86
3 (明治十一)年八月二十八日 …… 88
4 (明治十二)年八月二十六日 …… 88
5 (明治十二)年十一月二十九日 …… 89
6 (明治十二)年十二月二十一日 …… 89
7 (明治十三)年二月五日 …… 90
8 (明治十三)年三月一日 …… 90
9 (明治十三)年三月二十四日 …… 91
10 (明治十三)年三月二十八日 …… 91
11 (明治十三)年四月二十九日 …… 92
12 (明治十三)年九月二十九日 …… 92
13 (明治十四)年二月二十四日 …… 93
14 (明治二十一)年三月十七日 …… 93
15 (明治　)年七月十九日 …… 94
16 (明治　)年十一月六日 …… 94
17 (明治　)年十一月二十三日 …… 95
1410 脇坂行三 …… 95
1 明治三十一年八月十八日 …… 95
1411 和気有雄 …… 95
1 (明治四十)年十一月十二日(大隈家執事宛) …… 95
1412 鷲尾隆聚 …… 96
1 (明治三)年四月十五日 …… 96
2 (明治八)年十二月二十二日 …… 97
3 (明治九)年二月十八日 …… 98
4 (明治九)年三月十七日 …… 98
5 (明治十四)年三月三十日 …… 98
6 (明治十四)年四月二十九日 …… 99
7 (明治　)年一月五日 …… 99
8 (明治　)年一月二十七日 …… 99
9 (明治　)年二月八日 …… 100
10 (明治　)年二月十八日 …… 100

11　(明治　)年三月十六日……101
12　(明治　)年三月二十三日……101
13　(明治　)年四月八日……102
14　(明治　)年十二月三日……102
1413　和田謙吉……102
1　明治三十年十一月二十六日……102
1414　和田維四郎・山本直成……103
1　(明治二十九カ)年十月(　)日……103
1415　和田正脩……104
1　明治二十七年七月六日……104
2　明治二十七年七月二十日……105
3　(明治二十九)年十一月十六日……108
1416　渡辺栄治……108
1　明治三十一年七月十二日……108
1417　渡辺　修……109
1　明治三十一年六月二十九日……109
1418　渡辺　清……109
1　(明治三)年二月二十六日(大隈重信・伊藤博文宛)……109
2　(明治三)年五月四日……110
3　(明治三)年九月二日……110
4　(明治四)年二月六日……111
5　(明治五)年二月十四日……111
6　(明治六)年七月四日……111
7　(明治六)年八月二十五日……112
8　(明治六)年九月十八日……112
9　(明治六)年十一月十日(林友幸と連名)……112
10　(明治六)年十一月十二日……113
11　(明治七)年三月八日(大隈重信・吉田清成宛)……113
12　(明治十四)年二月五日……114
13　(明治　)年七月三十一日……114
14　(明治　)年八月二十二日……115
15　(明治　)年九月十五日……115
16　(明治　)年十月九日……115
1419　渡辺洪基……116
1　(明治十一)年十一月二十五日……116
2　(明治)十二年一月四日……116
3　(明治十二)年二月十二日……116
4　(明治十二)年五月二十四日……117
5　(明治十二)年十月三日……118
6　(明治十三)年四月二日(大隈重信・井上馨宛)……120
7　(明治十三)年四月十六日……120
8　明治二十一年十一月(　)日……122
9　(明治)二十九年十月四日……122
10　(明治)三十三年十二月二十九日……123
1420　渡辺治右衛門……123
1　明治三十一年四月十四日……123

1421 渡辺修二郎……124
1 （明治）三十一年七月四日……124
1422 渡辺千秋……125
1 （明治十三）年七月三十一日……125
2 （明治十四）年三月八日……126
3 （明治三十五）年十一月二十五日……126
4 明治三十五年十二月二十一日……127
5 （明治　）年十月十一日……127
6 （　）年一月二十四日……127
7 （　）年三月十八日……128
1423 渡辺千冬……128
1 （明治四十四）年七月十六日……128
1424 渡辺　徹……129
1 （明治三）年六月三日（大隈重信・伊藤博文宛）……129
2 （明治四）年一月十二日……130
1425 渡辺　昇……130
1 （明治二）年九月八日……130
2 （明治二）年九月二十日……131
3 （明治三）年閏十月七日……131
4 （明治四）年十月十一日……132
5 （明治四）年十二月五日……132
6 （明治五）年九月十五日……133
7 （明治六）年（五）月二十一日……134
8 （明治二十一）年十二月二十五日……134
9 （明治二十九）年十月二十一日……135
10 （明治　）年七月五日……135
1426 渡辺憲章……135
1 明治三十一年六月十一日……135
2 （明治）三十一年十一月十八日……137
1427 渡辺　弘……138
1 （明治二）年十二月一日……138
2 （明治三）年六月十五日……139
3 （明治三）年六月二十四日……139
4 （明治六カ）年一月二十三日……140
5 （明治十三）年（　）月（　）日……140
1428 渡辺　熙……142
1 明治三十六年六月十八日……142
1429 渡辺福三郎・和太郎……144
1 大正三年四月十四日……144
1430 和楽社委員……145
1 明治三十二年三月（　）日……145
1431 央　姓不詳……145
1 （明治　）年六月十三日……145
1432 静介　姓不詳……146
1 （明治二）年九月三十日……146
1433 常輔　姓不詳……146

1　（明治三十一）年（十）月六日……146

1434 寛　姓不詳……147

1　（　）年六月二十九日……147

1435 文三　姓不詳……147

1　（　）年三月二十七日……147

1436 姓名不詳……148

1　明治三年一月九日……148

1437 姓名不詳……148

1　（明治四）年十一月十六日……148

1438 姓名不詳……149

1　（明治十一）年（九）月（　）日……149

1439 姓名不詳……149

1　（明治十八）年二月二十二日……149

1440 姓名不詳……150

1　明治二十五年五月二十三日……150

1441 姓名不詳……150

1　（明治二十五）年八月二十五日……150

1442 姓名不詳……152

1　明治三十一年十月三日……152

1443 姓名不詳……153

1　（明治　）年五月二十四日……153

1444 姓名不詳……153

1　（明治　）年五月二十六日……153

1445 姓名不詳……154

1　（　）年四月二十九日……154

1446 姓名不詳……154

1　（　）年九月二十五日……154

補遺

1 明石町役所詰合……157

1　（慶応四）年七月六日……157

2 赤土　亮……157

1　明治三十年八月（　）日……157

3 秋山元蔵……157

1　（明治）三十一年八月十三日……157

4 朝河貫一……158

1　（明治四十一）年五月二十一日……158

5 浅田次郎……159

1　（明治）三十一年八月十三日……159

6 浅見登郎……160

1　（大正九カ）年三月二十六日……160

7 阿部泰蔵……160

1　大正四年八月二十九日……160

8 荒木博臣……161

1　（　）年九月二十二日……161

9　飯島省三郎……161
1　明治三十一年八月十九日……161
10　石井　翼……163
1　(明治)三十一年七月一日……163
11　石田義文……163
1　明治七年二月九日……163
12　井田　譲……164
1　(明治　)年六月二十二日……164
13　板垣退助……164
1　明治三十一年十月二十四日……164
14　市島謙吉・川上淳一郎・広井一他六名……165
1　明治二十二年十一月(　)日……165
15　市村光恵……166
1　大正二年九月十三日……166
16　五辻安仲……167
1　(明治八)年二月十二日……167
17　伊藤博文……167
1　(明治二)年九月二十日……167
2　(明治三)年一月十七日……168
3　(明治三)年二月八日……168
4　(明治六)年十一月二十七日……169
5　(明治十二)年四月二十四日……169
6　(明治十二)年八月二十一日……170
18　井上　馨……170
1　(明治二)年八月二十三日……170
2　(明治八)年三月三十日……171
19　井上　毅……171
1　(明治二十二)年九月十六日……171
20　井上準之助……172
1　大正四年八月二十八日……172
21　井上信八……172
1　(明治)三十一年八月十三日……172
22　岩男貞俊……173
1　(明治二)年八月二十二日……173
23　岩倉具視……173
1　(明治二)年一月十四日……173
2　(明治二)年七月十六日(三条実美と連名)……174
3　(明治四)年三月一日……174
4　(明治七)年六月十三日……175
5　(明治十)年二月二十八日……176
6　(明治十四)年五月二十九日……176
24　岩橋轍輔……177
1　(明治七)年四月五日……177
2　(明治七)年四月五日……177
3　(明治七)年四月七日……177
4　(明治七)年四月十一日……178

5 （明治七）年四月十三日……178
6 （明治七）年五月二十七日……179
7 （明治七）年六月十五日……179
8 （明治七）年十一月二十一日……180
9 明治七年十一月二十六日……180
10 （明治七）年十二月十八日……181
11 （明治八）年六月十九日……181
12 （明治八）年七月九日……182
13 （明治八）年七月十一日……182
14 （明治八）年七月十三日……182
15 （明治八）年八月十七日……183
25 岩村　茂……183
1 （明治三十一）年四月五日……183
26 上野景範……184
1 （明治十三）年二月二日……184
2 （明治　）年二月二十七日……184
27 上野理一……184
1 （明治四十三）年（十）月（十八）日……184
28 内海忠勝……186
1 明治十四年一月二十九日……186
29 梅　謙次郎……186
1 （明治三十一）年七月十八日……186
30 江藤新平……186
1 （慶応四）年七月二十二日……186
2 （明治　）年三月二十七日……187
31 榎本武揚……187
1 明治二十九年九月（　）日（大隈重信・綾子宛）……187
2 明治三十年九月（　）日（大隈重信・綾子宛）……188
3 明治三十一年十一月（　）日（大隈重信・綾子宛）……188
32 円城寺　清……189
1 （明治三十四）年四月二十二日……189
33 大木喬任……189
1 （明治　）年一月九日……189
34 大久保利通……189
1 明治七年九月十五日……189
2 明治十年六月十二日（伊藤博文と連名）（三条実美・島津久光・岩倉具視・参議宛）……191
35 大蔵大少丞……191
1 （明治　）年（　）月九日……191
36 大谷嘉兵衛……192
1 明治三十一年八月十六日……192
2 大正四年八月二十八日……194
37 大谷光瑩……195
1 （　）年六月十四日……195
38 大谷光演……195

1 (明治　) 年十一月十四日 …… 195
39 大谷光勝 …… 196
1 (明治十二) 年七月十七日 …… 196
2 (明治十四) 年四月二十一日 …… 196
40 大槻如電 …… 197
1 明治四十二年二月十八日 …… 197
41 岡部長職 …… 197
1 (明治三十) 年六月十五日 …… 197
2 (明治三十) 年八月二十日 …… 198
42 尾崎行雄 …… 199
1 (明治二十二) 年六月二十二日 …… 199
43 長田秋濤 …… 200
1 明治四十四年一月二十日 …… 200
44 小野義真 …… 200
1 (明治二十八) 年二月八日 …… 200
(大隈重信・高田早苗・鳩山和夫他一名宛)
45 加藤高明 …… 201
1 (明治　) 年十一月二日 …… 201
46 加藤正義 …… 201
1 大正四年十月十八日 …… 201
47 川崎巳之太郎 …… 201
1 明治三十一年十月十七日 …… 201
48 川路寛堂 …… 202
1 明治七年十月十四日 …… 202
2 明治十二年五月十六日 …… 203
3 明治十二年九月一日 …… 205
4 明治十三年一月二十二日 …… 206
5 明治十四年三月十六日 …… 208
49 川尻治助 …… 209
1 (大正三) 年五月一日 …… 209
50 河鰭　斉 …… 209
1 (明治八) 年七月十一日 …… 209
2 (明治八) 年十月二十七日 …… 210
51 川村純義 …… 210
1 (明治三十四) 年十月二十三日 …… 210
52 北川泰次郎 …… 211
1 大正六年五月十九日 (大隈家執事宛) …… 211
53 木戸孝允 …… 211
1 (明治五) 年 (八) 月 (十九) 日 …… 211
2 (明治九) 年十一月二十八日 …… 212
54 楠田英世 …… 213
1 (明治三) 年一月三日 …… 213
2 明治十年七月六日 (大隈重信・大木喬任宛) …… 213
55 熊谷武五郎 …… 214
1 (明治七) 年四月十五日 …… 214
56 黒沢信一郎 …… 214

1 （　）年（　）月二十七日 …… 214
57 黒田清隆 …… 215
1 明治十年二月二十八日 …… 215
（大隈重信・大木喬任・寺島宗則宛）
58 郷　純造 …… 215
1 （明治　）年三月二日 …… 215
59 河内直方 …… 215
1 明治十年四月八日 …… 215
2 明治十年四月十三日（大隈重信・寺島宗則宛） …… 216
60 古賀定雄 …… 217
1 （明治　）年四月三日 …… 217
61 五代友厚 …… 217
1 （明治十一）年三月五日 …… 217
2 （明治十二）年四月一日 …… 218
62 後藤象二郎 …… 218
1 （明治　）年二月五日（大隈重信・板垣退助宛） …… 218
63 西郷従道 …… 218
1 （明治三十一）年九月二十一日 …… 218
64 相良知安 …… 219
1 （　）年（　）月（　）日 …… 219
65 桜井彦一郎 …… 219
1 明治三十二年十月七日 …… 219
66 佐佐木高行 …… 221
1 （明治三）年十一月八日 …… 221
2 （明治四）年五月十三日 …… 221
67 篠野乙次郎 …… 222
1 （明治三十二）年一月二十九日 …… 222
68 佐野常民 …… 222
1 （明治）十三年八月二十六日 …… 222
69 三条実美 …… 223
1 （明治五）年五月十四日 …… 223
2 （明治六）年一月十日 …… 224
3 明治八年六月四日 …… 224
4 （明治十四）年二月二十三日 …… 224
70 塩田三郎 …… 225
1 （明治八）年九月二日 …… 225
71 重岡薫五郎 …… 225
1 （明治三十一）年（　）月（　）日 …… 225
72 職務掛弁事 …… 227
1 （明治二）年二月二十日 …… 227
73 関谷柳二・桐山純孝・一柳紹念 …… 227
1 明治三十一年四月二十二日 …… 227
74 千住代之助 …… 228
1 （明治二）年十二月二十六日 …… 228
75 宗　重望 …… 228
1 （明治三十九）年三月三日 …… 228

76 大　史……229
1 （明治九）年二月十八日……229
2 （明治九）年五月三十日……229
3 （明治九）年六月三十日……229
77 高田早苗……230
1 （明治　）年（十二カ）月三十日……230
78 高橋新吉……230
1 明治（十）年三月二十日……230
2 明治十年三月二十一日（池田貞賢と連名）……231
3 明治（十）年三月二十六日（池田貞賢と連名）……231
4 明治十年三月二十八日……232
5 明治十年三月二十九日（前田献吉と連名）……232
6 明治十年四月十四日……233
7 明治十年五月八日（前田献吉と連名）……233
79 高屋　貞……234
1 （明治二十四カ）年五月二十六日……234
80 立　嘉度……234
1 （明治　）年十二月八日……234
81 伊達宗城……234
1 （明治　）年二月五日……234
82 田中芳男……235
1 （明治三十一）年十月二十八日……235
83 千葉胤明……235
1 （　）年（　）月（　）日（大隈重信・大隈家一同宛）……235
84 張　玄一……236
1 （明治　）年三月二十一日……236
85 角田真平……236
1 （明治四十二）年三月十四日……236
86 逓信大臣秘書官……236
1 （明治三十一）年十月十二日……236
87 鉄道掛……237
1 明治三年六月二十八日……237
88 寺内正毅……237
1 大正六年四月五日……237
89 寺島宗則……237
1 （明治四）年七月十九日……237
90 東京専門学校開院式祝賀表彰会委員……238
1 明治二十三年十一月二十五日……238
91 東京専門学校広島校友会総代……238
1 （明治）三十一年十月十八日……238
92 富岡敬明……239
1 明治十年二月二十二日……239
93 内務卿……240
1 （明治　）年四月七日……240
94 長岡義之……240

1 明治十年三月三十日……240
95 中野梧一……240
1 (明治七)年二月十八日……240
96 永野静雄……241
1 大正六年四月二十七日……241
2 大正六年四月二十七日……242
97 西 徳二郎……242
1 明治三十一年一月十二日……242
98 西村貞陽……242
1 (明治)年九月二十六日……242
99 長谷川三郎兵衛……243
1 (明治)年四月五日……243
100 蕃地事務局……243
1 (明治七)年七月二十日……243
101 土方久元……243
1 明治十年四月十二日……243
102 平井希昌……244
1 (明治七)年五月二十八日……244
2 (明治七)年六月一日……244
3 (明治七)年六月二十九日……245
4 (明治七)年七月二十六日……245
5 (明治七)年十月一日……246
6 (明治七)年十月五日……246
7 (明治七)年十月六日……246
8 (明治七)年十月二十八日……247
9 (明治八)年一月二十二日……247
10 (明治八)年二月二十三日……248
11 (明治八)年二月二十四日……248
12 (明治八)年二月二十五日……248
13 (明治八)年五月十八日……249
14 (明治八)年六月二十七日……249
15 (明治八)年六月二十九日……250
16 (明治八)年七月五日……250
17 (明治八)年七月七日……251
18 (明治八)年七月十五日……253
19 (明治八)年九月一日……253
20 (明治八)年九月二十日……254
21 (明治)年八月十四日……254
22 (明治)年十二月二十五日……254
23 (明治)年( )月二十五日……254
103 平岡通義……255
1 (明治四)年一月十七日……255
2 (明治)年三月八日……255
104 平松時厚……256
1 (明治二)年(四)月(二十八)日……256
105 福島九成……256

1　（明治七）年四月十六日……256
2　（明治七）年四月十六日……256
106　藤村紫朗……257
1　（明治四）年十一月二日……257
107　穆所　濬……257
1　（明治　）年五月十日……257
2　（明治　）年五月十五日……258
108　本間清雄……258
1　（明治二十一）年（十二）月（三）日……258
109　町田久成……259
1　（慶応四）年八月二十五日……259
110　丸尾文六……259
1　（明治二十八）年十二月十六日……259
111　馬渡俊猷……260
1　（明治）三十一年三月二日……260
2　（明治三十一）年三月十六日……260
3　明治三十一年三月十七日……261
4　（明治三十一）年（　）月（　）日……261
112　光岡威一郎……262
1　（明治二十九）年十一月二十三日……262
113　三橋信方……262
1　（明治三十）年八月三十一日……262
2　（明治三十一）年七月二十七日……263
114　森　長義……263
1　（明治七）年二月十七日……263
115　山田喜之助……264
1　（明治三十一）年（　）月二十六日……264

別紙補遺

26　浅田耕平・東海林貞之丞　（明治）七年七月十六日……267
55-5　有賀長雄　（大正二）年三月二十日……267
64-1　安藤就高　（明治十）年十二月二十三日……268
77-8　諫早家崇　（明治　）年十二月一日……268
110-3　井関盛艮　（明治二）年十二月二十四日……268
123-3　伊東武重　（明治五）年（六）月（　）日……268
139-4　井上　毅　（明治二十二）年五月二十日……269
142-12　井上　勝　（明治四）年三月十二日……269
151-19　岩倉具視　（明治四）年十一月八日……270
151-106　岩倉具視　（明治十一）年六月二十二日……270
151-120　岩倉具視　（明治十二）年二月二十二日……270
151-143　岩倉具視　（明治　）年七月二十三日……272
151-166　岩倉具視　（明治十一）年十月九日……272
158-19　岩橋轍輔　（明治七）年九月五日……273
158-25　岩橋轍輔　（明治七）年十二月十八日……274
211-27　大木喬任　（明治三十）年五月二十二日……275

216-1 大久保利通（明治二）年二月九日……276
216-13 大久保利通（明治八）年十二月十一日……276
369-6 金井之恭　明治三十五年十一月二十二日……277
397-5 河瀬秀治（明治十）年六月六日……277
446-12 九鬼隆一（明治二十九）年十二月二十二日……278
458-8 熊谷武五郎（明治七）年二月一日……279
472-7 黒田清隆（明治二十二）年七月六日……280
1163 堀田連太郎（明治三十一）年二月二十八日……281

追補

1 朝河貫一……285
1 大正二年五月十八日……285
2 石井忠亮……287
1 （明治二十三）年三月三十日……287
3 石井忠恭……287
1 （明治二十三）年一月二十三日……287
4 石橋重朝……288
1 （明治二十一）年四月二十八日……288
5 井関盛艮……288
1 （明治二）年五月六日……288
2 （明治八）年十一月二十九日……289
6 伊藤博文……289
1 （明治四）年五月十三日（大隈重信・吉田清成宛）……289
2 （明治六）年十二月十三日（大隈重信・吉田清成宛）……290
3 （明治十一）年九月四日（岩倉具視・大隈重信・井上馨宛）……290
4 （明治三十一）年十月十日……291
5 （明治　）年九月八日……292
7 犬養毅……293
1 （明治十九カ）年（　）月三日……293
8 犬塚文十郎・田中清介・百武安太郎……293
1 （明治　）年五月六日……293
9 井上馨……293
1 （明治三）年三月三十日（大隈重信・伊藤博文宛）……293
2 （明治三）年六月十一日（大隈重信・伊藤博文宛）……295
3 （明治四）年九月二十七日（大隈重信・大久保利通宛）……296
10 岩倉具視……297
1 （明治六）年十二月十六日……297
2 （明治七カ）年八月十六日……297
3 （明治七）年八月二十七日……297
4 （明治十）年三月九日（大隈重信・大木喬任宛）……298
5 （明治十）年三月九日（大隈重信・大木喬任宛）……299
6 （明治十）年四月十三日（大隈重信・大木喬任・寺島宗則宛）……299

7　(明治十)年六月二十一日……300
8　(明治十二)年七月八日(三条実美と連名)……300
9　(明治十三)年八月十一日(大隈重信・大木喬任宛)……300
10　(明治　)年四月八日(大隈重信・伊藤博文宛)……301
11　(明治　)年八月二十五日……301
(大隈重信・三条実美宛)
11　岩崎弥太郎……302
1　(明治　)年一月二日……302
2　(明治　)年二月七日……302
3　(明治　)年三月三十一日……303
4　(明治　)年四月十二日……303
5　(明治　)年六月二十四日……304
6　(明治　)年八月二十五日……304
7　(明治　)年九月二十一日……304
12　岩崎弥之助……305
1　(明治三十)年二月二十日……305
13　宇都宮太郎……305
1　(明治三十)年三月三十一日……305
2　大正五年十月十六日……306
14　江藤新作……306
1　(明治二十七)年十月六日……306
15　大江　卓……307
1　(明治七)年一月十八日……307
16　大木遠吉……307
1　(明治三十九)年八月六日……307
17　大木喬任……308
1　(明治六)年十一月二十日……308
(大久保利通・大隈重信宛)
2　(明治　)年四月八日……308
3　(明治　)年十一月二十七日……309
18　大迫尚道……309
1　(大正四)年七月二十七日……309
19　小野義真……309
1　(明治　)年十二月二十九日……309
20　片山伝七・犬塚文十郎……310
1　(　)年七月四日……310
21　楠田英世……310
1　(明治　)年(　)月(　)日……310
22　熊谷武五郎……310
1　(明治　)年八月二十二日……310
23　久米邦武……311
1　(　)年六月十三日(大隈家執事宛)……311
24　五代友厚……311
1　(明治二)年二月十八日……311
2　(明治十一)年七月九日……311
3　(明治十二)年五月十四日……312

25 後藤新平 …… 312
1 大正四年八月三十日 …… 312
26 佐野常民 …… 314
1 （明治　）年十月三十一日 …… 314
27 三条実美 …… 314
1 （明治五）年九月三日 …… 314
2 （明治七）年（四）月（十九）日 …… 315
3 （明治十二）年十二月二十二日（岩倉具視と連名）……
（大隈重信・大木喬任・山県有朋他五名宛） 316
28 志田林三郎 …… 317
4 （明治　）年四月一日 …… 317
29 島　義勇 …… 317
1 （明治）二十三年三月十一日 …… 317
30 副島道正 …… 317
1 （明治四）年四月十八日 …… 317
31 伊達宗城 …… 318
1 （明治三十二）年四月十七日 …… 318
32 谷口復四郎 …… 318
1 （明治　）年六月五日 …… 318
33 谷口藍田 …… 319
1 （明治二）年（五）月二日 …… 319
34 徳久恒範 …… 319
1 （明治三十四）年四月二十四日 …… 319
35 中江兆民 …… 320
1 （明治四十一）年十月三十日 …… 320
36 仲小路　廉 …… 320
1 （明治二十四）年四月四日 …… 320
37 永田佐次郎 …… 321
1 大正四年四月七日 …… 321
38 中野健明 …… 321
1 （大正四）年六月九日 …… 321
2 大正四年十月（　）（他四名と連名）…… 322
39 中牟田倉之助 …… 322
1 （明治　）年四月二十二日 …… 322
40 中村　覚 …… 323
1 （明治三十）年二月二十一日 …… 323
41 長森敬斐 …… 323
1 （大正四）年八月四日 …… 323
42 鍋島直虎 …… 323
1 （明治　）年三月十八日 …… 323
43 鍋島直大 …… 324
1 （明治十八）年五月十三日 …… 324
1 （明治五）年十月一日 …… 324
2 （明治五）年十月十四日 …… 324
3 （明治六）年一月五日 …… 325
4 （明治七）年十一月二十五日 …… 325

5　（明治八）年一月五日　326
6　（明治十二）年十一月二十一日　327
7　（明治十三カ）年六月二日　327
8　（明治十四）年一月二十二日　327
9　（明治　）年五月三十日　328
10　（明治　）年十一月四日　328
44　鍋島直彬　329
1　（明治八）年五月七日　329
2　（明治八）年十月十八日　329
3　（明治八）年（十二）月（　）日　330
4　（明治九）年（一）月（　）日　331
5　（明治九）年五月十五日　331
6　（明治九）年五月二十六日　332
7　（明治九）年七月十二日　333
8　（明治九）年九月十七日　333
9　（明治十一）年三月二十八日　334
10　（明治十二）年三月十六日　334
11　（明治十二）年三月二十四日　335
12　（明治十二）年三月二十八日　336
13　（明治十二）年三月二十九日　337
14　（明治十二）年十一月十九日　338
15　（明治）十二年十二月一日　339
16　（明治十三）年五月十三日　340
17　（明治十三）年五月二十日　340
18　（明治十三）年十二月二十二日　341
19　（明治十四）年四月十七日　342
20　（明治十四）年四月二十三日　343
21　（明治十四）年四月二十七日　344
22　（明治十四）年五月二日　344
23　（明治十四）年五月三日　345
24　（明治十四）年五月五日　346
25　（明治十四）年五月七日　347
26　（明治十四）年五月十五日　347
27　（明治十四）年五月三十一日　348
28　（明治十四）年七月十二日　348
29　（明治十四）年七月十八日　349
30　（明治十四）年七月十八日　350
31　（明治十四）年七月十九日　351
32　（明治十四）年七月二十八日　352
33　（明治十四）年八月十八日　352
34　（明治十四）年（　）月（　）日　353
35　（明治十九）年八月二十日　355
36　（明治二十）年三月四日　355
37　（明治二十）年三月十三日　356
38　（明治二十）年四月十六日　356
39　（明治二十一）年一月十日　357

40 （明治二十一）年二月二日……358
41 （明治二十一）年三月九日……359
42 （明治二十一）年四月七日……359
43 （明治二十一）年五月四日……360
44 （明治二十一）年五月十七日……361
45 （明治二十一）年六月一日……362
46 （明治二十一）年六月六日……364
47 （明治二十一）年七月十日……364
48 （明治二十一）年八月七日……365
49 （明治二十一）年九月十二日……365
50 （明治二十一）年十一月二十三日……366
51 （明治二十一）年十一月二十七日……366
52 （明治二十二）年二月三日……367
53 （明治二十二）年二月十四日……367
54 （明治二十二）年二月十六日……368
55 （明治二十二）年七月二十七日……368
56 （明治二十二）年八月一日……369
57 （明治二十二）年八月二十七日……369
58 （明治二十三）年五月八日……370
59 （明治二十四）年三月七日……371
60 （明治二十四）年四月十一日……372
61 （明治二十六）年十二月二十七日……372
62 （明治二十六）年十二月三十日……373
63 （明治二十六）年十二月三十一日……374
64 （明治二十七）年一月五日……375
65 （明治二十七）年五月二十八日……375
66 （明治二十七）年七月二十一日……376
67 （明治二十七）年八月十九日……376
68 （明治二十八）年二月二十六日……377
69 （明治二十八）年三月四日……377
70 （明治二十八）年四月二十一日……378
71 （明治二十八）年七月二十一日……378
72 （明治二十八）年七月二十四日……379
73 （明治二十八）年十月八日……380
74 （明治二十八）年十月十九日……380
75 （明治二十八）年十一月二十九日……381
76 （明治二十九）年二月四日……381
77 （明治二十九）年二月七日……381
78 （明治二十九）年三月五日……382
79 （明治二十九）年十月五日……382
80 （明治二十九）年十一月四日……383
81 （明治二十九）年十一月二十三日……384
82 （明治二十九）年十二月二十四日……385
83 （明治二十九）年（　）月（　）日……385
84 （明治三十）年二月一日……388
85 （明治三十）年二月十二日……389

86 (明治三十)年二月二十四日 …… 390
87 (明治三十)年三月十二日 …… 391
88 (明治三十)年三月二十六日 …… 392
89 (明治三十)年三月三十日 …… 393
90 (明治三十)年四月八日 …… 394
91 (明治三十)年五月十一日 …… 394
92 (明治三十一)年六月二十八日 …… 395
93 (明治三十一)年(六)月(　)日 …… 396
94 (明治三十一)年(六)月(　)日 …… 396
95 (明治三十二)年一月十五日 …… 397
96 (明治三十三)年六月二十日 …… 398
97 (明治三十三)年七月十六日 …… 398
98 (明治三十三)年八月六日 …… 399
99 (明治三十四)年七月二十四日 …… 399
100 (明治三十五)年四月十三日 …… 400
101 (明治三十五)年七月三十日 …… 401
102 (明治三十五カ)年十二月四日 …… 402
103 (明治三十五)年十二月八日 …… 402
104 (明治三十六)年二月七日 …… 404
105 (明治三十六)年二月二十三日 …… 405
106 (明治三十六)年四月八日 …… 405
107 (明治三十六)年七月三日 …… 406
108 (明治三十六)年八月二日 …… 406
109 (明治三十七)年六月二十三日 …… 407
110 (明治三十八)年一月三十一日 …… 408
111 (明治三十八)年七月二十日 …… 409
112 (明治三十九)年二月三日 …… 409
113 (明治三十九)年七月二十一日 …… 410
114 (明治四十)年九月二十一日 …… 411
115 (明治四十一)年一月五日 …… 411
116 (明治四十一)年一月十六日 …… 412
117 (明治四十一)年一月十七日 …… 412
118 (明治四十一)年三月十一日 …… 413
119 (明治四十一)年四月一日 …… 413
120 (明治四十一)年四月六日 …… 414
121 (明治四十一)年四月十四日 …… 414
122 (明治四十二)年五月三十一日 …… 415
123 (明治四十二)年十月二十七日 …… 415
124 (明治四十二)年十一月十九日 …… 416
125 (明治四十三)年三月十三日 …… 416
126 (明治四十三)年九月十六日 …… 417
127 (明治四十三)年十二月一日 …… 417
128 (明治四十三)年十二月八日 …… 418
129 (明治四十三)年十二月十日 …… 418
130 (明治四十四)年二月九日 …… 419
131 (明治四十四)年三月三日 …… 419

132　（明治四十四）年四月十四日……420
133　（明治四十四）年五月二日……420
134　（明治四十四）年五月三十一日……421
135　（明治四十四）年七月十九日……422
136　（明治四十四）年九月十三日……422
137　（明治四十四）年十月一日……423
138　（明治四十五カ）年三月十八日……423
139　（明治四十五）年五月二十二日……424
140　（明治　）年一月七日……424
141　（明治　）年一月十八日……425
142　（明治　）年一月二十日……425
143　（明治　）年一月二十二日……426
144　（明治　）年一月二十八日……427
145　（明治　）年一月二十九日……427
146　（明治　）年二月二十一日……428
147　（明治　）年三月十五日……428
148　（明治　）年三月二十日……429
149　（明治　）年三月三十一日……429
150　（明治　）年四月四日……430
151　（明治　）年四月二十六日……431
152　（明治　）年五月二十一日……431
153　（明治　）年五月二十二日……432
154　（明治　）年六月十一日……432
155　（明治　）年六月十三日……432
156　（明治　）年六月二十一日……433
157　（明治　）年六月二十五日……433
158　（明治　）年六月二十五日……434
159　（明治　）年七月三日……435
160　（明治　）年七月四日……435
161　（明治　）年七月十一日……435
162　（明治　）年七月十三日……436
163　（明治　）年八月二十六日……437
164　（明治　）年九月九日……437
165　（明治　）年十月二十七日……437
166　（明治　）年十一月十九日……438
167　（明治　）年十一月二十一日……439
168　（明治　）年十一月二十七日……439
169　（明治　）年十二月三日……440
170　（明治　）年十二月二十三日……440
171　（明治　）年十二月二十六日……441
172　（明治　）年（　）月（　）日……441
173　（明治　）年（　）月（　）日……442
174　（大正一）年十二月三日……442
175　（大正二）年四月十一日……443
176　（大正二）年六月十九日……444
177　（大正三）年十一月三十日……444

178（大正三）年十二月二十四日……445
179（大正四）年一月七日……446
180（大正四）年五月十三日……447
181（　）年一月十日……448
182（　）年一月十三日……448
183（　）年二月二日……448
184（　）年二月五日……449
185（　）年二月十二日……449
186（　）年二月二十六日……450
187（　）年三月八日……450
188（　）年三月十七日……451
189（　）年三月二十八日……451
190（　）年三月二十八日……452
191（　）年三月二十九日……452
192（　）年四月二日……453
193（　）年四月十六日……453
194（　）年四月十八日……454
195（　）年四月二十日……454
196（　）年五月三日……455
197（　）年五月十七日……456
198（　）年七月十五日……456
199（　）年七月二十一日……457
200（　）年八月一日……457
201（　）年八月二十九日……458
202（　）年九月二十二日……458
203（　）年十一月九日……459
204（　）年十一月十四日……459
205（　）年十二月六日……460
206（　）年十二月十三日……460
207（　）年十二月二十日……461

45　鍋島英昌……461
1（　）年六月二十九日（大隈重信・綾子宛）……461

46　西岡逾明……462
1（明治二）年十一月一日……462

47　西久保紀林……463
1　明治二十二年十月二十二日（大隈家家令宛）……463

48　野村盛秀……463
1（慶応四）年九月二日（大隈重信・井上馨宛）……463

49　土方久元……463
1　大正三年十月十六日……463

50　深川亮蔵……464
1（明治　）年六月八日（大隈家家扶宛）……464

51　古川氏潔……464
1（　）年四月十九日……464

52　古川源太郎……464
1（明治二十）年一月二十五日（大隈家執事宛）……464

53 松方正義……465
1 （明治七）年（一）月十八日……465
2 （明治七）年十月十七日……465
3 （明治）十一年七月二十五日（大隈重信・伊藤博文宛）……466
4 （明治十四）年三月二十五日（大隈重信・伊藤博文宛）……467
5 （明治三十）年十一月一日……467
54 松田正久……468
1 （明治二十一）年九月二十三日……468
55 馬渡俊猷……469
1 （　）年九月二日……469
56 牟田口通照……469
1 （明治二十二）年三月二日……469
57 陸奥宗光……469
1 明治六年五月十七日……469
2 （明治二十一）年八月八日……470
58 望月小太郎……472
1 大正五年一月二十五日……472
59 本野盛亨……473
1 （明治）十三年一月八日……473
60 柳原前光……473
1 （明治七）年一月二十九日……473
2 （明治七）年三月二日……473
61 山尾庸三……474
1 （明治四）年五月十八日（大隈重信・伊藤博文宛）……474
62 山県有朋……474
1 （大正四）年二月二十日……474
63 山口尚芳……475
1 （明治四）年一月十六日……475
64 吉井友美・門脇重綾……475
1 （明治二）年八月七日（大隈重信・伊藤博文宛）……475
65 吉田清成……476
1 明治八年（二カ）月十八日……476
2 明治八年十二月二十二日（大隈重信・松方正義宛）……476
3 （明治）九年一月七日……477
4 （明治九）年九月二十二日……479
5 （明治）十年五月二十三日……479

1384　横田国臣書翰　大隈重信宛

（明治三十一）年七月九日

謹啓　御面陳可申筈の処近日は殊更御用繁の義と存候間、一応書中を以て御報道申上置候。
一　大東氏に対する告訴事件は別紙古賀検事の報告に依れは最早無実なること明白にして、既に機先を制するを得たる以上は新聞等にて喋々するも意とするに足らさる事に候。
一　昨日横浜検事正の報告に依れは、同港に於て汽船火夫独逸人途上に殴殺せられ候趣、居留地中横浜長崎神戸に於ては時々容易ならさる交渉事件の起るあり。内務省へは是迄屢是等の地方警察を行届かしむる様注意いたし候へ共何分其運に至らす、就中神戸の如きは常に外字新聞の喋々する所にして此際閣下より一層の御注意相願度候。
一　法典調査の義は至急御着手相成候様致度、兼て司法省に於て取調居候刑法は既に脱稿し、刑事訴訟法も殆と脱稿に相成居候。此二法は是非とも次期の議会に提出致度、さなくては条約実施に頗る差支有之候事と存候。副総裁をさへ御撰任相成候はゝ何時にても着手に難からさることゝ存候。最早取調の事項も殆と相定まり候義に付、何人にても副総裁を勤むるに困難も無之義に存候。右至急申報致度如此に候。早々敬白

七月九日　横田国臣

大隈閣下

〔編者註〕日本史籍協会編『大隈重信関係文書』第六巻一八三頁には明治三十年七月九日とあり。

1385　横田鍬太郎書翰（電報）　大隈重信宛

（明治）三十一年七月二日

受信人　ワセタハクシヤク　ヲホクマシゲノブ
発信人　フクシマケンオオヌマグンテウ　ヨコタクワタロ
発局　私報
イワシロ　タカダ局
第一号
七月二日
受付　午セ七時四五分

十字
着局　受信　午七十時五分
日附印　卅一年七月二日
着第四四号
ゴエイニンキンカス
御栄任謹賀す。福島　横田桑〔鍬〕太郎

1386　横山一平書翰　大隈重信宛

（　）年（　）月八日

謹啓　時下秋高之候益御清栄奉大賀候。然者小生例年於野州日光猟場小禽試網罷在候処、当年者殊の外薄猟に而軽微之至に候へ共任到来呈貴厨候。御笑味被下候はゝ幸大之至に存候。草々恐具

八日　横山一平

大隈伯爵閣下

1387－1　横山勝左衛門・檜垣彌三郎書翰　大隈重信宛

（明治二）年四月六日

以手紙啓上仕候。然者明七日フツより十字差支無御座候旨返答御座候間中納言被相越候に付、此旨可申上様被申付此段可申上如斯御座候。以上

四月六日

〔巻封〕大隈四位様　横山勝左衛門　檜垣彌三郎

1387－2　横山勝左衛門・宍戸平六書翰　大隈重信宛

（明治二）年四月十一日

以手紙啓上仕候。向暑之砌御座候得共愈御安泰被成御勤務珍重之御儀に奉存候。然者中納言より自書被差出候間則為持上候間御落手可被下候。此段私共より宜得貴意旨中納言被申付如是御座候。以上

四月十一日

［巻封］大隈四位様　伊達中納言内横山勝左衛門宍戸平六

［編者註］本書翰は、本書第七巻759－3伊達宗城書翰の添書と考えられる。

1388－1　横山貞秀・平井希昌書翰　大隈重信宛

（明治二）年二月一日

一筆啓上仕候。然者去月十日参与之重職外国官事副知〔ママ〕之大任被仰蒙候趣遥に拝承、小夫等不勝抃賀之至奉存候。右為敬賀愚札呈上仕度如斯御座候。謹言

二月朔日

横山又之丞貞秀［花押］

平井義十郎元寧［花押］

大隈四位殿

1388－2　横山貞秀書翰　大隈重信宛

（明治三）年四月二十一日

拝啓　滞京中は屢参館、殊に御懇命相蒙難有奉多謝候。右御礼為可申上如此御坐候。恐惶謹言

四月廿一日

横山大属謹具

大隈民部大蔵大輔殿御侍者中

再啓仕候。当港碇泊船頃日廿七八艘に而、一体出入之数は格別不減候得共輸入は十の八余唐米大豆に而収税高不相進。就而者聊に而も入出税其外御収納之廉漏楽無之様一同奮発勉励罷在候仕合に御座候。右之景況旁松浦郡代地之儀は何分可然御評議於私共義深厚奉懇願候。

横山大属頓首百拝

1388－3　横山貞秀書翰　大隈重信宛

明治四年六月十七日

粛啓　酷暑之候益御清適御奉職被遊候段恐賀仕候。不相換公務御多端御苦神之趣、為皇邦分応御自愛迢に奉禱候。当県も近来指而相変候儀無之貿易不進、支那人耳売買致居候形勢に候。併其割に者当五月迄輸出入税金三万三千両程御収納有之候。新聞紙御覧済にも候半歟為試拝呈仕候。右時候奉拝伺度。恐惶謹言

辛未六月十七日　横山貞秀頓首

大隈参議殿御侍者御中

1388－4　横山貞秀書翰　大隈重信宛

明治四年八月十二日

粛啓　秋冷之候益御清適御奉職奉敬賀候。然者今般未曾有之御果断全国之耳目一洗、乍恐奉千祝万賀候。此上は衆心合致方向相定猶更皇威振起候様奉祈上候。当県も官員総而薙髪国祭に旧復農籍加入之儀相願、尋而貫属士族卒十之九は農商入籍願出候。御笑察可給。宮川権知事別而民政向配慮罷在候故、逐日御安慮之域に臻候様一同企望仕候。貿易も衰微に候得共、輸出入税開港以来に比視候に近年は相進候方に而、当年も七月迄御収納高金四万七千有余両有之候に付、弥勉励漏税無之様可致頻に鼓舞罷在候。偖昨春伺候之折貫属之者御所分之儀に付歎告仕候節、府藩県一途一治之御卓論聊拝聴仕候処至今日開蒙奉感佩候。此節御用筋為伺松村少属出京仕候間御仁顧奉願候。尚為皇邦永久御壮栄奉禱候。此段恐懼謹言

辛未八月十二日　貞秀

大隈参議殿御侍者御中

1388−5　横山貞秀書翰　大隈重信宛

明治四年十二月十一日

粛啓　寒威強大之候益御清適奉敬賀候。然者私儀今般当県七等出仕拝命、難有仕合恐縮之他無御座候。宮川権令帰県後尚更奮発、是迄之官員凡半数相減彼是釐正御趣意徹底候様頻に心配仕合、併旧県大参事等江も万緒談判致居候。不相換国事御多端御苦胸被遊候半、為上下永久御幸栄奉禱上候。此段恐惶謹言

辛未十二月十一日　横山貞秀頓首

大隈参議殿御侍者御中

1388−6　横山貞秀書翰　大隈重信宛

明治五年七月十一日

寸楮奉恭呈候。酷暑之候益御清適御奉職奉敬賀候。追日開化進歩之形勢寔以恐悦之至奉存候。連続国事御苦神不尠儀と乍憚奉拝察候。為皇国永遠之御壮栄迢に奉祈候。当管内指而相変儀無之、過日来旱天打続白黒干等之届致候郷村も有之候得共、当七日八日に雨降相応湿地、唯今之模様に而者登穀も可也に可有之、当港輸出入税額も正月以来毎月七千金余之平均に相昴候。合併地も旧藩習追々滅却候運歩に御座候。可成速に一県同等に相成候様其辺一同心配仕居候。此段拝候旁恐惶謹言

壬申七月十一日　横山貞秀頓首

大隈仁閣下御侍者御中

再啓仕候。毫烟一包拝候之験献呈仕度、御叱留奉懇禱候。

1388−7　横山貞秀書翰　大隈重信宛

明治六年五月二十三日

粛啓　益御清適御奉職奉恭賀候。陳者今般政府御変革之際皇城御炎上、夫是不容易御苦神可被遊奉恐察候。当地近頃指而異状無之候得共管内頑固輩不尠、追々説解仕候に如意

御趣意充分難徹通困苦仕居候。御笑察可被降候。闕下景況昨日林海軍大佐に面接粗承知安意仕候得共、当県八等出仕渡辺亨別簡遣候間愚考仕候に如此痴徒多々可有之、因而御含迄奉呈電覧候。此段恐惶謹言

明治六年五月廿三日　　横山貞秀 ㊞

大隈参議殿下御執事中

[別紙]

渡辺亨書翰　横山貞秀宛

（明治六）年五月二十三日

拝呈　今日者早朝より頭痛難渋何分出頭難致御断申上候。扨昨日平門之片山尚絅参り、平戸より士族中撰人に而四五名着崎、右者当今東京従四位之家徒共より申越候義有之、当便より上京致候旨申出候。僕押て相尋候に者東京より之報知者何等之事なるやと。答て謂、島津氏上京以来風俗大に変し邦県論盛なり定而時勢も回復可致と之儀申越候趣、右に付平戸に於て衆議相成四五名之者人撰に而上京に決し候と之事也。平戸之人気素より渇望する処是迄彼是と紛紜有之候も、全士族共煽動に出候事に而此勢弥増衆議をして東京へ出すと云ふは実に御同前困り候者に御座候。今日之形勢只平門のみならす御管内にも此類なきにしもあらす。実に朝過進歩之防害と存候得者、御管内其他鎮西中之模様御聞取丈之処大政府之御心得にも可相成歟と存候得者御申立相成候而は如何。心付候儘申上候。早々頓首

五月廿三日

[巻封] 横山権参事殿乞御親披　渡辺亨

[編者註] 別紙は早稲田大学図書館所蔵「大隈文書」ではB3438として整理されているが、内容から本書翰に付随するものとした。

1388-8 横山貞秀書翰　大隈重信宛

（明治七）年五月五日

粛啓　現今英領事登関談話中、本月二日横浜発出之電報昨夜落手候処此節清国政府に於て異論有之風聞に付、英国船舶を車(社)寮港辺に当港より往返之為貸渡、或は日本船艦彼辺に到る為め英国従民之傭役等は差許間敷様同国公使申越候に付、自今日本政府と清国政府熟議相整候迄は船幷人共被傭候儀は差止可申、又六七日前厦門を開帆して一昨日入港

せし英軍艦（アイロンデユーラ号）中之説に、清国政府に於て厦門口より許多之軍兵を台湾地に出発せしむる結構有之趣申聞候。右御参考之一端に可相成哉不取敢奉敬告候也。

五月五日午時

貞秀謹上

大隈長官閣下乞御親展

1388―9　横山貞秀書翰　大隈重信宛

明治七年五月十八日

粛啓　車寮高砂両号共無滞開帆相成御休襟可被遊、然に車寮号試運転之節英帆前商船ミストルツー号に衝突し船服船舷等破損せしめしは全く当方の過にて、英船は碇泊の船に有之候処同船近傍に於て運転中後退の号令を電線を以て為せしに謬伝して機械を前進に作せしより此過失を起せし趣無致方次第に御坐候。陳者御滞坐中殊更御寵顧を蒙り銘肝奉感佩候。御帰京後連続御苦神可被為在奉迢察候。却説御滞坐中の儀に付地方の一名他に対し頻に誹謗する由伝承仕候故、既に一名は疾く上東京致居候故如何なる構讒〔讒構〕あるも難計、是等は聊屑とも不被思召候と奉存候得共是迄意外の策略あるを及見聞居候間、杞憂之余奉拝告候。此段恐懼謹言

明治七年五月十八日

貞秀頓首

大隈長官高閣下

1388―10　横山貞秀書翰　大隈重信宛

明治七年六月二十六日

粛啓　当便渡辺与一郎列より新紙類当方に不差遣直に進達候儀と存、重複相成候哉難計候得共付嘱之申報九冊奉拝送候也。

明治七年六月廿六日

貞秀

長官公閣下

1388―11 横山貞秀書翰 大隈重信宛 （明治）七年七月三十一日

元一第百三十三号〔朱書〕
品川領事より之第十二号〔朱書〕来翰并別翰壱緘拝送仕候也。
七年七月三十一日
横山租税権助
大隈長官殿

1388―12 横山貞秀書翰 大隈重信宛 （明治七）年八月八日

李仙得の事にて本日厦門より上海へ有功丸出帆する事に決したれと、緊要なる廉有て今両日程出帆出来ぬと厦門より只今電信有りと品川領事より電信す。
八月八日午後四時五十分発す
横山租税権助
大隈長官殿

1388―13 横山貞秀書翰 大隈重信宛 （明治）十一年四月五日

粛啓　今日入札払二千石余之落札価額、左に為御考慮奉拝告候也。
十一年四月五日夕
貞秀拝具
長官公閣下

子遠州下米　自金六円四拾七銭壱厘　至同六円四拾銭
同同州中米　自金六円拾五銭　至同五円九拾五銭
同尾州中米　自金六円弐拾五銭　至同六円六銭
同肥前中米　金六円拾弐銭
同武州中米　金五円六拾弐銭五厘
以上

1388-14　横山貞秀書翰　大隈重信宛

（明治）十一年四月十四日

粛啓　春光爛熳之候閣下益御清穆奉欽賀候。陳者頃日は尊館へ聖上御臨幸之趣敬承、御栄燿之程恐悦至極奉存候。却説尊館御新築拝賀之表而已此品奉献呈度、御叱納被下候はゝ欣躍之至。此段頓首謹言

十一年四月十四日　　貞秀拝上

長官公閣下侍史

追啓　北京在勤渡部与一郎来翰、聊清地景況御参考之為相副奉呈電覧候。

1388-15　横山貞秀書翰　大隈重信宛

（明治）十二年三月十二日

粛啓　本日落札価格別紙之通にて入札人も不少有之候。此段奉拝告候也。

十二年三月十二日夕　　横山貞秀拝具

長官公閣下

1388-16　横山貞秀書翰　大隈重信宛

（明治）十二年八月十五日

粛啓　暑威猛烈に候処益御清安奉欽賀候。陳者本日御払米落札価格別紙之通有之候間、不取敢奉拝告候也。

十二年八月十五日　　貞秀拝具

大隈長官閣下

［別紙］

記

丑寅各州

一　米弐千九百六拾石弐斗六升弐合

内

丑長門米　六百七拾三石壱斗
　高価七円八拾七銭五厘
　低価七円六拾九銭
丑筑前米　百三拾七石九升四合
　八円壱銭三厘
寅越中米　弐千百五拾石六升八合
　高価七円六拾六銭
　低価七円四拾五銭
右之通有之候也。
　八月十五日

1388-17　横山貞秀書翰　大隈重信宛

（明治）十二年十月八日

粛啓　本日御払米は前回之不景況に反し頗る景気能旧新入札人倍数に及ひ、前回は六七円台之入札多々八円台寥々之処、本日は六円台一葉も無之七円台少数有之候而已。則落札価格別紙之通相成候。右不取敢奉拝告候也。
　十二年十月八日夜
貞秀頓首
長官公閣下

［別紙］
　記
丑寅各州
一　米五千百七拾六石五斗五升
　内
丑秋田米　六百五拾七石八斗四升
　高価六円八拾五銭
　低価六円五拾六銭六厘
丑因州米　四百三拾八石七斗三升
　同　七円弐拾弐銭五厘
　同　七円拾九銭五厘
丑庄内米　六百七拾石八斗五升三合
　同　六円八拾銭
　同　六円五拾六銭五厘
丑越中米　千九百九石三斗四升四合
　同　七円六銭
　同　六円八拾弐銭五厘
丑豊前米　八百九拾弐石弐斗弐升五合
　同　七円拾壱銭

同　六円九拾銭
寅豊前米　五百五拾七石九斗八升四合
同　六円九拾弐銭五厘
同　六円八拾三銭
丑豊前越中庄内沢手米　四拾九石五斗七升四合
同　七円九銭
同　六円七拾六銭六厘
右之通り

〔編者註〕別紙は早稲田大学図書館所蔵「大隈文書」では本書翰に付随するものとして整理されているが、別書翰のものである。

1388−18　横山貞秀・平井希昌 書翰　大隈重信 宛

（明治　）年一月十五日

新春之御吉慶不可有際限御座候。先以益御勇健御越年被成御座珍重御儀奉遥賀候。次に私共無異消光罷在候条、乍憚御休襟可被下候。右年首御祝詞申上度捧愚札候。尚奉期後喜之時候。恐惶謹言

正月十五日

横山又之丞貞秀 花押
平井義十郎元寧 花押

大隈八太郎様侍史

猶以春寒未難去之候候間御自玉専一奉存候。随而軽微之至御座候得共唐筆廿枝進呈仕候。御笑留奉祈候。

1389　横山正脩 書翰　大隈重信 宛

（明治）三十一年九月十四日

拝呈　時下逐日秋冷相催候処高堂被為相揃益御多祥被為渡恭賀此事に奉存候。両三年前日本郵船会社に相勤申居候節に者時々尊容に相接仕り御高教を仰き奉り囲碁夕宴の御席末を汚し候事も御坐候処、其後俗事の多端に駆られ久敷御起居御伺不申上多罪之至に奉存候。小生郵船会社々長更任後壮年の客気に駆られ爾来多く者不平の念にのみ制せられ、且つ今日実業界に於ける競争者到底魯愚の堪ふる能はさる事を観念仕り、昨春遂に会社を相去り申候。然る処其後過而再ひ人に誘はれ実業上の経営相謀候へ共、何の功績も無

御坐着々失敗に相終申候。爾来全く実業従事のことを断念仕り従前の如く力行研修、其得る処を以て世に相立候事の寧ろ小生の素性に相適候様観念仕候間、専ら閑居研修の中に尚両三年を相送候考にて、先般来当方辺僻之処に寄寓養気研究相勉居申候。

此節新聞紙上に於て鉄道国有論の起候事承知仕候処、此問題に就而者嘗而聊か研究相試み候事有之、去る明治二十六年末本野一郎氏の依頼により起稿仕候事も御坐候。同年十二月国民の友に搭載仕候。偖此問題に就而ボーリュー氏の記述者甚た要点を穿ち居申候様被存候間、此際翻訳御高覧に供へ候。御一読之栄も賜はり候へは幸甚此事に奉存候。小生今者唯閑居研修之為に消光罷在候間、若し仏学を以てする御調査物等も御坐候節に者何卒御申付被下度希願此事に御坐候。従来不遇之生高教之下に身心を役するの処を得者幸栄不過之奉存候。恐惶拝具

九月十四日　横山正脩

大隈伯爵閣下

尚奉祈高堂之万福候。

［封筒表］伯爵大隈重信閣下
［封筒裏］府下荏原郡大森八幡池出兵助方　横山正脩　三十一年九月十四日

1390—1　吉井友実書翰　大隈重信宛

（明治二）年八月六日

御清適奉敬賀候。今日者御透被為在候はゝ少々御談いたし度儀有之、参拝可仕何時罷出候而宜候哉、為御知可被下候。此旨奉得貴意度。匆々敬首

八月六日

［巻封］大隈民部大輔殿　吉井弾正大忠

1390—2　吉井友実書翰　大隈重信宛

（明治二）年九月十七日

暫者不得拝顔候処御所労之由如何被為在候哉、折角御加養奉祈候。扨薩藩贋金之高幸輔より国元会計方之者江内分尋越候処、今般内田仲之助便より返答申遣候。概算百五拾万と申来候間、極内分先生迄御胸算之為御通し申上置候。宜

く御含居可被下候。猶追々外藩をも探索相分候はヽ可申上候。何れ拝顔旁可申承候也。

九月十七日

［巻封］大隈民部大輔殿御親披　　吉井弾正少弼

1390-3　吉井友実書翰　大隈重信宛

（明治三）年十月八日

別紙唯今相届御先きに開封、則差上申候間御落手可被下候也。

十月八日

［巻封］大隈参議殿　　吉井民部少輔

1390-4　吉井友実書翰　大隈重信宛

（明治十一）年六月十六日

貴書拝見。然は明十七日午後四時より参館いたし候様拝承仕候。刻限より参上緩々可申承候。佐々木土方江も申通候処、佐々木此内より眼疾に而快く候はヽ参上可致との事、土方は可罷出旨申来候。右御請如此候也。

六月十六日　　友実

大隈重信殿

1390-5　吉井友実書翰　大隈重信・松方正義宛

（明治十二カ）年十一月八日

各位　御清適奉賀候。然者兼而御保護に預り候彼製造所も粗体裁相備り候間一日御都合を以御見分相願度、御閑暇之折前日為御知被下度希望候。扨亦東京長崎両所におひて消費之薬品代価一ヶ年凡五万円に相及ひ候に付、彼清水某断然辞職製薬いたし度所存に而詳細河瀬局長江申出置候由、今少し資本御下け相成候はゝ屹と成功を奏し可申候間急に御評決被下度、猶委細者局長より上申相成候事と存申候。此段御願申上度如此候也。

十一月八日　吉井友実

大隈殿
松方殿

追而松方殿小坂鉱山江も御踏入之由如何候哉、定而御気に入候半と相察居候。

1390―6　吉井友実書翰　大隈重信宛

（明治　）年三月十八日

謹呈仕候。益御安泰可被成御奉職奉拝賀候。陳は長崎大浦慶より雲丹一壺差上呉候様申越早速差出可申筈之処、彼是打過甚延引仕候得共御落手可被下候。取急右耳。匆々拝具

三月十八日

〔巻封〕大隈公閣下　吉井拝

1390―7　吉井友実書翰　大隈重信宛

（明治　）年五月二十七日

拝啓　愈御清適奉抃賀候。然は禁苑拝見之儀御申越之趣拝承。右は近時は勅任官及各国交際官に限り別紙証札に掲載之通吹上浜禁苑拝看被差許居候間、賢台御拝見之事に取計則別紙看苑証五枚差出候。拝看時刻心得等者証札に記載之通御心得相成度候。此段貴答旁得貴意候。敬具

五月廿七日　友実

大隈重信殿

追而御門出入之節証札を門衛へ御示し相成度、且拝看済之上は賢台より小生へ御返却相成度候。人員は三名と御申越に候へ共、自然不足も可致哉と存五枚差出候。

〔封筒表〕従三位大隈重信殿
〔封筒裏〕吉井友実

1390－8 吉井友実書翰 大隈重信宛

（ ）年（ ）月六日

拝呈仕候。陳は只今火船入港之由豊州行之尊藩御船に無之哉、一寸相伺申候。

六日

〔巻封〕大隈大兄坐下 吉井

1391－1 芳川顕正書翰 大隈重信宛

（明治六）年十二月二十四日

昨日致進達置候二名進級之儀に付過時参省之上尚又申上候所、当寮奏任官過多之御沙汰も有之候得共、其節も申上候通渡辺七等出仕を他方江御転被成下候はヽ其代りに可相成事故過多之訳にも無之、併し転任等も只々相片付可申訳にも難参方と奉存候間、其二名之内壱名丈は来春にも相成渡辺転任後に御採用被成下候ても不苦候間、即今之処にて者小林権介を御進級被成下候得者可然と奉存候。右御承知被成下其様御沙汰被下度奉願上候。右申上候也。

十二月廿四日

〔巻封〕大隈公閣下至急 芳川紙幣頭

1391－2 芳川顕正書翰 大隈重信宛

（明治六）年十二月二十七日

其後者益御清適にて御奉職被為在御坐珍重之御儀奉存上候。陳者近来愈々御多忙之折柄万々恐縮之至奉存上候得共、御承知通り当春以来僂麻質症にて時々胸背痛等相発し、甚以緩慢症に困却之余り別紙願書差出度候間、閣下可然様御取計被成下度奉願上候。尚其内にも参殿従来深御世話に相成候御礼可申上候。右迄得貴意度如此に御坐候。匆々頓首

十二月廿七日

〔巻封〕大隈大蔵卿様乞親展 芳川顕正

［別紙］
私儀是迄不顧不肖奉職罷在候処当春以来僂麻質病に罹り時々胸背痛を発し、時としては四肢に連及し起居坐臥等にも屈伸充分之自由を不得候より何分当務精勤難仕。就ては寛々療養相加申度候間一先職務御免被仰附度、此段奉願上候也。

明治六年十二月廿七日　　紙幣頭　芳川顕正㊞

史官御中

［封筒表］願書　芳川紙幣頭
［編者註］別紙は早稲田大学図書館所蔵「大隈文書」ではB3285として整理されているが、内容・日付より本書翰に付随するものとした。

1391－3　芳川顕正書翰　大隈重信宛

（明治七）年一月二十九日

過日者参殿種々高話拝聴難有仕合奉存上候。陳者其節御話有之候小林進退之儀昨朝来訪之節高諭之通逐一申聞候処、退而熟考之上返答可致被申置其儘帰宅仕候。拙生之考に者不相変何とか異議申出候事に被存候に付而者、此上者同人之意に任せ進退御聞届相成候方却而御都合之事と被存候。併し此辺之儀に付而は閣下之御見込も被為在候御事と者被存候得共、過日以来之形行一応申上度如此に御坐候。恐惶謹言

一月廿九日

［巻封］大隈公閣下　　芳川顕正

1391－4　芳川顕正書翰　大隈重信宛

（明治十三）年五月八日

御清佳奉恭賀候。昨日御約束申上候通、本省十三［年脱］度予算概略書差上候間御落手被下度候。尤此節伺中之巴里府に可取立領事館経費書加候に付、昨朝差上候分よりは多少増額に相成候に付其御含を以御覧願度候。右得貴意度。匆々拝具

五月八日

顕正

大隈参議殿

（早稲田大学大学史資料センター所蔵）

1391－5　芳川顕正書翰　大隈重信宛

（明治二十一）年六月四日

拝啓　愈々御清栄奉恭賀候。陳者過頃来は蜂須賀身上之義に付度々志願之義願上試候処、直に御承諾を蒙候就其旨本人へ申聞候処、深く御厚意に感し恩命之下るを日夜相待居申候。右者爾来如何之御都合に御坐候哉。過日之高話に依れは直に御相談済に而更に故障も無之趣、果然らば何卒早急御運被成下候儀は相叶間布哉。実は度々申上候は催促ヶ間布不敬不少と恐縮候得共、御承知通り平人と違い一意其事のみを按居候旁、何卒事情御洞察被成下速に為御運被下候はゝ無限仕合に奉存候。右御依頼申上得貴意度。匆々拝具

六月四日　　顕正

大隈大臣閣下侍史

1391－6　芳川顕正書翰　大隈重信宛

（明治二十一）年六月九日

拝啓　蜂須賀身上之義に付而は兼而奉煩御高慮置候処快然御採用を賜り、今朝之官報に依れば昨日元老院へ被転候趣、是偏に閣下御尽力之所為と深く御礼申上候。本人に者未だ面会不仕候得共定而大満足ならんと被察申候。何れ参殿之上御礼可申上候得共、不取敢以書中一応謝辞陳述仕度。匆々不具

六月九日　　顕正

大隈大臣閣下侍史

1391－7　芳川顕正書翰　大隈重信宛

（明治　）年二月八日

爾来益御清穆奉拝賀候。過夕は雁行に列し多幸之至奉存候。近来者如何、嘸々万般御多忙之御事奉存上候得共、御都合宜布御坐候はゝ兼而御話申上置候通明九日夕四字頃より拙居江御来臨被成下間布哉。尤井上渋沢其外一二人来会之積に御坐候間、何卒尊台御繰合之上御来臨被成下度偏に奉希上候。右迄得貴意度如此に御坐候。恐惶謹言

二月八日

〔巻封〕大隈公閣下　　芳川顕正

1391－8　芳川顕正書翰　大隈重信宛

（明治　）年二月九日

益御清適奉拝賀候。陳者近来御多端之折柄奉恐入候得共、昨日書状を以鳥渡申上置候通何卒御繰合之上、本日午後四時頃より拙居江御来臨被成下候様奉希上候。尤昨日申上置候間御承知被成下候方奉存上候得共、折悪布御留守中之趣に付尚又為念此段申上候間左様御承知被下度奉存候。右得貴意度如此に御坐候。恐惶謹言

二月九日

〔巻封〕大隈様　　芳川顕正

1391－9　芳川顕正書翰　大隈重信宛

（　）年四月三日

拝啓　来五日晩餐之高招を蒙り既に御請仕置候所、同夕は俄然不可避要用出来候に付万々残念之至に候へ共御断申上度、不悪御承知被下度候。御懇情之段は何れ参殿之上可奉万謝候。右得貴意度。匆々頓首

四月三日　　顕正

大隈重信様侍史

1392-1　吉沢源次郎書翰　（大隈重信）宛

明治三年五月一日

未奉拝尊顔直奏内願仕高慮之程難計奉恐入候次第に者候得共、兼而御高名御重任被為在候儀遥に奉伺居候。誠私儀去冬不慮辱も蒙徴命候段難有仕合奉存候。依之右因縁を以今般不顧恐慮奉内情一書候。何卒窃に御聞届被成下置候様奉懇願度、則左に陳述仕候。抑私儀一昨年中一旦帰田仕未た農商難決、東京府中之一浮民に而太田澗水と改名一先市居之人員に加り罷在候節、高知藩細川潤次郎江（大学校権判事）献言一書相托候処、今一通待詔局江可差出旨同所少監秋月公御差図之趣申聞候間、則同所江差出申候。然る処七月五日猶又民部官江持参可致旨御沙汰に付、即日御同所江差出置候儀に御坐候。其後御沙汰無之、勿論昨春中より帰静在職之内沙汰有之、同月下旬彼地江引移沼津に而在職仕候。然る処居宅不定漸十月廿一日沼津新田農家江転寓仕候処、同月廿八日（民部大蔵）省江出仕可仕旨静岡藩知事江御沙汰之趣にて申渡有之候。右御用筋を素より心得不申候得共、前書献言之儀にも可有之哉。何れにも役筋迄速に御請仕出府用意仕発程之達相待居候処、豈計乎重而御差留之令旨を賜り遂に出府も不相叶、就而者旅装散財も誰か償哉。若官員に拝命可相成候事にも候はゝ甚遺憾且失望之至奉存候。乍去前車之覆後車如何、因而一応素志言上仕度不取敢旧臘既に細川潤次郎方迄申遣、同人を以委細之事情を表せん事を相托候処去秋既に御役御免、以来在官知識之者甚少弁解行届不申。乍併此上可然機会も候はゝ素志貫徹いたし候様精々心懸可申旨春来答書差越候得共いまた入御聴申間敷御座候。依之私弟に而其儀一代在職仕居候赤松大三郎（父存知有之、赤松苗字相乗事私手前に罷在候）昨冬中御沙汰有之、当三月中東京出府便宜を以、別紙之通り内願一書相托候処、同人兵部省奏任被仰付即今繁務に而延引相成居候哉是以いまた何共不申越、追々延引于今素志貫徹不仕。其儘打過候も更に千歳之遺憾と奉存候間、背公法に者似たれとも一応直奏仕度、微衷御隣（憐）察被成下何卒御厚恩を以乞蘇息之恩をなさん事を。尤同藩士中障碍気配も有之急速申渡無之候間、万々一御再令下賜候事相叶候儀に御座候はゝ、重而者至急出府可申付旨静岡藩知事江御沙汰被成下候様仕度奉存候。依之微衷を表し伏而殿下に希望する処也。倘察微言。拝具謹言

午五月朔日

静岡藩沼津住　吉沢源次郎

［編者註］本書翰には早稲田大学図書館所蔵「大隈文書」A79が

別紙として付随するものと考えられるが、紙幅上省略した。

1392－2　吉沢源次郎書翰　（大隈重信）宛

明治三年五月十三日

先書既に微衷概略を表し今又残衷を尽さんと、不奉伺尊慮屢奉煩高聴候段重々奉恐入候得共、何卒衷曲御諒察奉希度、則左に申上候。扨去冬中御両省之令旨を下し賜り其後問合も無之内重而御差留に相成候へは、此事最早別段可申上儀も無御坐候得共、兼而献言仕置候趣も有之候間定而右等之御尋にも可有之哉。此主意柄心得不申候間猶献言之主意幷従前之事共窃に陳述仕候。抑天保癸卯年間僅七歳之頃なりしか父之役に従ひ碕墺に在住する既五年、其後安政甲寅年間墨夷使節阯理之下田港江来舶せし折柄再ひ此役に窃に陪従せし処、父に而ありし人は前規旧律見込之廉不被行由を以退職いたし候由。其後私儀学校大試に会し登科之後主簿長たりし時既に横浜開港之論議あり、社中江策文之令ありし折柄別紙拙策一書差出候。

但此策文は未た開港以前之事に而最早沈腐に者候得共、則其頃既に行われしにや其法いまた止まさるに似たり。

旧幕之節献策の初に御坐候。

既に横浜開港之期に望て初而外国交際上に関係する事既八年、其年間商社税官を兼たり。其後海軍盛業之機に望み製鉄機会〔械〕所取建に付而者外国人江専ら関係し、且会計筋ある由を以一先海軍局之人員に転し候処無程此事廃止となり、遂に局中窃に脱艦之企有之旧友旧交同盟せんとの事なれと、更に後来者見込も無之而已ならず現在主命に違背する事なれば争て従事するを得んや。於是暫世態時変を待んと疾病に託言し、遂に退職帰田之後改名して農商之間を遊泳し真に天下之逸民になりしかは、此頃横浜輸出品之事に而頼みに応し上野両州遊歩せし後、偶一官人之来りて外国情態幷商社税官之法を尋ねしに猶見込之廉も有之候は丶、方今御一新之折柄献言可致旨申勧候得共、今乎公事に関係せすして強而献言せは人之訛言も煩敷、如何せん此事を即答に及ひ難し。因而先物語せん。扨余歳三十既に半に満てり。其年間之事跡を想像し彼我之情態時変を一瞬すれば夢のことし。世平閲する処之書冊と自ら点験する処を一括して見れ者、今之夷は則古之夷にあらず。昔は我か国之富饒外夷に勝れり、今乎外国之富饒返而我国に勝れるに似たり。其世変かくのことし、人物生貨之至盛を見るへし。是他なし商法に長したる故也。今我国商売は只一己之利益を計り全国之利害を顧みず。仮令は一朝少利を得るとも夕に損失多し。於是乎其交際上に関係する有司は亦如何そや。鎖国之風習を唱ひ旧規古律を主張し、方今外国士民之形情商法に暗くして通商税官に関係すれ者なり。因而私易商法開港開業日に増月に盛なりといへとも、其実は国之疲弊を重るに似たり。是則奸吏奸商私曲之害あれ者なり。是故管轄する処の有司愚直なるものは奸商之為に欺れ、狡智あるものは奸商其隙を窺ひ、遂に餌して窃に馴合を生じ猾吏奸商相互に己之利潤を争ひ、遂に官府之税薄き而已ならす随而国の損失を生るに至るへし。此事窃に愁る処也。然れとも方今御新政万機一変せし折柄、官職各其任に当り更に商売之奸を容るゝ隙なく最早其弊害はなかるへしと思へり。されと御国一般外国と之通商に企る折柄、数多之中に者士民之私曲之患ひなしとも難申、既に其偽如何は知らすといへとも其説市立にあり。於是商社税官之規律を外国之法則に馴ひ、官吏も又古今彼国之情態を察知せるものを擢用あらまほしき事也。則此事に付聊見込之廉もなきにしもあらねとも、其官其職にあらすして自然忌諱之ある処勢ひ建議する能はされ者暫く論せず。因而聊衷意万分之一を表し別議を献せんと、既に去夏中産鉄之儀に付一書献言仕候儀に御坐候。

但此献言書を官人某江相托候処、議定局兼学校権判事細川潤次郎江相廻候由。其後同人江面会候処待詔局江今一通可差出旨秋月公御差図之由に付則差出候処、猶又民部官江可相廻旨御沙汰に付差出候儀に御坐候。則天朝江献言之初に御坐候。

乍併素より鄙野之腐言必す御採用に者不相成事と奉存候得共、若此事御評議も被成下並万々一御採用にも相成儀に御座候はゝ、猶開業之手続等見込も有之再献可仕心得に御坐候処、其後御沙汰も無之。尤いまた問合も無之内帰静復古沼津在職仕候上者、最早函嶺之西未た遠きにあらすといへとも依旧私に軽しく奔走も難相成、先献言迚も如何相成居候哉御模様柄も承知不仕。勿論其後御沙汰も無之事故、最早断然御採用に者不相成事と奉恐察候間後献言は不仕候。然る処去冬中出仕可仕旨御沙汰を蒙り、右御用筋心得不申候得共定而前献御尋之儀も可有之哉、出府之上奉伺候心得に而既旅装用意も仕候処、豈計乎重而御差留に相成候。右者静岡達之遅延せしにや、然らされは誤りて令旨を下し賜りしにや。何れにも御差留に相成候上者最早出府も仕兼候間一応素志申上置度、旧臘より度々知識之者方江頼遣候得共是以于今貫徹不仕候間、不顧恐慮先書既に御内聴奉願候儀に御坐候。依之前献之御模様次第に而再献可仕候。其余見込之趣も御坐候はゝ追々献言可仕心得に御坐候得共、当時者僻在住居仕候事故前規之如くに而者行届不申、且即今如何様之手続に而可然哉一向心得不申候間、追而可然機会を得候はゝ其節可申上候。就而者見越之儀申上候而者奉恐入候得共、前献御尋迄之儀に候は、直に私共江御沙汰被成下候様仕度、左候はゝ書面を以奉答可仕候。万々一官員に拝命可相成儀に候はゝ其機会に望み可申上候。既先書に申上候通り同藩士中障碍気配も御坐候間、其節可相成者直に拝命之上に而出府仕度、其儀難相成筋に御坐候はゝ至急出府可申付旨、藩知事江御沙汰相成候様仕度。右者素より御撰用之事故私共より奉願候筋に者無御坐候得共、去冬一旦御沙汰之趣も有之御模様柄承知不仕候間、万々一重而御用筋も御座候節之御都合にも可相成哉奉存候。依之此段御含迄内々申上置候。以上

午五月十三日

静岡藩沼津新田住　吉沢源次郎

1392－3　吉沢源次郎書翰　大隈重信宛　明治三年十月二十七日

俸〔捧〕呈　民部大蔵両省大全権　大隈公殿下

余未御門下に拝趨仕候儀も無御座屢冒瀆尊威恐懼不少奉存候得共、既不顧恐慮当五月中再度私情衷曲内奏仕候処、其都度々々貴价より御握掌之証書被遣候へば殿下おゐて定而御一展被成下置候儀と難有仕合奉存候。且短才不智之少弟赤松大三郎儀先般御同省官員に拝命、此程依願御免相成候趣承知仕候。扨在職終始海山之御厚恩を蒙り候儀と私共迄難有仕合に而御礼奉申上候。将又先達而聊申上置候趣も有之、愚衷献言を素より御採用にも相成間敷候得共、聊見込之趣も御座候に付献言仕度。尤昨夏中産鉄之儀に付献言仕候節者、待詔局江差出御同局御指図を以民部官江差出申候間、猶此度も右旧例を以差出可申儀に者御座候得共、即今如何様之御模様に相成居候哉承知不仕。乍併御両省之内江献言仕度儀に御座候間乍恐直に御門下江差出申候。何卒御披見之上廟堂御評議被成下置候様御取成之程伏而奉願上候。尤私持参可仕儀に御座候得共僻在住居之身分に而、夫か為出府と申儀も難相叶候間、犯万死之罪依旧深川高橋東海辺大工町長三郎と申ものに名代申付、此段御許容被成下置候様奉願度、依之本紙幷御手扣之写相添奉願上候。拝具謹言

午十月廿七日

静岡藩沼津住　吉沢源次郎 ㊞

［別紙①］

方今各藩有志之輩を公議之上追々御撰用に相成候事故、四海辺陬迄も御聖沢を奉仰望候儀に御座候。就而者兼而御布告之趣も有之、仮令僻在之微臣たりとも御為筋と存込候儀を不憚忌諱建言可仕旨曾而領承仕居候。勿論鄙野之献芹御採用に者不相成候共、御国恩に奉報候一端と愚衷を上表するとも敢而御譴責を蒙る訳も有之間敷、所謂愚者も千慮之一得と申事あれば此に聊衷意を献せん事を欲す。乍去御採用之程も難計して数条申上候共、徒に奉煩高聴候迄に而者返而奉恐入候間先一二条建議仕候。尤源次郎儀去る巳年四月中一旦帰田太田潤水と改名仕候節産鉄之儀に付聊献言仕置候趣も有之候処、其後十月中民部大蔵両省より出仕可仕旨御沙汰を蒙り候得共、重而御差止に相成候間其節之御用筋者勿論前献之儀も如何相成候哉承知不仕候得共、猶鉱山之儀に付別議を同志連名に而献言仕候。乍併鉱山之儀に付而者種々論議も有之、既に昨年六月中山岡靖叟より献言仕候金砊〔坑〕論幷問答書一巻中に而御承知も可被為在候間、私共別段申上候迄も無御座候得共、前書巻中にも相見へ候通り佐州砊尤多し。二百年之間其鑿者不相止候得共慶元之際を極而盛とし、近世者砊勢大に衰へ百弊百失相生し、数金を費すとも遂に其失を償ふ事を得す。於是工人傭価を減し年々修治之力を竭すといへとも毫末も裨益無之、今同砊を以論すれば和州紫苑山石州銀山諸砊も数年を過きすして廃絶に至らんと。されと恐くは旧趾に拘泥し新砊開業之卓識なきものゝ論にして、必す気運之然らしむる所而已にあらす、亦人力之尽さざる処あり。然るに砊勢之衰へたるより其失費も償ふに足らすと、遂に其儘打捨有之候得共、一者其砊経を得ず一者人力を竭さす一者賄賂之為に言路壅蔽する所より、損失ありとも有益無之と之論に陥り候。今建議する隠岐国金法山之如きは然らす。されど元治元子年以来六七年も打過き候故如何様之模様に相成候哉。其頃は松平出羽守様御領地に而同州金銀多砊之由を以検査之目論見有之候折柄、同州土民共窃に鑿取り密売買もいたし候哉に石州銀山役人共承込、猶窃に探索之者差遣候之処既に鑿取候旧趾も相見候間、其砊経実検仕候由之処果して其効験も有之、則砊中に経あり経者金銀之胎胚する処又一ならすして建鉉平鉉横鉉とし唱へ候由。扨同山之儀者素より雲州公之御領地にも無之候間、則関東江申立開業相成候はゝ格外之益筋にも可相成見込に而、其頃既に勘定所江申出候処速に検査として出張有之候得共、先に窃に鑿取候根跡は取繕ひ外場所に嚮導いたし、右様出産之場所は無之趣土民共相答候由に而検査吏者空敷引払候趣。就而者先に申立候もの共は証跡無之不調法となり譴責を請候間、役人共始一同恐懼いたし以来口を噤して一言を発するもの無之様相成候。誠に可惜亦可嘆之至なり。扨右様不都合之次第に相成候儀者、其頃之風説に者土民共私曲之妨なりと検吏に餌し、検吏は亦賄賂之為に奸民之言を信し、遂に馴合を生るより更証跡なき事に至れりと。畢竟近世以来人情之最偸薄となり上下相率ひて己れを利する事を計るより、諸金砊之盛衰あるも一者此の弊あるより生る処なり。依而砊之衰へるものは益衰へ百弊随て生す。不精不誠之人に任する時は其勢此に至るも又自然之理なり。されと同所之儀者御新政後上地に相成、石州大森知県事牧隼人様御支配所に相成候由。当時は如何相成居候哉承知不仕候得共、前条之通り旧弊とは乍申一旦為筋と存込申立候儀も返而譴責を受候故、其頃之役人共は御一新に付引払土民共は依然に者候得共、再役〔災疫〕を懼れ噤口して再言可仕ものも無之由。左候はゝ私鑿密売買之旧弊于今不相止時は、譬御国之至宝を賤民之恣にいたし候儀と者乍申、其儘被差置候様に而者当方之御事態に而者、乍恐可然御儀に者有之間敷哉と鄙野之微臣も痛心仕候間、勢ひ難黙止処より献議仕候。勿論前書経中としと唱候者銀砊に者候得共、不費人工且秤量鑿十精撰必得七と申程に而至而手軽之儀にも御座候間、御評議之上早々御開業相成候はゝ莫大之御益筋にも相成可然哉奉存候。尤私鑿仕候趣に付初年より者減少も可仕候得共、素より外見を憚り候事故格別之儀者有之間敷、乍併右者御承知も被為在疾御施行相成候程も難計候得共、前文之次第故恐くは言上仕候もの有之間敷、依之未た御開業に不相成候て万一可然も被思召弥御開業御目論見之節に至り候はゝ、金砊土地一体之様子柄一先実地為見分、可然人物御撰用被差遣候方可然哉奉存候。就而者出張之有司を鉱山功者之ものは勿論土地柄心得居不申候而者取調も行届兼可申候間、其節に至り候はゝ年来土地住居之者に而先書内索仕候節之石州銀山地役、幷砊師等名前も御都合に寄り追而可申上積候得共、即今官途之御模様柄承知不仕候間先概略申上候儀に御座候。且又商法筋之儀者商社に而も可然御評議も有之私共申上候筋に無之候得共、聊愚衷之趣も御座候間是又概略左に建議仕候。扨主法之儀者諸色両替組を取結ひ仮令は銘々存寄丈之為替金為差出、官府之元帳江番号相認押切印之上切手と引替御下け被遣、則差出候金子は御備置に相成追而諸品着之節御下け可相成者当然に候得共、右者自然御失費も相掛り候事故、前書之通り銘々より差出候金高丈当人江改而直に御貸渡に相成、夫に者金弐拾両に付一ヶ月金壱分之利潤を加へ、猶外に諸掛り入費として同所一ヶ月限五両之増利を加へ、都合金拾五両に付壱分利金之当りを以て御貸渡相成、右為替之諸品着候共総而貸渡之内に而組合取引致し候様、則前書為替切手幷差出候金高丈之御貸附被仰付候得は、銘々金高一倍之融通に相成候に付商人共之身に取候而者、為替とは乍申右御切手之儀者遠近に拘らす通商筋家業之利潤も目前に有之候間、前書之趣篤と申諭候得ば難有拝借可仕者顕然之儀に可有之、左候得は御下け金者聊無御座候而も差出候金高に応し一割之御益筋に相成、其上楮幣と違ひ御下け之御入用も無之、外国人之手に相触候共正金遣候後難も無御座候。勿論追而御都合筋に而御差止に相成候而も、其砌御損毛相立候儀は素より無御座候。其余有訳往返之患も無御座候様相成候はゝ乍恐御国一倍之金高に相成可申、然る上者上下共融通宜御仁慈之一簾にも可有御座哉奉存候。尤書面中御不審之廉も可有御座哉難計候得共、聊御掛念筋之儀者無御座候。乍去委細之儀者紙上難尽候間、御模様に寄り御採用にも可相成儀に御座候はゝ御沙汰次第直に可申上積に而、先規則書幷切手案共相添建言仕候。

右両条之趣者素より御採用相成間敷候得共聊寸衷を表し候儀に而、万々一廟堂おゐて御評議も被成下置候はゝ私共鄙懐に叶ひ難有仕合奉存候。依之奉献言候。以上

午十月

静岡藩駿州沼津住　垣屋義郎 ㊞

同　同　吉沢源次郎 ㊞

［別紙②］

為替規則書

一　組合合議者社中急度相談之上可取極事。

一　切手之儀者組合名前而已に付、調印之小印は象牙水牛唐銅之内に而寸法壱分に限り、組合内銘々相互に印鑑為取替之上御役所江印形預け置候事。

一　壱人立五拾両以下者組合に差加へ間敷、金五両より少き切手之望者不相成。其余者望之員数に可任事。

一　都合之儀に而組合相離れ度もの者仲ヶ間相談之上組合相除き可申、拝借金貸渡置候番号之切手取揃為差出、兼而差出金之半金上納之事。

一　万一不埒筋之儀有之節者、組合相除き番号之切手幷貸渡之金子は組合内に而日数廿日之内取纏上納可致。兼而差出候金子は御下け無之棄捐たるへく、且又自分金も無之組合内憐愍を以金子用立候歟、又者他所より之借用金取揃出金社中江入、為替切手而已に而生活相建候ものも難計。且疑敷切手有之候はゝ組合可為越度に付、相談之上相当之罰金申付候間請人相立社中江入可申事。

年号月日

［別紙③］

切手

何番組合　　　何万何千何〔朱書〕御役所印百何十番

覚

幾番内
〔欄外〕
□何番○〔朱書〕御役所印

右為替組合之内此切手を以て操合引替無相違御渡可有之候事。

何　何月

何所何屋何之誰　㊞
同　㊞
同　㊞
同　㊞
同　㊞
同　㊞

〔欄外〕朱書で「御役所押切印」とあり。また、押印を表す○は朱書である。

〔編者註〕別紙は早稲田大学図書館所蔵「大隈文書」ではB333—4として整理されているが、内容より本書翰に付随するものとした。なお、A345はB333—4と同内容の「手扣」である。

1393—1　吉田清成書翰　大隈重信宛

明治三年十一月十日

いまた緩々不懸御目候得共一書相呈候。扨は弥御無事御奉務之筈奉珍賀候。小夫にも今度英之Cargill知事と同道にて帰朝之賦にて爰元迄出掛候処、不幸にして用書等入付置候荷物を始め其外悉く跡方に相成、不得止一ヶ月之間は当市に滞逼之筋に相極申候。来月之便に早々帰朝可仕、猶其上直様参楼御高論も可承と相含居申候。申上度事は海山なれと、急きに任せかつは又々筆頭に尽す事を不得、拝面之上と書残申候。

上野大丞も不遠帰朝に可相成と為申候。此節英地之御用向も充分と云には不至歟、併出来る丈之事は一抔成就した歟と愚存罷在候。此節は大丞にも大きに勉強して御用向を勤たり。左様御放慮可被下候。かれより手紙なと有之候得共是も相後れ、野子帰朝之時ならでは差上候義不能甚遺憾千万なり。たゝ〳〵急きにまかせ、乍不成合以荒書奉得貴意候。以上

千八百七十極月卅一日

永井清成

大熊大輔様尊下

〔編者註〕欄外に「Grand Hotel San Francisco Cal. Dec. 31th, 1870」の記載あり。

1393－2　吉田清成書翰　大隈重信宛

（明治四）年四月二日

今午後大山と出会、明日は横浜江同道之賦に約束致置申候。就而は若御異存無之候はゝ其段申越置度御坐候。何分可否御伺申上候。以上

四月二日

〔巻封〕大隈様貴下　吉田太郎

1393－3　（吉田清成）書翰　（大隈重信）宛

明治四年四月十四日

明日第八字半寺島方に而外務省役員と会、新貨幣一件書翰幷訳書引合方可仕と寺島とも談置申候間、小子には午後ならては参朝得仕間敷と奉存候。何分明日は外務省へ引渡相成候手続までは、是非相運せ度と希望罷在候。

又々昨夜大山参り欧行之事申立、とても兵部省出仕之儀承引せさる趣意に候。就而は貴公御尽力を以て近日中何と歟可然様相運候様御世話被成下度、私より強而御頼申上候。明饗は御約束之通御出可被下哉否哉、何分いよ〳〵の事承置度鳥渡御伺申上候。乍略儀以荒書得御意候。以上

辛未四月十四日夕

尚々少々の御差支共は強而御来駕被成下候はゝ別而忝可奉存候。

1393—4　吉田清成書翰　大隈重信宛

明治四年六月十二日

今日は嵯峨大納言殿より別紙弐通被相渡先生方と宜敷見込相立候様承申候。就而は下殿掛鳥渡参楼可仕之処外にも用事有之其義不能、乍憚為持差上候間御落手被下度。勿論老兄御見込も可有御坐明日も拝眉可申承候。以上

辛未六月十二日　　吉田清成

大隈老兄貴下

尚々今晩は外に無拠用向有之、無左は必参楼可仕候得共其意を得す、御宥恕可被下候。

1393—5　吉田清成書翰　大隈重信宛

明治四年七月十一日

去る辰夏中松江藩出銀之内此節五万両御返金相成候様との願出之趣に付、先度大阪御滞在中五代より及御熟談居き候由にて此節芝山浩三為差登尽力央と被察候。就而は先生に者疾く同人へは御面会之事歟と存申候。成行は委細同人より可申出候付御聞取被下度。小子におひては何も委細之事は存申さす候得共、相成る事ならは何分宜敷相運候様御添力被成下候様奉頼候。五代よりも別而願越候付、此段不取敢申上候。猶懸御目委曲可申承には候得とも、昨日退出後より熱気大に差起り今日も終日床中に而迚も明日まては出省之義難叶存申候間、若哉事後に相成候而は不都合と存、此段不取敢申上候。尤此節差出候書付之扣へ壱通芝山より相請取候付為持差上申候間、御覧可被下候。用事まで如此候也。

辛未七月十一日　　吉田清成

大隈重信様貴下

1393―6　吉田清成書翰　大隈重信宛

明治四年七月二十六日

両三日者不得貴意候得共弥御健勝奉大慶候。然は先日も御願申上置候芝山浩三願書一条、爾今御運ひ不相成由にて度々催促有之、尊兄へ小夫より相迫り呉候様との儀共毎度承り候事なれとも寸暇無之参楼も不叶次第、夫故寸楮を以奉得貴意候訳に御坐候。猶明日共にて拝面之上篤と御高慮可承とは存候得共、何と歟宜敷様御所置被下度小子よりも伏而御頼申上候。僕には最初之景況も存不申、夫故当否者不存候得共老兄に聞取之事なれは如何様共よきに御取計可有之と愚存、此旨乍不成合以麤毫得貴意候也。

吉田晩翠拝啓

辛未七月廿六日夜

大隈老兄貴下

1393―7　吉田清成書翰　大隈重信宛

（明治四）年十一月二日

御壮剛被成御坐奉大賀候。然は旧同藩之高崎豊麿（左京変名）老兄へ御面会致し御依頼申度義有之候付、一筆にても宜しく候間誘引之手帖遣し呉候様承り候間、若今夕共参楼仕候はゝ乍御面働御会被下度。勿論御用向を妨候様は御頼申上兼候間宜敷御汲取被下度奉頼候。右用事まて。匆々得貴意候也。

吉田清成拝啓

十一月二日

大隈老兄閣下

尚々外に伺度事も有之候間、後刻歟又は明早朝まて参上仕度、左様御含居被下度奉頼候。

1393—8　吉田清成書翰　大隈重信宛

明治六年五月三日

Alexandra Hotel
Hyde Park cor
London S.W.
May 3d. 1873
Dear Mr.Okuma,
Allow me to introduce to ycu the bearer, prof Ayrton who has just been engaged under auspices of H.E. Ito for his department. He is highly recommended by several scientific men, so that his services under our Government will prove very beneficial in many branches of the Public Works. Any attention & favores granted to him by you will be considered personal favour to the present writer & your humble friend.
Very Sincerely
Yoshida Kiyonari.

1393—9　吉田清成書翰　大隈重信宛

明治六年八月八日

本日横浜江帰着。午後第六時同所出発帰京仕候間、今夕何卒御憤〔賁〕臨被成下候様奉懇願候也。

酉八月八日

［巻封］大隈様御親展　吉田清成

1393—10　吉田清成書翰　大隈重信宛

（明治六）年八月十四日

御多忙には被為在候筈なれ共、今夕七字頃より御噺に御来訪被卜候得は大幸奉存候。勿論大久保卿も明日より箱根へ差越候様子に而、幸今晩は噺しに入来之筈に候間、旁老兄之御来駕頻りに御待申上候。余は拝眉可申上候也。

八月十四日

大隈老兄閣下

吉田拝

1393-11　吉田清成書翰　大隈重信宛　（明治六）年十月九日

別紙御決判被下度、蛇足とは存候へとも当人望に任せ相達し候事に有之候也。

十月九日

吉田少輔

大隈参議殿

1393-12　吉田清成書翰　大隈重信宛　（明治六）年十月十九日

長崎県下平戸小屋郷地内魯軍艦物置場休息所として貸渡方云々に付外務省回答案。

右御手元に有之候はゝ至急御決判被下度候也。

十月十九日

吉田少輔

大隈参議殿

1393-13　吉田清成書翰　大隈重信宛　（明治六）年（十）月十九日

仏国公使館修繕之儀に付而は同館附属一等書記官本省へ参り云々催促に及ひ事情難相分候付、土木寮之官員を態々神奈川迄差出検査為致候処、彼等申出之廉々及修復候へはとても四千円位にては引足ましく壱万円余も入費相かゝり可申歟と存候段逐一申出、且つ昨日神奈川参事山東も出府相成夫々致示談本文之通取調候様及指令置候処、唯今立記録頭より承れは老台も公使へ御面会申出之趣御承諾相成たる哉に候。然るに本文之旨趣にて神奈川県へ相達候而前後齟齬いたし候儀は無之哉、無左も候はゝ本文之通致所分度御坐候。此旨為念申上候也。

十九日

清成

大隈老台

1393―14　吉田清成書翰　大隈重信宛

（明治六）年十月二十六日

万端之御運ひも相付候由、邦家之大慶此事に候。何れも依旧御尽力所希望也。陳は当日試験場行は雨天と云ひ、且つ御多忙之儀にも候得は無論後日に譲り候様致度、此儀松方よりも可然申上候様承候間左様御詳知可被下候。何れ今明日中得拝眉万縷可申承候。匆々頓首

十月廿六日

清成

大隈老台閣下

1393―15　吉田清成書翰　大隈重信宛

（明治六）年十月二十八日

国債寮章程創定別冊之通取調紙幣寮章程改正共一応煩高覧候心得之処、右者過日来粗御意見伺相済有之候事件に付、不取敢今日正院江差出申候。相後れ候事に候得共別冊及御回候間御決印奉仰候也。

十月廿八日

吉田少輔

大隈卿殿

［巻封］大隈卿殿緊要　吉田少輔

1393―16　吉田清成書翰　大隈重信宛

（明治六）年十月二十九日

朶雲之趣は逐一致了承、何も本日非常に差急候儀も無之、

御安心可被下候。紙幣国債両寮職制及章程等昨日上申いたし置、実は再応御示談之上歟と存居候処、兎角遷延に過き候而も如何と存候より之事に御坐候間左様御詳知所希候。準備金取扱規則其他伝票之手続等岩橋吉田等へ附托し、明日迄には出来之見積に候間其上猶御相談可致と奉存候。将亦当夜は手透に致し置候様承居候付其含に候。然るに突然罷出候而も万一御差支等有之候節は無益に隙を費し候事故、御差支無之候得は鳥渡御申越可被下候。不否は御手紙には及不申、猶明日之事にしても可なるべしと存候。用向まて。匆々頓首

十月廿九日　清成

大隈殿閣下

1393－17　吉田清成書翰　大隈重信宛

（明治六）年十月三十日

本日は御出省相成候や如何。省務に付段々相伺度儀多々有之候間、御都合に寄り或は従是推参仕候而も不苦、右有無即刻御報知被下度此段相伺候也。

十月卅日　吉田少輔

大隈卿殿

1393－18　吉田清成書翰　大隈重信宛

（明治六）年十一月十五日

御多祥奉大賀候。陳は昨日も粗御示談仕置候通林大丞儀は福岡暴動之挙に乗し出張し、所分も夫々適宜整頓いたし候而帰京復命も稍くに相済候処重而九州表出張被命、老体其勤をも不厭出向之積、実に不被欠人と云ひ又実地誠に神妙之所分等も不尠候。付而は福岡行之所分相済候訳を以、先般渡辺大丞常陸出張之例に依り何とか御賞与有之候様致度奉存候。勿論右は丞中よりも気付有之、縷々伺出候程之事に候。何卒今日中適当之御所分有之候様御尽力被下度奉頼候。尚余は拝眉可申上。匆々拝具

十一月十五日　清成

重信老台閣下

1393―19　（吉田清成）書翰　（大隈重信）宛

（明治六）年十一月二十七日

取急き候御評議ものありて御参省不相成候旨致承知候。陳は明日は退省掛両国柏屋やとか申所にて一会致度旨有川矢九郎相招き候付、拙弟には差掛たる用向無之候はゝ応其意候心組に御坐候。必老台も御誘申上呉候様同人より申出候間、御都合も宜敷候はゝ退省掛御供致度奉存候。如何御気張之程奉頼候。猶拝眉可申上候也。松方、吉原、奈ら原等も出会之由に候。

十一月廿七日

1393―20　吉田清成書翰　大隈重信宛

（明治六）年十二月八日

準備金計算規則幷伝票手続に付云々能勢より申出候趣にて一巻之書付有之候。尤廉々吉田二郎附箋に及ひ拙者まて差出候付一覧致候処、右は素より準備規則大趣意を存せさるに出ると雖不都合之論説不尠、附箋一々適当之様相見得候。然るに昨日も粗御示談に及置候末猶愚案致候旁今暫時之処は坂地出張は不被命候様致度、兎に角同人と不日一面会致し見度奉存候。一体之論文不都合之廉不少誠に不安心千万に奉存候得と、老台にも右論文附箋共御一覧被下度、右は吉田より差出候様可致候。此旨不取敢。匆々拝具

十二月八日

清成

重信老台閣下

1393―21　吉田清成書翰　大隈重信宛

（明治六）年十二月十一日

今夕刻御来駕被成下候様昨日相頼置候処、大久保卿之企にて何れへ歟五代も被誘、殊に小生も参集候様にとの事旁遺憾千万に候得共、来る十三日夕方御光臨被成下候様奉頼候。此旨御断旁如此御坐候也。

十二月十一日　　清成拝上

大隈老台閣下

追啓　御令室にも是非十三日には御来駕被成下度、前以御頼申上置候也。

1393―22　吉田清成書翰　大隈重信宛

（明治六）年十二月十八日

歳晩事務差湊候に付、明日者御差繰早め御出省被下度此段申進候也。

十二月十八日　　吉田清成

大隈卿殿

1393―23　吉田清成書翰　大隈重信宛

（明治六）年十二月二十日

今日は事務多端之日、是非参省可仕含にて昨日帰宅後より旁加養候得共、頭痛其他ちと熱気に犯され押而参省候共御用立候覚も無之、殊に大体之事は既に昨日御示談済之事故、安藤郷吉田なと江相達置候事件は当日中には相運可申と存候得は、余り不本意之至候得共何卒今日丈けは御容赦老台早目御参省之上万端宣布御所分被下度。此旨不取敢得貴意候也。

十二月廿日　　清成

大隈殿

1393―24　吉田清成書翰　大隈重信宛

（明治六）年十二月二十五日

一円銀貨幣添大阪造幣寮キントルより之一書到来即御廻し申候。且つ香港表之義に付東洋銀行より一封到来、是は今晩一閲之上差上可申候。此段申進候也。

十二月廿五日　　吉田清成

大隈卿殿

本日御所労之趣、折角御自愛専一奉存候。以上

尚々本日迄は検査頭より之調物出来不致、明日は休暇に御坐候も取調之積、右に而差支無之と存候間引取申候。

1393―25　吉田清成書翰　大隈重信宛

（明治六）年十二月二十七日

当暮伝票期限に後れ銀行幷三井組小野組等預金多少可有之と致思慮夫々相達置候処、銀行より者別帳之通申出候。三井組は口々有之取調中、小野組に者一切無之旨届出申候。此段為御承知申上候也。

十二月廿七日

［巻封］大隈大蔵卿殿　吉田大蔵少輔

［編者註］別帳は早稲田大学図書館所蔵「大隈文書」ではA1129として整理されているが、紙幅上省略した。

1393―26　吉田清成書翰　大隈重信宛

（明治六）年十二月二十八日

前島より別封之通申来候付而は、如何にも適当之論之様にも被存候。就而は大島貢糖之内半歩通、凡そ百弐三十万斤

有川方へ会社より示談乎、又は本省之達書にて委任候而は如何に有之候哉。到底大山始有川等之創業之目途も少しは撤抵いたさせ候様不致ては、とても折合相付申間敷と被存候間御高按可被下候。前島之趣意も至極尤之事とは被存候得共、鹿児島県之事情も有之、或は当時郵便会社江加入いたし居候両人も永々相勤候義可相叶乎、是も亦疑惑之壱つに御坐候。万端之情実篤と御賢案可被下候。尤松方より委詳申上たる事歟と存候。御退省後何も異事なく併五字半に及び候。明日は為念出省第壱字頃退出之事に出租検諸務等へ談し置候。御操合出来候得は、十一字或は十二字頃にても宜しく鳥渡御参省被成下候得は多幸不過之候。匆々頓首

十二月廿八日　清成

重信殿閣下

[別紙]

前島密書翰　大隈重信宛

明治六年十二月二十八日

有川矢九郎中立之趣も有之候に付、鹿児島丸江貢糖運漕御委任可相成御再評之趣縷々御示教之旨拝承仕候。右御委任之儀は条理信義を明にし、損益得失を較計被成候儀に候はゝ猶一再之御高按を仰候。抑右船御貸渡之主旨琉薩諸島物品運輸便宜之為めには有之候得共、貢糖運輸を以其本文と可致旨被命候儀には無之。且右諸島之中には大艦汽船を不可寄之地も有之、又一隻船之能く悉皆可積得理にも無之。故に右船を以貢糖之一部分運漕之儀は可然候得共、必す全く御委任相成候儀には及間敷と存候。然るに郵便蒸気船会社江は此頃御下命之趣を以三ヶ年間之運漕御委任之証書を達し、且約定書之調印も相済候上にて業已に船上之準備も相整候趣に付、今驟に之を被免候はゝ如何にも条理信義を滅し与奪を肆にする之場合相成、実に管掌之職に当れる私於ては痛苦之至に不堪候。因て条理信義を完して之を御裁理相成候はゝ、既に公書を以て命令相成候郵便蒸気船会社江依然御委任にて、鹿児島丸者其御委任中之貢糖一部分相当之約を以積受候様御下命相成候方と存候。左候はゝ名者官より御委任を受け運漕致し候と同社之約を以てするとに相異有之候得共、其実に於ては聊相変り候儀も有之間敷、又運漕賃之差に就ては同社江命して至当之額に為引直可申。然らは政府に於て得失相違無之筈、殊に鹿児島丸は鹿児島県にて遠隔諸島江臨時往復之用を可申付約束に付、仮令貢糖之運漕御委任相成候共同県臨時之用に当らは時機を違ふ之恐有之、同社江約定之運漕を為さす是等之憂無之道理に有之候。若し其実を不論其名を張て私利を謀らは甚政府之

所不取、又矢九郎に於ても潔とせさる所に可有之、若又条理を矯飾し信義を暴滅するか如きは実に私之適苦する所に有之候。此段御賢了御明裁被下度御受旁申上候也。

明治六年十二月廿八日

駅逓頭前島密 印

大蔵卿大隈重信殿

〔編者註〕別紙は早稲田大学図書館所蔵「大隈文書」ではA2921として整理されているが、本書翰に付随するものとした。

1393-27 吉田清成書翰 大隈重信宛

（明治七）年一月四日

当夜当直之者より為持遣し早々入高覧候間、可然御所分有之度候。

明日は種々御相談申度義共有之参楼之賦に御坐候。何字に参り候而御閑暇に可有之哉、鳥渡為御知被下候様奉頼候。

内務之方も疾く々々御開き相成可然時機と相成候様被存候間、是等も充分御談示申上度御坐候。必刻限為御知被下度候。余は拝眉之上と申上残候也。

一月四日午後八字十分

清成

大隈殿閣下

1393-28 吉田清成書翰 大隈重信宛

（明治七）年（一）月八日

此内御相談申上候末得能江も面晤いたし情実相通候処、全く異論無之にして相奉候積に御坐候間左様御承知被下度。

土木営繕を分つ之義は一旦内務へ引継候上にて可然との御論は内務卿江も逐一御示談被成置度奉存候。無左候而は矢張り内務卿には内務を開かれ候時分分割之含乎と被察候間、旁致齟齬候而は不都合と存候間此段申上置候。

吉原重信〔俊〕義は租税助を本職にいたし、本省少丞之兼任に被成下候様松方よりも分而談示有之候次第御坐候。

七等出仕坂部長照は内務へ御採用相成候様卿へも申遣候間、左様御含可被下候。

大阪府元出納権頭参事渡辺某を本省へ挙用いたし候而如何、

是は慥なる人物之由に御坐候。何も拝眉可申上候。匆々

八日　清成

重信老閣下

小野は司法之方乎御高按之事。

尚々紙幣頭は今日も出勤無之候。

1393－29　吉田清成書翰　大隈重信宛

（明治七）年一月十三日

今日も御清穆御奉職奉賀候。陳は昨日得能へ云々申遣候末夕刻当人入来、司法卿談合之趣は全く得能之主意に無之、昨今司法省中多少之改革は卿へ建言に及候得共往々に同省へ相勤候意は全く無之と申も外ならす、迚も彼省におひて充分之御用に相立候見認無之故也と既に此内御談示之末同人と及面晤候節云々申述べ、大蔵省之方へと云事なれは至極仕合之至今一層勉励致し見度如何様とも可然所分を希ふとの事に御坐候処、今日に至りても同論且尚懇望するを見る。然りといへとも同人より直に司法卿へ及相談自ら大蔵の方へ転任を望之義は難申入との事に候。左も可有之こと歟、同人より直に申陳候は拙夫にもよしあしと存申候。何卒同卿へ老台より篤と御示談被下候外他なく司法卿には異論ありとも当人大蔵の方を自ら渇望し、殊に十目の見る所到底其姓之近き職乎と存候間、御為筋相考候而も大小異なるべし。是非今日中には相運候様御尽力被下度。其上万一司法卿異論に候へは僕面晤致し及相談候様と而も可致、何分右一条不運候而も多少之不都合何卒可然御尽力所希候。右一条は今朝出勤掛罷出御直に御示談可仕と相含居候処、昨夜より風邪に犯され苦病致し居暫時加養之上是非とも午後一字迄には参省之心得に御坐候間、左様御詳知可被下候。匆々不一

一月十三日　清成拝上

大隈卿殿閣下

追啓　得能より内務卿へも及相談置候由なれは老台よりも猶御打合被下度候。

1393-30 吉田清成書翰　大隈重信宛

（明治七）年一月十五日

光田紀三郎へ探索方相托置候。猶老台よりも一層委しく御委命被成候様存候間差出候間、潜に御逢ひ被下度候。余は拝眉可申述候也。

一月十五日　　清成

重信老兄閣下

二白　岩公も余程快方に御坐候。帰りに大久保と一緒に相成候付彼宅へ鳥渡立寄候へは、木戸先生参り被居候。御含迄申上候。

至急之義も候へは何時に而も参楼之心組に御坐候間、左様御詳知可被下候。

1393-31 吉田清成書翰　大隈重信宛

（明治七）年一月十七日

御健勝御奉職奉敬賀候。然は得能義は大丞にて紙幣頭兼任之御相談済に相成居候処、如何之書損より乎紙幣頭専任之拝命と承事御坐候。然るに彼れを大丞に被任紙幣頭を兼務為致度と之義御示談相済候後、内務卿へも其段は申入置同人幷小弟よりより〔ママ〕得能へも右之積を以示談済之処、当日に到り単に頭のみの命を受候而は内務卿幷得能へ対し不信を表し候様相成、内務卿にも得能へ対し欺きに相当り候半歟と苦心之様子に候。如何御高慮被成候哉は難計候得共、前議之通大丞兼頭に而も又当職にて兼大丞に而も更に被命候様有之度懇望此事御坐候。

与倉之事は相運ひ申候哉。是は昇等迄にも及ひ申間敷と奉存候間、何れも御高説を以速に相運候様奉希候。先つ用向まて。匆々不具

一月十七日　　清成

重信殿閣下

1393-32　吉田清成書翰　大隈重信宛

（明治七カ）年（一カ）月二十一日

大小丞其他と入会は明廿二日之事に候哉、廿三日之御見込に候哉、鳥渡為御知被下度。匆々得御意候也。

廿一日　　清成

大隈公閣下

1393-33　吉田清成書翰　大隈重信宛

（明治七）年二月二日

退省之折推参仕度存居候へ共客来之約有之、其義を不得次第に御坐候。須藤転任之義は何卒早く相運候様御注意被下度、今日も得能より被迫申候。陳別封は唯今参候付差上申候。是亦御注意被下候様所祈候也。甲東子方へは劣弟よりも委曲可申入置と奉存候。左様御詳知被下度、此旨匆々得貴意候也。

二月二日　　清成

重信老台閣下

1393-34　吉田清成書翰　大隈重信宛

（明治七）年二月四日

別紙弐通渡辺大丞之建言草稿夫々一覧之上差上候間御高覧可被遣候。内務省江は別に認差出候哉に候。全体之見込は尤之事共と被存候得共、是等は疾に此内より御談示相成候事と異なる事無之様に被存候。故に無論大体之目的は御採用之事と被存候。何分御一閲之上内務卿とも可然御示談所希御坐候。

劣生義は昨夕及御相談候通午前第十字より横浜へ出張、夫々所分之手続等見込を付け夕刻迄には帰京参堂之心組に御坐候間、省中之事は可然御取計被下度候。尤熊谷等へ代理事務相運せ候様申遣置候間左様御承知可被下候。此旨匆々頓首

二月四日　　　　　　　　　大蔵少輔清成

大隈卿殿閣下

1393―35　吉田清成書翰　大隈重信宛

（明治七）年二月五日

拝啓　陳は昨夕吉田小丞を以粗申上候通ヒール氏とも篤と相談に及ひ候処、到底蔑視寛見を良とすとの論なれ共夫に而者此度之事は難相済、充分手を尽し是非ライベルと云事に迄糺し付夫々適当之罪をあてされは政府之名信も難相立と申述候処一々尤之事とて、併しレタラクション（打消しを新聞紙屋にて為すを云なり）を充分に為致候得は此上も有之ましく、若し万一も彼れ此方の意に任せす右レタラクションを為さゝる時は、ライベルを証拠立てる時に到り一層此方に強みを帰し可申。何れ初発之所分は右に過きすとの事にて手紙之草案を立て呉候得共、文体等漸々寛に過き候様被存候間尚今朝再談いたし候心組に御坐候。

外務卿之見込は如何に候哉。何分にも今度之事は政府にて腹を据へ御所分被下候事確定せされは拙者一人之力にては充分に其意を難得存れ（ら欠）候間、一昨日も篤と御示談仕置候通に御決定被下置候様相願候。尤吉田少丞へも相托し置候間、同人より御見込の程も尚委細申遣呉候歟、又は本多なりとも出港せしめ候歟と奉存候間、夫まては決局之所分は相扣へ居可申と存候。

伊藤参議も参り居同人とも多少及相談候処、同人義も今度は疾や好機会なるへししつかり所分致候方可然との論に御坐候。

右荒々得貴意候。頓首

二月五日　　　　　　　　　吉田大蔵少輔

大隈参議殿

1393―36　吉田清成書翰　大隈重信宛

（明治七）年二月十三日

別紙之通駅逓寮より申越候に付而者、猶龍丸に而御用弁相済候はゝ別段外国船御雇に及間敷被存候。依而此段相伺候条可然御指図有之度候也。

二月十三日

吉田大蔵少輔

大蔵大隈卿殿

1393―37　吉田清成書翰　大隈重信宛

（明治七）年二月二十三日

拝啓　陳は鄙職義打続き不本懐之至御坐候得共、今日まては何卒出頭御宥赦被下度。一昨日頃より風邪に犯され今朝まては起上りかね、実に遺憾之至に御坐候。時節柄万々不本意御坐候へ共、此より不悪御汲取被下度候。少々快方に趣き候得は後刻は参堂之含に御坐候。内務卿より之電信に而は大ひに勢を得候心持御坐候。御互に大幸不過之奉存候。匆々頓首

二月廿三日　清成

大隈公閣下

1393―38　吉田清成書翰　大隈重信宛

（明治七）年三月三日

拝啓　陳は昨日御談示之末至極之適員を見出せり。予か親友なる本田親英 当分司法省少検事にて新治県へ出張せしもの、左院本田議官の弟なり なる者にして、高知へ出張すべくとの事之故に本日公然辞表を出し直様乗船之都合に取掛り候積に御坐候。何卒辞表早々御聞届有之候様大木へ御談可有之候。用度之義は拙者本省にて取計置候様可致候間左様御詳知有之度。尤右は全く極密に取計不申ては其能を見す。故に司法卿を除くの外誰にも司法之人には不洩様有之度候。外に壱名頃日米国より帰朝之者有之。右本田同居に候。是も是非進めて出張せしめ度候間、若し相応し候得は夫々急に取計可申と存候。此状と共に本田を差遣候間御面晤之上、事大小となく御直諭有之度候。此人は大丈夫之者に御坐候。尚後刻拝眉にて匆々頓首

三月三日　清成

大隈様閣下

1393―39　吉田清成書翰　大隈重信宛

（明治七）年三月二十八日

別紙矢島作郎紙幣寮江採用之儀、高慮可然候はゝ御決判之上早々相運候様仕度。尤兼而閣下も御承知之如く是迄フランクフヲールトに罷在、紙幣製造監督罷在候ものにて昨日帰朝いたし候儀に御坐候。依而上申書及原書共上呈仕候。原書は御印之上御返付被降度候也。

三月廿八日　　　吉田少輔

大隈卿閣下

1393―40　吉田清成書翰　大隈重信宛

（明治七）年四月五日

弥御佳勝奉賀候。陳は遠藤辞職云々又々再発、当度はとても仕方有之ましく歟と奉存候。何れ吉井でも御撰相成候方なるべし。尚後刻退省掛参堂可奉伺高意候。

一アンチセル御雇入に付、紙幣寮仕出しにて条約草稿当時伺に相成候処、年期弐ヶ年の文有之。右は壱ヶ年之処にて御許可相成候様致度候。得能よりも右は渇望申出候次第に御坐候。青江岸後藤等之御撰挙は疾く御運ひ之事とは奉存候へ共為念相窺候。

昨朝本田帰京いたし全体之注目演舌有之。概するに当分之内何れも無事に帰し候姿に御坐候。今朝参楼可致と相達置候間、自然は昇堂いたし候乎と奉存候。右も夕刻拝眉迄申残候。遠藤より廿八日附之手紙遣呈候間御覧可被下候。何れ今形に而はたま々々被任置候甲斐も無之姿有之、不安此事に御坐候。草々

四月五日　　　清成

大隈殿閣下

若後刻御差支も御坐候はゝ為御知可被下候。何字参堂候而可然哉。

尚々伊東昇等之議も合せて進呈候也。

1393-41　吉田清成書翰　大隈重信宛

（明治七）年四月七日

租税頭より別紙弐通唯今差出候。横山義は御存知之通極適当之事と存候。小池義も余程勉強ものにて、租税之事務は申にも不及其他律書等にも明るく不被欠一人物之由松方より陳述有之、殊に近日他省より渇望する之聞へも有之、旁御昇用有之候様いたし度候間御検印を仰候。

キンドルより之再三の書一見いたし候。返書は明日迄に入御高閲候様可致候。其他異事なし。

関義臣出京有之候。是は先般より御相談に及置候米沢藩士江下屋敷之地券を不渡上地の命ありしより、終に多少之不都合に立至り芹沢参事免職にも至り尚其後関義臣取調中之処、此節粗其調相済候由にて何れも士民へ可下渡条理有之もの丶由に御座候。

右は御互に同意之事にて自然同人推参仕候は丶御直に御聞取可然御高裁有之度候。草々

四月七日　　少輔　清成

大蔵卿殿閣下

1393-42　吉田清成書翰　大隈重信宛

（明治七）年四月九日

先日御面晤之折、東洋銀行より一円銀形并量目之義に付云々問合は無之哉御尋申上候処未たに御落手無之との事に候間、右は既に去月廿七日附を以参り居、記録寮におひて翻訳之上昨今別紙之通差出候付直様御廻申候。右はロバルトソン見込之通御変更相成べき事に候哉、又は頃日御廟決済にて造幣寮江も御達相成候通御据置に相成事に候哉、御見込之次第御示被下度。左候へは直様廻答之手続取掛り候積に候。此旨不取敢得貴意候也。

四月九日　　吉田少輔

大蔵卿大隈殿閣下

横浜御出張之義承候得共、何れ御一閲之上ならでは難為運候付差上候也。

1393―43　吉田清成書翰　大隈重信宛

（明治七）年四月十四日

此内より度々キンドルと閣下と往復之後、尚もキンドルにおひて誤解之廉有之哉にて甚た不都合之至に候。就而は東洋銀行とキンドルとの条約幷政府と銀行との約書等取調見候処、全くキンドルにおひては誤謬に出候義は判然致居候。就而は此末縷々及往復候義も到底不益に属し候。旁以一応東洋銀行江往復書翰之写を添申入れロバルトソン之思慮を問ひ、且つ何とか同人よりキントル方へ申入候方可然と存候間、後刻までには原訳共差出候様可致候間、早々御一覧可否御決定之上は至急御返却有之候様致度候。
本田親英義は警保寮七等出仕に補せられ候様致度候。就而は何れ老台之御添力にあらされは難被行候間、宜布御尽力奉頼候。此義先日より参堂可申上と存し居候処、老台も御多忙中之事故態と差扣居候へ共不取敢序に申上置候。草々

四月十四日　清成

重信老台閣下

1393―44　吉田清成書翰　大隈重信宛

（明治七カ）年四月十四日

別紙は本日翻訳為致候処充分之もの出来不申、不取敢原稿のみ差出申候間御覧被下度候。御同意に候はゝ早々御決判之上御下付被下度候。右へ可添書類は差扣へ申候。草々

四月十四日　吉田清成

大隈殿閣下

1393―45　吉田清成書翰　大隈重信宛

（明治七）年四月十六日

此電信唯今相達候処、右は御承知之事に可有之と存候。セントルと云名は存知不申、何れ隠し名にも可有之歟。不取敢進呈いたし候也。

四月十六日

清成

大隈公閣下

尚々明日は十一字之車にて出浜之心組に御坐候也。細事は拝眉尚可承と存候。

1393―46　吉田清成書翰　大隈重信宛

（明治七）年五月二十八日

鳥渡参楼仕候処未御退出無之処にて一筆書残申候。別紙御同案に候得は御検印之後大蔵省江御差返被下度候。バッヂエットも明朝出来上る積に御坐候。然る後は早々メイル江も差遣候様可致候。今日之御談判には嘸御太儀之事共為有之乎と被存候。何分都合よく御勝利之事と奉存候。尚明朝も事に依りては御面会可申乎と存申候。用事まて。草々

五月廿八日

〔巻封〕大隈老台親披　清成

1393―47　吉田清成書翰　大隈重信宛

（明治七）年六月十一日

歳入出計表に関渉之文メイルに相見得候。未た翻訳は不命候得共原書之まゝ致進呈候。御覧有之度候。随分適当之論と相見得候。大小当政府事務上実地之事に疎き所も有之様に相見得候。此内より之云々は如何之運ひに相成候哉。後刻も参殿可承と奉存候。右草々頓首

六月十一日

清成

大隈老台閣下

1393―48　吉田清成書翰　大隈重信宛

（明治七）年六月十八日

歳計収出之期限改正之義に付検査寮仕出之無号再応差出候間御一閲被下度候。右は此程より度々及御論談候義にも有

之、殊に重大之事件故御一判無之候而は左も不都合に有之、実際難施行候間押而御一判を希候義に御坐候。右を御一決相成候上は続而上申且つ布達文等も当時取調中にも有之至急請裁致度候間、可成丈早目に御決下有之度所希候。右迄早々如此候也。

六月十八日　　清成拝

大蔵卿殿閣下

追伸　内地旅行之義も大抵当省之見込に帰し候乎と存候。昨夕今朝も三条岩倉之両大臣方へ逐一致建言候間、左様御詳知被下度候。尤各国公使へ宛可差出書案も取調候様にと之御達故取調中に御坐候。

星亨之義に付御下問之義有之、到底当人之職務上進退に及ひ候様之義有之候而は甚不都合之極と存居候間、是亦可然御答申上候積にて松方預ると申談答書取調中に御坐候。極り当人より進退伺に而も差出候上にて何とか御所分済之姿に帰し可申と申上置候。右に而は公使等折合候乎之懸念有之哉には候へ共、穏当之所分とても限りあるもの故到底抗議を主張致し候見込に御坐候。

右今日横浜より御帰京之有無不奉存候付為念申上置候。大久保卿にも今日より出勤相成候。左府公は未出勤無之候事。寺島も同断也。

1393－49　吉田清成書翰　大隈重信宛

（明治七）年六月十九日

御宅より帰りに条公江参り、明日外務卿談判之旨趣承候処寺島之見込と申も矢張不外、到底御差許不相成候様にとの事之由。単に一書を以申通し候迄に而は充分難行届、何に歟難許之理を演舌いたし極り、政府及各省之意見に基き談判に及候心組之趣に御坐候。三条公之仰に今夕寺島参り候筈に候間、面晤に談して屹と「政府之意見（不許を云）を以談判を遂け、必しも其義請合と云事に迄至らせ誓候上にて弥寺島之見込通談判為致候積と云々。如斯なれは強而異表之間違は有之ましくと被存候。

星之義は云々期面上候。

老台進退御所分之義も充分相迫り置候。何分迅速不相運候而不叶事なれは左府公と相談いたし、急に老台と左府公と之面晤を促し事急に相運候様可致と之含なりと云々。他面晤に譲り申候。

昨日差上置候安藤検査頭より差出候歳計表取調期限改正之義は、返す〳〵も御一閲御高慮御示被下度候。右用向まて。

草々拝具

六月十九日夜

清成拝

大隈殿閣下

1393－50　吉田清成書翰　大隈重信宛

（明治七）年六月二十日

吉原等異見之次第も有之候間、中山御登庸之義は明後日まては御決し不被下候方御都合と奉存候間、不取敢申進置候。書他譲面晤候。草々頓首

六月廿日

清成

重信老台閣下

1393－51　吉田清成書翰　大隈重信宛

（明治七）年六月二十三日

別紙之通租税頭より伺出候付而は、尚御高案も可有之と奉存候間御廻し申候。可否御決定之上御差返被下度候。星亨之件に付今日於正院御評議相成、外務大蔵の両論も委細正院にて陳述相成候。此上は何れ当院之御評決次第と存候。然処唯今内務卿より承候得は到底大蔵省之目的通に決したる哉なれとも、星亨儀は不遠本省へ御呼付、跡には他より一員御撰不相成候而は多少之不都合を来し可申との見込にて夫々内諭之心組御坐候。星儀は明日出頭申渡置申候。為御含申進置候。

他は省中無事に御坐候。草々

六月廿三日

清成

重信老台閣下

1393—52 吉田清成書翰 大隈重信宛

（明治七）年七月二十五日

横浜にて御袖離之折匆卒御談話相成候通相運候様之事にも候得は、鄙職においても一日も早急帰京いたし度存候。右は目今之急務、何れも老台御気張不被下候而は到底他人にては難遂事乎と先般より苦慮罷在居候事故、必御親発為邦家御担任有之度事と存候。尤右事務御決議相成次第早々御報知有之度御願申上候。異事あらは都度々々早急御報知被成下候様相頼候。当寮務其他公事に尽候故御覧可被下候。到底キンドル氏之鄙憤（悲）は難消様被察申候。乍併不日氷解相謀候積に御坐候。返す〳〵も大体之事は時々御通知被下度、是のみ所希御坐候。着後いまた何の着手にもいたりかね候間、追々爰元之景況申進候様可致。右まで。匆々頓首

七月廿五日　清成

大隈老台閣下親展

1393—53 吉田清成書翰 大隈重信宛

（明治七）年八月一日

横浜にて御袖離之後、尚御剛壮被成御奉職候は奉大慶候。二に小生にも着後碌々消光仕居候間御降神奉願候。数度之電信両度之公書等は夫々御握掌被下候事と奉存候。第四号を以当寮之形行荒増申上候間、返す〳〵も愚見之通御援助被成下度奉願候。遠藤には至極得意之姿に相見得、其他寮中之もの共拙者此般之行は必断然たる改革を為さむと相待居候由可相見得候。尤外人等もキンドル派の者共之中には恐怖之輩多分有之哉にも相聞得申候。

台湾之一条も日々御丹青之事と奉存候。当府に而も種々取々之雑説共有之、既に支那と開闘之説重もに相聞得申候。其後老台御派出之義は如何御決定相成候哉、是のみ承度御坐候。必す機会を失し玉わぬ様所希望御坐候。跡之所は内務卿兼勤之義、是亦御尽力奉願候。拙生義も石丸着之後にあらされば愈何日頃迄に事務整頓帰京出来候哉見認不相着、自然は老台とも当方にて御面会之都合とも可相成哉なと想像罷在事なり岩橋へ御達し蕃地事務之目今形行之概略通知致しくれ候様御命被下度候。当地は如何にも新報に乏しく、

殊に交る人とては外に無之寮中之者と五代等とのみにて情態更に通しかね込り申候。

用向は公書に尽置候間略申候。尚異条あらは御通知可仕候。

匆々稽首

八月一日　　清成拝上

大隈老閣坐下

二白　返すくもキンドル之暴意御採用相成候而は迚も拙者出張之功は更に難見認候間、万々御注意卿大丞辺へ篤と御下命可然御返答有之度、此のみ為邦家万祈千望仕居候也。

1393–54　吉田清成書翰　大隈重信宛

（明治七）年八月十日

一昨八日従神戸一公書呈置候処疾く御落掌之事と奉存候。其夜十字過大久保卿にも乗船相成夜中稍々暴風激雨に候へは、瀬戸内之航海嘸難渋之事共とも思ひやり申候。二に劣弟依旧碌々消光当造幣寮之事務も大抵相片付、キンドル氏も意外之氷解（是は我強きを見不得止事之勢より曲て生したる也）之形勢御坐候間、他は何も無別条御放念被下度候。扨は此節大久保より御伝言之趣も致承知、殊に拙生発途前閣下迄内々致御懇願置候彼の外国公使として派出之義に付生も米国へ被差遣候事に御内決有之候趣にて、劣弟におひて無此上仕合之事に奉存候。殊に此般孛国英国其他もちと御手厚く交際之手術御施行相成候筈候哉にて、此際支那との紛紜も其末難見認折に候へは、至極至当之御所分乎と愚存罷在候。尚此末生米行之義は幾重にも御尽力被成下候様奉頼候。左候而右に相決し候様なれは何分にも早急御決議御下命相奉候様所希候。就而は劣生におひて可成丈当地差急き帰京之心組にて、夜を日に継き事務取扱中に御坐候。

一当寮にて毎歳可取行貨幣試験之義当十四日取行候積、キンドル氏幷前権頭遠藤其外へも相達置候間左様御承知有之度候。キンドル氏より石丸へ差遣候書中意外強情之申立も有之候処、右は全く試みに設けたる激文にて差て石丸氏にも恐怖する程之事も無御坐候間、未たに御地滞留にも候へは可然御教示有之度候。自然当十三日之米国郵船にて出足之事と存候へ共是も宛にも難致候間、拙生義は石丸之着之有無に不拘、当十五日或は十六日中には当地発程陸路帰京之含に御坐候。

今般之情態故米相庭等之景況も少々相変し、昨今六円五六十銭之平均と相成候。尤右は空米相庭之事なれとも現米も自然同様之取引と被存候。然処若万一支那辺にて闘争之一挙も候へは、目前米金之貯も無くて不叶事故当地にて至極穏密に手術を尽し、既に壱万三千石程は買入置申候。右は御相談も不致候処果而入用之事と愚考候間専断取計置候間、左様御宥認有之度候。尤今八千石位は同価（凡五円五十銭平均）位にて購入相願候見込に御坐候間、至極の枢密にて出張出納助江相命置申候。返すく\も拙生派出之義は御応援被成下候様所希御坐候。右用事まて。匆々略筆を呈候也。宜御推読可被下候。稽首

八月十日　吉田清成

大隈重信盟兄老閣下

尚々黒田なと此節之奉命は可賀事と奉存候。

1393－55　吉田清成書翰　大隈重信宛

（明治七）年九月一日

今日参楼之義御約速〔ママ〕申上置候処、風邪気矢張増長難致参上候間、万端可然御取極置被下候様所希候。尚明日拝眉可申承候。匆々頓首

九月第一　清成

重信老台閣下

尚々ホドソン江可然御致声所希候也。

1393－56　吉田清成書翰　大隈重信宛

（明治七）年九月六日

大阪出張中相立候愚見一冊漸く相整候付為持差上候。他右へ附属すべきものは未た精書出来不致、出来次第進呈之積に候。併右は既に御面晤にも稍々尽置候事なれは、御多忙中之処を強而御煩申上候程之事に有御坐間敷と奉存候。此レボルトは篤と御覧置被下度。尚明日も参楼可申承候。右まて。匆々得貴意候。稽首

九月第六　清成

重信盟台閣下

［編者註］本文中「愚見一冊」は早稲田大学図書館所蔵「大隈文書」ではA２１９０として整理されているが、紙幅上省略した。

1393－57　吉田清成書翰　大隈重信宛

（明治七）年九月十三日

先般鄙職下阪之砌、陰密購入方申渡候米穀之数如何程に有之候哉御問合之趣承知いたし候。右は最初弐万石を不出高買入候様申渡置候処、案外価も下値にて右員数よりも少々余額相整候様見究付、弐万五千石迄は買入候而も可然段申渡置候次第御坐候。尤拙者滞阪中買入方相整候分大凡弐万弐千石程も有之や申存候。右貴答旁匆々如此御坐候也。

九月十三日　清成

大蔵卿大隈殿閣下

1393－58　吉田清成書翰　大隈重信宛

（明治七）年九月二十日

長谷川其外両名より造幣寮へ参候付逸々致承知候。彼等には途程事を急き候様被存候。尤ヶ様差迫候事理も有之候得は、何れ此上は正院へ上申之義も既に相成居候事にも有之候へは、速に御掛合相成候様仕度奉存候。無左候而は東洋銀行江之一書も難差出事に御坐候。右手紙は唯今取調居候間、今日も維連江差廻し更正之上入御覧候積御坐候。尤キンドル江之一書幷御賞与物も有之可然事乎と存候間御高按可被下候。右同人義は去国之折に臨み壱ヶ年分之俸を以賞与すべき事に極り居候由なれは、今其半額を御加増之ことか、又は他に賞翫之品物に而も御恵投可被成乎、如何様共御高慮次第御所分奉頼候。右御取極次第礼状旁取調候様可仕候。是は必す此際御所分被成候方と存候。来年四月にもいたり候へは既に事後れ可申と存候間、乍余計此段も申上候。

実は昨日参堂之積に候処早天より数多之客来にて、殊に遠藤其他も集合せ不本懐之至奉存候。不取敢以乱毫得貴意候。匆々

九月廿日

清成拝上

重信老閣坐下

1393―59　吉田清成書翰　大隈重信宛

(明治七)年九月二十五日

吉田少丞転任之義、卿大丞を以及御相談候義有之候処、御聞済被下候段卿より通知有之直様申立置候。然る処今朝松方正義へも其段申入候処同人義は実に異存有之旨にて、是非と拘留之建議可仕との事に御坐候。尤右に付而は全く大蔵省之欠れさる人物をのみ掠奪するのみ之心組にも無之、往々貴省之用をも致注意往復等順次遅滞なく致し、自他之弁を謀候義なれは異論は御無用被下かしと申入置候次第に候。自然は老閣へ迫り候様之義も可有之と致掛念候間、若右時宜相成候得は宜布御弁解是非と前議に御据置被下候様所希御坐候。右に既に今朝も卿迄申入置候得共何と懸念不尠奉存候間、重而申進候次第御坐候。何卒可然御所分偏に奉希候也。稽首

九月廿五日

清成拝上

重信老閣坐下

1393―60　吉田清成書翰　大隈重信宛

(明治七)年九月二十七日

造幣寮改革一条に付東洋銀行へ一書御差出相成候処、表向請取書も不差越候哉に承候。右に而は甚不都合之次第奉存候間、今日も一書御差出し是非請取書差越候様御促有之候方可然奉存候。扨又金銀地金乱〔ママ〕取之手続き、東洋銀行既にエヂエントを被免候上は三井銀行辺にて取扱候方乎、又は造幣寮におひてのみ地金可請取段を外務の手を経て各国公使等へ御通知之順序歟と奉存候。右は疾く御手配被遊候事乎も難計候へ共為念申上置候。今日帰り掛凡そ五字頃にも可相成、暫時参堂仕候積御坐候。若し御差支も候へは強而差急き候義にも無之、重而可相伺候。為御知可被下候。稽首

九月廿七日

清成

重信老閣坐下

再伸　此内粗御相談申上置候通、出納助能勢久成を帰京せしめ、代りに与倉守人なるもの御差出相成候方御都合乎と奉存候。本人江も申聞候処希望之由に御坐候。当人義は東京府にて長く相勉め居候ものにも有之、且つ出納向は能く相心得居候間、一等位昇級（当分七等なり）之義可然御取計被下ましくや。御内談申上置候也。

1393-61　吉田清成書翰　大隈重信宛　（明治七）年十月二日

今般野生米国在留被命近々発程可仕。就而は来る四日両国中村楼に於留別筵相設度候間、当日午後第三時より御貴臨希候也。

十月二日　　吉田清成

大隈重信殿

尚々御来駕之有無為念承度候事。

1393-62　吉田清成書翰　大隈重信宛　（明治七年）十月十三日

今般鄙職米国行被命候付御別盃可被下とて、夫人も召列来る十五日午後三字より参伺候様被仰聞忝致了承候。右御請まで匆々得貴意候也。

十月十三日　　清成

重信様閣下

1393-63　吉田清成書翰　大隈重信宛　（明治七）年十月二十七日

鄙職儀発程も近寄候に付御緩話相窺度御坐候間、来月一日午後第三字より御光臨被下度奉頼候也。

十月廿七日　　吉田清成

大隈重信様
二伸　乍御面倒御来駕之有無為御知被下度、且妻君御同列
被下度奉願候。以上

1393－64　吉田清成書翰　大隈重信宛

（明治七）年十一月一日

拝展仕候。
今日は御来駕可被下候へ共少々遅刻可被及と之義懇々被仰
聞致了承候。如何程遅刻候共宜候間必す御光臨被成下候様
奉頼候。御内室様にも何卒御来駕奉待候。又御秘臓之弐幅
御恵投被下難有拝受候。西洋へも持参いたし愚眼を慰せ候
積に御坐候。何れ御目に可奉厚謝候。匆々

十一月一日　　清成

重信老閣坐下

1393－65　吉田清成書翰　大隈重信宛

明治七年十一月三十日

七年十一月卅日（我十二月一日）於桑港認
横浜御別袖後尚御多祥被成御消光、依旧邦家之為御劦力被
成下候は奉大慶候。二に劣弟無異一列同断、二十二日余之
長船中加るに大颶風を凌き、乍漸本日午後第五字当港着、
蘇生之思を為し祝酒を打寄りて汲み居候処明日十二字チヤ
イナ号の船出般之事を聞き、安着之御一左右のみと採筆仕
候。細事は後便に可申進候間左様御了承可被下候。昨夜ハ
ワイの王当港着之由にて一面会いたし、案外開明之一人と
被見受候。英語等は我か語の如く自由に出来候。是より新
約華清府等へ巡歴之積と相見得候。ブルークス依旧公私之
周旋御推察被下度候。末筆なから支那関係之事件愈決末に
至り、大久保翁も疾く帰還之事歟と奉存候。尚此後之処御
丹青被尽度所仰御坐候。
爾後之情実等逐一御洩し被下候様所希御坐候。
発程之折御話有之候通法律家雇之義は御一左右を相待ち可
申候へ共、可成は一名たり共此際御雇相成候方可然事かと
奉存候。御賢慮を以可然御所分有之度候。○当地之事情も

着後匆草にて何も可申進程之新説聞得不申、次便に譲る之外無御坐候。先は出発前万端御助力之御礼、且つは着之一左右申進度荒増如斯御坐候。恐々頓首

清成

重信盟兄

二伸　御愛室へ可然御伝声奉頼候。乍余事愚妻義も至極壮健にて大幸に存候。御省念所希御坐候也。

〔封筒表〕大蔵省大隈重信殿御親披　桑港より　吉田清成

1393―66　吉田清成書翰　大隈重信宛

（明治七）年十二月八日

用向は公書に書載候間略申候。

御好之バラ少々進呈致候間御賞覧被下度候。右之内四五本は大久保方へ御配分被下度奉頼候。

弟も不量長滞留いたし明日発程華府へ赴き候筈に有之候付、次便（当十二日ならん）を後れ候へは余り長延引に及候間ブルークスに托し置此書を呈候。

当地何も無事、議事院は当月六日に開院相成候。日本之評判此度之一挙にて一層美味を加へ候。御互に大幸之至御坐候。ブルークスは内情ありてボストン江帰らん事をのみ希望す、華府長滞留を忌候由に被察候。何れ他に可然人物を求め候外無之候。

十二月第八日朝下

吉田清成

重信老台閣下

1393―67　（吉田清成）書翰　（大隈重信）宛

（明治七）年（　）月（　）日

書添　銀貨量目増加云々に付、東洋銀行へ之一書も原訳共差出置候間御高案可被下候。

右は正院へも早々伺出候手都合に相成居候。草々

1393－68　吉田清成書翰　大隈重信宛

明治十年一月中旬

於華府十年一月中澣

日高次郎士発足に付直左右相托度旁一書拝呈いたし候。爾後益御無事御奉務之事と奉恭賀候。二に劣弟不相替碌々驢励罷在候間、御省念給候へは多幸之至に御坐候。今便には統計事務之事に付御尋越し件々委曲公書を以御回答に及候筈御坐候間、右に而大抵御承知可有之と奉存候○彼ボールスブロゾルス破産一件に付或る律家へ五拾封度程於龍動相払候乎の記臆有之、当八月中申進候末貴諭に預り候処是も今便及御答候つもり真最初に差出候。拙者精算書（細々之廉々迄相載置有之）に不相見得候得は拙者之記憶違に可有之と存候間、御下命御取調之上不相見得候得は臨機之御所置被下度候。委細は公書に可申上候。

当地之近況は日高より御直聴可被下と相省き候。今般之プレシデント選挙は難渋之一大事に結果を止め候も難測、気之毒に被存候未曾有之一挙に御坐候。

日高儀も陸海軍之官員に候得共シウヰル官之望みも有之候人故宜敷御引立、相当之位地に御試有之候様奉頼候。和英とも達者に有之候間、僅々之御示諭を加へられ候得は御用立之儀は疑を不容候。尚西郷従道とも御相談被下能きに御取計被下申候なれは、拙者に取り候而も多幸之至に奉存候。是は分而御頼申上置候。右御頼旁如此御坐候。稽首

吉田晩翠拝

大隈老台閣下

二伸　御令閨にも御無異之筈奉慶賀候。宜敷御申上被下度、愚妻よりも同断申出候間左様御承知可被下候。乍余事御しらせ申上候。去る十一月十九日又一女子出産、今度は至極壮健に候まゝかつゝゝ取留め候事と相楽居候事に御坐候。御想察可被下候。

1393－69　吉田清成書翰　大隈重信宛

（明治十二）年五月十二日

昨夜は御休息之所へ推参、乍毎長坐仕失敬之至奉存候。却説其節御願可申上筈之処すかと失念いたし候一条は別之事にも無之、本月七日男児分娩明十三日にて一回周に相成候間家内にも頻に懇望之由候間、何とか御名付被下度奉頼候。

拙家之姓は清を代々相用候へ共、右に相拘る儀にも無御坐候間御賢慮を以御見立被下度、偏に御依頼申上候。以参御願可申上之処当朝はちと早出勤仕候故、乍慮外以寸楮如斯御坐候。頓首

五月十二日　　清成拝

重信老台左右

1393―70　吉田清成書翰　大隈重信宛

（明治　）年二月十三日

過霄御相談仕置候本田親英進退一件に付、尚当人より直下に御話申上度儀も有之哉に御坐候。就而は小子より一簡相呈くれとの事に御坐候。御誘御窺御面晤を乞候節は御逢取被下度右御依頼仕度。匆々頓首

二月十三日　　吉田清成

大隈老台閣下

1393―71　吉田清成書翰　大隈重信宛

（明治　）年四月十七日

最前より御待入申上候間、もしも御用すき共にて候得は御光駕之処偏に奉希候。此旨草々得貴意候也。

四月十七日夜

〔巻封〕大隈先生貴下　　清成拝

1393―72　吉田清成書翰　大隈重信宛

（明治　）年五月二十六日

明日横浜行は弥とちまり〔ママ〕申候哉、亦何字頃より御出馬之積に候哉、鳥渡為御知被下度。自然は御同行之心組に御坐候。勿論ロバルトソン江も一面会不致而不叶用向有之候付、旁幸都合に候と奉存候。右用事まて。草々

五月廿六日

大隈老台閣下

清成

1393―73　（吉田清成）書翰　（大隈重信）宛

（明治　）年八月二十五日

写真弐三枚ゆひはめ弐つ致遣呈度、御笑納被成下候得は幸甚之至也。小き方は御内室江と持参致候間、宜しく御配当被下度奉頼候。

弥五字之車にて御趨宝と相心得、ステーションにて御待会可申上候。匆々頓首

八月廿五日

1393―74　吉田清成書翰　大隈重信宛

（明治　）年九月十四日

唯今別紙之通大阪より報知有之候付直様致進呈候。十六日出立なれは十八日には尋常ならば着京可相成と存候。右にて御承知可被下候。匆々

九月十四日

清成

重信老台坐下

1393―75　吉田清成書翰　大隈重信宛

（明治　）年九月二十六日

先日来御示話御坐候通、御長屋之内にて空部有之候へは同人江御貸渡被下候へは同人におひても重畳多幸之至なりと申出候。依而当人差出候間可然御下知可被下候。御多忙之処へ御煩労を加へ候義は恐入候得共、御親話も有之候義故

不取敢申進候。尤同人には御手許近く罷在候へは御用弁にも可相成と存候。他は面晤に譲り候。匆々頓首

九月廿六日　清成

重信老閤

1393-76　吉田清成書翰　大隈重信宛

（明治　）年十一月三日

ヂヨンストンス、ロキヤルアタラス壱冊致進呈候間、御笑納被下候へ者望外之至御坐候。此旨匆々稽首

十一月三日　清成

重信老閤坐下

1393-77　吉田清成書翰　大隈重信宛

（明治　）年十一月十一日

一字頃よりと心得居候処、五代より承候へは四字と云事也。夫故同刻までには参楼之積に御坐候。此旨匆々申上置候也。

十一月十一日　清成

大隈盟兄閣下

1393-78　吉田清成書翰　大隈重信宛

（明治　）年十一月十九日

御多祥奉大賀候。然はフラネル少々致遣呈候間御笑納被下度。尤右は先日拝領被仰付候品に而随分品柄も可然と存候儘為持差上候。余は拝眉可申上候也。

十一月十九日　吉田清成

大隈老兄玉案下

1393―79　吉田清成書翰　大隈重信宛　（明治　）年（　）月十三日

松陰生より電報を得たり。十四日之船便に大阪出発すべし。若船なくは陸行迅速上京之積と云々。右之趣に而は不日上京可有之と存候。此段申上候也。

十三日　清成

重信公閣下

1393―80　吉田清成書翰　大隈重信宛　（明治　）年（　）月十六日

昨日は長坐いたし乍毎御邪魔に成上候。扨昨夜奈ら原等と取会、何も別段之珍事も無之候。云々も有之候へ共難尽筆頭候。今日は午後三字頃より両国かしわ屋へ集会之事を企置申候。御寸暇も御坐候へは必御来光奉希候。外に他之人も無之、単に松方吉原奈ら原も参候筈なり。可成丈御気張被下度候。馬車にて御出掛被成候へは左程之御苦労にも有之ましくと奉存御促申上候。熊谷も招き候積に有之候。右草々頓首

十六日　清成

重信老閣坐下

追啓　御出掛之有無鳥渡為御知被下度候。尤御出掛に相成候へは御返書に不及、無之候へは其段御通し被下度候。

1394―1　吉田熹六書翰　大隈重信宛　（明治十七）年八月二十五日

上啓　久々不奉伺尊容疎懶多罪不知所措、伏して御寛恕奉仰度候。時下残熱尚酷烈を極め候折柄御近状何如之御事哉、偏に高館之御多祥尊体之御壮健を奉祈居候。当年は香山御

避暑之御思立も不被為在御様子、遣熱消夏之方一入之御事と奉恐察候。併し早苗田之御新築も漸次御竣功之趣に候得者郊外清涼之大気炎塵を洗ひ、幽邃閑雅之御眠食又た格段之御楽と奉想察候。扨当国近時之形勢は諸新聞紙上にて粗ぼ御承知にも被為在候はんか、何分不景気之声のみ喧しくして人心沈滞を極め、政治社会は殊に昏睡之有様に候。但だ諸処の有志に接する毎とに務めて政思を喚興激励致候故か在々屢々政談会の催有之、暑中ながらも一ヶ月一両度の開会は平均必らず有之、幾分か生気を保持致居候得共、憾むらくば本部の運動近来殊に緩慢を極め候より頗る地方の人心を凋萎し、沈睡之社会尚更ら手を下し難き事情なきにあらず。昨年小野氏の巡遊は当時大に人心を擢揮し活潑の風相見へ候由に候得共、夫の咽を過ぎて熱を忘るゝは一般世俗の凡情にして、熱心漸次に退却して今日にては殆んど前日の冷澹に復し候有様誠に歎息の外候はず。因て本年秋冷の時を期し在越党員及同志者の懇談会を催し、在京の重立ちたる党員を招聘し既睡の人気を一攪し、機に乗じて事を謀らんと欲し頻りに計画中に御坐候。若し実行の事相決せば、可相成は前島老に乞ふて夫れとなしに漫遊を試みられ候様願候歟、或は小野氏の再遊若しくば藤田島田両氏の内巡遊を乞度決心にて、当地党員の企望も全く此に在り候様見受けられ候に付、此義は予じめ御聞置之程伏て奉懇願置候。御承知の如く当国諸郡の徳望あり財産ある者は多くは自由党員にして、我党発表の前既に板垣に服し自由党の看板を掲げ候者にて、現に県会議員の如きも殆んど自由党を以て全体を組成致居候次第、此輩の心中素とより道理を分別するの明なきに非らず、今日にては稍や自由党の疎んず可く我党の頼る可きを知ると雖も、今更ら公然宿志を翻し折節の譏を招くに忍びず、騎虎の勢制し難くして依然自由党の事に奔走致居候。内部の心中は兎も角中等已上の有志士にして表面既に自由党に左袒す、是を以て一般民心の向所自ら之に雷同の傾きあり。我党の此間に処て勢力を増進せんとする、頗る容易の業にあらず。只だ時勢の進動と共に正理漸く明かに人民の智識聞見も亦た自ら積む所あるを以て、着々歩を進め功を多年に期して誘導養成する所あらば竟に一統の望あるを得可し。今日の事最も細心熟慮を要し候義と奉愚考候。幸に賢慮の一に存置せられんことを奉恐願候。来月廿日には当地の自由党員等北陸七州の大懇親会を本港に開き候由、目今頻りに周旋罷在候。多少の奇聞も例により出来の方と今より傾耳仕居候。加能越三州の党員も格別振起の色なし、当年巡回の際目撃致し候処にては越中を以て稍や有望の地と想察致し候。併し是れ亦た二三有力者の力に由るのみ。幸に本部の政略宜しきを得て絶へず其歓心を繋がば、向来益々盛大を加ふ可き歟。思ふに我党の創立日尚ほ浅く国民の政思未だ幼稚の域を脱せざるの今日に方り、千載未有曾(ママ)の改良を為さんとす。幸に閣下英明の資と諸名士有為の才徳とにより党勢着々熾盛の運に向ふと雖も、前途尚ほ遼として望洋の思なき能はず。義を忘れ利に奔るの奸党所在我れを遮妨して国事を誤る者皆是れ也。今日我党にして苟くも些少の放意あらば大事或は去らんとす。不肖私かに閣下及在京の諸名士に望みなき能はず、希くば賢察を垂れ給はんことを。政府の役人は名を公用に托して続々遊びに参り醜態を遺し申候。近日西郷亦た来港との事定め異聞の一笑す可き者可有之歟。

今回山田講師来遊に付匆々此書を認め嘱托、膝下に捧呈仕度大略如此に候。剰炎尚ほ猛、為邦家御自重奉懇祈候。恐惶不宣頓首

八月廿五日　　吉田熹六九拝

大隈総理公閣下執事御中

1394-2　吉田熹六書翰　大隈重信宛

（明治二十一）年三月九日

上啓　陳は関西鉄道会社々長之義に付、昨夜谷元より御聴に奉達置候前島氏之一条は至極之義と奉存候条、何卒同氏之承諾を得候様御高配奉煩度。惣会も既に間近く相迫り候折柄、一日も早く当方之相談取極め四日市へ通知致置不申ては不都合不少候義に付、此際申上候も甚恐縮至極に奉存候得共、可成至急に尊慮を奉煩候様奉懇請候。尚明後十一日之日曜には午前十時頃谷元同道早苗田之御邸へ伺候之心得に御坐候間、其節万事言上可仕候得共右之一条寸刻も早きを要し候旁谷元と相談之上、乍失礼不取敢書面を以て奉願上置候。書余拝鳳奉可申上候。草々謹白

三月九日　　熹六再拝

大隈伯閣下

1394－3　吉田熹六書翰　大隈重信宛

（明治二十二）年九月七日

上啓　昨夜島田三郎帰朝之祝宴相開候処其席にて改進党員中頗る激論有之、其主意は兼て御内聞に相達置候我党大運動会之一条に付前島其他の諸氏より少々異議有之、肥塚加藤等は之に随ひ運動会丈けは中止之意見に有之候処、他之面々は既に決議を経て各地方へ通信も致候ものを今更ら二三之人の苦情あればとて中止とは何事ぞと八ヶしく申合ひ、結局閣下之御思召を伺候上如何様とも進退を決し候事に相成、今朝八時少し前に右委員として小川三千三枝元長辰及び小生之三名拝趨之手筈に致置候。後刻参上之上表面之陳述は可仕候得共、御答之趣によりては将来意外之結果も可有之懸念罷在候に付、不取敢御内聞に達置申候。元と〳〵斯く激論に相成候次第は、改進党中上流之人々中平生少々不妙之所置も有之、常に和熟致不申動もすれば破裂之萌有之候折柄、右運動会之事出来俄然破裂仕候義に御坐候。兎に角此際相方を和合せしめて一致之運動を致候には只だ閣下之高配に在るのみ。運動会之義に付ては令夫人を始め秘書官中にも彼此苦慮被致候趣伝承仕候旁、可相成は見合せ候方都合宜敷と御一言を賜り候はゝ不平連（私も不平連之一人には候得共）も得心可仕歟。尚御賢慮奉煩度候。何れ後刻拝謁之上委細は可申上候得共、余り突然故前以て要領一寸申上置候。尤も私共より斯く御内聞に達候義は何人にも御漏し無之様奉懇願候。草々謹言

九月七日朝六時　　吉田熹六再拝

大隈伯閣下

［封筒表］霞ケ関官邸　大隈伯閣下親展
［封筒裏］朝野新聞社　吉田熹六

1394－4　吉田熹六書翰　大隈家執事宛

（明治二十四）年（三）月（十六）日

拝啓　犬養今朝土州之壮士（片岡健吉之書生）某に打たれ頭部に負傷致候。右に付先刻赤十字へ参り高橋氏へ診断依頼致申候。今晩高橋氏相伺候筈に候間委細御聞取被下度。差したる事には無之候得共何分帽子之上より太きステツキにて乱打致候事故、疼みは随分烈敷様子に候。軟派之卑怯

なる驚入申候。右御報申上候間、伯御夫婦へ御伝声奉願上候。草々

吉田生

大隈伯執事御中

1394－5　吉田熹六書翰　大隈重信宛

（明治二十四）年（十一）月二十三日

上啓　寒威日に加り候折柄益御清康奉賀上候。此度之競争思之外之難戦にて、昼夜必死に奮闘艱苦を極め居申候。犬養島田帰京之上は早々拝趨当地之状況可申上筈に候条、委曲親敷御聞取に相成候事と奉推察候。何分道理之上に於ては十二分之勝利にて一人たりとも異議を唱ふる者無之、向ふ処風靡する勢には有之候得共、敵は金力情実を恃みとして軟弱なる人心を動かし、味方は糧食屢々尽きんとして僅かに支ふる有様、来月六日迄之対陣は頗る困難を覚申候。就ては昨今小生は病気療養を名として仙台に退き、五六日間先づ休戦之体に見せ懸け陰かに軍気を養ひ候上、期日切迫之時より大挙戦地に向ひ、疾雷耳を掩ふに遑なく全区を席捲し去る之画策決心に御坐候。勝敗之分るゝ所は只た投票前一二日に在り、余りにいらたちて味方を疲らし候ては大切之場合に間に合不申と存候旁、右之如く軍略を定め暫時鳴りをしづめて敵に油断為致候積りに候。只今之処にては辛ふして五分〳〵之戦争に候得共、愈ょ切て出候已上は場合により非常手段を行候ても勝たずには置かぬ決心にて百方苦心罷在候。此度之勝敗は実に我党前途之大消長に関する不容易大戦に付、心身之及ぶ限り奮闘激戦之覚悟に有之候。只困入候は首藤之赤貧にて弾薬欠亡之一点に在り。目下当地之有志者を説得し義金募集中に有之候得共、何分思ふやふに運不申是のみ痛心罷在候。

本日偶ま少閑を得候まゝ時下御見舞旁近況御耳に奉達度、草卒走筆如此に候。草々謹白

廿三日

仙台にて　吉田熹六再拝

大隈伯坐前

1395　吉田二郎書翰　大隈重信宛

（明治六）年十二月二十日

伝票之儀に付是非共明後廿二日午前第九時迄に納相成候様、若手廻り兼候はゝ明日休暇を止め候而も右之手続相整候様松方権頭江達し方取計申候。右者御退省以後之儀故断然取計致候間為念一応申上置候也。

十二月廿日　　吉田少丞

大隈卿閣下

1396-1　吉田豊文書翰　大隈重信・相良剛造宛

（明治八）年六月十四日

爾来者御無音申上奉恐入候。梅雨之節益御機嫌克被遊御座奉恐悦候。次に爰元益々無異に御坐候条乍憚御安慮可奉遣候。然者今般地方官会議に付僕義上京可仕筈之処、都合により県令上京明十五日出途之筈、同人へ相托し時下御伺奉申上候。其後爰元異条も無御座、先日来県令持参之御用向取調旁多忙相過御無音奉恐縮候。

一　当県地租改正も近く相片付、只今之向に御座候得者当秋中に者皆査可仕見込、彼是奔走仕居申候。おちま事も至而康健打過御安意可被成遣候。三巴事先日来出血多に而一時者大に気遣医師も不安心に申宣候得共、追々薬効相顕此節者快気に相成申候。乍冗事此段申上置候。決而〱御案し被遣間敷候。

一　僕義今般七等判事兼任被仰付難有仕合奉存候。不肖なから奉勤可仕積前日御請書指出申候付御吹聴仕候。

先者時下御伺要用計奉得貴意度如此御坐候。恐々謹言

六月十四日　　豊文再拝

大隈様
相良様
　侍吏

二伸　相良御母上様へ申上候。当夏御涼旁堺表へ御越被遊間敷哉。家内少に而淋然打過居申候条、何卒御繰合御来県之程奉待上候。以上

1396－2　吉田豊文書翰　大隈重信宛

（明治八）年十二月二十七日

一筆拝啓仕候。先以益御勇健被遊御揃恐悦之至奉存候。次に当方一同無異消日仕候条乍恐御安神可被成遣。然者本月初旬御居館御新築に付御引移被為済候趣恐悦、乍遅延右御悦奉申上候。将又爾来者御伺書も進呈不仕毎々御無音のみ打過恐縮仕候。当十二月中に者地租改正為相済上京御伺可仕相楽居申候処、度々上下之間に見込違等仕今以相片付不申、明年者早々落成可仕見込居候間其節者出京万緒御断可奉申上候。扨新租改正出来候上者旧税額より存外減少可仕、只今之見込に御座候而者当県之分百万円内外に而相纏可申、隣府県も同様多少減却可仕之由。何分各村之一地毎に配当致居候得者、最上田に而新検に直し一反之収穫二石三四斗に止り、此上之収穫者検見取致候而も五ヶ年平均上全所得無之候由相聞、勢之然らしむる事に而致方無御座。此向に御座候而者各県も同様、随而全国之地租者大に御減少に相成事と乍杞憂恐入居申候事御座候。当県之外者本年中落着可仕見込に而、別段本年租額之伺書も晋達不仕候処終に明年に押移り、何共申上様無之事に御座候。乍去地租之内納者已に六十万円余県庁迄取纏仕居候間、追々上納之運可致精々繰合為致居申候。先者時下御窺御悦計奉得貴意度。乍末毫皆様江宜御鳳声之程御願仕候。恐惶謹言

十二月廿七日認

吉田豊文再拝

大隈様侍吏

追而寒気折角御御〔ママ〕用心可被遊専一奉遠祈候。余者明年万喜可申上候。頓首敬白

1396－3　吉田豊文書翰　大隈重信・相良剛造宛

（明治九）年四月三十日

一筆拝呈仕候。御館皆様益御機嫌克被成御揃慶賀之至奉存候。二に両人共無事去る廿五日着堺仕候間乍憚御安神可被成下候。将又滞京中は格別御懇慮り〔ママ〕其上出途之節は種々頂戴物仕千万難有仕合奉存候。着堺後早速御礼書進達可仕之処、廃県引継地租彼是に而多事打過遅延候段御高免可被成遣候。乍末毫岡本様御不快爾後如何被為入候哉。折角に御保護可被為在御見舞奉申上候。先者右御礼書計奉得貴意度

如此御坐候。恐々不宣
四月卅日　豊文拝
大隈様
相良様

追伸　時下折角に御愛護可被為在専一奉千祈候。当地博覧会乍初発殊之外列品有之、日々来観二三千人これ参越近年之繁栄に御座候。未た時日も御座候間御病人様近々御快復に被為在候はゝ、御見物御出被遊間敷候哉。御待奉申上候事御座候。以上

1396-4　吉田豊文書翰　大隈重信・相良剛造宛

（明治十カ）年五月六日

一翰拝呈仕候。皆様益御機嫌克被遊御入恐賀不斜奉存候。扨者今般お千万義態々御送被成遣難有、去る四日無事帰堺仕候条乍憚御安慮可被遊遣候。将又前々月来永々滞留中御厄介奉蒙候のみならす、結構之御品等相頂重々御懇慮之程千万難有仕合奉存候。御地御病人様にも追々御快復被為在候趣御安心被遊候御義と奉恐察候。此節爰許相変候儀も無御座、先者右御礼旁奉得貴意度書外重而可奉申上候。恐惶謹言
五月六日　豊文再拝
大隈様
相良様
　侍史

1396-5　吉田豊文書翰　大隈重信・相良剛造宛

（明治十二）年八月二十二日

一筆拝啓仕候。残炎厳敷御座候所益御機嫌克被成御座恐悦奉存候。扨者末弟彦六義昨廿一日午後類似虎烈刺病に罹り候付、早速御館内へ御引移し被成遣池田一等侍医へ診察等種々御懇遇奉蒙候段、電信を以御報知之趣難有仕合奉存候。本年者暑暇中格別御厄介奉蒙候上、尚又非常之儀に付奉供御心配候段何共御礼申上様無之奉存候。爾後追々快方之趣も被仰遣候。就而者一同安心仕候事に御座候。乍此上万端

宜御願奉申上度、先者不取敢右之尊酬御礼迄奉得貴意度如此御座候。恐惶敬白

八月廿二日夜

吉田豊文拝上

大隈様

相良様

追伸　乍末毫御地悪病追々蔓延仕候趣、残暑去兼之際別而御予防御愛護可被為在専一奉遥祈候。当県下者漸々衰減に赴き界市中も日に四五人位相成候間乍憚御安神奉希上候。

以上

1396－6　吉田豊文書翰　大隈重信・相良剛造宛

（明治十二）年九月一日

一筆拝啓仕候。残暑去兼候得共皆様益御勇健被為入奉恐賀候。当方一同瓦全乍憚御安慮可被成遣。扨彦六郎儀病気に付而者先般来格別御懇慮奉蒙毎々容体等御しらせ被成遣、御陰を以追々快方不遠平癒も可仕趣、千万難有御礼申上様無之次第に御座候。御地悪病兎角蔓延仕候趣皆様時下御障等不被為在候哉。折角御保護専一奉祈上候。当県は前日来存外に相衰、最早全管内に而日々拾人内外に相成一同安心仕候。将又過日者不顧仰書生指上此節者同人も御厄介相成居義と重々難有奉存候。乍此上宜御願申上度、先者御礼時下御伺旁奉得貴意度如此御座候。恐惶謹言

九月一日

豊文拝上

大隈様

相良様

侍史

1396－7　吉田豊文書翰　大隈重信・相良剛造宛

（明治十二）年九月十二日

一筆拝呈仕候。秋冷之節皆様益御機嫌克被成御揃奉恐賀候。扨者末弟義病気以来格別に御厄介奉蒙難有、昨十一日長井并書生共帰界仕候付右御懇遇相蒙候段委細拝承仕候処、誠に無限之御庇陰を以速に全快に至候趣、一同難有安心仕候事に御座候。将又書生帰界仕候付而者私初へ種々頂戴物仕、

御礼筆頭難尽不堪拝謝仕合御座候。御地悪病兎角蔓延之勢に而御心配被為在候趣、折角に御予防御用慎可被為在専一奉祈候。当県下者追々消滅拙家一同瓦全相暮申候間、乍恐御安慮可被成遣候。書余上京之期御座候。尚御厚礼可申上、先者時下御伺御礼迄奉得貴意度如此御座候。恐惶謹言

九月十二日　　吉田豊文

大隈様
相良様
　侍史

追而当県本年者村落風火之災も無之、降雨大に時を得稲棉共生長宜敷、此向に候得者豊作可相成と相楽居申候。市中は富商共頃日商法会議所設立に注意致し不日開会之景況に御座候。右之外相変候義も無之、概而人心平穏に御座候間御安慮可被成遣候。以上

1396-8　吉田豊文書翰　大隈重信宛

（明治十三）年四月九日

一筆拝呈。暖和好時節に赴申候処倍御機嫌能被為入恐悦奉存候。二に当方一同無恙相暮申候間乍憚御安慮被遊遣度。扨早春御館滞在中被仰聞候県下信太山開墾地之儀、帰県後夫々承合仕候所、大略別紙之通御座候間奉供電覧候。尤当月初（小生巡回留主中）松方内務卿実地御見分有之県令逐一案内致候趣。就而者内卿にも開墾着手之思召有之哉に臆想仕候付、是亦供御内聴仕候。到底右地所者畠地之外見認も無御座、永見米吉郎（実は五代所有）御払下願済之節壱万弐千円余候得共当今者少し直段相進居候趣、乍去未た不納金七千円余御座候付法外之不廉にも無之相聞申候。前途皆墾に至候迄は凡四万円相費金利を見積仕候得者十分之品物共愚考仕兼候間、尚御賢考被遊度奉希上候。将又前日来少々丁銀購求仕、石丸造幣局長上京之節指出可仕心得に御座候。御扇子之儀も其頃に者出来可致候間一緒に相収可申、左様思召可被遊遣候。先者時下御伺要用而已奉得貴意度如此御座候。恐惶謹言

四月九日　　豊文再拝

大隈様侍吏

1396―9　吉田豊文書翰　大隈重信宛

（明治十四）年二月十七日

一筆拝啓仕候。春寒之砌益御機嫌能被遊御入恐悦之至奉存候。当方一同瓦全乍憚御安神被成遣度。然而小生義去る十二日大阪府大書記官被仰付難有仕合奉存候。早速御吹聴御礼書可指上之処廃県事務引纏に付十二日来昼夜奔走仕居、遷延之段御高免可成遣候。只今之向に候得者当月中に者引継済仕度と夫々鞭撻仕居申候。尤出納事務者各警察費及地方税等遠路郡区長警部等へ往復之時日も御座候付、至急精算仕上けと申場に参り兼、未た整頓之期日目途も相立兼申候。廃県に付将来心痛仕候者当界区に御座候而、昨年郡区改正後地方税協議費共従前区費に超過致候事凡一倍に相成居候処、今般被廃候付而者市街一般不景気可相成者申迄も無之戸数も随而相減可申、然る時者到底独立難相成事に被察、大鳥郡へ合併不致候は而者凌方無之存居候。他者僅三里程之大阪府に御座候間不便之苦情も可少想像仕居候。先者拝命御礼旁奉申上度乱筆御推展奉願候。恐惶謹言

二月十七日　　豊文拝

大隈様侍吏

追而時下折角御愛護可被遊専一奉存上候。早春者熱海へ御湯治被為入候趣、御相応被遊候哉御見舞奉申上候。以上

1396―10　吉田豊文書翰　大隈重信宛

（明治十四）年七月二十三日

一筆拝啓。大暑之砌皆様御揃益御勇健被為入奉恐賀候。陳は這般御位階御昇進被為在候趣抃賀之至奉存候。且又北海道御巡幸供御被為蒙仰遠路不日御発途可被為在、炎暑之際別而御苦労之御義奉恐察候。折角時下御保護遥に奉祈上候。当地此節相変候義も無之、府会も過半相済地方税之相嵩候点より市中戸長役場全廃之建議等御座候。郡中之分者別段異説も無御座只減費主張者有之候迄之景況御座候。先者暑気御見舞御悦旁奉申上度如此御座候。恐惶不具

七月廿三日

豊文再拝

大隈様侍史

追而私共一同瓦全打過申候条御安慮被成遺度。彦六郎義毎度奉蒙御懇篤難有仕合奉存候。乍末毫御礼奉申上候。敬白

1396-11　吉田豊文書翰　大隈重信宛　（明治十四）年十月十四日

一翰謹啓。秋冷之候益御機嫌克供御無御滞御帰館被為在候趣恐賀之至奉存候。然而本日伝承仕候得者本官御免御願済被為在候由。扨々驚愕之至御深慮被為在候御儀とは奉恐察候得共、世論喋々人心将揺之折柄何共愛惜慨歎之至奉存候。且又過般者秋田県下御通行之際御怪我被為在候哉之旨新聞上に披見仕候。右者御別条等不被為在候哉。彼是遠路痛心之余御見舞御伺迄奉申上度。乍末毫時下御保護専要奉祈上候。先者御伺迄如此御座候。恐々不備

十月十四日　　豊文拝

大隈様侍史

追伸　当方一同瓦全相過居申候条、乍憚御安慮被成遺度。私義今般旧県地租改正に従事之御賞として縮緬拝受仕、全く閣下御引立故と難有仕合奉存候。乍端書右御礼申上仕候。以上

1396-12　吉田豊文書翰　大隈重信宛　（明治二十二）年一月一日

新年之御吉慶千里同風愛出度申収候。先以被遊御揃益御機嫌御超歳恐悦之至奉存候。私義無事越年仕候条乍憚御休神被遣度。然而旧冬御地出立之前は御懇命之程難有仕合奉存候。十九日横浜解纜以来海陸平穏愛媛県を経而廿七日暁高松へ着仕、同日午前九時開庁式無滞相済申候。爾来県庁創業事件に而日夜勉強仕居候付御休神被成遺度。着后日浅く未た人情風土も相分兼、可申上程之事件も無御座重便尚上申可仕候。乍末毫留主中別而可奉蒙御懇命何分宜御願仕候。右者年頭御祝義旁無事着松之御吹聴迄奉申上度。書外奉期永陽之時候。恐々拝具

一月一日

豊文拝上

大隈様御膝下

［封筒表］大隈様　平安信　香川□〔破損〕　吉田豊文

［封筒裏］一月一日認

1396-13　吉田豊文書翰　大隈重信宛

明治四十一年（消印）一月十七日

謹啓　大寒之砌御坐候得共皆様被遊御御〔ママ〕揃益御機嫌能恐賀之至奉存候。然而本日御地新聞上に而御別邸類焼仕候趣伝承驚愕仕候。殊に古代之建造物にも有之候趣痛惜之至奉存候。他に御異状等不被在候哉。乍大略以書中御見舞奉申上候。敬具

一月十七日　　吉田豊文

大隈様御膝下

追而本文御見舞乍恐皆様へ宜御鶴声之程奉希上候。

［封筒表］伯爵大隈様侍吏

［封筒裏］備後福山　吉田豊文

1396-14　吉田豊文書翰　大隈重信・相良剛造宛

（明治　）年一月三日

新年之御吉慶千里同風愛出度申収候。先以皆様益御機嫌克被遊御延歳珍重御儀奉存候。次に当地僕等無異加齢仕候条乍憚御放慮可成下候。旧年者毎々蒙御伝言難有本年も不相替御懇篤之程宜御願仕候。先者年甫之御祝詞奉申上度如此御座候。恐々謹言

一月三日　　吉田豊文

大隈様

相良様

執事

1396―15　吉田豊文書翰　大隈重信宛

（明治　）年十二月三日

一書拝呈。甚寒之節益御機嫌克被為在恐悦之至奉存候。然者前日保原村戸長より小生身元調之儀に付、高田村戸長へ引合方御下命奉願上候処、左納岩吉へ被仰付同人種々取扱候段此度委細報道仕、御厚配奉供候段重々恐縮難有奉存候。同人書面今朝相達披見仕候付、直様縷々回答依頼仕置候付而者其旨入御覧候義と奉存候付相略。毎度御厚慮而已相蒙候段奉謝迄に呈書仕候。当地之事状は昨日上申仕候后上保原村より監定人四名到着仕候間、今朝より一層一同へ勉励可致旨相達、至急落成仕度見込に而精々鞭撻仕居申候。書外尚上申可仕前件拝謝耳奉得貴意度如此御座候。乍末毫時下御用心可被遊専一奉祈上候。恐惶謹言

十二月三日　　　　豊文再拝

大隈様御座右

1397　吉田彦六郎書翰　大隈重信・綾子宛

（明治三十）年九月十日

拝啓仕候。時下残暑之候に御座候処伯爵閣下御令夫人御始め皆々様御障りも無御座、御壮健に被為入候段大賀之至に奉存候。小生は帰途御別荘に於て皆々様へ拝顔を得不申、種々御懇切なる御辞を拝領致し難有厚く御礼申上候。小生は予て御無音に打過ぎ失礼罷在候処、御詫びも御快く御聞入被下小生の面目不過之候段、返す〳〵も厚く御礼申上候。愚妻よりも同様に申出候。且つ今般みちの嫁談の事に関しても不一方御厚意に預り候段奉万謝候。其の後此の事に関しては高松氏正木氏よりも何等の報知にも接し不申候へ共、多分は去る六日には徴納〔納徴〕御調へに相成候事と存候。小生は帰宅後早速御礼可申上筈之処、実は小児の肺炎且食客学生の脳膜炎等の大患に接し何れも危篤にして大混雑を極め居り、為めに只今迄御無礼に打過ぎ候段偏に御容赦被下度候。幸に小児の病は快復の期に趣き候間、乍御無礼御安心被下度候。右は乍延引厚く御礼申上度候。早々頓首

九月十日　　　　彦六郎拝

二位様
奥様
　御奥御中

［封筒表］東京市霞ケ関外務省官舎　伯爵大隈様執事御中
［封筒裏］京都市上京区寺町通広小路上る　吉田彦六郎拝　九月十日

1398　吉田要作書翰　大隈重信宛

（明治三十）年七月十日

拝啓仕候。陳者別紙伯爵幷男爵議員当選者人名書差出候。尚ほ子爵之分は明日確定之上人名書可供高覧候。敬白

七月十日　吉田要作拝

大隈大臣閣下

［別紙①］（印刷）

（四十四）七月十日　帝通

○伯爵議員撰挙の結果

本日午前十時より華族会館に於て東久世管理長を始め、大原、正親町、松浦、徳川（達孝）、島津（忠亮）伯等の各管理者立会の上挙行し、午后三時を以て結了す。其結果左の如し。

七十票　正親町実正、六十九票　島津忠亮
六十八〃　徳川達孝、六十七〃　壬生基修
六十六〃　大原重朝、六十六〃　万里小路通房
六十五〃　立花種恭（寛治）、六十五〃　吉井幸蔵
六十四〃　上杉茂憲、六十三〃　松浦詮
六十〃　広沢金二郎、五十九〃　坊城俊章
五十七〃　勧修寺顕允、五十七〃　清棲家教
五十五〃　大村純雄

［別紙②］

男爵議員当選者

百三十七　本田親雄
百三十七　赤松則良
百三十六　青山貞
百三十五　神山郡廉
百三十五　有地品之允
百三十五　金子有卿
百三十五　伊達宗敦

百三十四　岡田安賢
百三十四　菊地〔池〕武臣
百三十四　中川興長
百三十三　中島錫胤
百三十三　末松謙澄
百三十三　杉渓言長
百三十二　若王子遠文
百三十二　楫取素彦
百三十二　渡辺清
百三十二　島津珍彦
百三十二　本田〔多〕副元
百三十二　吉川重吉
百三十二　安藤直行
百三十一　東〔南〕岩倉具威
百二十九　西五辻文仲
百二十九　辻健介
百二十九　平野長祥
百二十八　生駒親虫〔忠〕
百二十七　毛利五郎
百二十六　南光利
百二十五　玉松直〔真〕幸
百二十五　紀俊秀
百二十四　新田忠純
百二十二　酒井忠弘
百二十　高崎安彦
百十五　白根専一
百十五　真田幸世

1399―1　吉原重俊書翰　大隈重信宛

（明治十一）年五月三十日

只今ピットマン相見え候て相咄し候に者、今午後者東洋銀行之ロベルトソン御宅の様参上貿易銀量目減少之事に付御咄致すべしと申居たり。ピットマンにも此儀に付而者能々御思考被仰度、只今となつて米国に於て量目減少候に付而者我貿易銀を買入直に米国に送り改鋳致候様成行可申と、又一般の貿易上各種の貨幣相用候而者銀行等に於ては交換上多少の利益を得事有も商売の為には不便に可有之なと申居候に付、鳥渡申進置候。右迄艸々如此御座候。拝具

五月卅日

重俊

卿公閣下

1399−2　吉原重俊書翰　大隈重信宛

（明治十一）年七月十日

御清康奉賀候。然者私義兼而之御命により今夕は参上可仕筈之処、両日前より之病気未全快に不至夜分丈は相慎度候に付、誠に恐縮に奉存候得共不参之儀宜敷御宥恕被下度希候。次に一昨々日ハウス拙宅江相見え彼税目新聞江掲載相成候件に付咄之次第も有之、其内米公使に関し而云々之談承候赴も御坐候間、若今夕御都合も候はゞ御直に御聞取被下度存候。到底彼新税目の出処に付ハウスにも極不審に存し居候。次に別紙電報者先日内書差遣に付申出候件と被存候。依而其儘差進候。右用事旁乱筆艸々如此御座候。謹呈

七月十日　　重俊

卿公閣下

尚々今夕は返す〳〵も不埒之至候得共宜敷御推恕奉希候。次に別紙電報は三菱本社に而取調相成度との旨に付、御手元より岩崎方江直に御命可被下候也。

1399−3　吉原重俊書翰　大隈重信宛

（明治十三）年二月二十八日

沖縄県貢糖取扱之儀に付而者小官出立前御談之趣幷当地出納局詰河鰭少書記官江御達之次第も有之候に付、着坂之上同人とも申談荷物到着之上売捌方手続取調閣下御下阪を相待居候央既に此程着荷に相成、就而者其儘に差置候儀に者不相成、且閣下御下坂之御模様も碇と承知不致、何分にも差向候義に付川崎江申談同人見込之次第取調書為差出、仮に同人江申談倉入斤量掛改め方等取扱はせ相成居候。然る処当地出納局に於ては閣下御着坂迄者都而着手不致積りに有之候処、既に現品着船実地差掛り候事に付前書之通仮に着手為致候上、命令書草案一同今便河鰭より表向出納局江相廻し委曲申送り候筈に御座候。然るに右件に付兼而御達之趣者未た同局に而者相心得居申間敷哉と被相考候間、右書類到着いたし候はゝ閣下より右之趣同局江御沙汰被成下候様有之度奉存候。

一　川崎砂糖取扱手数料、落札人より百分之三慣行に依て請取候上は官より御手当筋者不相願旨兼而申上置候得共、今般之命令書草按に拠れば百分の一五支給いたし候事に記載有之、右者官物を為取扱候に落札人より手数料を為受取官より一切給せざるも不穏当に有之、且落札価之外に幾何と落札人より取立候義を官より命令候様にも相聞不都合に被存、殊に命令書中火盗保険其他倉敷とも為請負候に付而者右等之手当として前額手数料支給相成、旁不相当に有之候間敷と奉存候。

一　此節当地米商会社に於而同社規則改正に専ら相掛り居候由。右者夫々議論も相詰み充分之改正可相成模様に有之、何れ不日伺出候運びに可至と存申候。尤右改正之次第者一般米商会社之基本とも可相成哉と被存候間、若他より伺出居候向も御座候はゝ前書伺書差出候迄者先つ御指令等不相成様仕度奉存候。

右等申上度、匆々如此御座候。敬白

二月廿八日　　　　吉原重俊

大蔵卿殿閣下

1399―4　吉原重俊書翰　大隈重信宛

（明治十三カ）年七月十三日

御所労如何に候哉、切角大事御保養有之度奉存候。却説先日より云々相承居候銀行之一連建白壱件も何故か立消之姿と相成り、渋沢より岩崎江之一書に先見合候事に決し候に付彼の草案は取消と御心得被下度との旨申来居候。右は最早御承知の事歟と存候得共鳥渡申進置候。次にハウス云々に付操替金之義者今日夫々運相付、委細中島と平井の両人に而渡方等の都合手順可致筈に御坐候。右用事旁御伺迄、艸々如此御坐候。拝具

七月十三日　　　　重俊

大隈殿閣下

1400 吉益正雄書翰 （大隈重信）宛

（明治二）年五月（　）日

一　延享中於京師表専古医道相唱候東洞吉益周助ヶ孫私祖父勝門義も受業罷在、花山院家江奉仕致候処寛政中東京江罷下り開業、以後私迄当府在住仕祖先之遺訓も有之曾而図報之素志御坐候処、太政御更始之折柄何卒勤王之御一端も奉勤上度且〔旦〕夕志願に御坐候処、昨辰九月十九日御用召に而参内今般被召出貨幣司知事被仰付候御沙汰相蒙、引続鉱山懸被仰付難有仕合相勤罷在候。翌十月中鎮将府御廃に付諸官職務被免候中私儀も職務被免候段御達相蒙候処、十月廿三日弁事衆より御達に而是迄之職務被免候得共追而御沙汰之旨も可有之当地在住可致旨御沙汰相蒙候間誠に以難有仕合、何時御用御坐候哉も難計相慎罷在候義に御坐候得共、全犬馬忠誠可奉尽上御時節に而空敷消光仕候義甚以恐懼之至奉存候得者、何卒私儀相応之御用被仰付被下置候はゝ難有仕合奉存候。幾重にも微忠之誠意貫徹仕候様偏に奉願上候。恐懼謹言

五月

吉益少進

1401-1 吉見資胤書翰 大隈重信宛

明治三十三年（消印）三月二十七日

華翰拝展。益御清勝被成御坐奉賀候。陳は当地御出張之儀奉願候処、目下御多用来月初旬ならては相叶難き段被仰下拝承仕候。然る処二条公爵には本月中は御忌中にも被為在、且今般は御凶事之為め御来京之儀に付昨日一と先御帰京に相成候。就而は来月初旬御出張之儀奉願候処、腹中如何との御考も有之候へ共祭典に御参拝相願候義にも無御坐、此機を失ひ候ては実に北野会之将来に大関係を及ほし候儀に付狂〔枉〕ても御出張之儀奉願置候次第に御坐候。依て閣下御都合御治定御通知相成候はゝ必す御出張被成下候儀と奉存候。万一他に公爵御問出来候はゝ何卒閣下は御操合され来月早々御出張被成下度、拝答旁此段更に奉懇願候。恐々謹具

三月廿七日

北野神社にて　吉見資胤再拝

大隈重信殿閣下

追て日限御治定相成候はゝ、有志者集会に付少々準備都合も御坐候間一日も早く御一報を煩度願上添候也。

〔封筒表〕東京府南豊島郡下戸塚村七拾番地　大隈重信殿親展
〔封筒裏〕三月廿七日　京都市北野神社にて　吉見資胤〔破損〕□

1401―2　吉見資胤書翰　大隈重信宛

（明治三十三）年四月二十一日

謹啓　春暖之候益御健勝被為在奉欣賀候。陳は過日来は遠路態々御出張祭神御事歴御演説等被成下一統不堪感謝奉存候。弥北野会も相進み難有奉謝候。昨日二条公も御帰京に相成候付猶錦地之義着々御尽力あらんことを奉願置候。宜敷御配意之義伏て奉御願上候。先は御当礼申上度迄以愚毫如此御坐候。恐々敬白

四月廿一日

北野神社にて　吉見資胤再拝

大隈重信殿閣下

追伸　北野藁草図書共小包郵便を以差出候間御落手奉願候也。

1402　米田穣書翰　大隈重信宛

明治三十一年九月十三日

謹啓仕候。益御健勝被為渉為邦家奉恭賀候。却説今回朝鮮政府と御条約締結相成候京釜鉄道之件、発起者の都合に従り外債募集或は外資御借り入れ相成候場合は、如何の方法を不問御用相弁じ申度候間御用被仰附奉懇願候。弊商会は尤も此途に経験あるものに御座候。弊商会既に貸附を契約致候会社も有之、不日社会に顕はゝる〔ママ〕ゝ事と奉存候。依て右に関し言上仕度件も御座候間、御閑暇之節拝謁賜はれ度希望に不堪候。時日御一報次第推参仕候。右拝願迄如此に御座候。誠惶謹言

明治卅一年九月十三日

オッペネメール、フレール商会　米田穣敬白

大隈伯爵殿閣下

〔封筒表〕麹町区永田町惣理大臣官舎　伯爵大隈重信殿親展
〔封筒裏〕横浜居留地拾三番館オッペネメール、フレール商会　米田穣　明治卅一年九月十三日

1403 冷泉為紀書翰　大隈重信宛

明治三十年（消印）六月二十六日

薄暑之節益御安泰奉賀候。抑来七月十日貴族院惣選挙に付ては小子も再選に預り度内願之処、今度者到底其望難叶と存候。然れとも一票も投票人無之候ては面目を失候次第に付、十三五票は投票有之候やうに致度と存候。

仍甚恐縮之至に候へ共、何卒御投票中に小子をも御加へ相叶間敷や。於御許容は深謝之至に候。

右事情陳述企望まて早々如此候也。頓首敬具

六月廿六日

冷泉為紀

大隈伯爵殿侍史

［封筒表］東京麴町区霞ケ関外務省官舎にて　大隈伯爵殿親展
［封筒裏］京都今出川玄武町　伯爵冷泉為紀　六月廿六日

1404-1 盧高朗書翰　大隈重信宛

（明治）八年三月十二日

ハリヱスパルケス氏江別紙之通回答いたし置候間、左様御承知被下度。依而同氏より閣下江之書翰相添、此段御含迄申上候也。

八年三月十二日

盧高朗

大隈卿閣下

［別紙］

パークス書翰　大隈重信宛

（明治八）年三月十二日

以手紙致啓上候。然者先日アストン氏罷出候節拙者儀貴邸江罷出候日限御打合申候所、十二日十三日之内と御申聞に付則今日十二日に候間午後五時参邸致度存候処、愈以御差支有之間敷哉否御回答有之度、此段可得貴意如斯御座候。

敬具

三月十二日

大隈参議閣下

英国公使　ハリヱスパルケス

［巻封］大隈参議閣下　英国公使ハリヱスパルケス
［編者註］別紙は早稲田大学図書館所蔵「大隈文書」ではC572として整理されているが、日付・内容より本書翰に付随するものとした。

1404―2　盧　高朗書翰　大隈重信宛

（明治十三）年三月二十三日

今朝吉原少輔之命に依りイ、ヱッチ、ハウス氏へ本日三時過御邸へ罷出候様申遣候処、同人より三時十五分過御邸へ罷出候旨回報申来候間、此段御承知迄申上置候也。

三月廿三日

盧高朗

大隈参議殿

1405　若尾幾造書翰　大隈重信宛

明治三十五年（消印）十二月十七日

如貴示時下寒冷之候愈御清祥奉恭賀候。陳者今回は結構なる品小包便に而御恵贈被下難有拝受仕候。誠に御厚志之段深く奉拝謝候。先は御礼申上度如此御坐候。草々敬具

第十二月十七日

若尾幾造

大隈重信殿侍史

［封筒表］東京牛込早稲田　大隈重信殿
［封筒裏］横浜市本町四丁目　若尾幾造　第十二月十七日

1406―1　若槻礼次郎書翰　大隈重信宛

大正五年（消印）三月十八日

拝啓　湘南新鮮之大気御身体に適する所あり益々御清健に可被為入と欣躍之至に御座候。何卒十分御休養被為在候様

祈上候。経済会議出席之件に関し先般石井外相より内談有之一応考慮致候得共、談話不自由之者大切之会議に臨み候も十分用を弁し兼候恐有之様存候儘外相には他の適任者選抜相成度旨返答致候処、遂に御尊慮迄相煩はし候ことに相成候由加藤男より拝承、身に余る光栄として深く感佩致候と同時に何共恐縮至極に存候。唯何分英仏語共不十分に有之候故御請申上候にも大任相勤まり兼候様相考へ敢而御高情に従ふに至らす候段、不悪御思召被下度奉願上候。御礼旁々御挨拶申上度如斯に御座候。匆々敬具

三月十八日

若槻礼次郎

大隈伯爵閣下

［封筒表］神奈川県国府津　大隈伯爵閣下御親展
［封筒裏］麹町区中六番町　若槻礼次郎

1406―2　若槻礼次郎 書翰　大隈重信 宛

（大正九）年一月二十一日

拝啓　寒気厳敷御座候処益々御清穆被為入奉敬賀候。陳者此中執行相成候松江市補欠選挙に際し同志の候補者桑原羊次郎の為め書面及電信を以而有力なる御援助を賜はり不堪感激之至候。桑原の当選は全く御高庇に依る次第に有之、本人は申すに不及小生共同人を推選致候者一同深く御厚情に感銘し欣謝罷在候。御礼之為本日早稲田御邸に伺候申上候処御避寒中に被為渉候趣拝承致候に付、乍略儀茲に書中御挨拶申上併而平日御無沙汰申上居候御詫申述度如斯御座候。敬具

一月廿一日

若槻礼次郎

大隈侯爵閣下

1407―1　若原観瑞 書翰　大隈重信 宛

（明治三十一）年三月三日

拝啓　先日は御繁務中推参交渉して語深く種々之内情申上清聴を奉濆慚愧之至に御座候処、望外にも広海之御闊量御許容被下候耳ならず種々御厚意を辱ふし感佩之至に不堪候。御蔭を以て尾崎氏と協議之上只今上途帰国仕候。然るに熟

考仕候処何分にも先日申上候通り之状況に付、同志に対し東京にても幾分歟運動費調達可致由不得不申場合可有之候。就ては重々にて甚申上兼候得共、十分見込相立候上は同志之名義にて小生を推撰之意味之電信差上候間、何卒直に三百円丈御恩貸之上第三銀行倉吉町支店に電信為替にて御送付被成下度、左すれば十中十一二之勝算を期し可申、閣下之御書面も一段之光彩を放ち大に同志奮起せしめ可申候。何分にも特別之御厚意に依り右御許諾被成下度、上途に臨重て御懇願申上候也。

三月三日　　観瑞再拝

大隈伯爵閣下

〔封筒表〕府下早稲田村　大隈重信様御親展
〔封筒裏〕麴町区富士見町五丁目廿一　若原観瑞拝　三月三日

1407―2　若原観瑞書翰　大隈重信宛

（　）年十月二十五日

拝啓　一昨日は推参失敬仕候。陳は其節御懇願申上候件に付本日犬養氏訪問熟談仕候処、未た閣下より御高話も無之且又目下同氏も甚困却之際如何共難致とのことに付大に当惑仕候。然るに先日も御話申上候通り、宿料等も先月来滞り今日限り払方不致ては断然宿泊相断る由の厳談に困却相極め候間、何卒一人之人間御助命被成下候御思召を以て、先日御許諾被成下候出資百円歟百五拾円本日御恩貸被成下度奉懇願候。事急にして御威厳冒瀆恐懼之至不堪候。

十月廿五日　　観瑞再拝

大隈先生閣下

〔封筒表〕大隈伯爵閣下御親展
〔封筒裏〕若原観瑞　〔破損・十〕□月廿五日

1408　若山鉉吉書翰　大隈重信宛

明治三十一年一月六日

改暦之御慶愛度申納候。旧年中は一方ならす御厚情を蒙り難有奉万謝候。猶不相替御懇情之程奉希候。就而は早々拝趨御礼可申上之処小生儀臘尾以来病気にて引き籠り居り候

に付、乍略儀以紙上御祝詞申上度如斯に御座候。余は永日拝眉之時を期し候。謹言

明治三十一年一月六日　若山鉉吉

大隈重信殿

1409―1　若山儀一書翰　大隈重信宛

（明治七）年七月一日

謹啓　梅天之候鬱蒸甚敷御坐候へ共益御清穆に被為渡奉粛賀候。然は過る廿七日岩倉公より御召にて御嘱託之義有之、兼而尊諭も被為有候事と稍契合之廉々有之候に付閣下より御推挙被下候事と奉愚察候。就ては尚賢慮を拝承仕度拝趨仕候也。恐々頓首拝具

七月一日　若山儀一

大隈参議公閣下

1409―2　若山儀一書翰　大隈重信宛

（明治十一）年五月八日

謹啓　過日者早朝より奉驚候処被為許拝謁辱荷之至御坐候。其節上陳致遺し候条緒有之、左に申上候。

元来英公使は条約改締之事を此地に於て結了せんことを切望仕候由、其故は彼れ本国に帰候ては此地に在ることく威望之なく、且ポリシーを異にせる党派か横議も無之に非す。加之ならす維新前より我官吏を恐嚇するに慣れ居候と他国の星使等米使を除き候ては一も彼之動止に応して交際の関係を処置せさる者無之により、此地に於て条約改締相成の日は百事彼の方寸の如くならさる者なしと期し居候へは也。尤も強国魯の如きありて公使も此地に駐箚仕候へ共、其国たる我と通商之関係重からさるか故に到底何にも依違定まらさる場合に可相成歟。然れは何分にも改締之事は我派遣之公使をして各外廷に於て処置せしめたる方万全と奉存候。其上欧洲諸国に於ては朝野とも我国を視る事此地に居り候者之如くならすと被察候。夫は小走か米国に在て実験せる所も御坐候へは也。因て条約上にも彼地に於てすると此に於てすると大に難易之差可有之、尚且英公使之如き

は東洋に居ること既に三十年に過き、皇漢之事情を詳にせんのみならす彼不開化之国民を利として壟断を私せんとする遊計者輩の商賈か風習に浸染し、偏に彼等か利至を図て国際之体面にも実益にも着意せさるより従来屢々横肆之挙ありしは、国人之共に知り互に憤る所に御坐候。彼是を較考仕候に、改定之一件は外廷に於て調停致候方万全にて、若し加るに英公使とポリシーを異にする者を我に縷〔ママ〕絡して事を仲間に行はしめ、彼之有力なる者を我に擁せんには一層我か補翼とならむかと拙考候間、則過日申上候人民か公使館を去らんとするの意あると彼か公法をも彼の密情をも詳悉候を幸に愚意申上候也。勿論此等之事は小走可申上候迄も無之既に御画策有之候事とは存候へ共、唯心附候まゝ申上置候也。

又英公使は若し外廷にて我星使をして改締之事に及はしむる場合に相成候へは一旦英国に帰り彼地にて万事料理致候心組に有之候由、是亦密に鴻聞候間申上置候也。

別啓　過日拝謁之節陪話之序生命請合会社之事申上置候か、原来右者小走昨年春頃よりの発意にて有志之輩を募居候処、何分創業之事故戮力之人に乏しく為に陸奥君前島君へも願書草稿幷会社事務大略書相添御相談に及候処、何れも尚早の二字にて殆んと打払はれ候。其節小走か愚考には凡百事機会ありと雖も畢竟袖手して之を得ん事は難く、既に銀行之如きも嚮には尚早の説も往々無之に非りしが、今日は世人大に其至を覚知せることく先隗より始めんと決心致し懇々人に会する毎に説明候処頗る熱心之者も出来、第三国立銀行社長なとも応分之力を尽さんと迄申込候。又世間の景況を観るに有金を寄託せんと欲する者多く有之候得共、其処を得すして困却する輩不少由に候。乍去此会社之如きは最も確実之者にて、永世に持立致候心組にて設けさるを不得は容易に着手仕難に付今日まて黙止候事に御坐候。然るに幸閣下か模様により華族のインシユーレンスに給すへき資金を分配してもとの高諭有之候に付、則別紙願書草稿一応供賢覧候。尚種々取調候草稿等も有之候へ共未た結尾に至らす、且此節拙邸を沽却仕新に卜居之支度最中に付、其中全稿取纏可奉進候。将此一業は小走終生之業と致し責ては社会之公益を進むる一助にもと心掛居候間、若し頼に賢明之庇護を得は畢世之大福に御坐候。此段御賢察可被下置候。縷々之瑣言不覚冗長に渉り不堪恐懼之至候。頓首再拝

五月八日　若山儀一

大隈参議公閣下

1409―3　若山儀一書翰　大隈重信宛

（明治十一）年八月二十八日

謹啓　残炎未差放候へ共高厦至御清穆被為渡奉粛賀候。爾来例之懶疎に一任致候段幸に御海函奉仰候。将願上置候立社之事寄托金表此頃殆んと竣工に近寄候へ共尚精思を要する処有之、向後十数日を費し候事故迚も御巡幸前には難供賢裁と奉存候間、何れ御帰京後社則等必皆相携拝趨万縷可奉申上候。時下御旅中折角御自重奉万祈候。

過夜は兵士等不測之暴挙有之其禍尊邸迄も波及候由承り驚駭に不堪、乍去閣下之御洪福御怪我等不被為有由抃喜此事御坐候。向後猶更御自衛被為有候様為国家奉懇祈候。早速昇堂御起居可奉伺之処例之御用多を憚り、乍失敬以拙書奉得尊意候。恐々頓首不宣

八月廿八日

若山儀一再拝

大隈参議公閣下

1409―4　若山儀一書翰　大隈重信宛

（明治十二）年八月二十六日

謹啓　残暑未退候得共至御清穆に被為渡奉粛賀候。爾後心外之御疎濶申上候段情実は既に品川君より申上置候通りの次第に付何卒御海容奉願上候。扨一昨年来較計仕候保生会社の事近日に至り漸く一両輩之助力を得候間、公債証書を抵当にて官庫より金弐万円拝借を願ひ奉り、ミユーチユオールソサイチーの仕組に傚ひ創立仕度既に助力者も有之候へは近日出願仕度候付、右願書保生術略史算法会社規則寄託人心得幷に諸表会社用紙式一二相添、先奉供賢覧候。若し御閑暇之節にても御一覧を賜り候はゝ大幸に奉存候。尚立社之委曲幷助力人等之事は拝謁之上奉申上度、両三日中拝趨仕候間何卒拝晤之義御許容被下候様奉希上候。先は右奉得尊意度迄如斯御坐候。頓首謹言

八月廿六日

若山儀一再拝

大隈参議殿閣下御左右

1409-5　若山儀一書翰　大隈重信宛

（明治十二）年十一月二十九日

拝啓　時下寒冷日相加り候へ共至御清穆に被為渡奉恐賀候。扨立社一件御蔭を以て追々相運ひ、内務省よりも殊に御懇切之御論等有之定款等書改差出し候手続最中に御坐候。夫に付尚得拝青願試み度義有之拝趨仕候。今日御多用に被為入候はゝ何日にても御命に従ひ罷出候間一寸御侍史まで御下嘱被下度、若し今日御不在に候はゝ明朝にも可奉伺其節御都合御申聞被下度奉懇願候。先は此段得尊命度迄草々如此御坐候。恐惶頓首

十一月廿九日　　若山儀一再拝

大隈参議公閣下御侍史

別冊拙訳奉入御覧候。

1409-6　若山儀一書翰　大隈重信宛

（明治十二）年十二月二十一日

謹啓　過日は不顧失敬以書中心事申上置候後朝比奈閑水に面話仕候処、同人も至て親切に游説致し成丈名望ある人物を引入候積、小生方にても別に一両名心当りへ談し置申候事に御坐候。乍去発起人は成丈多き方都合宜敷御坐候に付、何卒閣下御信任之人物一両名なりとも御加入被下置候様奉希上度、是一には今般之会社は一に閣下之御庇護に由て相立候ものなれは、閣下よりの監督を差添被置候思召を以て御決被下候へは、小生に於ても最も本懐之至に奉存候事に御坐候。今日も以参可奉申上之処定款修正に取掛り居至急を要し候事故、不得寸閑又乍失敬以拙書奉申上候。何れ定款浄写出来候へは一本を携へ拝趨可仕候へ共、先前件申上置候。恐々頓首拝具

十二月廿一日　　若山儀一稽首

大隈参議公閣下御侍史

1409―7　若山儀一書翰　大隈重信宛

（明治十三）年二月五日

謹啓　時下寒威甚敷御坐候へ共至御健安に被為渡奉粛賀候。陳者小生拙図之立社の事も弥去る一月廿七日に発起人連印相済せ、翌廿八日府庁へ更に出願仕候。右之段小生拝趨可上申仕之処過日来微恙に犯され閉居仕居候に付、甚乍失敬以書中陳上仕候。不日拝趨委曲可申上候。先は右得尊意度まゝ如此御坐候。恐々不宣

二月五日　　　　若山儀一再拝

大隈参議公閣下

1409―8　若山儀一書翰　大隈重信宛

（明治十三）年三月一日

謹啓　一昨日は詰朝より御妨仕奉恐入候。今朝之新聞紙にて今般之御更迭承知仕驚入候。御様子伺なから推参仕度候へ共例之御妨と相成候を憚り扣居申候。

扨一昨日内務庶務局へ出頭仕候処、定款之中五七条修正可仕旨御内諭に付修正を加へ今朝差出し申候。然るに兼而入賢聴候玉川辺の紹介人昨夕より弊屋に一泊仕居寄託依頼人既に六十人余有之、何れも連署致し頻に開業之日を相促し候趣、又当府下及横浜にても入社を企望する者甚多く、既に小生及朝比奈其外之手にて四五十人に及ひ候。此勢にては開業之日は直に四五百名にも満つへくと奉存候。其外勢州四日市辺よりも申込有之候。此上は一日も速に開業不仕候ては会社の面目にも拘り、殊に去年九月十三日来出願之事を承及候者は較懐疑の輩も有之、彼是以甚煩慮に不堪候。毎度御庇恵に相馴候様にて何共恐入候得共、何卒准許幷拝借金之義一日も疾く相叶候様閣下之御力を以て偏に奉懇願候。時下不憚御多事鄙情を訴へ奉り不堪恐縮之至候。多罪万謝

三月一日　　　　若山儀一再拝

大隈参議公閣下

1409－9　若山儀一書翰　大隈重信宛

（明治十三）年三月二十四日

謹啓　時気甚不調和に御坐候へ共益御清安に被為渡奉恐賀候。然は過日中内務省庶務局属官と屢々些瑣末之問答之後終に会社にては準備金を積置かさるといふ口供まて差出候事に相成、右属官之為申候は愈来る廿二日（是は去る廿日に申候処）には内局へ差出可申との事に御坐候間不取敢内務卿邸へも拝趨仕候処不得拝晤、依而以書状大略上申仕置候事に御坐候。然るに内務卿には今日阪地へ御出張に相成候趣に御坐候へは、此後会社創立御許可之処も復幾数日か遷延相成候事と奉存候て甚以憂慮に不堪、発起人紹介人等一同も頗る顰蹙致居候。此上は何卒閣下之御力を以て速に微志相貫き候様伏て奉仰願候。草々頓首拝具

三月廿四日　若山儀一再拝

大隈参議公閣下

1409－10　若山儀一書翰　大隈重信宛

（明治十三）年三月二十八日

謹啓　過日は御繁務之処例之些事にて御妨申上奉恐縮候。扨今日朝比奈の手より品川の内意承合候処、同氏（品川）は殊外之立服之様子にて最初小生か申込候は美挙と存し弥縫推薦も仕候処、準備金を積まさると而して拝借金を願出候とは甚以不似合之至り、且や米国にては共持会社の事ありとも皇邦にて其様なる会社は許可不相成との事に御坐候。一体品川氏も是程までに不通の人物とは不存、私より内意も打明申談候事にて同人甚賛成致候事故同人に縋り更に閣下へ願出候次第、殊に富田其属官等の内諭には（是は先月中の事）拝借金之事願下け候へは直にも准許可相成と懇々相勧め候事も有之、縦令内諭私話とは乍申此諭言と今日之扱振とは天地之懸隔と奉存候。其故は若し準備金を貯置かされは政府に於て会社御許可不相成との事に御坐候へは、拙社の定款に於ても瞭然たる如く社より準備金無之組立に御坐候故、御許可不相成は先年中既に知れたることに御坐候。然るを今日まて遷延今に至り準備金不相成か為に許可不相成とは尤も了解難仕事に御坐候。乍去政府に於て果し

て準備金なくは何会社も御許可難相成との御規則有之候事に御坐候へは如何様にも亦工大も運し可申、元来其辺之尋問等品川氏より出候事に哉属官等之趣意に出候哉難相通候付定而其辺に齟齬も可有之候へ共、此上は品川氏に面会致候とも無益之事と奉存候間、甚以御恩に馴れ候様にて奉恐入候へ共、政府にては果して準備金なくは会社の御許可不相成者に候哉否哉賢慮奉伺度、若し米国の組立通にて宜敷事に御坐候はゝ閣下より一応品川氏へ御説諭奉希度、又準備金無之て不相成次第に御坐候へは早速願書認替差出し可申心得に御坐候。何卒小生か多年之労苦御憐察右両様之中何れとも御高諭奉願上度、明後夕は拝趨仕候間尊命奉伺度候。先は進退に谷り候故、不顧尊厳鄙情陳上仕候。草々頓首拝具

三月廿八日　　若山儀一再拝

大隈参議公閣下

1409-11　若山儀一書翰　大隈重信宛

（明治十三）年四月二十九日

謹啓　益御清安に被為渡奉粛賀候。然は拙社願書等愈過る廿四日内務省より太政官へ上達相成候趣に伝聞仕候。尚一層之御高庇奉願上候。此段鯫生拝趨可奉申上之処、何時も御門前に車馬相充居当時殊に御多務に被為入候事と奉存候間、乍失敬以拙楮鄙慮を奉陳上候。恐々頓首拝具

四月廿九日　　若山儀一再拝

大隈参議公閣下

1409-12　若山儀一書翰　大隈重信宛

（明治十三）年九月二十九日

兼而奉出願置候日東保生会社今廿九日官許之御指令に相成候由にて、不取敢御通知奉申上候也。私事去る廿二日以来

罹病にて于今起臥不得自由罷在候間、全快之上早々拝堂奉
深謝候。甚乍欠敬以代筆右奉申上候。稽首
九月廿九日　　若山儀一
大隈公閣下

1409―13　若山儀一書翰　大隈重信宛

（明治十四）年二月二十四日

粛啓　昨日は御多用中得拝謁毎度御懇命之段奉拝謝候。其節達尊聴候通何分因循にて捗取不申候に付拝謁之結果も申聞度、且は横浜両発起人の意想も承り度と存し今朝三野村まて一書差送り面会之都合申入候処別紙之廻答に御坐候。何時まて長引候積候哉。又候面会不仕は何の所以に候哉。小生凡慮には何分不相分申実に煩悶に不堪候間此段御賢察被下置、甚恐縮之至に御坐候へ共興廃孰れにか速に相決し候様御下命被降置度奉懇願候。恐々頓首。拝具

二月念四　　儀一

大隈参議公閣下

再啓　別紙に（原氏而已にても尤分難決議有之趣）と申候は前件之次第にて空敷消日仕候へは社費も徒に相嵩み候に付、役員は一と先解傭可致哉之儀最後に申遣し置候事なるへくと奉存候。左様御諒察可被下置候也。恐々

1409―14　若山儀一書翰　大隈重信宛

（明治二十一）年三月十七日

粛啓　冷熱不常之時に御坐候得共台候は至御清安奉恭賀候。扨先月一日は再御入閣為邦家大慶不過之候。近来国勢日々切迫民心瓦解せんとする之状あるより野老窃に御蹶起之挙を渇望致居候処、得報已来欝情頓散殆如自忘漸く日々屠龍之術を御施行之あらんこと不堪企望候。早速拝趨可呈賀辞之処御煩冗を憚り不罷出候。必す例之懶疎には無之御諒察可被下候。近来読史之際稍所感あり、別紙記臆之為抄訳仕置候。固と匆々下筆仕候事故甚蕪陋を極候得共、目下若し御参考万分一之裨する処あれは大幸に御坐候。御一覧可被下候。他尚一冊有之浄写成次第可奉呈電矚候。時下少しく

起草致候もの有之抄訳は暫く差置申候間、即時不得全稿後閑次第続稿可仕存候。猶起草之愚案成稿次第奉仰高覧候。不日拝趨近日之怠慢を可奉謝候得共、以書中右奉得尊意候。頓首拝具

三月十七日　　儀一再拝

伯爵大隈重信殿御侍史中

1409―15　若山儀一書翰　大隈重信宛

（明治　）年七月十九日

謹啓　炎威酷烈之候に御坐候得共益御清穆に被為渡奉粛賀候。陳者過日御諭御坐候華族互会之規則草按出来候間奉入尊覧候。一両日中拝趨猶尊命可奉待候。草々頓首拝具

七月十九日　　若山儀一

大隈参議公閣下

1409―16　若山儀一書翰　大隈重信宛

（明治　）年十一月六日

時下輒寒相催候処至御清安被為渡奉粛賀候。扨帰朝来閑を得は曽て見聞する所をも御話し申上度と存居候処、省中にては更に好機会を不得且御退省後も兎角御多事之由仄聞候間只今迄躊躇致居候得共、頃日承命候税法理制之事に付前途御着手之尊案伺置度条件も有之、一日拝趨奉得拝晤度何日何時か御都合よろしく候哉尊諭被下置度、此段奉希上候也。恐々頓首不宣

十一月六日　　若山儀一再拝

大隈参議公閣下

1409―17　若山儀一書翰　大隈重信宛

（明治　）年十一月二十三日

粛啓　生や未た之を腠理に察するの明なきも、昨朝の拝晤は窃に越人視斉桓の思あり。閣下平生鞅掌多務労神過度に出る無き歟、今而して摂養を加へすんは或は二豎膏肓を襲ふの患あらん。宜く暫く幽邃の地に退き情を山水に移し以て神を養ふへし。抑労勤は美徳なれとも太苦めは則以て人を済ひ物を利する無しとは古人の格言、生実に閣下の為に之を憂ふ、否な区々の恩義の為に閣下の一身を思ふに非す、天下万世の為に管仲「ピット」を今日に失ふを慮るゝなり。生素と椎魯不文閣下喋〔ママ〕々の鄙言を以て百諫に代へは幸焉より甚きはなし。恐悚百拝

十一月念三　　儀一

大隈参議閣下

1410　脇坂行三書翰　大隈重信宛

明治三十一年八月十八日

粛啓　高閣御安泰被為在御座奉恐賀候。降而不肖義今般衆議院議員臨時総選挙に際し再選の栄を得候処、迅速御祝電を賜り難有奉敬謝候。茲に恭しく御答礼奉申上候。謹具

明治三十一年八月十八日

滋賀県東浅井郡小谷村　脇坂行三

大隈重信殿

〔封筒表〕東京麹町区永田町　大隈重信殿

〔封筒裏〕明治卅一年八月十八日　滋賀県東浅井郡小谷村　脇坂行三

1411　和気宥雄書翰　大隈家執事宛

（明治四十）年十一月十二日

朶雲拝見仕候。時下深冷之節に御座候得共両閣下益御機嫌

能被為有御座為国家奉恭賀候。然者先回者両閣下当山江御照臨被成下始而得拝顔種々御高説を拝聴し、当山及不肖之幸栄不過之奉感謝候。其際御願申上置候故御尊母様以藕糸御手織之弘法大師御影一軸貴館御御（ママ）秘蔵之処今般当山江御納被下、御懇情如何計難有拝受仕直に読経供養仕候。付而者故御尊母様御法名と御手織頂戴之事実を箱江記し置、弘法大師供養と同時に御尊母様御菩提之為御廻向申上度と奉存候間、御差支も無御座候得者乍御手数御法名御郵送被成下度候。右御請旁愚意申上候間、両閣下江宜敷御執奏御取計可被下候。時下向寒尊体御自愛専要に被遊候様宜被仰上可被下候。恐惶謹言

十一月十二日　　　　三宝院門跡　和気宥雄

大隈伯爵殿
御夫人綾子殿
　　執事御中

［別紙］

御請書

弘法大師御影　一軸一箱
故御尊母様以藕糸御手織
右当山江御納被下難有拝納仕候。爾来当山重宝として厳重に保存可仕候。

明治四十年十一月十二日
　　　　三宝院門跡　和気宥雄 ㊞

大隈伯爵殿
御夫人同綾子殿

［折封］御請書　三宝院門跡　和気宥雄

1412-1　鷲尾隆聚書翰　大隈重信宛

（明治三）年四月十五日

未得面晤候得共呈片楮候。清和之時下愈御清祥御奉任雀躍之至に存候。陳は小生儀、今般五条県知事拝任奉畏候。就而者十津川郷亦管轄と致遠察候。則彼地之情態は兼而島本審次郎より御承知之通、所謂草昧不文之世に均き者に候間、威令を以政を施し今日に至り政令之厳明なるを漸致了知候は全く同人之尽力に出る処なり。仍今度当県被為建候に付而者同人は官員に可被置者必然と致愚案居候処未何等之御沙汰も無之苦慮罷在、窃に致遠察候に者同人義是迄不憚嫌疑厳威を以庶事革正致し来り候に付、自今民事に関り候而

者或は意外之誤を来し候儀も有んと大政府に於て御斟酌有之、守成之器を別に御撰に相成候事と存候。然るに十津川郷之儀者天下一般之勢を以難論、固り取計之厳に出るも全一時之権道に而、爾後は時宜に従ひ暫く寛に出て飽迄牧民之衷慮に有之候間民事を失り候抔者更に無之と存候間、是非御採用無之而者創業之制半を不尽却而奸心を招候様相成候而者今後庶務にも甚難渋致候儀、且即今民情の向背を論し候得者同人に不限小生亦同様之儀と深心痛致候。仄に承り候得は既に大参事御撰挙之趣に候得共、十津川郷は南北十三里東西七里之地に而、当県支配之土地と合して凡二十万石已上之管轄に可相成と致商量候。就而者大参事も二員可被置事に候間同人は必御採用有之度候。将十津川は自古軍役を以貢と為し既に近年現米五千石を賜り御親兵と被為定、即今郷士三百人宛伏水練兵場江交代を以出役相詰居候事故兵部の関係不少、仍当県官員之中兵部を兼候者無之而者自然兵部と当県と隔意を生し候場合に立至り候と致愚考候間、同人義兵部兼任に而当分之処にても出仕被仰付度候。乍併此儀は御高鑑も有之候へは被仰聞度候。何分前文之情態御採酌被下当坐之名義者如何様共相立今一等之実効相運候様御考慮深御依頼申候間、当県江出仕被仰付候様只管致仰望候。此段至急煩貴答候也。頓首再拝

四月十五日

隆聚

大隈民部大輔殿

二白　時下御自嗇是祈候。自然本文御依頼申上候通御採用難相成候得は小生愚察之辺に而御撰用難相成候哉、又者他に御次第有之候儀乎御明了に御報を伺度候也。

1412－2　鷲尾隆聚書翰　大隈重信宛

（明治八）年十二月二十二日

倍御安泰奉賀寿候。陳者過日来種々御面倒之義内願に及不一方御厚配被下何共畏入候。付而者昨日伺候に者本日にも隆聚被召寄候御運之様内々相伺候へ共、何等之御沙汰も無之如何之御都合に御坐候哉と日夜苦心罷在候。何卒此度之難件御洞察之上廿五日迄に御下金相成候様伏而奉内願候。右参上可相伺之処御多端之御中屡参堂却而恐入候に付、乍略儀以書中奉伺候。否御家令江被命御一報被下候はゝ難有奉存候。匆々頓首謹言

十二月廿二日

隆聚拝

大隈公閣下侍史

1412―3　鷲尾隆聚書翰　大隈重信宛

（明治九）年二月十八日

春寒難耐候処倍御清穆奉謹賀候。陳者先般来拝願罷在候御下け金一条者如何之御模様に御坐候哉。甚以汗顔之至に候へ共追々疲弊弥増困難仕候情実御洞察被成下、至急御下附相成候様御取計被下度万々奉神祈候。右者参堂縷々拝願可仕之処毎迚も私事而已御繁務中相妨け候も却而恐懼之至に付、失敬不顧書中を以相願候。何卒即今之御模様御洩しも被下候はゝ大幸此事に御坐候。何も不悪御承諾程奉懇願候。

謹言

二月十八日　　隆聚拝

大隈公閣下

再伸　時下折角御自重為国家奉神祈候。

1412―4　鷲尾隆聚書翰　大隈重信宛

（明治九）年三月十七日

弥御清適奉謹賀候。陳者兼而相願罷在候御下附金過日早川勇より段々御尽力を以近々御下渡相成候趣伝承仕欣喜罷在候処、今に何等之御命も無之如何と苦慮罷在候。仰願くは神速御下附被成下候様に奉懇禱候。何卒即今之御模様御家令よりに而も内々御一報被命度、此段奉願候。匆々謹言

三月十七日　　隆聚

大隈公閣下

1412―5　鷲尾隆聚書翰　大隈重信宛

（明治十四）年三月三十日

拝啓　昨夕者参堂御多端中恐縮々々。其際相願候三室戸和光月給二拾五円位にて京都府江採用之義何分にも宜御配慮

被成下、至急松方氏より同府知事江通達相成候様只管奉懇願候。先は右御依頼迄。草々敬白

三月三十日　　鷲尾隆聚

大隈公閣下

追て別紙姓名書差出置候。可相成は庶務課へ採用相成候得者幸甚之至に御座候。草々

1412—6　鷲尾隆聚書翰　大隈重信宛

（明治十四）年四月二十九日

拝啓　一昨日は参上御面倒恐縮仕候。其砌御談申上候手続書内々御手元迄差出候間尊覧後火中奉願候。何れ帰京後拝謁万々可奉得貴意候。草々頓首敬白

四月廿九日　　鷲尾隆聚

大隈重信殿閣下

追て三室戸和光進退に付松方氏より北垣氏江書面之義何分宜奉願候。草々

1412—7　鷲尾隆聚書翰　大隈重信宛

（明治　）年一月五日

履端之慶賀目出度申納候。閣下益御靖健御重齢被遊御座奉遥賀候。随て下官無異条迎歳仕候条、乍恐御寛懐奉願候。右年始御賀詞奉申上度捧愚毫候。余情永日を期万禧可申上。恐惶謹言

第一月五日　　隆聚九拝

大相公閣下

1412—8　鷲尾隆聚書翰　大隈重信宛

（明治　）年一月二十七日

寒威難耐候処意外御所労之趣如何被為入候哉。陳者過日拝顔之節相願置候氷一条之義者往々小生基本とも仕度素願に付、非常之御高配を以何卒御許可相成候様御取運被下度奉

神禱候。付而者右書類大伴子より電覧に相備可申候間能々御熟知被下度、是亦奉神禱候。且又前日相願候第三銀行一条も程能御取運被成下難有奉拝謝候。将右人撰之義も深恐縮之至に候へ共、当器之人物御撰擢之程悃願仕候。両条拝顔万々可相願心得に而参堂仕度所御所労中不能其義、何れ両三日中に者是非参館事情拝述仕度候間、其節寸刻に而も拝顔被仰付度今より相願置候。早々頓首

一月念七日　　鷲尾隆聚

大隈公閣下

再申　為国家御所労折角御自重奉神祈候也。

1412-9　鷲尾隆聚書翰　大隈重信宛

（明治　）年二月八日

弥御安康奉欣賀候。陳者毎々御用繁中種々之義相願恐縮に耐へす候へ共、兼而相願置候氷一件段々取調候処陸軍省江御引渡之御掛合中に而全く開拓使御管轄有之候義に付、甚恐入候へ共幸黒田君当地御滞在有之候間何卒右長官江御咄し被下、黒田君より其掛江御内命被下候様御示談賜り候義者相叶間敷哉。此義者実に程能相運候時者永世不朽之資本とも相成候間、小生を御助けと被思召格別之御配慮を蒙り度、自然御運も相付御模様御分り有之候はゝ其旨御示し被下度、左候はゝ速に表向開拓使御掛江出願可仕候間何も御慈喩之程奉悃願候。右参堂可相願之処却而御妨け申上候は恐懼之至に付、乍略義以書中内々御依頼申上候。匆々頓首

二月八日　　鷲尾隆聚

大隈公閣下

再申　氷一条書類御手元迄御内覧に備候間、御落手奉願候也。

1412-10　鷲尾隆聚書翰　大隈重信宛

（明治　）年二月十八日

春寒難耐候処弥御清穆奉欣賀候。陳者前日参堂拝願仕候氷一条、何卒黒田長官にも近々当地発途相成候哉に伝承仕候。右御発迄に該件程能御運被下候様万々拝願仕候。右参館万

縷可相願之処、却而御繁務中御妨け申上候も恐縮之至に付
態と書中を以悃願仕候。頓首
二月十八日　　　　　　　　　　　　　隆聚
大隈公閣下

1412―11　鷲尾隆聚書翰　大隈重信宛

（明治　）年三月十六日

謹啓　先日は鈴木組土木請負之件に付不一方御高配に預り御蔭を以て小野金六氏に面会、懇々依頼致候結果多分都合よく相運び候事と存候。其後小野氏も貴台に拝謁致候様申居候。何分共に向後共御高配懇願仕候。且又岩村氏よりの依頼に付拙老より御願申候学生之件、出格之御補助被下候様の御示諭之趣、本人の喜は勿論拙生等の感謝此事に御座候。右等御礼の為め拙生参館可致之処両三日前より少々病気に罹り平臥罷在候に付、乍失礼蕪書を以て不取敢御厚礼申上候。尤も一時の疾患に付近日快方可致と存候間其上は参館可仕候得共、何卒前両件此上共御高配之程偏に奉懇願候。敬具
三月十六日　　　　　　　　　　　　　鷲尾隆聚
伯爵大隈重信殿

1412―12　鷲尾隆聚書翰　大隈重信宛

（明治　）年三月二十三日

愈御安康奉賀候。一昨日者参上御多端之折柄恐縮之至に奉存候。其砌内願仕候義何分にも宜御配慮相願度、則別紙姓名書差出候間御落手奉願候。右之者共小生之為めに種々と申出居候義に付只管御賢考奉仰候。先は要用のみ。匆々敬白
三月廿三日　　　　　　　　　　　　　鷲尾隆聚
大隈重信殿閣下
追而本文之者共近々之内一応帰県いたし候者も御坐候間、恐縮之至に候得共至急御運ひ之程奉懇願候。不悪御承引可被下候。草々

1412-13　鷲尾隆聚書翰　大隈重信宛

（明治　）年四月八日

拝啓　倍御清適恭賀之至奉存候。過日上堂之節石川克身前之義に付縷々御高意之段敬承感荷に不堪奉存候。過般進呈仕置候履歴書之中同人住所認洩れ有之に付、呼出し等之御手順於て自然不都合可有之歟。過日来同人事土木局一時之雇を以出仕罷在候間、御採用之際石井土木局長江迄御沙汰被成下候様仕度、此段更に上陳仕候。何卒此上宜布奉冀候。右而已。匆々頓首再拝

四月八日　　鷲尾隆聚

大隈殿玉案下

1412-14　鷲尾隆聚書翰　大隈重信宛

（明治　）年十二月三日

拝啓　時下益御壮健至欣々々奉恐賀候。陳者近来法外御不音に打過多罪々々、実者先月中旬比より痔疾にて今に引籠居候仕合に御坐候。然るに本日者少々快方に付今夜一寸参上仕度御差支不被為在候哉。尤長談者不仕候得共是非拝顔仕度、御承知においては幸甚之至に奉存候。否此使江御口上にて貴報奉仰候。草々敬白

十二月三日　　鷲尾隆聚

大隈公閣下

1413　和田謙吉書翰　大隈重信宛

明治三十年（消印）十一月二十六日

謹而呈愚書候。不肖義不幸にして数年来僻地之海浜に居住

し寠々として日を送り候得者春秋之時情も打忘れ卒然過日参邸仕候処折節御園之菊花満開、殊に御退官後に付双方併て之御来客糜至雑沓遂に御閑を得る不能空敷帰県候砌、廿二三日頃には閑暇も有之べければ再ひ参上可致と之貴命を辱し候に付、又々近日参邸可得御意存意に御坐候得者宜敷御含置被成下度、此段伏而奉願候也。

扨過日来不顧恐懼窃に御歎願申上候一条に付一応茲に其顚末を申上候。陳者其事たるや当六月愚子研学之志を立而頻に御義相願候得共貧寠之不肖其意に不任、不得已之情上より御賢息正五位殿へ御縋り貴校学僕に御使可被成下旨御願申上度意存にて出京、参邸之途中不図新聞を閲して本年之議会は貴族院男爵議員之増加に付勅選議員も之に比して増加可有之との義、其候補者たる者は従来民間に於而功労ありし者其他云々と記載有之に付他新聞を吟味候処又果して同様之義有之、由而勃然旧情を発し若我輩之微功も相立事にては無之哉と愚考仕、乍序正五位殿へ内情を打明け御父上伯爵殿へ窃に申上見被成下度様歎願申上候義に御坐候。惟ふに民間功労之者其議に上り候者果而閣下之御忠情より出候事に而、他大臣之提議に非るは婦女子と雖も亦確信する処に候得者、偏に御仁愛を蒙り度意存にて御内願申上候訳に御坐候。固より不肖者御資格無之者と相心得乍遺憾是迄打捨置候末、不図前文之事情に而再ひ其念相発し御内願申上之事に御坐候。最早御退官に付固より其義は不相叶義と断念仕居候得共、他に少々申上置度事も御坐候得者不肖之身上深く御愍察被成下、是非共一応御聴取之義謹而奉願候。尤御迷惑に相成候様之義を歎願候訳には決而無之候得者是非共一応御聴取之程、再三謹伏而奉願上置候也。謹首謹言

十一月廿六日　　和田謙吉再拝

上

大隈伯爵殿閣下

〔封筒表〕東京牛込区早稲田　大隈伯爵殿願御親展　和田謙吉
〔封筒裏〕千葉県朝夷郡曦村川口五百九十八番地　十一月廿五日

1414　和田維四郎・山本直成 書翰　大隈重信 宛

（明治二十九カ）年十月（　）日

拝啓　陳者秋冷之候益御清福之段奉賀候。偖て先般別紙之通り願置候梅田紀念碑建設之儀、何卒御賛成被下幾分の御義捐相願度候間此段更に願上候。草々

十月

和田維四郎

伯爵大隈重信殿

［封筒表］伯爵大隈重信殿
［封筒裏］和田維四郎　山本直成

1415－1　和田正脩書翰　大隈重信宛

明治二十七年（消印）七月六日

謹呈　御靖安奉拜賀候。
日本政府は俄かに大袈裟なる政略を執り着々実行致居候。大鳥公使は二日に電訓を得、三日に外衙門に抵り内政改革案を提出致候。趙督弁拒て之を受けす、大鳥強迫して之を受理せしむ。其要目を挙くれは大略左の如に御座候。
一　惣て官吏の登庸は日本政府の承認を要する事
二　法律の制定
三　財政の整理
四　陸海軍の組制
五　教育

右は露仏公使等の噂にて、大体右等の条件なるやに聞き及申候。又韓廷の方より洩れ聞き候条件も稍々之に類似致候。是れ非常なる申込にて、一方より之を見る時は丸るて朝鮮の独立権を無視したる姿に相成候。最初日本は韓廷をして独立国たりとの確答を為さしめ、今又独立国の体面を侮辱するか如き処置を為す。韓廷は之に屈従すと雖豈に諸外国の故障なきを保せんや。果哉、在韓の外国公使等は乍ち之を探知し、直ちに本国政府に打電して其電訓を請へり。此四五日中に極めて面倒なる国際上の交渉を惹起さんこと火を睹るよりも明かに御座候。果して然らは撤兵の事は申すに不及、李鴻章は外国の干渉を得て手を拱き勝を制するの姿に相見へ申候。実に千古の遺憾に不堪候。

李善得評して曰く、若し大隈伯要路に在らは日本政府は斯の如き拙手段を執らさるへし、台湾事件を回想して転た今昔の感に不堪と。小生は大に李善得と冬至使の事に付激論致候。李は緬甸の例を引き、英国は年々清廷に向て貢を献すと雖独立国の実を失はすと説き、又頻に日本の military occupation の過挙なるを論候。小生埃及に於而英国の政略を以て論弁致候処、李も少々閉口致候。明日李善得の夜食に招かれ居候。露仏の公使等も会食するやに聞き及候間、両国政府の方針を探知するの機会あらん歟と楽居候。

小生入韓後東学党の性質目的価値等の研究及向後の聯絡の

為め、両三日前三名程（頗る精選に御座候）派遣致置候。（同時に外務の記録局長加藤増雄と相謀り、該派出者をして東学党を煽動せしめ兵器も商人より売渡す等の事も申含め置候。日本政府の傾向御推察被成下度候）。眼中只有国耳。故に若し大鳥一歩を誤らは復た救ふへからさるに至らんと存候間、参考の為め鄙見を吐露せんと存候得共小生の面会を忌避するの気味有之候。実に済度し難き小男子に御座候。事態此の如く重大ならんとするの際、敏腕の外交家にあらされは到底此困難の問を斬り脱け、日本本来の志を達すること能はさるへしと被存候。此辺篤と奉煩御高慮候。匆々頓首

七月六日在京城　和田生

大隈伯閣下

此書面尾崎徳富両氏に御示被下候はヽ幸甚。

［封筒表］東京早稲田　大隈伯閣下御親展
［封筒裏］朝鮮羅洞松前氏方　和田正脩

1415-2　和田正脩書翰　大隈重信宛

明治二十七年七月（消印）二十日

謹呈　御安泰奉拝賀候。

朝鮮問題益々難局に入らんとする模様有之候。韓廷は断然大鳥提出改革案の実行を拒絶致候。日本政府の計画端なく失敗、実に気の毒に不堪候。即ち是れ窮寇を逐ふて反嚙に遇ふの姿にて、今度韓廷の後押は必然露国公使と確信致候。日本政府実に清国と戦争するの決心あらは何分朝鮮の外政をも挙けて干渉せさる、是れ唯々清国と戦端を開くの直径と被存候。

策の一

日本直ちに清国に迫りて清韓従来の関係を絶ち、清国をして公然此旨を世外に発表せしむる事。

策の二

韓廷をして公然清国に向て両国従来の関係を絶たしむる事。

第二策は朝鮮を日本の味方として清国と戦端を開くもの、其得失甚た睹易きの理にして与国も亦異論少かるへしと被存候。露国弁理公使ウェベル三四日前再ひ京城に帰来致候。昨十九日午前十一時半露国公使館に抵りウェベル氏を訪問

致候。凡そ一時間余談論致候。今茲に朝鮮問題に関する問答の概要を書して入御覧候。

露公使曰く、朝鮮問題は益々進て頗る面倒となれり。此難局を平和に理むるを得は寔に東洋の幸なり。余は固より貴国か朝鮮に対するの好意に同感を表する者なりと雖、其手段に至ては飽くまても賛成すること能はす。

余答へて曰く、或は夫れ然らん。余は今其是非を論するを欲せす。聞説く、清国は貴国に向て仲裁を依頼せりと。果して然るや。余之を聞て怪訝に堪へす。夫れ仲裁なるものは二国衝突するか或は戦端を開きたる後にあらされは生するものに非す。今夫れ日清の間に如何なる衝突ありしか余未た之を知らす。只々衝突なきのみならす、又未た戦端を開かさるにあらすや。余は其仲裁の何者たるを了解するに苦む。

露公使曰く、仲裁にあらさるなり。只々調停（bonne office）を依頼されたるのみ。東邦に駐箚する露国公使は本国政府より皆同一の訓令を受けたり。余も亦其労を執らんとす。

余答へて曰く、閣下は如何なる調停を為さんと欲するか。

露公使曰く、可成日清の衝突を避けしめんと欲するなり。

余答へて曰く、其方法は如何。

露公使曰く、只々撤兵にあるのみ。貴国か兵力を以て内政の改革を強制するは大に韓廷の怨恨を買ふのみならす、又諸外廷を軽侮するの処置に属す。今夫れ貴国か漸次に日兵を撤却するの方針を執らは、内外の人心大に和らき内政の改革は其れ容易に実行さるゝを得ん歟。余惟ふに清国に於ても牙山の兵を撤却するは得策にあらさるへしと雖、是れ亦止むを得さるなり。

余答へて曰く、閣下は内政の改革を韓廷に放任して其成功を奏すると信するや。余以為く否らす。韓廷微弱にして内政の改革を約すと雖、其実行は到底期すへからさるなり。更に話頭を転して曰く、今日は是れ千載の機会にして清韓従来の関係を絶たしむへきの秋なり。朝鮮は表面に於ては独立国なりと雖、其実未た清国の属邦たるを免かれす。朝鮮をして真に独立国たらしめんと欲せは只々此関係を絶たしむるにあるのみ。余は現政府と反対の地に立つ者なり。故に日本政府出兵の意向を知らす。然とも余惟ふに、其出兵は最初清国出兵の際朝鮮は清国を属邦なりと云へる通牒に基因するか如し。是れ日本を軽侮したる通牒にあらすして、何そ日本は飽くまても朝鮮の独立を希望す。故に日本は清国をして朝鮮と従来の関係を絶ち、公然朝鮮は清国にあらすと言はしめすんは止まさるへきなり。

露公使曰く、若し夫れ然らは日本の要求は過当なりと謂ふへし。清国如何そ斯る要求を承諾せんや。多年各国も此点に於て屢々清国と争ひしと雖、一も其志を得たる者なし。

余惟ふに、清国か朝鮮に向て如何なる口実を有すと雖是れ我輩か関する所にあらす。我輩は朝鮮を認て独立国とし条約を締結したる者なり。又何の苦慮することか之れ有らん。今夫れ日本か斯る要求を試みは清国何そ其れ忍はんや。是れ戦端を促かすものと謂ふへきのみ。日兵は精鋭なり。勝利を得んこと疑ふへからす。然とも清国は大国なり。防戦に於ては決して軽蔑すへからす。少くとも三四年は必す支ふることを得ん。果して然らは両国の経費想ふへきのみ。又貿易中止の為め其余響を被むる万国の損亡復た想ふへきのみ。而して朝鮮の地位は如何。依然として旧態を改めさるへし。貴国何を苦て無謀の兵を動かすや。余惟ふに貴国の目的を達するに他に道あるを信す。即ち韓廷をして内政を改革して独立国の面目を保たしめ、清国をして手を下たすに処なからしむ。是れ万全の策にあらすや。

余答へて曰く、請ふ試みに地を更へて之を論せん。若し夫れ貴国にして清国より朝鮮は属邦なりとの通牒を得は果して如何。貴国は朝鮮を以て独立国と見做し締約したる者、今夫れ斯る通牒を得て冷然黙過するを得んや。余惟ふに貴国も亦等しく兵を勒して手詰の談判を開くなるへし。今夫れ韓廷をして公然清国に向て両国従来の関係を絶たしめん歟、清国は必然兵を出して朝鮮を伐つへし。此戦や実に独立の戦争なり。日本不肖なりと雖独立軍の急先鋒たらん。貴国及他の条約国は朝鮮を以て独立国と認定したるもの、今茲に独立戦争起らは貴国は必す朝鮮の味方となりて清国と兵を交へんと信す。願くは貴説を聞くことを得ん。露国公使乍ち他客ありと称し暫時余に宥恕を請ふて客室を去れり。

ウェベルは流石外交家にて御座候。小生も亦外交家を以て自ら任する者、常に窮鼠は逐ふへからさるを信す。故に他日を約し匆々辞し去申候。

余り長く相成り御退屈と存候間、此にて筆を擱き申候。朝鮮問題も今明日の中事局一変すへしと被存候。何れ後鴻更に又御報道可申上候。匆々頓首

二十日　　　　　　　京城に於て　和田生

大隈伯閣下

此書御一覧の後、何卒徳富氏に御示被下度奉願上候。

［封筒表］東京牛込早稲田　大隈伯閣下御親展
［封筒裏］京城羅洞松前方　和田正脩

1415―3　和田正脩書翰　大隈重信宛

（明治二十九）年十一月十六日

謹啓　陳者両三日前朝鮮より米国宣教師国王陛下宮内大臣及徐光範之書翰等を齎らして入浜、義和宮殿下に御会申候処右書面概要は国王義和宮をして両三年米国に留学せしむる御思召にて、御手許より右宣教師に殿下一年分の留学及旅費として三千六百円相渡し、殿下米国御滞在中万事之御世話を担当せしむるとの旨趣之由に御坐候。之か為め一昨日東京より朝鮮公使来神、殿下に勧告する等にて随分面倒に相成候。然処殿下も大に御心配にて朴泳孝と相談し右等之書翰に対する答案も出来上り、本日者略ほ宣教師との掛合結了したる哉に承知仕候。

考案　右者全く露国公使の使嗾にて、義和宮殿下を米国に逐ひ日本党との関係を絶たしむるに在り。其儀者一名の随行者を許さす義和宮殿下独身にて米国に留学さるへき旨の命令に於ても慥かなりと覚ゆ。

右之事柄者殿下の従者と雖之を知らす。斯る機密の場合に於て殿下の参謀となる者者朝鮮人中漸く二名に外〔な脱〕らす。故に以上の事柄者殿下と右二名と之を伝聞したる小生の外絶て知る者無御坐候。右之内情も極て秘密にて不取敢閣下之御含迄申上候間、御一見之後何卒御焼棄被下度願上候。右要件得貴意度如此に御坐候。匆々頓首

十一月十六日　　和田

大隈伯閣下

（早稲田大学大学史資料センター所蔵）

1416　渡辺栄治書翰　大隈重信宛

明治三十一年七月十二日（消印）

謹祝新内閣組織、併而祈閣下之万歳。

明治三十一年七月

鳥取県代議員　渡辺栄治

大隈伯爵閣下

［封筒表］〔破損・内〕□閣総理大臣官邸　大隈重信殿
［封筒裏］姫路福中町紺庄旅館　渡辺栄治

1417　渡辺　修書翰　大隈重信宛

明治三十一年（消印）六月二十九日

拝啓　陳者今般閣下新内閣組織之大命を被奉候趣、之れ多年立憲政之為め御尽力被遊候結果にして、為国家将た為閣下誠に可大賀事に御座候。益御自重為国家御鞅掌専一に奉存候。旅行中に付不取敢電報に而御祝申上候得共、茲に重而祝意を表し置候也。

扨序なから御願申上度は修身上に付兼而貴聴に達し置候次第も有之候処、伊藤内閣相続居候はヽ郷里憲政党より議員候補者と可相成積に御座候処、今日閣下之内閣と相成候場合右之必要も無之、殊に修は久敷小役人致居候義に付直に官途に相就度奉望に御座候。尤も多年小役人致居候て是迄政党員に無之に付迚も満足すへき好地位を得候義は六ケ敷と存候得共、兼而御話申上候様之前々より之行掛も有之候義に付、此際知事又は中央本省内相当之地位を得度切望罷在候間偏に御差含置被下度候。いづれ一両日中帰京可仕に付、帰京上は拝趨委曲可仰御指揮心得に御坐候得共、不取敢以書中右御願申上置度如此御坐候。早々敬白

六月廿九日　修

大隈伯爵閣下

［封筒表］東京牛込早稲田　大隈伯爵殿仰親展
［封筒裏］神戸西村より　渡辺修　六月廿九日

1418-1　渡辺　清書翰　大隈重信・伊藤博文宛

（明治三）年二月二十六日

帰府途中於太田原酒田県少参事太田衛太郎江面会仕候処段々上言之筋有之候。内貢米所払之儀大原知事殿よりも書面之趣有之、殊に於此県は御承知之通七州之難県に有之候間、願之通被仰付可然と奉存候。磐城三陸救助之儀は既に手配相附候事故、何卒御聞済拙子よりも奉願上候。頓首

二月廿二日　清

大隈大輔殿
伊藤少輔殿　閣下

1418―2　渡辺　清書翰　大隈重信宛

（明治三）年五月四日

向暑之節陪御勇健御奉職奉大悦候。扨当地方乱後之人心追日落着向後只民政之一事に御座候処、七州之儀は兼而御承知之通万事乱雑、客歳新置之県々兎角不取締に候得共、按察官に而者親く手を入候儀職掌に差響き岡本少丞東下幷野夫大丞兼任、已後漸く規則も相立候様折角尽力は仕候得共何分微力諸事不行届候間、今般政府江建言仕候儀実に苦心之余無余儀次第に御座候。右建言之次第は多分御承知にも可相成、且今般岩崎大主典至要之件々を領せしめ登東京為仕候間御呼寄委曲御承知被下度、此段深く奉願上候。頓首

五月四日　　渡辺清

大隈民部大輔殿閣下

1418―3　渡辺　清書翰　大隈重信宛

（明治三）年九月二日

秋冷相催候処陪御健勝奉大賀候。頃日より御所労に而御退居之趣伝承仕、御持論奉伺度去月廿六日御邸江罷出候処御他出之趣、乍残念帰宅仕候。窃に聞政府も追々御発明之儀も有之、既に条岩両公よりも先生御出廷之儀数度御勧相成、且御召之儀も再三に及ひ候得共容易に御唯諾無之由、始めは御尤之儀と奉恐察候。然る処漸く御政体御変革之御調も相整ひ只先生方御出廷之上と御見合に相成居候趣、然るに御出仕無之とは実に残念之至。一昨日内々承り候得者今日は愈御出仕御決心と申事故大に安心仕居候処今日も不相替御退居之由、実に剛論には亘り不申哉と先生之為遺憾此事に御座候。先生邸宅御払ひ御退居之体勢を見、小人評して曰、脱して海外に去ると。此言元より聞に不足と雖とも即今之情態に大に害あり、此意は御推察も可被為在と奉存候。到此尚御剛論有之候而は終に彼言をして信ならしめ、又名をなさしむるに到らん歟実に残念之至、御議論如何に候哉御答奉待候。御答之振に依ては早速参堂御論拝聴仕度、兼而任御懇切不顧失敬、此段申上候。多謝々々頓首

九月二日

清

大隈大蔵大輔閣下

1418－4　渡辺清書翰　大隈重信宛

（明治四）年二月六日

横須賀ロック開に付私々義大木大輔同道、唯今当所出張仕候。此段御届申上候也。

二月六日

〔巻封〕大隈参議殿　渡辺民部大丞

1418－5　渡辺清書翰　大隈重信宛

（明治五）年二月十四日

益御安泰奉大悦候。然は元伊万里県参事古賀氏岡山県へ転任香川某伊万里県参事被命候処真に重任之事に而、富岡にも御免相成候得者一県之折合も如何可有之哉。就而は池田文八郎君名古屋県権参事御免之儀昨日申上候上は、幸ひ右池田君を伊万里県権参事江転任相成候而は如何可有之哉。一応御意相伺度如是御座候。頓首

二月四日

〔巻封〕大隈明府御親披　渡辺清

1418－6　渡辺清書翰　大隈重信宛

（明治六）年七月四日

岩手県権参事菅浪武儀に付過日被免本官度段申立相承居候。

然る処別紙之通り当人辞表差出幷七等出仕山下方義より之申出も有之候上者、依願之字被加免官相成候様御評議有之度。依之別紙二通相添此段申進候也。

七月四日

渡辺大丞

大隈参議殿

1418－7 渡辺 清 書翰 大隈重信宛

（明治六）年八月二十五日

三豬県へ邏卒配当一件、岡村同県権令より申立之義も御座候に付何卒早々御決議相成候様仕度、此段申上候。頓首

八月廿五日

渡辺清

大隈参議殿

1418－8 渡辺 清 書翰 大隈重信宛

（明治六）年九月十八日

三豬県へ邏卒派出之義に付上陳案別紙之通取調候。右に而可然候はゝ速に御決判被下度、此段申上候也。

九月十八日

渡辺大丞

大隈参議殿

1418－9 渡辺清・林友幸 書翰 大隈重信宛

（明治六）年十一月十日

昨日御下命相成候奈良県権令之儀、昨夜より勘考仕候処鳥井断三之外心当無御座候。然るに同人功績も相立候はゝ御昇級も可有之候間、先参事にて御差出可然歟と奉存候。右申上候。頓首

十一月十日

大隈卿殿

渡辺大丞
林大丞

1418-10　渡辺　清書翰　大隈重信宛

（明治六）年十一月十二日

静岡大属青木保弘より別紙之通申来候間奉入御内覧候。同県情態は兼て御承知之通に御座候間、権参事長沢を御転し相成とも参事南部を御転ともに相成候而は実に一県不幸無此上儀と奉存候。且県令へ御据之儀兼而相伺居候処、参事担当之県へ令官御差出之儀は気合にも管係し候故篤と御勘考被成下度。此県電信之早き事従来之苦心に御座候間是又御含可被下候。頓首

十一月十二日

［巻封］大隈卿閣下御内展　　渡辺清

1418-11　渡辺　清書翰　大隈重信・吉田清成宛

（明治七）年三月八日

益御勇健奉恐悦候。扨佐賀県平定之儀は既に御承知之事と奉存候故更に不申上候。私事去る三日長崎出発、四日佐賀表に罷越候。然処白川県貫属客月十七八日比議論沸騰一時危き場合に立至り内務卿も頻に懸念之折柄、脱賊多くは同県管内に潜匿之聞へも有之旁以同県へ出張被申付一昨六日白川着県候処、捕亡も二百人余増加四方に配置官員幷戸長等非常尽力之処に候得共実効未た不相揚、依而熟考仕候処最前貫属動揺之余習未た皆脱不仕、或は危懼を抱き或は疑念を醸し或は県庁着手之緩急を伺ひ候様相見、実に不可失之機会に御座候間今八日攘夷学校両派巨魁数名呼出県令同席、緩急抑揚或は威し或は悟し方向相叩き候処始めて胆心を吐露し、一同力を極め捜索捕獲して以て今日之御嫌疑相晴候様必す実効を顕すへしと一同躍立候。依而夫々方向相援け置、明日は米田横井之両派を集め是又一般に打込尽力為仕候積りに御座候。実に転禍為福之好機会、為国家大悦之至に不堪御安心可被下候。書余後便可申上候。謹言

三月八日

清

大隈卿公
吉田少輔公

1418-12　渡辺　清　書翰　大隈重信宛

（明治十四）年二月五日

寒威厳烈益御清穆奉恐賀候。管下幸に無恙、本年は非常之烈寒なるを以民間只鼓腹之声を聞のみに御坐候。乍恐御省念可被成下候。追々諸政御改良之布令あるを以財政之大本相定候事と奉恐察候。扨窃に承り候得者農商務省を被置候事既に御内決相成居候由、然る処小官身上之儀は兼而御承知被成下候通、昔年佐賀変動後大久保故参議御相談之上本県へ赴任後何之奏功も無御坐候得共、当年御内命丈は三四年前既に整頓仕候。又例之裸体民権相起り一時政府之御心配相懸候得共、無根之樹木花を発するの理なく、近来全く退屈既に消滅之勢に御坐候。此上は本県之儀何人に相譲り候とも差支無御座候間、甚恐縮之至御坐候得共農商務省中へ奉職は不相叶候哉。既に六七年田舎郎と相成愚に愚を重ね、此儘にて一生を終るも又愚之至と奉存候。衷情御憐察被成下候はゝ大慶無此上奉存候。右不憚忌諱平生之御愛顧に甘へ内情吐露閣下迄申上候間、可然御勘考被下度此段奉願候。恐惶謹言

二月五日

渡辺清

大隈重信殿閣下

御一覧後は乍恐御投火可被下候。転任は小官之素志なる事、万一管下及庁内へ相聞候時は甚心配仕候間、乍恐此儀御含可被下候。

1418-13　渡辺　清　書翰　大隈重信宛

（明治　）年七月三十一日

別紙之通申越候間差出申候。昨日電信之日付は全く間違に可有之と相考候。此段申進候也。

七月卅一日

渡辺大丞

大隈参議殿

1418-14　渡辺　清書翰　大隈重信宛

（明治　）年八月二十二日

爾来度々参上仕御多忙を煩し候ては如何と差扣意外に御疎遠申上奉恐入候。当年者例ならぬ残暑に御坐候処弥御安静被成御坐奉拝賀候。然は時下相伺の寸志を表し度心かけ罷在候折せつ、旧里より国産之麤布送り越し候。但し親戚の者手織之品にて只々丈夫向を専一に相制し候故、尤見苦敷候得共敢て拝呈仕候。御叱存被成下自然御寐巻之御用にも相成候得者大幸に御坐候。其内参上起居相伺可申候得共、先者此段早々申上候。頓首拝啓

八月廿二日　渡辺再拝

隈公閣下

1418-15　渡辺　清書翰　大隈重信宛

（明治　）年九月十五日

秋冷之節益御清適可被成御坐奉恐賀候。然は差懸御頼談相頼度儀御座候に付御閑暇之折相伺度、今日四字比より歟明朝歟御差図被下度此段奉願候。頓首

九月十五日

〔巻封〕大隈参議閣下　渡辺清

1418-16　渡辺　清書翰　大隈重信宛

（明治　）年十月九日

別紙弐枚即刻御決判御返却被下度候也。

十月九日　渡辺大丞

大隈参議殿

1419―1 渡辺洪基書翰 （大隈重信）宛

（明治十一）年十一月二十五日

口上

罷出候得共不得拝謁遺憾に奉存候。新潟表に而御懇接之御礼も申上度、且南部家鉱山之事情申上度罷出候義に御坐候。御都合にも御坐候はゝ明日に而も御手透之節内閣より御召被下候はゝ難有奉存候。尤其義御不都合に候はゝ再参館可仕候也。

十一月廿五日

渡辺洪基拝白

1419―2 渡辺洪基書翰 大隈重信宛

（明治）十二年一月四日

大葛金山之義、工部卿江も事情詳述之上同意を得、愈来る六日右金山鉱業会社へ譲渡之義願書差出候事に決定仕候間、何卒右願意御許可相成候様奉願候。全双方之便利に而於小生も是に而相治まり候得者煩雑も無御坐、誠に仕合に御坐候。右懇願仕度御年首旁罷出候得共、或者拝謁難相叶も難計に付一書持参下執事迄差出置候。呉々宜布奉願候。頓首

十二年一月四日

渡辺洪基

大蔵卿閣下

尚南部よりも罷出事情陳述懇願仕候様申居候。

1419―3 渡辺洪基書翰 大隈重信宛

（明治十二）年二月十二日

大葛鉱山御処置之模様相伺度参館仕候得共、不得拝謁も難計に付代舌書相認持参一は執事迄差出候。彼鉱山之義毎々煩尊聴候通り之次第に而、譲渡出願之末両卿閣下之庇蔭を以て最早其運に相成候哉之趣難有、実は彼所置に及候事鉱山に差響き居候より早々方付不申候は而者何分にも不折合其間幾何之損毛有之、一日者一日之損毛に相成居南部家之損毛不少。其上別に鉱業会社之得益にも無之随而国土之損

害多く、何れ之道急速に御指令被下譲渡相済候様相成可申様切に不私懇願仕候。且又窃に承り候に抵当論も有御坐候由承り候得共、彼大葛分金七万四千七百円と洋銀二万八千弗之義は、官に而彼明治六年十月鉱業開創より十二月迄之諸雑費に付別に操物有之にもあらす、同器械代二万五千弗云々も皆抛付品に而其品を以て拝借之物に有御坐、其他役局費開坑費製煉費之既往に属するもの等何れも之を売払得べき品々無之山に附着候品々に有之、況んや右者其品に而拝借其御蔭に而工業いたし其純益を以て上納いたし候義に而、御払下け相成候品々無之故、右利益に而上納仕候廉々不都合無御坐以上者抵当を要し候義無御坐と奉存候。右等不都合無之様は官之検査に而可尽事と被存候。唯鉱石之類御払下け相成期限相定金子上納之約束有之候者丈は、或者抵当を要し候義も可有御坐候得共、是又南部家江も無抵当に而御渡相成候義故、会社江も格別之多額にも無御坐故其通りに被成下候は者難有可奉存候。併し右者御成規も可有御坐義に御坐候はゝ無拠被存候。何卒右之義御考察被成下速に出願通り相運致候様私よりも奉懇願候。誠に小生も右之義不相済候は而者不堪煩、且日々無用之冗費南部家に相立候も不忍見聞候に付、敢而内々歎願迄罷出候義に御坐候也。恐惶謹言

二月十二日

渡辺洪基

大蔵卿閣下

1419―4　渡辺洪基書翰　大隈重信宛

（明治十二）年五月二十四日

経済上之義に付華族江別冊見込書差出置申候。愈実行仕候事に相運候は者是非高庇に依らさるを得す、先御聞置奉願上候。拝具

五月廿四日

渡辺洪基

大隈大蔵卿閣下

1419―5　渡辺洪基 書翰　大隈重信宛

（明治十二）年十月三日

明後八日御逢被下候趣難有奉存候。尊慮相伺度義者即別冊之事に付、乙覧に供する為め差出置申候。甲者先達而差出置候同書面に御坐候。乙者右之内之一条即借庫法施行上之方法に御坐候。委細者拝謁之節可申上。匆々拝具

十月第三日

渡辺洪基

大隈公閣下侍史

［別紙］

内外各種の商売品輻集を便にして以て市価の当を得、売買に利し確実なる保護を設けて以て金融の道を疎通し、品等を明かにして以て商売を正確ならしめん為め借庫会社を設く。概則左の如し。

第一章　営業の目的

第一条　所定の庫敷料を収め各種の物品を預り、風雨幷に火難盗難の損害なき様十分の保護をなす事。

第二条　騒擾兵火地震大風等の外、火難盗難は適当の方法を設け置き之を保する事。

第三条　預る所の物品は総て其品柄を精査し引換に渡すへき証書を作り、之に品物の品級保険の有無等を詳載して付与し、転買又は抵当に便にする事。

第四条　預り在る物品見本を見本店に陳列し、其分量等を詳かにし、売買の便利に供する事。

第五条　預け主の望によりては、其物品を時機を見計らひ之を売払ひ遣す事。

第二章　営業の手続

第六条　東京横浜大阪の三所に便宜の地を撰ひ、此目的に応すへき堅牢の倉庫を設くる事。

第七条　他人の私有又は官有の倉庫と雖とも、本社の目的に応する者は所有主の同意を以て之を精査したる上規則に照らし幷用する事。

第八条　物品の検査は必要の器械人物を備へ置き、経査の物品は本社所定の標目を附する事。

第九条　証書は二葉を製し抵当には一葉を以てし転買には二葉を以てし之に裏書するを法とし、総て二葉揃ひたるを以てするに非らされは、預り品を引渡さゝるを以て受授を確実にする事。

第十条　見本に就て其詳細を述ふるは本社其責に任し、本

社に於て売買の条約を為すには其手付金を預り、又は平生身元金を納むるか又は其他の手段を以て践約に不都合なき様担任周旋する事。
第十一条　本社に預け主委托して其物品を売払はんとする者は、時機を誤らさる様夫々注意して其望に応する事。
第十二条　本社は自己の為めに物品を売買し又は金銀を貸渡す等の事を一切為さす。唯其便利を為すを目的とする事。
第十三条　金銀貸附の便利を謀り幷せて本社の事務の正当なるを自己の為め監視する為め、各銀行は其名代人を本社に差出し置く事を得へき事。
第十四条　以上の各条は各人の随意に任する者にして、第六条第七条に掲くる倉庫に預くるのみにても妨けなき者たるへき事。

第三章　営業収入

第十五条　庫敷は其物品と時間により差等あり。横浜税関附属借庫従来東京其外に在る借庫及ひ龍動ホンデツトウエーヤハウス等を参攷して、可成低廉の者に定むへき事。但し定価表を作りて之を公示すへし。
第十六条　火難盗難の保険料は其実価品柄時間の長短により現今横浜及ひ欧州に行はるゝ割合により、定額表を以て之を定むへき事。
第十七条　手形手数料は物品を検査し二葉の定式証書を渡すときに限り之を収入す。実価により之を定め其額の多きに従ふて其割合を減す。別表を以て之を定むへき事。
第十八条　見本開示幷に条約手数料は其実価の多寡により て之を定め、高は大凡米商会社の手数料に従ひ之を引取り、代価払渡しのとき之を収むへき事。
第十九条　売払口銭は売払代価千分の五とし、売払金額中より之を引去るへき事。

第四章　株金

第二十条　本社資本金を弐百万とし一株百円とし、二万株と定むる事。
第廿一条　右の株金は土地建築其他営業の資本に要する分を通貨にて出たし、余は公債証書を以て差出すへき事。
第廿二条　右の公債証書は保険其他の抵当として大蔵省に預け置き、土地建築等に用ひたる分は年々純益の幾分を以て之を償ひ、公債証書に代へて大蔵省に預け全額に至らしむへき事。
第廿三条　諸雑費幷に損失補償の金額を引去り其金を以て純益とし、毎年一月七月両度の総会に於て其配当を定むへき事。

第五章　役員

第廿四条　総株主の内何十株以上の者五人以上を公撰し、其内より頭取一人を撰挙し頭取取締役合して本社の事務を施行する諸役員を撰任すへき事。

第廿五条　諸役員は所定の給料の外本社事務純益の若干高に超るとき、定めたる割合を以て褒賞金を受くへき事。

以上五章廿五条は本社設立の大綱領にして、其細目に至りては本邦国立銀行条例、各国の会社条例、仏国借庫規則其他参考して設則せさるを得す。皆な輒く調査するを得へしと雖とも、事瑣末に属し剰長人を飽かしむるの憂あり。此数十条以て此挙の利害得喪を考へ其行否を断するに足らん。

明治十二年八月　渡辺洪基

［編者註］別紙は早稲田大学図書館所蔵「大隈文書」ではA1063として整理されているが、内容より本書翰に付随するものとした。

1419－6　渡辺洪基書翰　大隈重信・井上馨宛

（明治十三）年四月二日

毎々煩面謁候も如何に付以書面申上候。地学協会醵金云々之儀に付、小生鍋島氏と同伴夫々游説可仕旨御注意有御坐即其図り罷在候処、鍋島氏室病気険悪に到り遂に死去相成候に就而其儀難被行事に立到り申候間、此上者条岩両大臣に依頼、此事速に相運ひ候様御尽力被成下候而者如何哉。其他御工夫奉仰御指揮候。愚案に者両閣下御受持被成下候分速に相運ひ、且宮内省之方速に相運宮内より御保護之実相見へ候は者、他之説得方大に容易可成と奉存候。何卒不失此好機会団結仕候様不堪佇望、敢而奉鄙言候。不悪御聴許可被成下候。拝具

四月二日　渡辺洪基

大隈
井上　両公閣下

1419－7　渡辺洪基書翰　大隈重信宛

（明治十三）年四月十六日

地学協会醵金之義逐日に纏まり候運に御坐候処尚類例を見合居候向不尠、就而者閣下御受持被下候分如何相成候哉、何卒速に相運候様御尽力被成下度。殊に宮内省へ請求之件幷に皇族方之分者大に此精神に関渉仕候義に付、尤速に相

決し候は者都合可宜と愚考仕候。先本日迄約束相調候分別紙之通に御坐候。御承知迄差出申候。御閲覧奉煩度候。右申上度。毎々煩面謁候も恐縮に付、乍略儀以書中申入候也。

拝具

四月十六日　渡辺洪基

大隈参議閣下侍史

〔別紙〕

十三年四月十六日調

一時納之分

一　金千円　鍋島直大
一　金千円　大谷光勝
一　金百円　松平信正
一　金百円　柳猶悦
一　金千五百円　毛利元徳
一　金千百円　井上馨
一　金三百円　島津忠亮
一　金七百円　松平慶永

年賦刻納之分

一　金弐百円　五ヶ年　渡辺
一　金弐百円　〃　花房
一　金五百円　〃　井上
一　金弐百円　〃　小森沢
一　金百円　十ヶ月　佐野
一　金五百円　五ヶ年　長岡
一　金五百円　〃　榎本
一　金百円　〃　岩倉具経
一　金百円　〃　中牟田倉之助
一　金弐百円　七ヶ年　福島敬典
一　金百円　五ヶ年　関義臣
一　金三百円　六ヶ年　赤松則良
一　金百円　五ヶ年　塚本明毅
一　金五百円　〃　増田三郎
一　金三百円　〃　芳川顕正
一　金三百円　〃　上野景範
一　金五百円　〃　渋沢栄一
一　金五百円　〃　益田孝
一　金五拾円　〃　脇坂寿
一　金五拾円　五ヶ年　川路寛堂
一　金五拾円　〃　伴鉄太郎
一　金百円　五ヶ年十四年より　黒岡帯刀
一　金五拾円　二ヶ年　高畠眉山
一　金五拾円　二ヶ年半　丹羽龍之助

一　金三拾円　二ヶ年　立田革
一　金五拾円　〃　中村雄飛
一　金五拾円　五ヶ年　磯野健
一　金五拾円　五ヶ年　井田譲
一　金弐百円　五ヶ年　福地源一郎
已上

［編者註］別紙は早稲田大学図書館所蔵「大隈文書」ではA5241として整理されているが、日付・内容より本書翰に付随するものとした。

1419―8　渡辺洪基書翰　大隈重信宛

明治二十一年十一月（　）日

政治学及経済学に関する諸事項に就き、時事に切要なる者を撰ひ交互講究いたし度目的を以て明治十九年二月国家学会設立致し、爾来会員一同専心従事致居候処更に可成多数之有識者を招会し其範囲を拡め、国家之政治経済に関し学術上の講究を以て実地有益なる結果を得度企望有之候条、何卒閣下にも御入会被下候様致度候。従来之会規及会員名簿並に本会に於而調査致候事項目録相添敢而御勧申上候。御承諾被下候は者本月十五日迄拙者宛御回報被下度奉企望候。拝具

明治廿一年十一月

国家学会評議員長　渡辺洪基
芝区南佐久間町二丁目五番地

大隈重信殿

追而本会発刊之集誌御入用に候は者尚剰余も有之候間、御入会之上差上候様可致候。拝具

［封筒表］大隈重信殿
［封筒裏］渡辺洪基

1419―9　渡辺洪基書翰　大隈重信宛

（明治）二十九年十月四日

本日罷出候者当市実業有志者総会、小生も其幹事と相成居候商工相談会に於而来十六日大会相開候に付、海外貿易其他実業に関する施政の方鍼拝聴仕度、特に御招待申上候次第に御坐候。何卒特別之御繰合を以て御臨席之義伏而奉懇

願候。

廿九年十月四日　　渡辺洪基

大隈伯爵閣下

松方伯爵へ委細申上置候。尚同伯爵よりも御相談可相成筈に御坐候。

1419-10 渡辺洪基書翰　大隈重信宛

（明治）三十三年十二月二十九日

歳梢益御安泰奉恭賀候。先頃御寵招を蒙り候御礼旁拝門可仕奉存候処、彼是取紛遅延罷過欠敬之段平に奉仰御宥恕候。生義歳末年初に掛け関西旅行之約有之、明朝発程遂に年内不得参候、節角御自愛被加鶴齢候様奉祝賀候。右御詫旁呈書如此に御坐候。拝具

三十三年十二月廿九日　　渡辺洪基

大隈伯爵閣下

1420 渡辺治右衛門書翰　大隈重信宛

明治三十一年四月十四日（消印）

別紙之通に相成、理事三名之補欠は差置来る八月総改撰相成可申筈に付夫迄は九名之理事委員にて執行致居候趣、右に付毛利氏は互撰之上社長と相成申候。猶申上度事情も出来候はゝ追々可申上候間、左様御承引被下度候也。

四月　　渡辺治右衛門

大隈重信殿

〔別紙〕

理事委員

毛利重輔
浅野長勲
山本直成
渋沢栄一
二橋元長
久米良作
西園寺公成

辞職　足立太郎
同上　白杉政愛
　角田林兵衛
　菊池長四郎
辞職　深川亮蔵
検査委員
　渡辺福三郎
　久野昌一
　林賢徳

［封筒表］南葛飾郡戸塚村七十番地　大隈重信殿閣下
［封筒裏］東京日本橋区本材木町壱丁目七番地　渡辺治右衛門

1421　渡辺修二郎 書翰　大隈重信宛

（明治）三十一年七月四日

爾来御無音申上候処愈御健勝奉賀候。扨今回の政変にて多年御尽力の政党内閣も出来御満足と存候。生等は門外漢に候得共、年来筆を執て閥族を攻撃したる者なれば御同感に候。然る処一言御注意申置度事御坐候。則今回政党内閣出来候様に相見え候得共、生より之を見れば藩閥と政党改進自由との聯立内閣とも云ふべきものにて其根底尚ほ鞏固ならず、今後施為の如何に依りては或は後戻りせぬかとの杞憂に堪へず。第一今回の改革陸海二相を範囲外に置きたるは一時の便法已むを得ざるが如くなれども、実は他日内閣を覆すべき大敵なれば早く此便法を御撤棄の御勇気有之度候。目下御党内猟官者の御鎮撫に御多事なるは御尤の次第に候得共、今や平家の残党全く亡びたりと云ふべからず。若し御油断あるときは未だ何事も政蹟の挙らざる内に残党に回復せらるゝの事なしと云ふべからず。左あるときは現内閣者は勿論生等非閥主義の者一同の遺憾此上なきこと申迄も無之に付、失敬ながら今少しく大体の所に御着目の上、第一に残党の伏在所にして獅子身中の蟲たる彼の二箇所に閥外の有力者を入れ換へ、即ち内閣の組織を全くせられんことを希望致候。今の政党者は陸海軍二部を出入禁制の場所の如く考へ、敵党より軍人激昂の四字を以て恐嚇せらるゝときは非常に驚駭するが如し。実際決して左様のものに無之、御承知の如く英国などは財政家ゴッシェンが海軍に長官たり。我邦も従来の例を改め、此際断然閥老を排して異分子を除き飽までも内閣の鞏固を図られたく候。

右の一事は生の宿論にして、先年刊行『大隈重信』評伝』百十二頁百十三頁にも論述し置きたれば御記憶と存候。

右等の事は生等の申述ぶる迄もなく百も御承知の事と存候へ共、所謂「当局者迷傍観者審」にて、失礼ながら老台も此「マキシム」を脱せらるゝ能はざるは従来の事迹に徴知するに難からず候。

尚ほ御参考迄に申上度事は有之候へ共、筆意を尽さず最も緊急の一事だけ申述候。若し此一事を軽々看過せらるゝに於ては他日必ず思ひ当らるゝことと之あるべく候。野人礼に習はず無礼御海恕可被下候。敬具

　卅一年七月四日

渡辺修二郎

大隈重信様

閣員松田氏とは相識の間に付、大蔵の事に付一言申送り置候。

〔封筒表〕大隈伯殿必内展　渡辺修二郎　東京麻布区飯倉片町三十二番地

1422－1　渡辺千秋 書翰　大隈重信 宛

（明治十三）年七月三十一日

謹啓　甚熱之候益以御勇健被為渡奉粛賀候。当春在京中は拝趨仕厚く蒙御賢慮奉謝上候。其節奉申上置候県下加治木郷塩田等今以目途之通相達、先回総而人民払下之儀稟議仕置候。右は乱後上京之際より格別之蒙御高蔭、遂に熟田不足之土地百廿町歩之良田を得、士民の幸福啻ならす奉万謝候。将亦過般岩村県令転官仕候に付、不肖千秋後任拝命仕微力菲材前途深恐懼罷在候得共、奮而犬馬之労を尽し万一を奉報候志念に御座候間、尚将来為斯民御厳教乍恐奉懇願候。却説本県下之儀至而静粛に而、今秋も十分の豊稔と士民安堵仕居候。先は時候窺旁呈鄙章候。頓首再拝

　七月卅一日

渡辺千秋

大隈参議公閣下

1422―2　渡辺千秋書翰　大隈重信宛

（明治十四）年三月八日

謹啓　春寒之候益以御勇健被為渡奉恭賀候。在京中は駿豆御枉駕先迄拝趨、殊に蒙殊遇奉万謝候。発京之節は為御礼参上仕候処行違不得拝青其儘出立、恐懼之至に奉存候。却説過日深奉得御懇慮候士族家禄之儀は前県令奉職中より伺出相成居、既に二年有余之星霜を経日々御指令相下り候儀渇望仕居、該件は兵乱之際其筋より夫々官吏派出実地調査相成夫々上稟之趣に承及、加之追々御渡相成候家禄と同性質之者に而頻々哀願申出事情不得已次第に御座候間、何卒特に御高慮被成下速に御准允相成候様只管奉仰望候。右は御愛顧に甘し書中を以御急裁奉願候儀深不堪恐悚候得共、前述之情態御洞察被成下宜敷御海容之程奉懇願候。先は御礼願旁如斯御座候。頓首再拝

三月八日

渡辺千秋

大隈公閣下

1422―3　渡辺千秋書翰　大隈重信宛

（明治三十五）年十一月二十五日

謹啓　其後御無音仕候。益御清泰奉恭賀候。陳は此度閣下に於て日本園芸会長御従事被成下候付驥尾に付し微力を尽し候様会員より申聞、不肖甚以難当奉存候得共幸に閣下之御指導を仰き候て応分可尽の道可有之と自信し敢而承諾仕候。就而は別も以後御懇教之程奉仰願上候。早速拝候可仕候処御承知被為在候通、帝室は暦年会計に而予算等に取込頗此処多事に罷在候間追而拝趨可仕、此旨不悪御海恕奉祈上候。時下寒冷に相向気色御自玉奉禱候。早々敬具

十一月廿五日

千秋

大隈伯閣下

［封筒表］早稲田　伯爵大隈重信殿親展
［封筒裏］高輪　渡辺千秋

1422―4　渡辺千秋書翰　大隈重信宛

明治三十五年（消印）十二月二十一日

拝啓　千春近著露国対清国一部恭呈仕候。幸に長夜之御慰にも相備り候はゞ光栄之至に奉存候。敬具

十二月二十一日　　　　渡辺千秋

伯爵大隈重信閣下

［封筒表］牛込早稲田　伯爵大隈重信閣下
［封筒裏］渡辺千秋

1422―5　渡辺千秋書翰　大隈重信宛

（明治　）年十月十一日

謹啓　秋気相催候処弥以御壮剛被為渡為邦家奉粛賀候。然は此度鹿児島市街地租改正之儀に付片柳篤上京為仕委細之事情具状仕候筈に御座候間、宜敷御指揮被成下度奉願上候。当地之儀相替儀無御座至而静謐に御座候。御安慮可被成下候。先右条申上度如斯御座候。頓首再拝

十月十一日　　　　渡辺千秋

大隈公侍史

1422―6　渡辺千秋書翰　大隈重信宛

（　）年一月二十四日

謹啓　其後御無音仕候。益御多祥奉慶賀候。先日拝承仕候園芸会御招之儀、折節吉田進儀公務横浜出張罷在候間いつれ二月初旬には帰京之筈に御座候間、其頃に至御都合相伺拝趨之栄を仰き可申奉存候。余り延引仕候間事情一応申上置度、早々如此御座候。書外拝唔万可申上。早々敬具再拝

一月廿四日　　　　千秋

大隈伯閣下

尚々昨今如何にも酷寒に御座候。千万御自愛之程奉祈候也。

1422－7 渡辺千秋書翰 大隈重信宛

（ ）年三月十八日

拝読 国民教育講習会賛助員之儀御垂示に随ひ承知仕候也。
敬白再拝

三月十八日 渡辺千秋

大隈重信伯閣下

1423 渡辺千冬書翰 大隈重信宛

（明治四十四）年七月十六日

拝啓 炎暑の候閣下益々御勇健の事と大賀の至奉存候。小生日本出発前は種々御高諭に接し、且つ其後カーネギー及びモスレー両氏宛紹介状留守宅迄御送付被下感銘此事に奉存候。小生日本出発後露国に滞在すること約二週間色々朝野の名士とも会見、爾後スヰーデン、独、仏を経て先月廿一日当龍動に到着仕候。時恰も戴冠式に際し何事も手に付かす居り候処、昨今漸く諸事落付候間モスレー氏に会見を申込み、昨日恰も日英同盟延長発表の日に於て氏のハドレーウードの偶居に最も愉快なる半日を消し申候。氏は流石に嘗てセシルローヅに接近せる丈ありて物事単刀直入的に批評を下し西洋人の通弊たるコンプリメンタルの事なく、又儀式的の事も嫌らしく興味ある談話を交換致し候。氏は明年十月は一人の令嬢と共に日本に来遊の由にて、別に臨み特〔殊〕更に閣下に左の伝言を申上候様依嘱有之候。

「明年十月は閣下に御面会の楽を得べし。閣下の御紹介にかゝる人には何人にも喜んで御面会申し又出来得る丈の事は致すべし。余の閣下に対する kind regards を伝へられよ」云々。

小生は之れより独、伊等に遊び、十二月には帰朝仕度存居候。

欧州各国とも昨今の難問題は社会問題労働問題に有之、仏国の内閣交迭も英国目下の問題たる insurance bill（労働者保険）も、将又英国海員ストライキ仏国の鉄道従事員にしてストライキに加盟し免職せられたるものを復職せん〔ママ〕せんとする運動も、一として労働問題ならざるはなき有様に御坐候。此点は我邦識者に最も研究を望むべきところと愚考仕候。

何れ帰朝の上再び高教に接し度存居候。敬具
ロンドンにて　七月十六日　　　渡辺千冬
大隈伯爵侍曹

1424－1　渡辺　徹 書翰　大隈重信・伊藤博文 宛

（明治三）年六月三日

兎角不順之天気に御坐候へとも各位益御安寧奉敬賀候。陳者小生儀去月三日西京江着鷲尾知事及島本等江も面談仕候処、兼而懇願仕置候兵部兼任之儀者疾御沙汰に相成候由、先以一安心仕候。然る処島本義者兼而知事方迄辞表差出し置候趣之処、未た十津〔川欠〕郷之請取渡しも不相済旁以知事方にて差止置候趣、其後弥請取渡し等も相済候に付而者強而辞職之儀申立候に付知事始再応及議論候へとも、同人申に者兎角是迄者手荒之所置致置候に付、其主となるもの其儘奉職罷在候而者必県政之妨と可相成見込に付強而退役致度よしに付、無拠今般右辞表弁官江可差出都合に御坐候。然る処同人者素より読書も有之果断雄弁人に勝れ、何方江御登用相成候而も極而功蹟可相顕と奉存候に付而者、退職之儘御差置相成候而者政府之為め残念に奉存候間御含までに此段申上置候。尤同人心底を推考するに、是迄一と通りならす尽力致し候へとも只一言之御賞しもなく、且いつまても出仕之名目に而官員江も不加、其辺少々不平より出る歟と被察候。扨又当管内者頗広大之場所者には候へとも只山谷のみにて窮民多、既に昨冬より今日に至まて富家之ものとも申合最寄〳〵に而日々米弐三合宛救助致し居候。此儀者追而御賞し之義可申上心組御坐候。十津川郷之義者島本等之尽力に寄先当時者静謐に御坐候。併なから困窮者右同様之由、土地之模様柄等承り候処行程拾三里巾七里余も有之候へとも、其物成僅に米千石たらす雑穀合而三千石余、其他少々産物者御坐候へとも是以僅之事にて人民者弐万に余り殊に近来物価高直貧窮者固当然之義に而、只此上者運輸を便にし産物を増之目的に御坐候。就而者是より廿里余も有之、且折々伏見兵部省江交代等も為致候義に付、同所江者是非出張所不建置候半而者不行届候に付、官員増并常借常費等も別段可申立積りに付是亦御含置被下度候。将亦此程御地より御指図之趣を以天の川郷士共当県部下之可入民籍旨留守官より達し有之、抑此郷士と申もの共は古来之由緒を以年貢免除之儀弁官其外江願立置候趣を以一昨年以来更に貢税を不収、右様我儘之義為致置候而者外々江も差響

候に付此程中より厳敷及説諭居候間、自然御省等江も歎願等可致哉も難計候間御含まて此段寸渡申上置候。尤古来より実に御由緒も有之義に付、右貢税等相収候上者郷士之名目及苗字帯刀等之義は御差許相成度段可申上積りに御坐候。先者時候御安否伺旁如此御坐候。頓首再拝

六月三日　　　　　　　　　　渡辺徹

大隈公
伊藤公　閣下

1424 − 2　渡辺　徹　書翰　大隈重信　宛

（明治四）年一月十二日

今日は好天気御同慶奉存候。陳者昨日参堂之末兵部省江罷越別紙請取来り候に付則御手本江差上候間、速に御沙汰相成候様宜御執奏被下度候。敬白

正月十二日

追而島本江は当節東京府にて諸藩之兵隊を取扱候如く都而知参事江可申談様御沙汰相成可然哉と奉存候へとも、猶御賢慮之上宜御執成奉希望候。

［巻封］大隈公御直披　　渡辺大参事

1425 − 1　渡辺　昇　書翰　大隈重信　宛

（明治二）年九月八日

快晴御同慶。爾者今朝広沢より御内話申上候御内用にて近日出崎仕候。依而支度料幷路費先生へ御打合受取候様と之事に御坐候条、宜敷御取計希上候。右事件に付而者何れ得御面承り度次第も候得共右御願まて。草々以上

九月八日　　　　　　　　　　渡辺大忠

大隈民部大輔様

尚々受取記は員数不致承知候故後より可差出候也。

［巻封］大隈大蔵大輔殿御直覧　　渡辺弾正大忠

1425-2　渡辺　昇書翰　大隈重信宛

（明治二）年九月二十日

兎角御不快之由為国家御自重禱上候。弟今明日之内発程之覚悟に御坐候得者暫は不得拝顔、偏御尽力御成功拝見仕候。此行之一儀者段々御見込も承り度、比日大蔵省江出勤仕候得共御不参之由遺憾不啻候。何も崎陽より報知次第御熟考可被下候。扨此者待詔局相勤候折より段々見込申出候而、嚮に小松帯刀在職中は会計官別段御用達と申事申付居候由、此節小銭払底其外箱館等之事に心を用ひ候故御用間一寸御逢被下御聞取、何か之御用に者可相成と存候故如是御座候。箱館鋳銭方なとに者屹度御用達可致存候処より。草々頓首

九月廿日　　渡辺大忠

大隈大輔様

1425-3　渡辺　昇書翰　大隈重信宛

（明治二）年閏十月七日

湖水渡

右之もの兼而小官之探索者と申事にて扱ひ候由致承知候故取糺候処、左様之儀無之旨相答候。然るに此者比日御邸江致参上候趣其節右之次第申出候聞へも有之、実否鳥渡御尋申上候也。

壬十月七日　　渡辺大忠

大隈参議殿

［巻封］大隈参議殿御袖展　　渡辺大忠

1425―4　渡辺　昇書翰　大隈重信宛

（明治四）年十月十一日

拝上　時下益御壮栄奉恐賀候。二小官瓦全乍恐御一笑可被下候。爾者当府之模様未相分兼候得共、人情之固陋なる者実に当惑之次第御坐候。東京より見競候得者五六年後れ候形勢に御坐候。知事にも丁度行違にて上京相成候様子、帰坂にも相成候はゝ東京之振合も相分り進歩之一助にも可相成哉奉存候。右之留主中に九州之御用相弁候方可然と之一同見込に御坐候故、追々一便罷越候覚悟御坐候。就而者兼而相窺置候通石丸其外之処者夫々落着仕候様長崎知事江も申合取計可申、御地之処者諸事小池小栗等江御申付宜敷奉希候。右一通幸便如是御坐候。草々謹言

十月十一日　　　　　昇

参議大隈殿

尚々時下御自重為天下奉禱候。以上

1425―5　渡辺　昇書翰　大隈重信宛

（明治四）年十二月五日

拝上　今度者拝顔之上段々申上度事件も沢山有之候得共、如御承知坂府之形勢不堪顧念今日発途仕候。事情者他日拝鳳之上と申縮候。御賢察奉仰候。扨唯今元土州菅野覚兵衛と申もの参り候条、尊下江一々可致縷述旨申聞差上申候。同人儀は旧弾台より事情為探索亜国江御遣し有之候ものに御坐候条、御閑暇之折御呼寄一々御承知可被下候。右御依頼迄以書中上如是御坐候。時下寒甚御自愛為国家奉万禱候。頓首謹言

十二月五日　　　　　昇

大隈殿虎皮下

［巻封］参議大隈殿内呈　　渡辺昇

1425—6　渡辺　昇書翰　大隈重信宛

（明治五）年九月十五日

拝上　時下秋冷之折益御万吉奉恐賀候。二当府下静謐随而小官瓦全御一笑可被下候。爾者兼而御内命を蒙り候之異宗一件、是迄書籍に心を用ひ加探索候処全体当地者一向宗信心之処にて格別懸念之次第も無之候処、先比来御承知之ウリヤムス来坂百方手段を尽し弘教之道を開候仕組之〔書損失礼〕由に而実以感心仕候程之事に御坐候。今更申迄も無之候へ共、彼国教師之勉強力に者何共驚入申候。段々手を広め昨今上町に学校を興し日々居留地より通勤に而、書生を引立次第に人数も相加候勢に而、所詮我国只今之教導職に而人心を結ひ留候事六ケ敷、小学校も漸々人気相向ひ今度府下を七十九区に分ち一区毎に建校之企も最早出来候得共、是以所詮彼之教に追付候事万々六ケ敷、去迚可捨置事に無之候へは日夜勧奨者仕居候得共前途之景況寒心之至奉存候。当地事情者監部迄時々相通候事故定而御承知に相成居可申と奉存候。然るに此先弥外国教師之手を尽し術を施し候次第御探索相成下情御通知被遊候御廟議に候はゝ、ウリヤンス滞坂中者所詮唯今之通一人之探索生に而者力に不及候条、今両人計御差出被下候か又者此方に而小官之撰ひに御任せ両三人相増候か、何れにも御差図可被下候。時勢之進歩に随ひ昇之頑固も稍相開け候心持に者御坐候得共、宗旨之人心を引付洗礼式に父子之親を絶君臣之義を廃候処を致一念候得者実以寒胆之至、何卒此儀丈は未萌に防き申度。尤力を尽候而力足らさるは致方無之次第に候得共、何卒平生之御議論致貫轍〔ママ〕候様為国奉禱候。扨先比東上之折粗申上候港一条、漸蘭人之見込も相立会社集金之勧奨最中に御坐候。然るに大概三百万円に而は出来可申覚悟之処、此節之仕組に而者四百万に上り候儀に而殆当惑罷在候。尤唯今之人気に乗し致乍〔作〕興候はゝ随分相集可申目的に御坐候。然るに旧諸藩之債旧き処者如何様共可宜候得共、御一新以来之分を何時までに御払下被下候と申事相分り候はゝ余程人気引立にも可相成夫而已企望罷在候。御目算相分り居候儀に御坐候はゝ御払下之期限小官迄御聞せ被下候儀偏希上候。右二条相成儀に御坐候はゝ至急御内沙汰可被下候。旧藩債之儀者大蔵大輔江も願置候事に御坐候。将亦時下御自重奉禱上候。頓首再拝

九月十五日　　昇

大隈参議殿閣下

1425－7　渡辺　昇書翰　大隈重信宛

（明治六）年（五）月二十一日

拝上　昨日築港之一条に而正院より御達之次第退而勘考仕候処、如貴諭監部より唯今苦情を探り候様相成候而者十に八九は不悦之ものに候得者、弥以正院之御配神と相成候事と幾重にも大蔵之保護を仰之外なし。然るに昨日御達之文面太政官日誌且は新聞等に上梓相成候而は、実以人民之苦情今日に十陪し正院は決して築港を許す之意に非さるを評し、是迄正院大蔵之許可なるを以府下江致布達且及説諭候も皆坂府之偽作なるを疑ひ候は必然に而、実に当惑之至御坐候。就而は是非共先生より彼御達は内輪之事に御取成、必太政官日誌等に書載無之候様御取計伏而奉希候。昨日も如貴諭地方官亦同しく政府之官員や昇に罪跡有之候へは無致方事なから、府下之不折合と申御聞込位之事なれは公然大蔵江御達無之共、先生迄之御口達か亦者昇を直に御呼出御聞取に而可然かと存候儀に而、昨日は少々残念之処も有之、加之兼而書取を以日外御聞届願置候通、誹謗之興るは始め築港御聞済之日より顕然いたし居候事故、則外より御聞込之次第も有之候はゝ必昇御呼出御糺し被下度旨は申上置、御聞届に相成居候事に御坐候。何分にも彼御書付は先生限りに而日誌等に不出様返す〳〵も奉伏希候。昨日御退省之後大要之草案二陸奥迄遣し置候得共、是は先生江同人より差上候はゝ御手元江御留置可被下候。別に巨細に相認明朝御出勤前持参可仕候。何も拝鳳之上可申上候へ共、今日にも御達書日誌に上り候半歟と存候故此段以書中願置候。頓首再拝

廿一日　　昇

大隈公閣下

1425－8　渡辺　昇書翰　大隈重信宛

（明治二十一）年十二月二十五日

小官欧洲於て公事取調中功労有之候仏蘭西及墺地利官吏へ報酬として勲記御下賜相成り候様請願候義に付表向御照会之趣致拝見候。右は小官近日参省拝眉之上委曲陳述仕度。先つ貴答申進置候迄。早々敬具

十二月廿五日

大隈外務大臣殿

渡辺昇

1425―9　渡辺昇書翰　大隈重信宛

（明治二十九）年十月二十一日

拝上　今度行政整理之御一顧にも相成可申と廿七八年編製之検査資料なるもの二冊差上候条、御落手可被下候。将亦比日御内話申上候之廿六年度行務成績書上奏之折、九百万円之未確定（内六百万地方土木費補助額）云々申上置候処、該費之確定に至らさるは継続中に付無致方候得共其詳細者大蔵大臣江為注意内々差出置候一書有之、是を御一読被下候はゝ一班之情況者分明と奉存候条、併而此段得貴意候。草々頓首

十月二十一日　　昇

大隈伯閣下

1425―10　渡辺昇書翰　大隈重信宛

（明治　）年七月五日

拝上　日々梅霖欝陶候処益御多吉奉拝賀候。爾は比日来数拝鳳之折可差上と存候而失念仕、則別紙大坂より貴台江差上呉候様申来、乍御厄介御落手被下度。猶拝顔之折と。草々頓首

七月五日　　昇

大隈公閣下

1426―1　渡辺憲章書翰　大隈重信宛

明治三十一年六月十一日

謹みて重信大隈閣下に拝白す。

憲章不敏天下の事は勿論社会の用に適せさるを知らさるを確信否覚知致し居らさるなきにしもあらさるも、世諺の所

謂剪刀と人は使ひ用に頼りて用に適すると。是れ憲章の社会の下級に位する労働に当り、孤立せす人間視せられすして馬骨視せらるゝも国家的の観念を抛棄せす、業務の余暇を忽諸に付せす睡眠時を廃し峕ら孔子所謂謀国政云々の言に従ひ、其得位の材料を修するに汲々として怠らす。敢へて再三再四尚ほ足らす歪筆を省せす才楮得貴意に急なる所以、閣下の机足を冒瀆するを尤めす、単に専心他を顧慮する観念に乏きを仁免し、幸に恕容せられんことを。

憲章身脆弱にして下級なる湯屋三助の劇働に堪へさるを慮り、過分にある給金の処を止めて些細鵞毛に上るなくして下る旅舎奉公に移りしも、定期の暇なきのみならす得る処些細にして書籍を購読するに足らさるより、死を以て旧湯屋に入り他を見す他を聞かす峕ら修するに当り、主家の童男病中の鬱を慰する為めに万朝報新紙を購ひ来りて、憲章に読聞を勧め否乞ふて已ます。是に於て何も奉公と存し勧めに応し、初めて昨十日第十一議会の解散を知ると同時に国家的の観念抑へ難くして気の狂せん許かり、憲章の嘗てより天に晴雨あり昼夜あり陰陽あり道に順逆あるか如く無事満開に過くる少きのみならす、国歩の進行に伴ひ世事の多端を予期せし否閣下に鳩鴿〔合〕せし通り、徹一に帰せしを想ひ想ふて惜〔措〕く能はす。業務の余暇則ち小刀細工の時にあらす、殊に条約実施も須〔焦〕眉に切迫し来り候得者尚更に候。仰き願くは見聞する処世人の忌避する猥褻の今日を転回して、高尚なる否国家的の論評難字を見聞する処に罷越度存候に就ては、閣下の机足に在りて門番若くは馬丁車夫だにも役せられ度懇願候。幸にして是の美挙に遇ふを得は皇恩の万分たも報するに近き、天帝の未た棄てす国家百年の計を議せしむるにあうて、今日の新聞紙と雖とも天帝の恩賜と燕舞候。孰れにしも先般郵送せし郵券にて御意の有無御通知に預り度。嚮には書籍借覧申出置たりしも今日尚然り。然りと雖とも前書の如く国家の事業突然蝟集し来りしにも不拘、三百の議士中百回にて百回頼むへからさるを想へは、切歯扼腕是に出しを御昭察被成下度。新紙を見るや匆卒推参否拝顔接辞を窺ひ度も、何分一定の業務あるのみならす奉公の身分如何共致し兼ね、夫れに閣下の台否等を予知するに苦み、万已むなく羽書に譲る。是れ亦諒せられて台否たりとも御通知を奉仰上候。加之羽書たりとも新紙を見ると同時に捧け度も、前記の業務ふりて不得発候。凡愚の子偏に延引すると雖とも、休息時に於て認書郵便支局ポストに投入す。閣下錯雑は勿論乱筆不明を恕して御推読被成下御憐愍を垂れ玉はんことを。恐々謹言

明治三十一年六月十一日

渡辺憲章 ㊞

合掌稽首

大〔隈脱〕重信殿閣下

〔封筒表〕東京市牛込区早稲田　大隈重信殿親展
〔封筒裏〕明治三十一年六月十一日　東京市外神田明神下金沢町七番地湯屋　今村文四郎方　渡辺憲章拝

1426－2　渡辺憲章書翰　大隈重信宛

（明治）三十一年十一月十八日

口漱盥手三拝九拝して伯爵重信大隈公閣下に謹白す。時気は寒暑推移炎熱も秋風に誘はれて相去り殆んと向寒の節を催し候処、多事の今日国家の為めに折角鳳体保養の功ありて何等の御障碍無之候由新紙上にて拝承仕り、国家の為めに賀す可し。四千五〔百脱〕万民の為めに慶す可し。天下の為めに奉祝す可し。実に国家の大事を知る者は閣下なり。憲章不敏を憚らす分限を省せす、不敬を措きて倪望の余り鄭楮尊聴を冒瀆する所以なり。

憲章閣下に再三四に捧書、鴻音否夏〔ママ〕顔に拝辞せんと欲して未た得さるのみならす鴻音たにも亦接受なさす。是れ時節の催さる所と愈々徳得を積むに志し、不本意なから万已むなく身を行商に下し千巌万壑の艱難を期し、内地の智育徳育の発達態度視察を旨として最も志操を高尚に保ち、其効果を録し御左右迄に捧呈し土産に代へんと存念するも、束縛否奉公の身必要を知りなから視察を祟らにする能はさるに随ひて、閣下に捧呈する進物具する時を覚へす。是に於て翻心する能はす、又々最発の観念を継く所以なり。閣下歪字禿筆拙文を咎めす御聞召あらんことを。

尚ほ他人の台所飯を頂く間は多少の同僚あり、而して其同僚智鈍あるも秩序あれは之を遠くることを得す。之を疎んするときは彼れ己の愚蒙を知らす、之を恨みて針小棒大の比にあらすして江戸の敵を長崎と主人に誣告し、遂には食を失せしむる必せり。之に依りて之を視るも秘密書を裁する能はさるに於てをや。殊に閣下の内閣に対し行政立法上に於ひて隔靴騒〔掻〕痒の憾と云ふ迄に進ますと雖とも、不肖の経験上多少介意する所ありて之を建議せんと欲すると雖とも、自進両党の併合は藩閥打破に熱中したるに基きて漸次柔軟合骨したるものと想像を惹起する資料乏しきを以て、当時遠慮荏冉今日に延々窺ふ所果して邪推量の如く自由党の野心堪ふること能はす這般の破裂に至る。実に誠なるものは何れ迄も誠なり。誠に信なるものは何人にも信なるものなり。遂に旧改進派に人あり、旧改進派は正なるものなり、否独り閣下は国家の重きを知るものなり。実に閣下は日本の大隈にあらすして天下の大隈なりと世評す。是れ阿諛奸佞の言にあらす。旧自由党満開の地と雖とも旧改進を謳歌するに於ても明かなり。是れ憲章の不敏を省せす、単に閣下を羨望欣仰し日一日に閣下を敬恋し、御尊腸を湿ほし御大顔を矍縮むる迄に至る、豈理なしとせんや。大隈公閣下よ、幸に愛憐を垂れ賜ひ時一刻も早く恕容の瞩目を辱ふせしめられんことを。恐々謹言

三十一年十一月十八日

渡辺憲章稽顙 ㊞

大隈〔重脱〕信殿閣下

〔封筒表〕東京市牛込区早稲田　大隈重信殿親展
〔封筒裏〕三十一年十一月十九日　神奈川県高座郡茅ケ崎村大字南湖茶屋町　旅人宿海老屋事尾俣文治郎方にて　渡辺憲章

1427－1　渡辺　弘書翰　大隈重信宛

（明治二）年十二月一日

一書拝呈仕候。甚寒之砌御座候処先以弥御勇猛被為在御奉職芽出度御儀奉恭祝候。陳者当春御滞阪之節者毎々御旅館江罷出種々結構之御馳走拝戴仕、其上格別御懇解被成下重々難有仕合奉存候。御東行之後書中を以御礼可申上之処夫彼取紛遅緩之段、御仁免可被成下候。偖方今之形勢予而春来御高観之通り港商之御規則を始金位其外民錯に至迄逐一分明に相成、為皇国恐賀之至奉拝祝候。是全御尊配故と深奉感拝候。扨又小生儀当秋於阪地転官被仰付難有仕合奉存候。然る処其後病気相発し追々指重候に付出願之上平愈迄御役免被成下、平愈之上者申出候様蒙御指揮難有仕合奉存候。依而帰国之上加養仕候処当節に至り快服仕候。就而は魯鈍之弊生に候へ共相応之御用向も御座候はゝ於御地被仰付被下置候様奉願候。右快気御達之事阪地御出張之方江申出候方至当に奉存候へ共、前条御礼奉申上度且任御懇切不覰恐奉呈愚札候。尚又御賢察被成下御用も無御座候はゝ御鞅掌之御中必御報告被下間敷哉。自然被仰付方も御座候はゝ藩之方江御伝達に相成候様是又奉願上候。心緒申上度儀も夫彼有之候へ共難尽紙上拝謁之期と文縮仕候。右御礼御願旁為可得貴意如斯御座候。恐惶謹言

十二月朔日

渡辺良助

大隈様

追而漸々寒威強御座候処御加養奉専念候。今度任幸便乍些少雙鳧呈上仕候。遠方之儀に付味ひ如何と奉存候へ共御笑

留奉願上候。略紙乱筆平に御仁免奉願上候。以上
三白　別紙壱通御叱覧希候。

1427–2　渡辺　弘書翰　大隈重信宛

（明治三）年六月十五日

一書拝呈仕候。倍御安泰奉恭賀候。陳は出張之後予而被命候通局々出納之次第取調、尚伺之廉々共今便同僚へ向け申遣候間孰れ御達可申上と奉存候。
一広運館之儀者御指揮之通壱ケ年壱万両之御極に御座候所、過日岡田名村之両氏出京御直に御指図有之候は壱ケ月金千両に而官禄者外之様に御申聞有之候処帰崎之上御書翰開封之処官禄共壱万両と有之、存外之儀に付今便亦々右両人より御問合申上度旨申居候間可然御返書可被成下候。依之尚又広運館之出納取調候処別紙之通に御座候。昨年迄之振合を以見れは壱万両に而宜と奉存候。乍去当年より教師之月給本雇に相成候に付金高過倍之旨申居、営繕之儀も余程手狭に付是非少々之手入は無之而不叶と奉存候。左候へは一ケ月千両之割合に而被遣候歟、尚御良考奉願上候。右両氏より書翰指上候趣に付為念奉申上候也。

六月十五日　　渡辺監督大佑

大隈様玉机下

二白　長崎県出納大凡愚見仕候処、不足と申事は無之と奉存候。当時之局に有金は今便申上置候。元商会之有金は八万両よ有之、外務局備金〆高五万両余、製鉄所に而御任せ後之益金六万両余に御座候。是等之金は見込不申、年々税金を以は過不足無之手一はい位と奉存候。兎角規則に不当事件多く精々引直し方尽力仕居候。以上

〔巻封〕大隈様御親展　渡辺監督大佑

〔編者註〕本書翰には早稲田大学図書館蔵「大隈文書」A4548「広運館諸入用官禄雇料等調書」が内容より別紙として付随するものと考えられるが、紙幅上省略した。

1427–3　渡辺　弘書翰　大隈重信宛

（明治三）年六月二十四日

以内書奉申上候。陳者長崎製鉄所出納幷品物等之勘定去々

辰年以来之分当節同局より指出候へ共不都合之次第も有之、益金も多数有之趣認出候へ共勘定向不足候に付仕直候様申聞日々出勤仕取調中に御座候。右者御承知被為在候通井上大丞殿より去々辰年御委任に而当節迄鉄局見込之通致来候儀に付、勘定向も甚杜撰に候へは分明に仕立度奉存候。然る処大阪井上大丞殿より青木休七郎儀御召に付近日出頭仕、東京江も罷出候由申居候。右同人見込に而は是迄之通出納御委任に而年々壱万両計御益金指出候様致度旨申居候間、必井上殿山尾殿江申達其趣向目論見可申に付、於東京御議論相立候はゝ兼々御所置之通以来は官持に而御委任には不相成候様御指揮可被成下候。此節藩々舟将等よりも夫々弊害申立渡辺大忠殿にも夫彼御聞込之儀も有之、旁以官持ならでは不足、此上は衰微不致候様野村知事殿とも御打合申職人差配役等迄人撰仕精々尽力仕候。右勘定帳品物調等出来之上は可申上候へ共、為念前以御含相願度奉申上候也。

六月廿四日

本文申上候勘定向不都合も有之候様に見へ候。乍去御委任中之儀に付如何可有之哉追而書類入御覧相伺申候。

［巻封］大隈様御親展　　渡辺監督大佑

1427－4　渡辺　弘書翰　大隈重信宛

（明治六カ）年一月二十三日

寒気強候処弥御清穆被為在御奉職奉恭賀候。陳は此品僅少に候へ共故郷より送り越候間呈上仕度御笑留可被下、野僕儀も大阪出立以前一度拝謁相願度其内参堂万縷可申上候也。

一月廿三日

霊岸島越前堀にて　渡辺弘

大隈様玉机下

1427－5　渡辺　弘書翰　大隈重信宛

（明治十三）年（　）月（　）日

乍恐愚意上呈仕候。

先般拝謁願上候節愚存相願候処御内慮之趣も拝承仕難有奉存候。再応願上候は恐多く奉存候得共、来十四年に至候はゝ兼而懇願仕候地方長官之辺に可然処も候はゝ何卒御賢

慮之程奉願上候。自然地方官之処野生輩御懸念も御座候はゝ大蔵省陸軍省には検査監督出納等之官も有之、此辺野生身分に応し候処御賢慮を以御申付被下候はゝ飽迄尽力仕度奉存候。右者従来之御懇命を以愚存吐露仕恐縮之至、御仁恕御憐察奉懇願候。是迄之履歴之内任叙之処大略相認申置候。何卒御高情奉伏願上候。謹白

牛込西五軒町三十四番地　渡辺弘

大隈様虎皮下呈

［別紙］

石川県士族　正六位渡辺弘

明治元辰年九月廿五日
一　会計官商法司判事
明治元辰九月廿九日
一　会計官商法司判事頭取
明治二年三月
一　商法司被廃候へ共頭御用之儀是迄之通相勤可申事
明治二年七月廿二日
一　出納司判事
明治三年二月廿九日
一　任監督大佑
同年七月長崎出張中
一　免本官任庶務大佑
明治三年閏十月十七日
一　任監督権正
同日
一　叙従七位
明治四年八月
一　監督司被廃
明治四年八月十七日
一　任出納権頭
同年十二月十二日
一　叙正六位
明治五年十月廿二日
一　任司法権大検事
明治五年十一月廿八日
一　任司法権中判事
明治六年一月廿二日
一　任大阪府参事
明治八年五月二日
一　補紙幣寮五等出仕
同年十月廿七日
一　任紙幣権頭
明治十年一月十一日

一　各寮被廃

1428　渡辺　熙　書翰　大隈重信宛

明治三十六年（消印）六月十八日

奉別鈞暉、斗柄已週、引領鼇雲、瞻依弥切。然光風霽月、無時不縈懐抱也。恭維慶集端陽、禧迎重午、届日麗風薫之候、擷榴紅艾碧之華、節序多欣、定孚〔ママ〕臆頌。熙遊医武林。昔曾擾呈左右、可無再稟。現此蒲月十日、招集生徒教授医学。負笈来者祇竹林之数、且来診者亦属寥寥。然此惟有望於将来以成素志也。其余一切依然故我。惟是賤軀粗安、堪慰斗照耳。粛此佈聞、敬請台安、並附趣意書一枚奉呈。

渡辺熙頓首

清歴蒲月二十三日

大隈重信殿閣下

［別紙（印刷）］

中国医学発明於黄帝之時、距今蓋四千余年矣。日本伝其術、行之亦二千余年。僕家世受其学、祖若父、究心於此者既深且久。夙聞各大家之所授受、大概総不出医者意也之一語。夫意以施医、此実医理極深医学極高者、神而明之大而化之之一境。若医学医理未至於極深極高之境、惟襲乎医者意也之皮毛、則無怪死於病者十一而死於医者十九也。先君夙知其弊、思有以矯正之会。明治維新、泰西医学輸入、乃命僕習其業。始習理学化学二科、而人身生活之故万物之理草木金石諸品性瞭然於胸中。継学生理解剖諸科、而人身内外部位臓腑皮膚神経諸作用燦然於眉睫。最後学内外診断諸法。学既成懸壺問世二十余年。不敢曰無死於病者、然死於鄙人之医者敢断其無一人矣。去年仲夏、遊歴中国至杭州。察業医者大率仍囿於医者意也之旧習。杭州如是他省可知。願念同洲同種之誼、慨然思以救我国者転而救我隣国。乃設医局於杭之城頭巷。旧時風習浸浸乎有転移之機。然中国大矣、僕一人之力所済有限。今擬就己〔已〕設医局附立医学堂一所、以僕所学餉中国之願為医者。更聘敝国精於医学者為教習、以輔予之不逮。倘能革尽中国輓近以意為医之悪習、俾四万万同種同洲之人咸造康強逢吉之楽土、以聊尽敝国報本反姑〔始〕之微忱、是則区区之所黙禱也。有能従吾遊者乎。僕不敏願為先路之導矣。

大日本　渡辺熙謹啓

［封筒表］東京早稲田　大隈重信殿閣下

［封筒裏］清国杭州　渡辺熙

［書翰書き下し文］

鈞暉に別れを奉じてより、斗柄已に週る。領を鼞雲に引き、瞻依することいよいよ切たり。然して、光風・霽月時として懐抱に縈らざる無し。恭んで維うに慶び端陽に集まり、禧び重午を迎う。日麗しく風薫るの候に届り、榴紅に艾碧きの華を擷む。節序に欣び多く、定めて臆頌に符す。熙は医に武林に遊ぶ。昔曾て左右に擾呈す。再び稟ぐ無かる可けんや。現に此の蒲月十日、生徒を招集して医学を教授す。笈を負いて来たる者、ただ竹林の数なり、かつ来たりて診る者もまた廖廖に属す。然るに此れ惟だ望みを将来に有ち以って素志を成すのみなり。その余の一切依然として故の我なり。惟だ是れ賤軀粗ぼ安きこと、斗照を慰めるに堪えんのみ。此を粛みて佈聞す。敬んで台安を請い、並びに趣意書一枚を附し奉呈す。

清歴蒲月二十三日　渡辺熙頓首

大隈重信殿閣下

［別紙書き下し文］

中国医学は黄帝の時に発明され、今を距つること蓋し四千余年。日本その術を伝えて之を行うことまた二千余年。僕の家は世々その学を受く。祖若しくは父、心を此に究めること既に深く且つ久し。夙に聞く、各々大家の授受する所、大概総て「医なるものは意なり」の一語を出でずと。それ意以って医を施すこと、これ実に医理極めて深く医学極めて高きものなり。神にして之を明らかにし、大にして之を化すの一境なり。若し医学医理未だ極めて深く極めて高きの境に至らざれば、惟だ「医なるものは意なり」の皮毛を襲ぐのみにして、則ち病んで死せる者十に一なるも、医に死ぬ者十に九なるを怪しむ無きなり。先君夙にその弊を知り、以って矯正の会有らんことを思う。明治維新、泰西の医学輸入され、乃ち僕に命じてその業を習わしむ。始めに理学・化学の二科を習いて、人身生活の故、万物の理、草木金石の諸品の性、胸中に瞭然たり。継いで生理解剖の諸科を学びて、人身内外の部位、臓腑皮膚神経の諸作用、眉睫に燦然たり。最後において内外診断の諸法を学ぶ。学既に成り、壺を懸け世に問うこと二十余年、病に死せる者無しとは敢えて曰わず。然るに鄙人の医に死せる者敢えてその一人も無きを断ず。去年の仲夏、中国に遊歴して杭州に至る。医を業とする者を察するに、大率なお「医なるものは意なり」の旧習に囿わる。杭州すら是の如く他省知る可し。同洲同種の誼を顧念し、慨然として我が国を救いたるを以って、転じて我が隣国を救わんことを思う。乃ち医局を杭の城頭巷に設く。旧時の風習浸浸乎として転移の機有り。然れども中国は大なり。僕一人の力の済う所限り有り。今、已に設けし医局に就き、附して医学堂一所を立てんと擬す。僕の学べる所を以って中国の医たることを願う者を餉わん。更に敝国より医学に精なる者を聘いて教習と為し、以って予の逮ばざるところを輔けしめば、倘し能く中国輓近の「意を以って医と為す」の悪習を革め尽くし、四万万の同種同洲の人を俾てみな康強・逢吉の楽土に造らしめ、以って聊か敝国の「本に報い始めに反る」の微忱を尽くさば、是れ則ち区区の黙禱する所なり。能く吾に従い遊ぶ者有らんか、僕不敏なるも願くは先路の導きを為さん。

大日本　渡辺煕謹啓

［編者註①］原文が漢文であることに鑑み、書き下し文を付した。
［編者註②］書翰の日付を見出しでは和暦に換算した。

1429　渡辺福三郎・和太郎書翰　大隈重信宛

大正三年（消印）四月十四日

拝啓　益御清康被為渉候段奉賀上候。陳者今般愈内閣組織之大命を拝受被遊候段慶賀之至に不堪謹而御祝申上候。就ては早速拝趨賀辞可申上之処、乍略儀不取敢以書面申上候。為国家益御健勝奉禱上候。敬具

四月十四日

渡辺福三郎
同　和太郎

伯爵大隈重信殿侍史

［封筒表］東京早稲田　伯爵大隈重信殿執事
［封筒裏］横浜　渡辺福三郎　同和太郎

1430

和楽社委員 書翰　大隈重信 宛

明治三十二年三月（　）日

謹啓　時下余寒未退候へ共益御健勝被為渡恐悦至極に奉存候。然者来十六日より廿二日迄七日間上野公園桜ケ岡日本美術協会列品館に於て先師幽谷翁の為め追善遺墨展覧会相催候間、何卒御観覧之程奉希望候。右御案内申上候。敬具

明治卅二年三月

和楽社

委員

山高信離

藤波言忠

伯爵大隈重信殿執事

二伸　幽谷翁小伝并優待券三葉拝呈仕候也。

〔封筒表〕伯爵大隈重信殿執事

〔封筒裏〕和楽社委員　山高信離　藤波言忠

〔編者註〕優待券同封あり。

1431

央 姓不詳 書翰　大隈重信 宛

（明治　）年六月十三日

去る十二日夜両度の電信并十一日午前出之尊書併せて拝承仕候。追々御下命之趣に依り充分御思召に相叶ひ候様取計度心得にて予て取計ひ罷在候得共、物事先方には許可并多年の心苦を積み茲に相運せ候次第より一概御見込通りにも不相運、定めて御不充分の御憤りも可有之と存し候得共、相談は仕切て返答致さす候時は決し兼候場合もあり、又郵便電信等にては何分秘密の意申尽し兼、其上往復の間に時を移し談判の間に合兼候場合より、御指揮之通りにも運ひ兼る事件に尚右の手都合実に苦心仕候得共、渉り合不決を得ず別紙写之通り仮約取結ひ同盟連署并に図面へは同盟人隣借区人兼調印為致候間、御一覧可被下候。不遠拝謁之上委細言上不仕候はゝ其手続も御分り無之候得共、大要迄別紙写差上申候。呉々も不充分御憤りは拝謁の時に臨み手続申陳の上謝罪の事奉希上候。尚其上如何様とも訂正相運せ度奉存候。

一　磯辺借区買受談判方に不日石井出張の積り。相談相整ひ候用意に小生持参の金員之内五十円相渡し置候積り有

之候。当時磯辺は殊に寄ると上京の様子、然して他に彼是売付の相談等致さゝる内呼戻し候事を石井氏より談し、若し事決定致し兼候はゝ石井上京相果し可申との旨嘶し有之候。弥五百円以内相談相整候時は石井に半額迄は相渡し残分は券面書替の時に相渡し候相談仕置候。
一 隣区方位区画是より書入に取掛り、且船都合詮義の上右出来次第稲取下田へ向て出発仕、悉く調印を取り再ひ当地出張の積り。御聞置可被下候。
一 梅沢氏にも色々尽力被下候。今日は後刻より石井同道梅沢へ罷出、尚嘶し置度廉も有之且一礼を陳度と存候。
右迄申上候。匆々謹言

六月十三日午後

央拝

尊大君閣下

1432　静介　姓不詳　書翰　（大隈重信）宛

（明治二）年九月三十日

浜相替候儀無御座御休意被遊候様奉存候。御不例一同御案事申上御容体奉伺候。大蔵少輔殿始吹田四郎兵衛儀も来る七八日頃に者兵庫より御戻之旨過日御申越有之候間、御含迄に入御聴に置候。

一高島屋手に而売込候人参代は相対売之儀に付、弗者官に買上代り金札に而下け渡候積之段坂田殿より申上置候様談聞に御座候。

贋金引替方之儀者三井氏巌村某近日新楮幣御出来次第持参之趣、右を相待居候段も坂田殿より申上置候様談に御座候。

右条々奉申上候。以上

九月卅日

静介

1433　常輔　姓不詳　書翰　大隈重信宛

（明治三十一）年（十）月六日

謹啓　先日転宅候所感冒にて甚た御無音申上御海容奉願候。陳而は小生の隣家に内外新聞なるものあり。固より破れ新聞社にて、小松三省等が蛮勇等幷に園田安賢等と結合し発刊したるも先日の内閣変動にて挫折し居りしに、此度植田理太郎（自由党）も出金し大木喬任も出金し松田正久も出金し平野新八なるもの大木等を代表し事務を管理し、織田純一郎なるも〔の脱〕記者と成り、来十日より発刊する由。又東京新聞は岡崎邦輔が買受け（古川〔河〕市兵衛〔ママ〕）出金したる由）、右内外新聞東京新聞及中央新聞の三社連結し早稲田幷に三菱攻撃を目的とし、此度の議会に波瀾を起さしめんとする由聞及ひ申候。勿論如斯は早く御承知とは存候得共、平野新八なる者大木の代表云々を申す以上多少理由のある処なる可く、又高木秀臣杯も関係致し居るにはあらざるや。先は右聞込みたる儘一寸申上置候。猶余は参邸の上可申上候。頓首

六日　　常輔

伯侍史

1434　寛　姓不詳書翰　大隈重信宛　（　）年六月二十九日

拝啓仕候。尊恙被為在候由に付以一書申上置申候。過日申上置申候儀総て書中となし、尚今朝久本持参仕候て種々直話仕候処未た外より申込も無御坐候趣にて、能も先へ知らせ呉候云々等至極先方に於而も被悦、爾後者縦何れより申来候とも決而容れ不申趣決答に相成、其前後の話等一々委細に御含み迄申上置度儀御座候に付、其内参上可仕候へ共前文之儀御承知置可被成下候。先者要用耳申上度如此御座候。頓首再拝

六月廿九日　　寛

伯爵大隈閣下侍史

本文之出来は極上に御座候事。

本文に付善悪とも新聞等へ御洩候儀は無之候様願上置申候。

1435　文三　姓不詳書翰　大隈重信宛　（　）年三月二十七日

謹啓仕候。

陳者昨朝奉願候儀何分にも差急き罷在候間、明日は田中松

本等へ可然御申示被為下度乍重念奉懇願候。匆々敬白

三月廿七日　　文三

大隈伯閣下

1436　姓名不詳書翰（大隈重信）宛　明治三年一月九日

御書状拝見仕候。如命新春目出度御儀に奉存候。然者別紙横文弐通民部卿公其外御調印之分英銀会十一番バンク江御托し被遣候約定書幷外四通は、棧道一条約定書写いつれも右会社ロベルトソン江可相渡云々承知仕、則同人呼出し今日渡し方取計則受取書別紙御廻し申候間、御落手可被下候。

一　以後御掛合向者別紙之通レイ氏江宛被遣候様、尤取次等者矢張ロベルトソンに而可致旨申出候。

一　今般御遣し相成候弐通之内長き方之扣をレイ江一通御廻し被成度。飛船来る十二日出帆いたし候間、其以前御差越し被成度旨ロベルトソン申聞候間此段申上候。

一　民部卿始御調印御名前之処江訳文無之に付云々御申越之儀ロベルトソン江申聞候処、自分に而訳書加筆いたし申候。

右御報旁申上候也。

午正月九日

1437　姓名不詳書翰（大隈重信）宛　（明治四）年十一月十六日

本保県　関良〔龍〕二

右者小生前年崎陽遊学中一応之交有之ものにて此頃不図面会仕候処官途之望有之、いつれ歟江奉仕致度旨話し聞け候。依て考候に此節各県廃置之際参事或は典事なとに御登用候はゝ、御用立之もの歟と奉存候。尤長崎以来浪華勤役中於ても親敷閣下之御示教を蒙り居候よしにも候へ者、同人之技能も既に御承知之事と奉存候。右奉申上度迄草々如此御坐候。余者拝顔之節に申譲候。恐惶頓首

十一月十六日

御覧余御投火を乞ふ。

1438 姓名不詳 書翰 （大隈重信）宛

（明治十一）年（九）月（　）日

粛啓　唯今旧県江帰着之人再ひ出京致し候処県下之新聞少々有之、子細は此間三党俄かに合併し就中而木原党其魁を占め、他の両党も其鼻息を仰き候様になり、教官区戸長等も皆其推選に出て追々郡長の任選も其人知るべし。当今右選挙吟味最中之由。且つ木原は過日来鍋島克一共々大坂に在り。土佐其他の士人も大分出坂中に而集会なと頻繁なる由。而して県下之諸士就中除族之向も最早窮困骨に到り、夫迚商工等之就職方は全く度外に措き、唯々日夜所々に集会せざれば料理店之酒食等に糜財し窮迫之至り。近々久地井虎吉馬渡雄左衛門一般之総代として扶助金之出継嘆願に出京致す筈などゝ云ふ。右実は納富精一之咄に而、同人は形の大様なる人柄なれとも、此間之県況に者頗る愕眙之体之由。若し有心者をして能く探偵等に従事せしめば裏面之事情如何可有之哉。兎角（実事ならば）気の毒千万之至に御座候。猶其筋より之御通信若くは西京御接近之上逐一御見聞之次第も可被為在哉に候得共、伝聞之儘任序奉達尊聴置候也。

1439 姓名不詳 書翰 （大隈重信）宛

（明治十八）年二月二十二日

拝啓　其後は申訳も無御座御無音御海涵奉祈候。扨清国談判之件、弥大使御差立之処に内決仕候。右は確実に御座候。未た人は誰と決定不致或は黒田顧問なるか、日限も未定に候得共是迄遷延之末故速に決すべしとの内話に御座候。右上申仕候。敬白

二月廿二日

1440　姓名不詳書翰　大隈重信宛

明治二十五年（消印）五月二十三日

謹啓　益御清穆被為在候儀大慶至極に奉存候。先日伺候御邪魔致候段御海容奉願上候。扨其後三浦安氏に面会申候。停会之野望に付同氏之意見相尋候処、同氏には停会抔は不同意に而必竟停会と為す理由もなし、猶更解散之口実も無之と申す事に御坐候。乍併議会今後之模様により如何なる景勢に相成可申乎、要するに先双方多少之譲合をなすは可なりとの意見を懐き居る哉に相見申候。右は御含迄申上置候間宜敷御諒承奉願上候。草々頓首

五月廿三日　□□□□〔判読不能〕

大隈伯殿閣下

［封筒表］南豊島郡下戸塚村早稲田　大隈重信殿親展

1441　姓名不詳書翰　（大隈重信）宛

（明治二十五）年八月二十五日

昨日は邂逅拝趨毎被尊眷不耐万謝。略陳一事、退而一考尚感想する所あり。今又左に上陳す。

品子或親信の者に語て曰、嚮きに衆議員〔院〕選挙に際し改進党員挙者多数なれは随て大隈伯の勢力を添へん。故に可成的該党員を拒くへしとの了簡なりしに、思の外該結合鞏固なりしにより、如形競争甚たしく其極醜態百出せりと。

又曰板垣伯は患るに足らす、改進自由党員等は黄口のみ。嘖々すと雖とも疥癬にも如かす、惟敵とする者は大隈伯壱人也、余等か官を辞し財を散し運動を試むるも要する所ろは該伯を抑掣せんか為めなり。故に今日のことは全く余等と大隈伯との争ひ也。顧ふに大隈伯は専ら自個の権を振ひ余等の説を容れすして、余等を籠哢するの傾きあり。若し大隈伯をして余等の言ふ所ろ採る可きは之を採り否すへきは之を否し、真成の誼情あらしめは共に倶に政事を翼賛せんとす。豈に如形争ひをなさんやと。

又曰く此争ひや真に軽々のことにあらす。到底大臣二三の首飛ふに非すんは治るまじと。

品子等の運動せらるゝ嚮きに新聞等に黒幕会議と名けたる一件、凡そ七八日の日子を費したり。其然る所以は品子等は運動の都合あれは山伯をして内務に当らしめんとの執議なるに、伊伯等は如此なれは是亦自分等の為めに一の困難を醸さんとの意見にて、遂に井伯内務に当られたりと。但山品西高樺は自ら親みありと。

品子曰く世人多く云藩閥政府也、薩長云々也、之を一洗すへしと。是其一を知て未た其二を知らさるもの也。抑維新以降要路に当るものは薩長土肥なり。是其勢然らさるを得さるものあれはなり。然るに今単に薩長を排斥せんとするも自分等か尊信首領とするものは亦肥前人大隈伯也、土佐人板垣伯也。即ち亦前薩長土肥の藩閥を免れす。考一考すべしと。

先年玄洋社員か伯を傷けたるや、爾後該社員は耽々睨視するの兆あり。近時は殊に異むへき挙動多し。高田早苗氏等を窘めたるも同社員なりと。要するに該社は遂に将に伯に不利を与へんとす。社の長頭山満なり。現今三百人程の暴客ありと。右法律上の確答は為し得可からさるも亦杞憂に非らすと信す。

頭山満か（玄洋社長）一旦国民協会に入り未た幾くならすして其関係を絶ちたるは、実に可異の一也（然りと雖とも目下は尚持重するものゝ如し。高田氏等を窘めたるも之を殺すの手段にては無之、邸内に激品を遺りたるも恐喝して其運動を妨くるものゝ如し）。彼れ殺気を振張するは恐らくは将に品子帰京前後にあらん。

右頭山毎々曰、政略的は余か能する所ろに非す。但し弾丸雨注の期に臨ては敢て以て人に譲らすと。彼社は人を斬る草の如く身を捨る芥の如く、所謂腕力主義を以て自任し、是を以て天下を聳動せんことを目途とす。先年来島の挙は彼等か誇を以て栄誉とする所ろなれは、兇暴の気象逾砥礪し今後如何なる挙動をなすか知る可からす。故に警戒は懈るへからずと信す。

右の外細目ありと雖とも先是等を重しとす。

右品子等のことに付ては僕も郷里（但兼而改進党の反対者）二三の友に書を寄せ右の事情を縷陳し、且云政治思想の異なるに於ては縦ひ同郷同里の人と雖とも反対に立つは普通の理なれ共、右の如き事情あるに於ては実に格別のこと也。故に品子の佐賀に臨まるゝに際しては豪抗不屈該子政略の方針運動の目途を詰責し、真成の活断をなすべし。然らされは自ら天然の親みある郷里出身の大隈伯を退けんとする彼等の舌頭に欺かれ彼等の術策に陥り、遂に佐賀人は陋愚なり無識鑑なりと彼等に笑殺されんとす。抑彼等自個の権利を争ふか為めに東西に奔走す。要路にあるもの如此、天下の蒼生を如何せん。宜しく熟考あるへしと申遣し置たり。

又品子の西向するや或人に問て曰、佐賀には其人物誰なるやと。或人対て曰原口元熙なりと。故に原口にも此意を通すへしと申添たり。
尚爾後聞付次第御報道可仕、右に付自然必要御警戒のことある際は僕孱羸なりと雖とも、力の及ふ限りは其労に服せんとす。但し尊兄の御指揮を仰く。右は僕窮したりと雖とも決て諂諛貪饕飢渇を防くの用となすにあらす。但賢才ありて存するは固く国家の為めなれはなり。
右は僕の耳にする所ろと掛念する所ろとを略陳す。其取捨は尊兄の断定にあるのみ。不堪恐惧。九拝
八月廿五日

1442

姓名不詳 書翰 大隈重信宛

明治三十一年（消印）十月三日

拝啓 最早議会も相迫り其前の憲政党大会も中々六かしく相見へ候に付、国家の為め憂慮に堪へず。不肖傍観の地位に在る者も亦閣下等の不用意の処に於て違算多きを慨し候儘、聊か左に申上候。篤と御翫味相成度候。
一 官制改革は果して何時に発布せられ候哉。其の一日遅き丈け閣下等の政府に対し、日丈けの信用を薄くする者なり。要するに何も為すことなき緩漫無為無力の内閣なりとの声を毎日陪〔倍〕加して高くするを以てなり。片時も早く御裁可を乞ふて発布可被成候。所謂拙速をこそ望ましく候。
一 地方官更任の事も亦然り。初めより世間に喧伝せさりしならば則已む、既に喧伝したる暁に於て徒に緩漫決するなきは何事に候や。是れ只た内務大臣の責任に存する所の者のみ。然るを閣下等徒らに情実に拘泥して其の職責に対して側より痛く紛紜す。後日他の職責に係る事柄に付逐一口を挟まれ、又々紛紜に了らば之を如何とかする。誠にはや驚き入たることに候。此事小なるが如きも貴族院抔にては実に閣下等の断に乏しく些々たる情実に拘して職責を分つことを知らさるを軽賤する口吻を日々多くすることに付、片時も早く断行して面目を一新せられ度事に候。新聞抔も茲に貼附せる如き者甚だ多し。
一 外交の事は種々軽侮の論多けれとも此は目前に現ずる効あるに非ざる故に、せめては前二箇の事にても片時も早く断行して無為無力ならさることを示され度事に候。否ざれば此の憲政党大会に於て大なる失体を招き可申と存候。
尤も目下支那問題に付ては速に公使を赴任せしめ、大に為すあるへきの時なり。御注意専要に候。鳩山のみに任

せて置ては大に不可なり。

一 近日農商務省に於て山林原野払下け処分を急げりと。甚だ可なり。然れとも其処分殆と偏頗に流るゝの惧あり。若し事を終りて後は最早回す可らず、今に於て大に厳正戒飾〔飭〕せらるゝを要するなり。

一 大蔵省管轄の事又甚た慨すへき者多し。歳入の企て一も取るに足るへき者なし。税源果して確実なりや。税源確実ならざれば外国に対する信用日を追ふて薄らぐべし。然るときは外債募る可らず。公債売る可らず。国家の不利莫太なり。翻然として図を改め今少しく確実なる税源に依るの案はなき者に候や。実に歎息の至りに候。所得税を非常に重くするを可とす。是れ貧民に関せざる好税源なればなり。酒売薬砂糖の如き皆是れ貧民を困しむる所の者なり。貴族院は絶対反対するなるべし。閣下之を如何かするや。已む無くんば地租増加なり。閣下は今日真正なる輿論のある所を顧みて之を断行せよ。恐々謹言

十月三日　　府下の市隠

大隈首相閣下

〔封筒表〕麹町区永田町二丁目　大隈伯爵殿親展
〔封筒裏〕十月三日
〔編者註〕本書翰には新聞切抜「懇話会の態度」が付随するが、紙幅上省略した。

1443　姓名不詳 書翰　（大隈重信）宛

（明治　）年五月二十四日

今日御参朝有之候哉否可承旨岩倉殿被申聞候間此段申入候。早々御報有之度候也。

五月廿四日

1444　姓名不詳 書翰　大隈重信宛

（明治　）年五月二十六日

初夏暖和之候益々御清恭之御義と奉存候。拙子事病気其他彼是にて非常に遷延仕り、漸く去廿日無事着港仕候条乍恐御暢神被賜度候。陳は生事も品川君之御世話を以而英仏学はジャックと申す仏人に教授を受け、支那語学は孫なる者

に教授相受、傍ら当地銀行会社其他諸事之形情取調無事勉強罷在候間、此段御休神仕被為下度候。○当地実際景況は未た日数小なる故分明仕り兼候条何れ追々可申述、不備報之。

五月廿六日

大隈重信公台下

1445　姓名不詳 書翰　(大隈重信) 宛　(　) 年四月二十九日

御尊書難有奉多謝候。如貴命来月三日午後七字より参昇可仕、依而〔不脱〕取敢御請迄。早々如此御坐候也。

四月廿九日

1446　姓名不詳 書翰　大隈重信 宛　(　) 年九月二十五日

弥御清寧奉賀候。今朝者芳翰拝展昨日錦織子爵申込之件に付高示之段拝承致候。此度之御事業は御同感たるへきは申上候迄も無之候へとも、発起人御引受之儀は無拠都合も有之、御断申上候旨同子爵に回答致置候。何卒不悪御承引願度相願候。時下御自愛祈処に候。草々頓首

九月二十五日　□□〔判読不能〕

大隈伯閣下

補遺

1　明石町役所詰合 書翰　大隈重信 宛

（慶応四）年七月六日

以手紙啓上仕候。然者別紙御状壱通神奈川府より相届候に付則御届可申上候。右可得貴意。早々以上
　七月六日

〔巻封〕大八太郎様　　明石町役所詰合　別紙御状相添

2　赤土　亮 書翰　大隈重信 宛

明治三十年八月（　）日

〔本文略〕

〔編者註①〕本書翰は宛先が「外務大臣伯爵大隈重信殿」となって
いること以外第1巻・11と同文である。
〔編者註②〕本書翰には別紙として「日本海築港策」が付随しているが紙幅上省略した。

3　秋山元蔵 書翰（電報）　大隈重信 宛

（明治）三十一年八月十三日

受信人　ナカタ丁　オオクマシゲノブ
発信人　ミナミコマグン　マスホムラ　アキヤマモトゾウ
発局　私報
　カジカサワ局
　第三九号
　八月十三日
　受付午コ六時五五分
　二十字
着局　受信午コ八時
　日附印　卅一年八月十三日
着第一七三号
シクテンヲハイジユシコウ〔イ〕ノヲカンシヤス

祝電を拝受し厚意を感謝す。秋山源〔元〕蔵

4　朝河貫一書翰　大隈重信宛

（明治四十一）年五月二十一日

謹啓　暑気相催候処御多祥被為在候哉奉伺上候。当地は日本より通過する珍客常に相見え候。昨年は黒木将軍来られ候よし。私帰来後は姉崎氏次いで黒板氏来られ、明日は坂谷男が見えらるゝ筈に御坐候。近年中には閣下にも世界御漫遊御すゝめ申上候。

活字遥に御寄贈被下是によりて当国の東洋学を利すること莫大に候。甚だ後れて先月到着候間、早速当国東洋学会の財産といたし候。いづれ同会幹事より礼状差上ぐべき由過日の総会にて議決いたし候也。

五十年史は和文及英文共に御寄贈被下候はゞ、是亦頗る（直接に）当大学を利すべく候。私などは自分の教ふる学生をして其の幾分を読ましめたく存居候也。

生稲忠兵衛といふ奇老人は参趣いたし候哉否や。

却説当ヱール大学の東洋史教授ウィルリヤムス氏六月七月中に日本に参り候間、御面会被下度奉願上候。猶同氏七八週間日本滞在中同氏の学問観察に可然便宜御取計被下候はゞ、深く同氏及当校の感謝するところなるべしと存候。

右恐縮ながら御願申上候也。

扨当国における日本に対する人気の一変したるは一大奇観に候。戦争中は私は著述し演説し幾千の人士に触れて人気を研究いたし候ひしが、今日における人気の変化は実に有史以来希有の現象と存候。此人気を一言にて申せば、日本は韓国を圧制し又満洲にては露国に代はりて支那の主権を傷け、列国の利権を害せんとするの傾ありといふ感情に候。是には随分誤見もあり候へども、兎も角も是が一般の人気に候。識者の側にては最も著しく候。識者は証拠の充分ならざるを知り候へども、大体の傾向の右の如くなるを信ずるに似候。嘗て支那保全開戸の為に戦ひし日本が今正に最も此等の公平の主義に反するものと見做され、又日本こそは東洋平和を乱すべき張本人なれと信ぜられ候事、如何にも世情人心の激変に驚かざるを得ず候。

事の此に至りたる原因は複雑にして甚だ趣味多き問題と存候へども、少くとも一原因は日本が未だ戦後の新境遇及世界文明の新傾向を充分に感ぜざるの致すところと存候。之を深く感せさる故に国民の愛国心は今猶戦前の形式を有し、

政府の支那に対する外交は今猶昔日の支那に対すると相似たることをいたし候。戦前と同じ心持にて居られ候ては、日本は日に〳〵国難に陥り可申候。国民の猛省を促がすべき危機今日に在りと存候。他国の過失は云はずともよろしく候。日本には日本の大過失あるが故に旭の如く隆んなるべき国勢が、今や忽然孤城落日の有様に歩を向け候。是れ一に国是と国民の心とが世界及東洋の新気運に逆らふが故なりと存候。御高見如何に候哉。私の見るところにては今日日本反省いたし候はゞ、世の風潮をして日本を利せしむるも難からずと存候。恐るゝところは此のまゝにて日本を危地に陥るゝにありと存候。

先は右謹みて申上候。何時も卑見開陳いたし候。御海容被下度奉悃願候。敬具

五月二十一日

朝河貫一

Yale University,New Haven,Conn.,U.S.A.

大隈伯爵閣下

（早稲田大学大学史資料センター所蔵）

5　浅田次郎書翰（電報）　大隈重信宛

（明治）三十一年八月十三日

受信人　ナガタ丁　オオクマシゲノブ

発信人　ナカサキケン　ダイ一ク　アサダジロ

発局　官報

ナカサキ局

第三七二号

八月十三日

受付午コ七時十分

一三字

着局　受信午コ十時二分

日附印　卅一年八月十三日

着第一七六号

ゴシクデンヲハイシヤス

御祝電を拝謝す。浅田次郎

6　浅見登郎書翰　大隈重信宛

（大正九カ）年三月二十六日

時下春風暢和雨雪既に霽れ黄鳥弄音之候に御座候処、御満堂様起居倍被渉御佳適慶賀此事に候。陳者不憚御威厳差付甚た失礼千万に候へとも、已往之不埒御詫旁々向後之目的に付御歎願申上度筋有之、謹而一書捧呈仕候。不肖是まて之失策は御了承之通にて不孝不義至らさるなく、父母兄弟は固より皆々様方へも不一方御高慮相掛け今至り前非後悔仕り、已往之事共相考候得者今更申述候も諺に所謂穴へも入り度き思ひ慙愧恐縮此事存候。此上は一際奮発如何にも致し、是迄之不名誉を打消し候事第一と相考候得共、拙〔屈〕指すれは年齢は日月と共相重なり、加之四方向ふ処は悉く信用を欠き居候へ者何とも取附候方法も更に無御座、誠に途方暮れ候より鉄面皮にも頃日より一度ならず御歎願申上候処、相良御隠居様より之御申聞け一々肺肝に銘徹致し感泣之外無御座候。仍而御五月蝿も此後之方向に付志願之赴き今一応申上候。固より非才浅学之不肖に候へ者迚も鵬大之志望も相立不申、又異常之成業も無覚束存候得共、第一父兄之心を安し、第二諸方へ対する信用を回復し、第三に一身之活計も相立度に付ては暫く海外へ留学仕り度候得者、御公務御繁多之央に誠意以て惶懼之至候へとも、仮令ひ身を粉砕致し靴を採るの労も無頓厭ひ不申候儘何卒驥尾に附し度、此段拙情幾重にも御洞察之上格別之御憫憐を以て宜敷御取計被成下度奉懇願候。実に一身之浮沈此之期に相定候得者其愚御哀み其詞御推察被下候て、若し幸に志願御採納被成下候へ者御鴻恩不堪感泣至候。先は平素之熱望申進度以愚札奉歎願候。恐惶謹言

三月廿六日　登郎拝

大隈閣下御側

7　阿部泰蔵書翰　大隈重信宛

大正四年八月二十九日

栄簡拝誦致候。陳は聖路加病院長の送別会及ひ来朝中の米国四博士の歓迎会御催に付、来九月一日華族会館に参上可致旨御案内被下候処、伊香保滞在中にて参上致兼候。此段御断申上度如此に御座候。謹言

大正四年八月廿九日　　阿部泰蔵

伯爵大隈重信殿閣下

［封筒表］東京市麹町区永田町総理大臣官舎　伯爵大隈重信殿秘書官御中
［封筒裏］群馬県伊香保に於て　阿部泰蔵

（早稲田大学図書館収集文書）

8　荒木博臣書翰　大隈重信宛

（　）年九月二十二日

以手簡得貴意候。然者菊之支竹三拾束三千本此節宮内省御用相勤候者へ一緒に願置候処磨方出来候に付、上等品には無御座候得共竹間に合候はゝ御使用被下候様願度。該竹為持差上申候間御留置可被下奉希望候。委細は参候の上可申上候。拝具

九月廿二日　　荒木博臣

大隈伯様令扶御中

（佐賀市大隈記念館所蔵）

［編者註］第1巻・52の「荒木権六」は荒木博臣と同一人物である。

9　飯島省三郎書翰　大隈重信宛

明治三十一年八月十九日

謹呈　残炎難堪之処為邦家益御尽力大慶に奉存候。却説現内閣諸公及び憲政党に於て平素之持論なる行政之改革を行はんと目下取調中之由伝承仕候に付、地方政務に対する意見別紙に其大要を認め供電覧に度候。幸に御参考に供せられなば幸甚不過之候。目下事務官は容易に交迭せしめざる哉に聞き及び候得共、旧内閣時代之只薩長と云ふ御蔭にて在官の人物は老物のみならず、壮者に至るも随分就職罷在候哉に為見受候。此際地方にも人材の登庸をなし中央と共に相待つて其革新を行はずば迚も行政整理は六つケ敷義と為存候。世之所謂頭重尻縮（あたまでつかちしりしゝみ）到底改革は成執せさる義と為察候。小生は寧ろ地方の改革より中央の改革に及ぼされんことを望み居候義に御座候。今や行政整理方法御調査中

之由伝承、地方在任之者の意見も御耳に達する敢て不可なきを信じ茲に一書奉呈仕候。早々頓首

八月十九日

飯島省三郎拝具

大隈重信公閣下

追申　別紙意見書之細項に至り而は御尋ねに応し伺候も可仕と存居候間、申上置申候。

［別紙］

地方政治改革意見大要

(1)　現制大蔵に属する各地の収税署、司法に属する各登記所を全廃する事。

(2)　府県の廃合を断行する事。

府県官制を改正する左の如し。

内務部　現制の第一課第三課を合せ登記事務を取扱ふ

農商部　第五課及び二課の内地理其他農工商に関する事務

土木部　河川道路建築鉄道運輸に関する事務

収税部　第四課の事務と大蔵に属したる収税事務

警察部　現制に改正を加ふ

監獄部　同上

但し参事官を廃し知事書記官旧に依り部長を奏任とし、各部の責任を負しむ。

(3)　郡役所の廃合を断行すること。衆議院議員撰挙区を評準とし、一群衙を置き郡長の権限を増し府県官制に準じ各課分管せしむ。

(4)　町村制を改正し村長の権限を増大する事。

一　現在の自治区は小に過き或は大に過ぎ、紛々又紛々を生ずる多し。此際評準を定め而数三百地価二十万を以て目的とし、可成丈け是の評準に相応せしむること。

二　収税及び登記事務の幾分を分権せしめ、又従前収税方法には非常なる繁文手数ありたれば、大に之れが改正をなすこと。

三　村長職務執行に付ては権限を増与すると同時に人民にも一層請願の途を開き、現制の村長が被告たる場合に於て人民の請願を何年にても握擯〔潰〕すの欠点を除き、其責任を明にすること。

四　村長始め役場吏員は該町村内に於て撰挙に直閑〔間〕接を問はず関係せしめず。名誉職等を兼ぬしめざること。

(5)　地方官吏の交迭を行へ其登庸法を改正する事。

一　府県の部長及び郡長には、該府県内に於て県参事会員若しくは常置委員等の公職に二年以上就職の者は試検を要せず、援用を〔の〕途を開くこと。

二　町村吏より郡吏、郡吏より県属、県属より中央官吏を順次採用するの途を開くこと。

(6) 師範学校長の給料を地方税に移し、府県に地方教育会を設くる事。
現制の師範校長給を地方税に移すも最早不可なし。更に地方に教育会を設け教育の方針を定め、其監督をなさしむ可し。

明治三十一年八月十九日

茨城県常陸筑波郡小張村新戸　飯島省三郎

〔封筒表〕東京牛込区早稲田　大隈重信様至急親展
〔封筒裏〕常陸筑波郡小張村新戸　飯島省三郎拝具 印　三十一年八月十九日

10　石井　翼　書翰（電報）　大隈重信宛

（明治）三十一年七月一日

受信人　ウシコメ　ワセダ　オオクマハクカクカ
発信人　サガシナカシウチ　イシイタスク
発局　私報
　サガ局
第七五号
　七月一日
　受付午後七時五分
　十字
着局　受信午前〇時三十分
　日附印　卅一年七月二日
着第四号
ゴニウカクヲシクス
御入閣を祝す。

石井助〔ママ〕

〔編者註〕この解読原稿は電報本文から翻刻した。

11　石田　義文　書翰（電報）　大隈重信宛

明治七年二月九日

明治七年送達紙
発局　二月九日　午五時二十五分　第四号　官報
出　石田義文
届　大蔵卿

着　二月十日
シホノヤ、ヨシフミ、ヨリ、サクヨウカ、ウカガイ、シ、コト、キウニ、ゴヘンジ、タマワリ、タシ

塩谷良翰より昨八日伺いし事、急にご返事賜わりたし。

［編者註］この解読原稿は電報本文から翻刻した。

12　井田　譲 書翰　大隈重信宛

（明治　）年六月二十二日

別紙電報弐通御回達し候間、御落扼有之度候也。
六月廿二日

井田少将

大隈参議殿

13　板垣退助 書翰　大隈重信宛

明治三十一年十月二十四日

別紙の通大谷派管長大谷光瑩より差出候に付供御一覧候也。
十月廿四日

板垣内務大臣

伯爵大隈総理大臣殿

［別紙］
石川舜台に対する黜罰例違犯嫌疑事件に関し別紙の如く判定仕候に付、一件書類相添此段御報告に及候也。
明治三十一年十月二十日

真宗大谷派管長　大谷光瑩

内務大臣伯爵板垣退助殿

総務大谷勝縁
石川舜台に対する黜罰例違犯嫌疑事件取調を命す。
明治三十一年十月十二日

管長　大谷光瑩

石川舜台
明治三十一年九月廿五日及同年九月三十日の両度に於て大隈伯爵外数人に配附したる書類に関し、其始末書を差出すへし。

明治三十一年十月十四日

総務　大谷勝縁

始末書

明治三十一年九月廿五日及同月三十日の両度に於て大隈伯爵外数人に送付したる書類に関し其始末左に開陳仕候。王法為本は我宗の要旨に有之候へは其教旨を貫徹せしむることは吾人僧侶の責務と確信致し、知己の人々に卑見を披露致さん為め書簡を以て予て面識ある一部の人へ送付したる迄にて、決して国政に容喙し政事を論議致したる者に無之候。

明治三十一年十月十五日

石川舜台

総務大谷勝縁殿

判定書

石川舜台

右の者に対する黜罰例違犯嫌疑事件の審理を遂くる処、明治三十一年九月二十五日及同月三十日の両度に於て大隈伯爵外数人に配附したる書類は王法為本の教旨を基とし護法の為め或る一部の知人に送りたる書簡と認む可き者にして、之を以て公衆に広告する意思にて政事論を為したる者と云ふことを得す。黜罰例第二条第四十二条に該当す可き所為たる証憑は証拠書類並に石川舜台の始末書に徴し充分ならす。仍て判定すること左の如し。

石川舜台の所為は之を犯則と認めす。

明治三十一年十月二十日

総務　大谷勝縁

［封筒表］［破損・内］□閣総理大臣大隈伯爵殿
［封筒裏］板垣内務大臣

14　市島謙吉・川上淳一郎・広井一他六名　書翰　大隈重信宛

明治二十二年十一月（　）日

謹て呈一書候。陳は目下国家多事の折柄不慮の御遭難尊体御負傷の趣伝承仕り、一同驚愕の至りに奉存候。古来国家さの重臣の兇徒の毒手に罹り重傷を被り金玉の御身を喪ほされたる例も鮮からす候へは、其後の御容体の程も如何被為在候哉と日夜心思を痛め罷在候処、仄かに承り候へは国手の医療其宜しきを得て追日御平癒に被為赴候由、先以て安堵仕候。且つ御精神御気力ともに御平生に不被為変との御事、畢竟閣下御稟性の優れ給ふの致す処とは乍恐奉察上候へ共、抑も又た神護の然らしむる処と為皇室為邦家人民御幸運の段深く感激の至りに不堪候。此上とも精々御療養専一に被為遊、一日も早く上は万乗の叡慮を安んし下は億兆の愁眉を開かしめ給はんこと、一同之れのみ奉祈上候。短楮不尽意聊か愚衷を陳へて以って閣下御遭難後の御容体奉伺上度如此に御座候。謹言

明治廿二年第十一月

東京専門学校々友

市島謙吉

川上淳一郎

広井一

広川幸四郎

早川早治

本間五郎

土田虎太

大沢邦太郎

上野喜永次

大隈重信殿閣下

（早稲田大学大学史資料センター所蔵）

15　市村光恵書翰（印刷）　大隈重信宛

大正二年九月十三日

拝啓

一　開国大勢史

右は斯学研窮上有益の資料と存し候に付本学研窮室に備付教官並に学生の閲覧に供し度候間、御都合相付候はゝ是非壱部御寄贈に預り度懇請の至に不堪候。此段特に御依頼申上候也。

大正二年九月十三日

京都帝国大学法科大学図書主任

法学博士市村光恵　㊞

伯爵大隈重信殿

追て京都帝国大学法科大学図書室宛にて御発送被下度候。

［封筒表］東京牛込早稲田　大隈重信殿
［封筒裏］京都帝国大学法科大学
［編者註］本文中「開国大勢史」「壱」が墨書。

16　五辻安仲書翰　大隈重信宛

（明治八）年二月十二日

西郷中将より掛合臨時祭典、類例は無之候得共迅速御施行相成至当之儀と存候に付別紙上申致如何哉。則書類御照考之上可然御指揮奉仰候。先御手許迄差上置候也。

二月十二日

［巻封］大隈参議殿　　五辻式部助

17―1　伊藤博文書翰　大隈重信宛

（明治二）年九月二十日

引続御苦慮拝察仕候。然者此度之船便にて帰府可仕奉存居候処、京都中御門殿より至急上京可仕様再応申来候に付明日より上京可仕心得に御坐候。来月初旬之船便にて罷帰可申候に付、此段不悪御聞済可被下候。決而因循に而遅延仕候次第には無御坐随分相応に用事も忙ヶ敷、大凡通商之事も京坂より東京横浜へ之気脈相通候様仕度、神戸へも両三日前より会社相開、追々相運可申心得に御坐候。

贋金処置之御布告も昨日漸当港へ相達申候。

外国人処持之分は坂神両港共過る十五日既に引換遣申候。

長崎は井上便りに相托遣申候。

米価少々下落、民情も懸念仕候様之事も此近方には無御坐候。

過日大村於京師不幸手疵を負候処追々快気之よし。右暴客は已に就縛申候。案外に長州人あり、汗顔之至御坐候。

書外近々帰府万々可奉得尊意候。幸便匆々如此御坐候。頓首再拝

九月廿日

尚々為邦家御愛護肝要に奉存候。

俊介拝

八太郎道盟兄

加賀山口両氏晨夕尽力いつれも堅剛御安心可被下候。以上

［巻封］大隈先生御直　俊介

（早稲田大学図書館所蔵「原安三郎蒐集書画書簡」）

17－2　伊藤博文書翰　大隈重信宛

（明治三）年一月十七日

北海道海岸測量船用意之儀は速に被下御手候様致度奉存候。

前橋藩約定之蒸気船八万両相渡に而相済候都合に御坐候へは断然取極可申、此段御含置可被下候。

東海道筋へ可取設馬車之儀に付而者一通り西洋人之相心得候者へも相談仕、実地に於而故障無之時者注文仕度。左候得は前島一応出港仕候様御命被下度。一と通金高其外後来持換之費用等見積も相立不申而者容易に取懸可申次第にも到り申間希、御勘考可被下候。

十一番バンクより残金高弐拾五万両余相受取可申に付而者、弐歩金渡不足之処横浜に而は最早不残払出無之候に付従当地御送可被下候。書外尚追々出港之上御懸合可申上候。

匆々頓首再拝

正月十七日

［巻封］大隈先生御直　伊藤

（早稲田大学図書館所蔵高田早苗旧蔵文書）

17－3　伊藤博文書翰　大隈重信宛

（明治三）年二月八日

別紙従外務省指廻候に付供尊覧、乍去米公使申立之趣は難採用、其仔細は於米国は其政府内外之債其外収税之高等惣而内外之別なく公告致候法則に御坐候へ共、我国にては未た一定之法律も無之、必外国公使等へ相示不申而者不相済と申事も有之間布、尤御勘考之次第も可有之候に付御指図次第に可仕候。御一覧可然御指揮奉願候也。

二月八日

［巻封］民部大輔殿　博文

（早稲田大学大学史資料センター所蔵「早稲田中学校高等学校寄贈　大隈重信関係文書」）

17－4　伊藤博文書翰　大隈重信宛

（明治六）年十一月二十七日

生野鉱山飾磨之間新道取開之儀、過日於正院閣下へ御直談申上候末、飾磨県並に出〔生〕野出張鉱山寮官員より差越候書面相添同県より地処引渡之義御達被下度申進候処、別紙之通従貴省御回答有之、正院におゐて御約束申置候旨意と致相違候に付尚亦右書類相添差出候間、至急同県へ御達可被下候事。

十一月廿七日

［巻封］大蔵卿殿至急　工部卿

17－5　伊藤博文書翰　大隈重信宛

（明治十二）年四月二十四日

両三日来少々御風気之由、如何之御容体に御坐候哉。別紙大臣官舎之儀に付取調意見込可申出旨過日巌公より被命候に付中村書記官へ申付、別紙之通為取調入尊覧候間尚御監考可被下候。太政大臣又は外務卿等の如き官に在て官宅居住は必竟其体面又は交際上等不得止処より居住之訳に付、一般之官宅に准し其定規を推し不申方可然様被存、又判任出張又は田舎在勤之ものと例する訳にも有之間布に付特別之御取扱相成候而は如何。又表坐敷と台処廻りを区別する云々も余り細事に渉り、台処奥向は全く私事に用ひ玄関表坐敷は官事に而已用ゆると云訳にも被行間布、就而は税を止めて修繕費を少し給し丸任せにいたし候方簡便歟と被存候。千五百円は千円に而も差支有之間布歟、御賢慮次第宜布御取捨可被下候。為其。匆々敬具

四月念四

［巻封］大蔵卿殿　博文

（早稲田大学大学史資料センター所蔵

（「増田義和氏寄贈　大隈重信関係文書」）

17－6　伊藤博文書翰　大隈重信宛

（明治十二）年八月二十一日

昨日及御内報置候李仙得新聞英翻之分、伊東巳代治携帯差出候間委敷御聞取可被下候。為其。匆々不具

八月廿一日

［巻封］大蔵卿殿　博文

［編者註］本書翰には早稲田大学図書館所蔵「大隈文書」A740が別紙として付随するものと考えられるが、紙幅上省略した。

（早稲田大学大学史資料センター所蔵「早稲田中学校高等学校寄贈　大隈重信関係文書」）

18－1　井上馨書翰　大隈重信宛

（明治二）年八月二十三日

益御多祥御精勤奉敬賀候。追々御不快も如何被為在候哉奉懸念候。僕過る十七日至急御用に付東京江罷出候様御沙汰に付不待駕十八日発途、十九日コスタリカより廿一日着仕候て伊藤と面会い曲様子承り、最早御用延引申越候由に付奔走に疲労仕候事故、直様い藤同船にて帰坂仕候。鳥渡御尋ねも可仕筈候得共、実者近来胸中不平も多く、又頭を出し候と色々耳目に解し不平を増のみと却て差控へ申候。甚以対見候ては失敬如何敷候得共、此段者不悪御聞済置可被下候。何分只々老兄一人を目標と今日を送り候位故、必々御自愛今一入御尽力是祈候。中々未た朝廷も夢中之模様更に御油断被下間敷、山口君も至て壮強に御坐候。実に勉強恐入申候。書外後鴻と申上縮候。草々謹言

八月廿三日

二白　今日五字より出帆仕候。造幣局も追々出来候に付更に御懸念可被下候。以上

［巻封］八太郎様　聞多

（早稲田大学大学史資料センター所蔵）

18－2　井上　馨書翰　大隈重信宛

（明治八）年三月三十日

過日帰京仕候得共既に地方官会同之期事迫候而、議事規則取調殊之外六ケ敷候而未た出勤も不仕て取調候体にて、未た拝趨も欠き失敬高許是祈候。別紙はウイリヤムより差越候に付持せ差出申候。未た生も一覧不仕候間御覧後は御返し可被成下候。何れ一両日罷出候而い曲可申上候。匆々拝
以上

三月三十日　馨

〔巻封〕大隈参議様　馨

（早稲田大学大学史資料センター所蔵「増田義和氏寄贈　大隈重信関係文書」）

19　井上　毅書翰　大隈重信宛

（明治二十二）年九月十六日

御所労如何被為在候哉御保養奉禱候。扨改正之御談判も追々はか取候由非常之御苦神奉察候。帰化法之要用もはや過去に相成候歟之由、生等今更杞憂申上候も詮なき事に而、昨夜一応申上候節再三折返し手強く不申上候事小生之怠り乍悔之外無之、別紙は最早十日之菊に可有之候も御一覧奉冀候。右に付而者小生一篇之私著発行いたし候筈に而、近日献上仕候心得に有之候。

乍末事小生身上之事に付追々総理大臣へ歎願いたし候へとも片付き不申、就而者法制局之事務も渋滞いたし恐縮奉存候へは、今日猶歎願書さし出候筈に有之候。右に付き情実御酌取被成下すらりと解放之運に至候様御助成被下候はゝ感謝之至奉存候。右心事も奉申上度今日は参堂仕候迄に有之候。頓首

九月十六日　毅

外務大臣閣下

（早稲田大学大学史資料センター所蔵）

20　井上準之助書翰　大隈重信宛

大正四年（消印）八月二十八日

拝誦　益御清穆奉賀上候。陳は本月一日華族会館に於てトイスラー氏送別之午餐に御招待を蒙り奉拝謝候処、同日は横浜に於て無拠所用有之差繰り兼ね、誠以て失礼の儀に御坐候得共御請致し難く御坐候間不悪御思召被下度候。先は返事迄如此御坐候。草々頓首

八月二十八日

井上準之助

大隈伯爵閣下

［封筒表］麹町区永田町総理大臣官舎　伯爵大隈重信殿拝答
［封筒裏］東京市麻布区三河台町二十一番地　井上準之助

（早稲田大学図書館収集文書）

21　井上信八書翰（電報）　大隈重信宛

（明治）三十一年八月十三日

受信人　ナカタ丁　ヲヲクマシケノブ
発信人　アイチケン　アツタマチ　ヰノウヘシンハチ
発局　私報
　　ヲワリ　アツタ局
　　第三八号
　　八月十三日
　　受付午コ七時八分
　　十八字
着局　受信午コ七時三十分
　　日附印　卅一年八月十三日
着第一六六号
ゴテイテウノシクデンヲカンシヤス
御丁重の祝電を感謝す。井上新〔信〕八

22　岩男貞俊書翰　大隈重信宛

（明治二）年八月二十二日

拝呈仕候。昨夜帰東いたし候付直に参殿可仕置候処、僕出港中七八日已前より散々胸痛仕、彼方に而は一向療養も被行兼候間、伊藤子江談し昨朝馬よりかへり申候処、終日ゆられ候付昨夜は一睡も出来す乍存御無礼申上候。伊藤君より追一昨日両度急飛を以被及御懸合候由之事件、昨日には必す御報為有之とは被存候へ共、既に明日之出帆と相見候間万一いまた不克其儀候はゝ、迅速被仰遣可被下候様との趣に御座候。僕事柄者存不申候。今日者右之不塩梅に付一日加保養成丈明日より出勤いたすに付左様被思召可被下候。不詳候へ共彼地之模様も猶々申上度含に居申候。頓首

八月廿二日

〔巻封〕大隈様　　岩男

23-1　岩倉具視書翰　大隈重信宛

（明治二）年一月十四日

前略高免。

箱館府附属　佐原志賀之助

同人此一日中より頻りに乞面会候に付今朝出会候所ヱゾ地のこと段々申出候。志願旨趣は判事云云の義に候得とも此義小子不知、三条に可申承候。右は差置、ヤソ云云之ため始終御聞取給候はゝ重畳、其上何も三条同席御相談可申と存候。仍早々以上

正十四

〔巻封〕大隈殿平安　　岩倉右兵衛督

〔編者註〕本文中「箱館府附属　佐原志賀之助」は名札で、岩倉具視の筆蹟ではない。

（早稲田大学図書館所蔵「原安三郎蒐集書画書簡」）

23−2 岩倉具視・三条実美書翰 大隈重信宛

（明治二）年七月十六日

口伸

別紙至急之儀に付従大隈氏早々寺島氏江御伝可給候。今日寺島氏にも参上之様承候条、何も早々専要と存候也。

七月十六日

実美
具視

大隈殿

［編者註］本書第二巻151−8岩倉具視・三条実美書翰は、内容より本書翰の別紙に該当すると考えられる。

（早稲田大学大学史資料センター所蔵「早稲田中学校高等学校寄贈　大隈重信関係文書」）

23−3 岩倉具視書翰 大隈重信宛

（明治四）年三月一日

明日退朝懸条公方江参集、

大久保　足下
井上　山形
河村等

先内々談し、其上明後三日参賀序徳嵯両卿佐々木斎藤始め一同御評議に而御決し之様に存候。扨明夕御内談迄に尚内々御談し申度件々候間、明朝七字弥条公方江御出被下度、小生も同時必可令出頭と存候。仍早々如此候也。

三月一日

［巻封］大隈殿　具視

（早稲田大学図書館所蔵高田早苗旧蔵文書）

23―4　岩倉具視書翰　大隈重信宛

（明治七）年六月十三日

昨日一書返入候。就而者相違之廉両人より押紙に而一筆申入候。早々已上

六月十三日　　具視

大隈殿

［別紙］

大隈重信書翰　岩倉具視・三条実美宛

（明治七）年六月（　）日

曩に島津左大臣公の建議あるや、本月七日閣下重信に諭す所あり。重信乃ち鄙見の概略を陳述し、尋て病を以て辞職を請へり。退て之れを友人に聞く、其建議条款中重信か職に在る破廉恥を以て物議を来たし、因て重信が進退に及へりと。重信憂惶措く能はす。窃に思ふ、聖恩優渥重信か不肖を棄てす久しく三職に列せしむ、重信日夜奮励維新の業を賛成する所あらんを是れ図る。而して自ら信す、重信心事之れを天地神明に質して愧るなしと。然るに重信果して罪過あらは何の顔ありて容隠して朝に立たん、又安くんそ内外人民に対せん。是れ聖明の累を為すなり。願くは閣下成憲に因り法吏に下たし審断する所あらしめは、重信湯鑊と雖とも之れを甘んす。事若し讒構に出て無根の説を主張し、以て公の明を惑はし重信を罪悪に誣ゆるものあらんか、是れ亦法の敢て宥すへきに非す。閣下重信か愚衷を察し速に明断をなし、其事実を詳にし是非曲直を公裁せられんを懇祈の至に勝えす。誠恐謹白す。

明治七年六月　　大隈重信

三条太政大臣殿

岩倉右大臣殿

閣下（付箋）

［付箋］左府殿建議中、足下行跡に付掲載の廉は無之、唯免職之義を内談有之候迄に候。此段申入候事。

［編者註］早稲田大学図書館所蔵「大隈文書」A5006には、本書翰の他七点の資料が一括して整理されているが、そのうち一点が内容より別紙として付随するものとした。

23－5　岩倉具視書翰　大隈重信宛
（明治十）年二月二十八日

御用候条今午前九時参官可有之候也。
二月廿八日
右大臣
大隈参議殿

23－6　岩倉具視書翰　大隈重信宛
（明治十四）年五月二十九日

前略　昨年来各参議意見一冊に写取熱海江差出し、貴官伊藤井上等江入御一覧に候。右至急入用に付伊藤江尋問候処別紙之通に候間申降度候。若し御所持無之候はゝ井上江御申入御一筆御示し有之度候。早々如此候也。
五月廿九日
具視
大隈殿

（早稲田大学大学史資料センター所蔵「増田義和氏寄贈　大隈重信関係文書」）

［別紙］
伊藤博文書翰　岩倉具視宛
（明治十四）年五月二十九日

尊簡之趣承知仕候。尾崎書面は明朝携帯可仕、各参議意見書は熱海に而慥か大隈へ為見置候様覚へ申候。若し間違候へは井上に可有之、両人間に聞合せ可申候へ共閣下よりも御序御坐候得は御咨問奉願候。為其。匆々奉復
五月念九

［巻封］巌公閣下　博文
［編者註］別紙は早稲田大学図書館所蔵「大隈文書」ではB57―4として整理されているが、内容より本書翰に附随するものとした。

24―1　岩橋轍輔書翰　大隈重信宛

（明治七）年四月五日

別紙両通御高査之上何分之御決定奉仰候。総人員弐千三百人之筈、追々増加困却此事に御坐候。黒田丸発航に付ても見込より入費相加へ可申歟。其他都督局用意品等口々湧出、到底入費者昨日之概算より相嵩み可申被存候。此段御含迄具状仕置候也。

四月五日

長崎にて石炭請取之運、乍憚尚工部卿江被仰合被下度候。

〔巻封〕大隈明公閣下　岩橋轍輔

24―2　岩橋轍輔書翰　大隈重信宛

（明治七）年四月五日

左三件正院御伺正副各取揃差出申候。

一　御雇外国人蕃地に於て云々之節、御手当月給六ヶ月分下賜度之件

一　蕃行之文官旅費、定則に不拘支給之件

一　蕃行武官増給支度料等之件

右之外文武諸官江諸支給規則は唯今取調中に御坐候。以上

四月五日

〔巻封〕大隈卿殿　岩橋少丞

24―3　岩橋轍輔書翰　大隈重信宛

（明治七）年四月七日

昨日伺置候英郵船（別紙丸印）雇入之儀相調、雇料五千五百弗として追て買取之儀相断候も、其節又五千五百弗払入れ約り壱万千円に而借り入候旨岩橋万造申遣候。未た条約書者不差出候得共多分右にて相調ひ可申候。依て此船品川迄為相廻荷積致し候方可然被存候付、免状御下け之儀別紙を以相伺書差出遣候。至急宜御取扱奉仰候也。

四月七日

［巻封］大隈大蔵卿殿　岩橋大蔵少丞

24－4　岩橋轍輔書翰　大隈重信宛

（明治七）年四月十一日

粛白　別紙二綴之趣、至急何分之御決議奉仰候。外に正弗と引換一事渋沢栄一委托之始末御一覧相煩置申度、此段申上候也。

四月十一日

［巻封］卿公閣下　印（轍輔）

24－5　岩橋轍輔書翰　大隈重信宛

（明治七）年四月十三日

唯今別紙平井少丞より申来、御承知迄奉申上候。又た支那我領事官江委托書外務省附箋を以回答有之候。尤大同小異に御坐候。是は明朝取調御使判可奉伺候。依而申上候也。

四月十三日　岩橋轍輔

大隈明公閣下

追而有功丸者本日午後三時三十分品海出発之由届出申候。ヨークシール者荷積漸く埒明きかね候段郵便蒸気会社より申出候。

［別紙］

平井希昌書翰　岩橋轍輔宛

（明治七）年（四）月十二日

両度之御書面拝見。唯今カッスル玄武丸江相越居候間、同人帰宅次第玄武丸之出帆日限相分り可申候。同船明日之出帆に不相成候へは無論ニユーヨク船も十五日午後四字と可相成、左すれは繫船料御預り申候事と存候。此段申答候也。

十二日

右相認中カッスル李仙得宅まて立帰候趣報知有之候間、自是無程無〔ママ〕申進存候。

［巻封］岩橋大蔵少丞殿草々　平井希昌

〔編者註〕別紙は早稲田大学図書館所蔵「大隈文書」ではA196―10として整理されているが、日付・内容から本書翰に付随するものとした。

24－6　岩橋轍輔書翰　大隈重信宛

（明治七）年五月二十七日

長崎出張之者別紙之通相伺候。右者明後廿九日之汽船に而出発仕度旨申出候間、本日御裁印之上御下付被下度此段相伺候也。

五月廿七日　　岩橋大蔵少丞

大隈長官殿

24－7　岩橋轍輔書翰　大隈重信宛

（明治七）年六月十五日

要旨上申。船之儀税関よりも四番江及掛合、コスタリカ号江千噸分引受、一噸目洋銀十弗との内約之旨関吏申出候。次に亜一番より外方より御掛合させ候に付直段莫大相上り、千噸一万弗之運賃差当無限旨申立候。依て税関限之掛合者相断申候。此上オールスより之談模様如何可相成歟。同人も大に尽力有之、畢竟星氏之云々より四番江掛合に相成候段甚不好候得共、是以不得止事に御坐候。然る上者オールス氏談判程宜く相整候得者直に条約可仕、然共もし難相調候はヽ外国医師其外之御人数は郵船コスタリカ号に而長崎迄罷越、木材其他之品物者幸ひ此節千五百噸幷千弐百噸之風前船両艘来泊に付右を以低価に雇入、長崎へ御廻し相成候而は如何可有之旨オールス申出候。尤此節風は吹き候故必長崎江七日間に而到着可致旨申出候。右談判如何様共取纏候上至急帰京参上可仕候。自然今日中に者埒明き不申候はヽ明早朝迄に行届可申心得に御坐候。以上

六月十五日　横浜於て　　岩橋轍輔〔花押〕

長官公閣下

24-8 岩橋轍輔書翰 (大隈重信)宛

(明治七)年十一月二十一日

尚々 小野組閉店之事に御座候。併支局に而公信に而申上候通一万六千円分当地より返金、六千円昨夜半迄に取立相済、税関預金三万円余今朝迄請取候由。県庁に而者右事件今朝に至り聞覚大に狼狽取立に懸り候よし。依而当地同店大混雑、内実有金之分昨日内密外方へ隠匿およひ候趣に御坐候也。

十一月廿一日 印(轍輔)

24-9 岩橋轍輔書翰(電報) 大隈重信宛

明治七年十一月二十六日

明治七年送達紙

発局 十一月廿六日 午後四時二十五分 第五十四号 官報

出 岩橋大蔵少丞

届 大隈長官

着 十一月廿六日 築地電信局印

フネ、マダ、ツカズ、シンパイ、ナリ、ミジョヲコヲ、ゴジニ、キキョヲト、イフ

船まだ着かず。心配なり。三条公五時に帰京と言ふ。

[編者註] この解読原稿は電報本文から翻刻した。

24―10　岩橋轍輔書翰　大隈重信宛

（明治七）年十二月十八日

川村海軍大輔出発之節、繰換之拾万円之儀別紙之通伺出候付御指令取調申候。然る処小野組一件如何成行可申歟。矢張り伺之通艦価之内拾万円御渡之積に可仕哉。併左候而者名義相混し可申歟、何分之御高慮奉伺候也。

十二月十八日

［巻封］長官殿　岩橋轍輔

［編者註］本書翰には、早稲田大学図書館所蔵「大隈文書」A1048が別紙として付随するものと考えられるが、紙幅上省略した。

24―11　岩橋轍輔書翰　（大隈重信）宛

（明治八）年六月十九日

日下部権大内史より面会申来罷出候処、五拾万テール大蔵省へ御渡之儀大久保君被申候に者四拾万テール者上海に差置有之筈、且右テール事務局江御交附之儀是迄正院より御達有無如何と之儀に付其事由承度との趣。

右之答

四拾万テール者上海東洋銀行江預有之、右預書相廻候。其実大蔵省金庫へ預置有之、此度閉局に付而者前拾万テールを合せ五拾万テール所預之主任無之、大蔵省於而者全く当分預に而記帳等無之、彼是手配不諦に付更に大蔵省江御渡之儀御達を乞い候事也。且最前右金当局江御預け之御達等勿論無之、元来当局者正院中之分課百事御達者無之、仮章程之様相成来居候付事務上に而担当候迄に有之、尚大久保公御料簡も有之候はゝ御示指被下度と日下部へ申合置申候。四十万テール満一ヶ年東洋銀行江相預け候等之儀者不申陳事に御坐候。

右為御承知内達仕候也。

六月十九日

［巻封］御親展　印（轍輔）

24-12　岩橋轍輔書翰　大隈重信宛

（明治八）年七月九日

長沼拝借筋之儀大音江厳談相遂け約り大音引受可也処分相付申候。長沼所有品幷是迄反訳出来之賃金且月給等相束、彼此差繰結局弐千円不足相成、此分大音江運賃金之内より当分貸渡之外無御坐候。此段具状旁相伺候也。

七月九日

追而熱海江御越之日限御取定相成候哉、其前彼是御指揮奉伺度、条件御坐候間宜御差含之程奉希候。

［巻封］長官公閣下　印（轍輔）

24-13　岩橋轍輔書翰　大隈重信宛

（明治八）年七月十一日

汽船掛判任明日礼服着用内務省ゑ出頭可致旨大蔵大丞より通達有之候由。然る処事務局残務且汽船会計共其主任相転候上者処分之致方無之、目下差支事務相止候外無之、就而者如何相心得可然候哉。仮令内務省出仕相成候共是迄之通私共に而使用出来可申候哉、何共当惑相極候付内務卿江御協議本日中何分之御指揮奉願候。為之参邸之筈晩来不快罷在候付河鰭斉差出申候。依之具陳仕候也。

七月十一日

追而目下必用之人〔以下欠損〕

［巻封］長官公閣下　轍輔

24-14　岩橋轍輔書翰　大隈重信宛

（明治八）年七月十三日

今朝前島当掛り江出頭縷々申合之趣に候。岩崎河鰭幷私共内務江転任可相成哉之語気に御坐候。此際彼是申候而者却而御配慮に相成候と深慮仕候付、唯命是従と申様に返答仕置申候。尤外両人も同意に御坐候。所詮永久之事と者不被存候得共一時引継之際平心勉強可仕候。尤事務局之残余も兼理可仕候間、右様思召奉希候。
此程御上申相成候事務局会計表之儀、正院に而三職方御決判相済有之、唯閣下之御出院を待て御達可相成哉之趣内史局より内諭有之候間、至急御達相成候様偏に御明考奉仰請候。以上
七月十三日
〔巻封〕長官閣下　印（轍輔）

24－15（岩橋轍輔）書翰（大隈重信）宛

（明治八）年八月十七日

過日汽船委托一件書面を以具陳仕候末、尚又岩崎弥太郎段々申立甚困却仕候。何卒宜御差含速に引渡相成候様御取扱奉仰望候。渾而前書に申上置候間重而不及喋々候。

八月十七日

25 岩村 茂 書翰　大隈重信宛

（明治三十一）年四月五日

拝啓　艶陽四月之佳候尊台益御安泰奉芳賀候。然は別紙小子之起筆に係る京都商業会議所意見
一　日本銀行金利引上の反対意見
一　国有鉄道附実業振興意見
御一覧相願度。此両意見は今度全国之商業会議所に配布して同意を求め、大阪京都其主動者と為て不日大阪に於而一大同盟会を起し、議論一決の上は東京に出てゝ実行運動を試む可き事に準備罷在候。右意見之可否に就而前以閣下之御意見承り度存し居候処、不得機会不堪残懐候得共何れ其内御教示を煩し奉るへく候。右用草々拝具
四月五日　　岩村茂
伯大隈閣下
別に富講意見も相添へ申候。
〔封筒表〕東京牛込早稲田　大隈重信殿親展
〔封筒裏〕京都室町通下長者町角　岩村茂
〔編者註〕本書翰には別紙「富講公許に関する意見」「乾　日本銀行

利子引上の反対意見」「坤　鉄道国有附実業振興の意見」が付随するが、紙幅上省略した。

26-1　上野景範書翰　大隈重信宛

（明治十三）年二月二日

明三日芝離宮於而吉田公使之為め別筵相開度旨過日及御協議候処御同意相成候に付而者、既に夫々同意も為相整候。就而者曾而申進置候通同日午後五時半不遅様御会合被下度、且其節はフロックコート御着用相成度候。此段為念申進候也。

二月二日　　上野景範

大隈重信閣下

（早稲田大学図書館所蔵塩沢昌貞旧蔵文書）

26-2　上野景範書翰　大隈重信宛

（明治　）年二月二十七日

兼て御約束仕置候梅木為持差出候。御叱留被下候。此木に対しては此体余り小き相覚候得共、閣下には適当之体御所持と相考候間御植直し相成候はゝ可然、小官之如き意気者には解語之花却て意に適し、如此不具之草木等は放却いたし候にも聊遺憾と存不申御笑留被下候。匆々頓首

二月廿七日　　上野景範

大隈殿

（早稲田大学図書館所蔵「原安三郎蒐集書画書簡」）

27　（上野理一）書翰　（大隈重信）宛

（明治四十三）年（十）月（十八）日

一　極地探検に付、比較的僅少費用云々の白瀬氏案は敗れ

たり。

一　故に比較的優等なる設備ならんとする傾向云々の事。

一　此右優等案決定に不至云々の事。

一　今や閣下幷に中尉も只々世上への公約を重じ、百九十噸余の第二報効丸を用ひ糧食運搬も馬を棄て犬と人とに頼り兎も角も御決行御覚悟の程誠に以て勇ましく奉存候得共、退て相考候得は後援会長たる閣下深思熟考すべき事と奉存候。

第一　人道の上より

一　既に二百七十噸の帆船すら不安なりとして盤〔磐〕城を云々し、其盤城すら不適当なりとして許可されざるに、二百噸内外の小船にて遠洋に乗出し、且つ糧食運搬も不充分なる計画にて極地に赴くは実行者たる白瀬にありては決死の覚悟称すべきも、之を後援し之に資金を給する者に在りては人道の上より為さしむるに忍びざる事かと被存候。仮令充分の設備にても万一の難は予期し難きも、右様の計画にては何人も其危険を叫び余りに無謀なる行為なりとの批判を受不申哉。探検隊を見殺同然に致せし結果に陥り候はゝ内外に対し申訳無之云々の事。

第二

白瀬中尉の名誉より申ても如何に公約なればとて遠洋又は極地等に対する設備不完全を知りて出発して万一変難に遭遇せば、無謀の誹は今日出発を見合するの批難よりも甚しからんかと存候云々のこと。

第三

十一月十五日出発の儀相違有之間敷候得共、万一乗船修理等の為に時日延引し今年は遂に果す能はざることとも相成候はゝ益以大不可云々のこと。

一　就ては中尉の立場として到底今日自ら本計画を破棄する能はさるべきも、徳望地位ある閣下の立場としては寧ろ同中尉に喩して本年〔計脱〕画を放棄せしめられ候儀、人道の上より将た同情者に対する徳義上より親切なる御処置には可無之哉。

今日忍ふべからさるを忍ひて此の挙を中止するの苦痛よりも、他日或は受くべき苦痛の大なるものあらんかと思ひ候故、右の御処置に出てられ候事。

閣下の名誉の為に将た中尉一家の為に大なる利益否幸福云々の事。

一　中尉をして此挙を中止せしむは閣下の勢力を以てする外に道なく、閣下にして中止を喩さるゝ以上中止する中尉の面目は毀損せず云々の事。

28 内海忠勝書翰 大隈重信宛

明治十四年一月二十九日

拝啓 閣下益御多祥奉賀候。却説昨年来出願之佐賀物産会社拝借金之一条も今般弐万円丈御聞届相成候様子、同社員に於ても一層奮発日夜事業に奔走致居、是等全く閣下之御周旋と御鞭策とに依て相運候事と小官に於ても不堪拝謝候。且又実地之利益は独り物産会社而耳〔ママ〕ならす、該地一般に影響聊進取之気象を誘ひ候ものと相見、既に旧臘有志会舎農談会を開き、該地緊要之件々を協議し漸次実施之運に相聞誠に可嘉事柄に付、於小官も陰に奨励之積に有之候。素より御一覧に備る程のものには無之候得共、現今実地之情状御推察之為別紙勧業委員之報告書写進呈仕候間、御閑暇之際御一読被下度。此段早々敬白

明治十四年一月廿九日

内海忠勝

大隈重信殿

〔編者註〕本書翰には別紙「佐賀郡勧業談話会日誌」が付随するが、紙幅上省略した。

29 梅謙次郎書翰 大隈重信宛

（明治三十一）年七月十八日

別紙は前内閣諸公之参考に供したるもの、今日最早其用もなきことゝ奉存候へ共、自然御参考に相成義も可有之歟と奉存候間奉供電覧候。敬具

七月十八日

梅謙次郎拝

大隈総理大臣閣下

〔編者註〕別紙「台湾に関する鄙見」は早稲田大学図書館所蔵「大隈文書」ではA113として整理されているが、紙幅上省略した。

30-1 江藤新平書翰 大隈重信宛

（慶応四）年七月二十二日

夜前は被召候処急成御用有之何分不克其儀、遺憾不少奉存

候。しかれは昨日御談相成候長崎会所一条に付、尚又逐々得御相談度御尋仕候。今日より御出立に付不得拝姿事も難計、左候半は何と申すものへ相尋ね都合差分り候哉、其外右に付御用筋等承置度御座候間一筆御残置被下度奉希候。可成は参殿之積に而御座候へ共、まつ得貴意置候間左様思召可被下候。此旨。早々頓首再拝

七月廿二日

〔巻封〕大隈八太郎様侍史下　江藤新平

（早稲田大学図書館所蔵高田早苗旧蔵文書）

30―2　江藤新平書翰　大隈重信宛

（明治　）年三月二十七日

拝啓　鬱陶敷天気に御座候。然者御用談之義有之御邸参上仕度御座候間、御支之有無被仰知被下度奉願候。尤刻限は今夕三字過退出より罷出候積りに而御座候。頓首再拝

三月廿七日

〔巻封〕大隈参議殿至急　江藤新平

（早稲田大学図書館収集文書）

31―1　榎本武揚書翰（印刷）　大隈重信・綾子宛

明治二十九年九月（　）日

拝啓　陳者来る九月五日より同二十五日迄上野公園桜ケ岡日本美術協会列品館に於て、本会規則に拠り技術勧奨の為め第十一回彫刻競技会を開設致し、会員其他の自製に係れる各種彫刻品蠟型鋳物象眼物鎚起鎚金の製器捏塑像篆刻諸版蒔絵等を陳列候に付、御来観被下度。依之優待券一葉入場券二葉進呈仕候。敬具

明治廿九年九月　日

東京彫工会々頭　子爵榎本武揚

伯爵大隈重信殿

令夫人

〔封筒表〕伯爵大隈重信殿

〔編者註〕「第十一回彫刻競技会　優待券㊞　東京彫工会」「第十一回彫刻競技会　入場券㊞　東京彫工会」同封あり。

本文中「一葉」の「一」、「二葉」の「二」は墨書。

31―2　榎本武揚書翰（印刷）　大隈重信・綾子宛

明治三十年九月（　）日

拝啓　陳者来る九月一日より同二十五日迄□□〔印字不鮮明〕公園桜ケ岡日本美術協会列品館に於て、本会規則に拠り技術勧奨の為め第十二回彫刻競技会を開設致し、会員其他の自製に係れる各種彫刻品蠟型鋳物象眼物鎚起鎚金の製器捏塑像篆刻諸版蒔絵等を陳列候に付、御来観被下度。依之優待券一葉入場券二葉進呈仕候。敬具

明治三十年九月　　日

東京彫工会々頭　子爵榎本武揚

伯爵大隈重信殿

令夫人

［封筒表］伯爵大隈重信殿
［封筒裏］東京市下谷区仲徒町二丁目五十四番地　東京彫工会
［編者註］「第十二回彫刻競技会　優待券㊞　東京彫工会」同封あり。
本文中「一葉」の「一」、「二葉」の「二」は墨書。

31―3　榎本武揚書翰（印刷）　大隈重信・綾子宛

明治三十一年十一月（　）日

拝啓　陳者来る十二月一日より同十五日迄上野公園桜ケ岡日本美術協会列品館に於て、本会規則に拠り技術勧奨の為め第十三回彫刻競技会を開設致し、会員其他の自製に係れる各種彫刻品玉石石恙金属木竹牙角介甲の諸彫刻鋳金鎚起鎚金鍛金象眼七宝彫陶彫漆篆刻木版銅石版其他諸版及彫刻ある指物等を陳列候に付、御来観被下度。依之優待券一葉入場券二葉進呈仕候。敬具

明治三十一年十一月　　日

東京彫工会々頭　子爵榎本武揚

伯爵大隈重信殿

令夫人殿

［封筒表］伯爵大隈重信殿
［封筒裏］東京市下谷区仲徒町二丁目五十四番地　東京彫工会
［編者註］本文中「一葉」の「一」、「二葉」の「二」は墨書。

32　円城寺　清 書翰　大隈重信 宛

（明治三十四）年四月二十二日

拝啓　別冊帝国主義は朝報社同人幸徳秋水君の著述に有之候。同君より進呈仕り候趣に付き、御清閑の折御一閲を煩はし度候。右御紹介まで。匆々不尽

四月廿二日　清

大隈先生玉案下

33　大木　喬任 書翰　大隈重信 宛

（明治　）年一月九日

今夕参上可仕御約束仕置候処過日より外邪相煩平臥致し、何分今夕参殿之気体無之御断申上候。弥明後十一日より御発途被成候はゝ明夕は押而も参上可申上候。尤明日にては（太）大政官其外出仕は御断仕候心得に有之候得者、在宿は何時も罷在候。此段為可得貴意早々如斯御座候也。

一月九日　大木喬任

大隈重信殿

（早稲田大学図書館所蔵高田早苗旧蔵文書）

34－1　大久保利通 書翰　三条実美・島津久光・岩倉具視・参議 宛

明治七年九月十五日

以書状致啓上候。時下秋冷之候に候処聖上倍御機嫌克被為渡、御国内平寧各位愈勉励御奉務被成候半と遥賀罷在候。拙官儀過日天津府より申進候通本月六日同所発軔通州を経て水陸無異状、十日十二時清京え安着候条御安懐可被下候。不取敢別紙甲号之通柳原公使より及照会候処乙号之通照覆有之、本日午後一時公使及太田鉄道権頭鄭外務一等書記官随従一同総理衙門に至り候処、親王諸大臣列席酒肴等整備相待（初対面に酒羹を設けて俟っこと従前無きことのよし）居、殊に本日は初面会之儀に付雑談等にて日を消し事件の談には及申間敷見込に有之候体、且此度拙官奉使着京之旨趣は必寛裕の談に渉り可申と臆測

を以て過日来翹首相待被居候由之処、此より第一に使命の大旨を説明し続て漸次詰問及候処実に彼れの意外に出、俄に書籍等を取出し狼狽之色相顕れ曖昧之返答のみに有之。依て別紙の通り問書二条を相渡し明日迄に可相答、若し不能儀に候はゝ明後日は必す答書有之度旨申談置候条、必然無違約可差越事と存候。猶別紙筆記にて御承知有之度。就ては彼れの答書振如何様可有之哉は予め難計候得共、不日諸大臣答礼として我旅館へ来訪の趣故猶公道正理を以て談論を遂け、政府の御旨趣徹底候様致度日夜焦心殫思罷在事に候。尤従前柳原公使談判の顚末は同人順次送呈の公翰にて御詳知有之候儀と存候。且同人是迄不容易苦慮尽力を以て百方論談候儀は互に蕃地の属不属を争ひ候までの事と相成、早晩議論の結局に可至見据も無之候より、遂に後図を熟案し拙官滞津中高崎議官を以て申越候儀は先便申進候通に有之、旁以て拙官進京候ても彼れ談論を拒候儀も可有之かと深く掛念罷在候処、無異議今日談端を開き候事に立至り、就ては蕃地の属不属は公使の所論にて既に相尽し居候儀に付、諸大臣の来訪を待ち大条理の在る所を以て論破候得は、凡そ後来の目途も相立可申と被相考候に付、猶其都度逐次詳悉具報可仕と存候。

恭親王事此程親王の号を被褫郡王に被下候由之処速に復旧致し候趣別紙の通に有之、一奇事に付申進候。

去月廿日長崎港暴風雨にて県庁を破毀し及ひ東艦損傷の儀追々電報新聞等にて承知痛心罷在候処、此程長崎支局より報告有之既に東艦は浮ひ候趣御同慶の事に候。定て詳細御承知にて条理万端無御手抜御指揮相成候事と万々信し居候事に候。

岩村高俊井上毅の両名一昨十二日無滞着京候条、此段申入候。

在清西班牙公使内告の趣柳原公使より報告被致候通之儀に付、便宜を以て西郷都督へ可申遣と存候。右及御報告候也。

明治七年九月十四日

大久保弁理大臣

三条太政大臣殿
島津左大臣殿
岩倉右大臣殿
参議各位

御中

追て大隈殿大木殿伊藤殿よりの公翰一々拝読、今便御回答可申之処本文の繁雑に付不能其儀候間、追て可及細答と存候也。

十五日追加

本書相認候後本日総理衙門十名より午前十一時頃鄭重に料理を被贈越、又午後に至り明十六日午後一時董恂沈桂芬崇綸崇厚の四大臣旅館へ来訪の趣名刺を投し申来候条、本文に申啓候通り夫々論談に可及と存候。

［編者註］本書翰には英文翻訳が付随するが、紙幅上省略した。

34－2　大久保利通・伊藤博文書翰（電報）　大隈重信宛

明治十年六月十二日

明治十年送達紙
発局　官報　第二十号　西京局　六月十二日午前十一時二十分　字数九十一字
着局　第六号　太政官代電信分局　六月十二日
届　太政官　大隈参議殿　書留〔朱書〕
出　西京行在所　大久保参議　伊東〔藤〕参議
クサカベシヨキカンキビンヲモッテゴセウカイニヲヨビタルリクグンチウリツ〔ママ〕ノシカゲツブンセイトウヒノギハシキウシレイヲヨウスルジケンニツキデンパウヲモッテソクコクゴカイトウヲコフ

日下部書記官貴便を以て御照会に及びたる陸軍駐留の四箇月分征討費の義は至急指令を要する事件に付、電報を以て即刻ご回答を乞ふ。

［編者註］この解読原稿は電報本文から翻刻した。

35　大蔵大少丞書翰　大隈重信宛

（明治　）年（　）月九日

毎月七百石
一　米八千四百石　西京救民
毎月三千石
一　米三万六千石　東京同
右之所へ
米二万六千七百石　島津初賞典献納
同八千四百廿一石三斗五升　勅任以上四分の一
奏任以上十分の一
官禄献納
差引

米九千二百七十八石余　　官米足し
　外に正米二千五百石　　北海道鍋島より献納あり
右之通御座候事。
一　先刻御入用積の内大坂町人へ調達金下け渡高分り兼漏し有之候間、此段御含被下度候。
　九日　　　　　　　　　　　　大少丞
大隈参議殿

36－1　大谷嘉兵衛書翰　大隈重信宛

明治三十一年八月十六日

時下残暑猶難堪候処益々御清健に御坐被為在奉大賀候。今回小生渡台出発の節者種々御配慮を忝し難有奉謝候。去月卅一日横浜出発三日神戸より威海丸にて参り候処、航海中非常の暴風雨に出会致し一昼夜程延着、去八日無事到着仕候間乍憚御放意被下成度候。偖て当地来着直に児玉総督閣下及後藤民政局長官にも親敷拝顔仕、其後屢々御面晤致候。就ては台湾銀行を始め其他台湾経営上種々の御意見を伺ひ、小生よりも聊か所見を吐露し候処、差当り台湾銀行設立は尤も急設を要し候事と相認め候間別紙卑見を開申仕候条、宜敷御洞察被下成度候。実地に就て観察致候時は兼て予想致候よりは意外の事も有之、実は港湾の改良其他種々拝述仕度件も不少候へ共、何れ帰国親敷拝謁の上万々得貴意可申。猶銀行の件に付ては総督閣下よりも御意見御開陳の事と奉存候。
先は右緊要の事物迄申上度此の如く御坐候。敬具
　明治卅一年八月十六日　　　　在台北　大谷嘉兵衛
伯爵大隈重信閣下

［別紙］
　台湾銀行設立に就て意見の概要
不肖渡台以来僅々数日間而かも不幸にして非常の風水害後に際会し、交通の便意の如くならす。為めに曾て予期せし地方実況の一半をも観察すること能はす、遺憾何そ之れに過きん。然れとも熟ら本島の殖産貿易上に就て目撃する処によれは、港湾の修築を初め鉄道の布設と云ひ道路橋梁の改良と云ひ施設せざるべからざるの事業一にして足らすと雖とも、浅見寡聞の調査を以て軽々断案を下し難きものあり。又仮令案を具し卑見を呈し得るとするも事百年の大計

に関し、台湾経営の大方針と相俟て徐に施設を講すべき問題も尠しとせざるを以て、茲には只殖産貿易上一日も速に設立せざるべからざるものと認めたる台湾銀行の件に対し、聊か左に実情を具せんとす。

一　金融機関設立の急務なる理由

台湾に於ける金融機関の設立を急務とするや、今更ら喋々する迄もなく政府は夙に其必要を察せられ台湾銀行設置の計画あり。不肖又該銀行創立委員の任を荷ふ、豈に一言実況を叙て参考に供せざるを得んや。

台湾の地たる一葦帯水を隔てゝ清国と相対し、就中厦門及香港は商業上最も本島と密着の関係を有するが故に、金融の繁閑は勿論金銀比価変動の如きも真に微動と雖とも互に相感応することと是なり。

故に台湾の銀相場は本邦と対岸支那と鼎立して始て時価を生み出すものなることを知らざるべからす。然るに現今日本銀行台北支店の取扱に係る総督府の円銀交換価格は九拾弐銭にして、則ち金兌換券千円に対し銀千〇八拾六円九拾銭に当れるを以て、香港及厦門に於ける銀価聊か騰貴したる昨今にありては射利に敏き居留外人及支那人は為替作用を以て少なからざる利益を博したるものあるのみならす、彼等は我有力なる商業機関銀行の備なきに乗し、巧に金銀比価の変動を利用し以て日本銀行及我商人は常に不利の地位に立てり。何となれは日本銀行は円銀の公定価格によりて国庫金の収支を司るに過きざれは、外国為替売買の機先を制すること能はざるは勿論、大蔵省命令の下に羈束せらるゝを以て毫も商業の機関となることを得ざればなり。

現に本月より総督府令を以て円銀公定価を金九十弐銭とせらるゝや、円銀の交換を請求するもの多き為めか大蔵省は其交換を一切中止せしめられたるにあらずや。茲に至りては我内商は如何ともすべからざるの悲境に陥り、止を得す土人の両替店に付て必要の銀貨を求め居るの有様なり。而して之れか為め我商人の被る処の損失如何と云ふに従来の如く日本銀行にて交換せらるゝときは金券千円に対する円銀千〇八拾六円九拾銭を得らるゝに拘らす、土人より購入するときは僅に五拾円乃至五拾五円の打歩を得るの割合なり。故に我内商は目下千円に付三拾余円の損失を生し一ヶ月五万円の商業を営むものは其交換打歩として実に千五百円を空しく失ふに反し、土人は我の損失額丈を利するの姿なり。豈に驚くべき事実ならずや。果して然らは土人は何故に利するかと云ふに、前述の如く土人及外人は厦門若くは香港と密着の関係を有し、一種の潜勢力を金融界に有するのみならす、阿片代及納税金は金券を以てするが故に容易に其差額を利益するの便宜を有すればなり。此一事を以てするも如何に内商は不幸の位地に立ち、又如何に金融機関の設なきに苦痛を感しつヽあるかを知了せらるヽに足らんか。其他金利の如きに至りても、内商は相当の担保を供して猶且一ヶ月一割の高利を支払はざるを得ざるか如きものあるに反し、土人は通常六歩の利息を以て円滑に資金を運用し得るの便ありと云ふ。而して如此内地商人の不便不利を免れざる所以のものは、畢竟台湾に於ける商業的中央機関銀行の設備なきによらずんばあらす。是れ台湾銀行の設立一日を後れは一日の損あり一ヶ月を緩ふせは一ヶ月の害ありて、民業の発達をも阻止せんとするの恐れある所以なり。

今台湾銀行設立に関し卑見の要点を挙れは左の如し。

一 本店を台北に支店を厦門に其他台湾の枢要地に数ヶ所を設ること。

一 株式募集は内地人のみにても可なりと雖とも、可成支那人をも加るを可とす。

一 土人の貯金力は驚くべきものあり。故に彼等をして銀行の功能を知得せしめて預金をなさしめ、且信用ある土人に相当の地位を与るも可なるべし。

一 夏期は茶其他輸出時季にして、冬期は輸入時期なり。故に為替資金の如きも時期に適応せしめざるべからす。

一 欧米人の未た有力なる銀行を設けざるに先て台湾銀行は速に設立するを要す。

一 厦門と台湾は商業上離るべからざる関係あり。故に此関係を利用する為め第一着に厦門に支店を設けざるべからす。

一 土人をして漸次銀行を利用せしめは為政上に於ても偉大の功果あるべきものと信す。

以上

〔封筒表〕東京永田町御官邸　伯爵大隈重信殿親展
〔封筒裏〕在台北城内　大谷嘉兵衛

36―2 大谷嘉兵衛書翰 大隈重信宛

大正四年八月二十八日

拝復　去廿六日附尊翰奉拝読益御健勝に被為渉候段奉慶賀候。陳者今回聖路加病院長御渡米被致候に付御送別を兼ね、目下紐育より御来朝中の博士諸氏御歓迎の為め来九月一日華族会館に於て御餐会御催し被為遊候御趣きを以、態々御案内を蒙り誠に難有奉深謝候。然るに当日者万止を得ざる差支有之、甚た残念且遺憾千万之至に存じ候へ共欠礼可仕候間、何卒不悪御了承之程奉希上候。不取敢茲に御挨拶奉申上候。猶目下残暑甚た敷折から一入御自愛専一を国家為め希祈申上候。敬具

大正四年八月廿八日

大谷嘉兵衛

伯爵大隈重信殿閣下

二伸　小生義過日来静岡県及三重県其他地方へ茶業視察の為め巡回致し、昨今当地静岡に滞在中に付意外の御無沙汰申上居候段、真卒御海容の程奉希上候。

〔封筒表〕東京市麴町区永田町　伯爵大隈重信殿拝復
〔封筒裏〕大正四年八月廿八日　静岡市安西壱にて　大谷嘉兵衛

（早稲田大学図書館収集文書）

37　大谷光瑩 書翰　大隈重信 宛

（　）年六月十四日

薄暑之候愈御清栄奉大賀候。陳者昨年来不調法なる園丁永々御世話被成下、以高庇洋種花卉之培養方大略修得仕候趣奉万謝候。又同人帰京に付而者西洋蘭科并に花卉之類、外に貴園之写真帖等種々御寵贈被下御懇切之段奉深謝候。先者不取敢御礼申述度如此に候。早々敬具

六月十四日

大谷光瑩

大隈重信殿

（早稲田大学図書館所蔵「原安三郎蒐集書画書簡」）

38　大谷光演 書翰　大隈重信 宛

（明治　）年十一月十四日

謹啓仕候。

向寒之候に候処益御全健之段為邦家大慶之至に御坐候。降而小衲無異消光罷在候間乍憚御放念被下度候。さて小衲就職以来茲に満一ヶ年を経過致候。不肖碌々何の為す処もなく甚慙愧之至りに候へ共、曾而よりの閣下之御高教に基き諸国の行脚は引続き実行仕居候。以御陰少々宛は回復之経路に向ひつゝ有之候。猶今後不撓継続之考に御坐候。何か呈上致度と存候へ共珍敷物も無之、別送大根は当地方之名

物に有之聊御目に懸申候。御笑留被下候はゝ本懐之至に御坐候。

風呂吹や　伯爵の胆　斗の如し

御一笑被下度候。尚々時下為邦家御自玉奉祈候。草々頓首

十一月十四日　　大谷光演拝

大隈伯爵閣下机右

（早稲田大学図書館所蔵「原安三郎蒐集書画書簡」）

39―1　大谷光勝書翰　大隈重信宛

（明治十二）年七月十七日

大暑将煽之候先以閣下益御健享〔亨〕之御事奉粛賀候。随而弊衲無異消光罷在候。乍恐御放慮可被下候。陳は先般来種々奉蒙御高配候勅額之儀最早御下賜可被遊哉と日夜仰望仕居候処、頃日隣山に於て寺務を改正し為之何廉混雑も致居候由。自然右等につき勅額御下附御延引相成候儀も無御座候半哉と乍恐愚推仕候得共、何分先達而門末共江堂宇再建之為特別之以叡慮を御額被下賜候御沙汰之旨懇篤申聞候処、一同愈天恩之優渥なるを感戴仕候得者、於此際速に御下賜被遊度。実に弊派千歳之一時に御座候間、御繁務中恐懼之至に御座候得共此事情乍恐御諒察被成下、何卒乍此上宜敷御取成之程奉懇願候。為其如斯御座候也。恐々謹言

七月十七日　　大谷光勝

呈大蔵卿殿下

猶以右同様一書右大臣殿下へも呈進置候得者、呉々宜敷御取成奉冀候也。

（早稲田大学図書館所蔵「原安三郎蒐集書画書簡」）

39―2　大谷光勝書翰　大隈重信宛

（明治十四）年四月二十一日

尊墨拝読仕候。如高諭趁日桜花爛熳之気候に向ひ候処閣下益御健剛に被為渡奉敬賀候。然者弊山財務上に付昨年来特に奉煩尊慮何共恐縮之至奉存候。以御蔭今般中村道太態々出張致呉万々難有奉存候。就而者御示教之趣謹而拝承仕候。即同人にも早速遂面会万端依頼仕置候。尚今後篤と及熟議

如仰永遠不撓之大基礎を確言仕度奉存候間、此上御庇護之程懇願仕候。先者右不取敢御請旁御礼迄如此御座候也。

恐々頓首

四月二十一日　　大谷光勝

大隈参議殿閣下

（早稲田大学図書館所蔵高田早苗旧蔵文書）

40　大槻如電書翰　大隈重信宛

明治四十二年二月十八日

大槻如電謹啓大隈伯閣下。国書刊行会者閣下を総裁に戴き希世の典籍を発行し文学界に裨益を与へらるゝは、万人之感佩する所に御坐候。就て者其書の完然無欠を期するは申迄も無之と存候。然るに続燕石十種所収

武江年表補正

右は上中下三巻の者に候処、上巻のみ収められ中下両巻欠れしは甚た遺憾之事に候。仍て完本を会へ相送り補刊ありたしと申候に、此程都合上見合との報ありき。折角完備を求め申候を殊更に欠本之まゝ世に伝へ申候は衆人の希望も如何、総裁之御体面にも幾分か相成可申哉と掛念此事に候。拙者も文学界の一人に候へば残念に存候間此段申上候。取捨は閣下之御裁許に仰き申候。以上

明治四十二年二月十八日

（早稲田大学図書館収集文書）

41－1　岡部長職書翰　大隈重信宛

（明治三十）年六月十五日

拝啓　昨今は御足痛之趣拝承仕御難儀拝察仕候。何卒御療養奉万祈候。扨過日霞ケ関にて拝眉之節相願置候件は、御出勤之上高島大臣と御協議之御都合に依り岩崎総裁へ御懇諭之程奉願候。当今特殊之経済社会実況と台湾に対する公衆之人気を十分に酌量之上、特殊高価格を以て株式を抵当に引取るへき予約を今日より確定相成候様御尽力奉願候。此予約にして行はれさるときは会社成立を促かすへき人気引立ての方法無之と大に痛心仕候。又帝室之御醬〔奨〕励を仰き候義に付委員等申談し、今晩より安場幷小生西京に赴き松

方土方之両大臣に就て懇請仕候覚悟御坐候間、帰京之上又々拝趨可仕候得共此段不取敢申上置候。早々敬具

六月十五日

長職

大隈伯閣下

41－2　岡部長職書翰　大隈重信宛

（明治三十）年八月二十日

拝啓　過日は湘浜御静養中推参仕種々御高説拝承奉深謝候。其節に懇々相願置候台湾鉄道事業敏速進行を図るの方針に付ては、何分にも閣下之御尽力を仰かさるへからさる次第に御坐候。又高島大臣は近来大に意気込宜しく小生等に於ても感喜之至に不堪候。然るに別紙安場男爵よりの書面に見へ候如く、松方総理の意見兎角躊躇の色あるは甚其意を得さることに御坐候。此際政府に於て一の新方策を案せらるゝことに遅疑せらるゝ所あらは、台湾鉄道は時機切迫に促かされ兎に角近々株主総会を開かさるを得す。而して其総会を開くに当り曩に我輩より提出したる意見書の如く国庫金臨時処分の御英断にも出てさせられす、又社債に対する御保護も無きときは、初回之株主総会は即ち最後の解散決議会となるは鏡を照して見るか如き次第に御坐候。其結果政府は従来確守されたる御方針にも拘はらす、又台湾に鉄道敷設する一日の猶予を許さすとの朝野一般の輿論なるにも拘はらす、矢張漫然第十一議会を待て予算を提出せられ、卅一年四月一日に至り纔に工事に対する準備をなすか如きことあらは、政府か台湾の統治に冷淡なるの罪責を免かるへからすと確信仕候。然して今断然御決心ありて会社進行を助くるの方策を取らるゝに於ては、今日迄すら已に事状の許す限り我々に於て進行しつゝある上に数倍の活動力を増加することにて、政府か昨年已来既定の御方針をして一貫速達の途他に講すへきの余地無之と被存候。閣下に対し斯の如く愚見を反覆するは所謂釈迦に説法には御坐候得共、別紙安場男爵の書状を見て松方伯の決断無きに感慨し、茲に一書を呈し特別の御尽力を仰き候次第に御坐候。実は今一応拝趨之上相願度候得共、毎度御清閑妨け候は恐縮に御坐候間、乍略儀書面進呈仕候。敬具

八月廿日

長職

大隈伯閣下

〔別紙〕
安場保和書翰　岡部長職宛

（明治三十）年八月十九日

今朝高島より面会之事申来候間参り候処、昨日総理と面会之処、総理未たくづ〳〵いたし居候間手強く説破いたし、今日は大隈も帰京一同に緩接結局いたし可申との事に有之候。此際大隈之方今一層申入度事と奉存候。小生は明日前六時之汽車より清浦一同大磯まて参り候間、諸事可然御執計被下様奉頼候。書外は明後日当所に御面会と致仕候。

怱々拝具

八月十九日　保和

岡部子爵虎皮下

〔編者註〕別紙は早稲田大学図書館所蔵「大隈文書」ではB5187として整理されているが、内容より本書翰に付随するものとした。

42　尾崎行雄書翰　大隈重信宛

（明治二十二）年六月二十二日

拝啓　爾後は頓と御無沙汰に打過候段御海容可被下候。本月四日藤田茂吉氏来着に付き日本の近況も一と通り承り及び申候。同氏は先日来小生と同居し日夜諸方の見物に忙はしく御座候。荘田平五郎氏も先般来当地に滞留致居候。さて本月初旬よりは日々三名にて四方を游覧仕居候。

別紙は先般二三の英人と両国の関係を談論の末之に示さんが為め草卒の際に起稿致せる者にて、英文の論文を草せるは生来是れが始めてに御座候。折柄グラッドストーン氏は西部巡回中に付同氏始め一行の人々に示しては如何と勧むるものありし故、ウェステルン、タイムス社〔エキゼター府の〕に寄せて出版為致申候。無論何の利益もなかるへく候へ共、又別段の害はなき事と存候。グラッドストーン氏には未だ面談は不致候へ共、書面丈けは一二回往復致候。若し緩々談話することを得ば面会致度と存じ、知己の英人に周旋を頼み置申候。

先は余り久々御無沙汰仕候儘御起居御伺ひ旁、一書拝呈仕候。別紙御閑暇の際御渉猟を賜はらば難有奉存候。

六月廿二日

英京　行雄

大隈先生侍史

尚々両三日前露京よりの電報有之、日本との条約改正事件を協議中なりと見へたり。独逸は粗ぼ承諾の由私信にて承はり候。何れの国なりとも容易に承諾する方より纏めて、英国の如く頑固なる国をば不正不義の地に孤立せしめなば早晩承諾可仕と存じ、大慶至極の次第に御座候。

〔編者註〕本書翰には別紙として英字新聞切抜が付随するが、紙幅上省略した。

43　長田秋濤 書翰　大隈重信宛

明治四十四年一月（消印）二十日

拝啓仕候。寒気厳敷折柄益御機嫌克被渡奉大賀候。扨今朝新聞紙上にて四月御渡英の由拝承何よりの事と存候。幸小生も護ム植付相済み、目下手あき中万一大陸方面御旅行に相成候事ならば是非御役に相立ち申度御都合御伺申上候。御用の様子次第にては上京可仕候。不顧失礼以書中御左右奉伺候也。敬白

廿日

忠一拝

大隈伯爵閣下

〔封筒表〕東京市牛込早稲田　大隈伯爵閣下親展

〔封筒裏〕神戸市下山手通六丁目二百十六番地　長田忠一

44　小野義真 書翰　大隈重信・高田早苗・鳩山和夫他一名宛

（明治二十八）年二月八日

尊書拝見。厳寒之候各位益御健勝被成御座奉敬賀候。陳は来る十日亡小野梓追悼会御営に付、遺族同伴罷出候様御懇示之趣奉拝承候。遺族小野寿美相携参上可仕候。不取敢御礼旁御請申度如此御座候。敬具

二月八日

小野義真

大隈様

高田様

鳩山様

市島様
尊下

（早稲田大学図書館収集文書）

45　加藤高明書翰　大隈重信宛

（明治　）年十一月二日

拝啓　御清穆奉賀候。陳者倫敦及エンドチヤイナ、テレグラフ持主兼記者ヱー、ジー、アンジヤ氏目下来邸中の処、閣下に拝顔致度との希望に御座候。参館の節御引見被下候義相叶候はゝ難有奉存候。右御願旁本人御紹介の為め如此御座候。敬具

十一月二日　加藤高明

大隈伯閣下侍曹

［封筒表］隈伯閣下　ヱー、ジー、アンジヤ氏持参
［封筒裏］加藤高明

46　加藤正義書翰　大隈重信宛

大正四年十月十八日

尊書拝読。来廿日三時半茶話会御催蒙御案内難有参上可仕候。拝具

大正四年十月十八日　加藤正義

大隈伯爵閣下

［封筒表］永田町官邸　伯爵大隈重信殿
［封筒裏］麴町区元園町一丁目　加藤正義

（早稲田大学図書館収集文書）

47　川崎巳之太郎書翰（はがき）　大隈重信宛

明治三十一年（消印）十月十七日

粛啓　在京中は種々御厚情を蒙り難有奉謝候。偖て小生儀本月十一日を以て当地に安着仕候間、乍憚御放念願上候。

当地邦人の状態は聞きしに勝る愍状に有之候間益々御高顧を煩はし度候。「北米日報」は精々来月上旬より発刊致度心算に候。匆々頓首

十月十七日

桑港北米日報社に於て　川崎筑峰

（121 Height St.）

［はがき］牛込区早稲田　伯爵大隈重信殿執事　Count Okuma Tokio Japon

48－1　川路寛堂書翰　大隈重信宛

明治七年十月十四日

謹啓　今朝拝謁之バートン氏義米公使ビンガム氏之添書を閣下に呈し奉候を失念いたし候由に付差越申候間、即訳文相副奉拝上候也。頓首

十月十四日

川路寛堂再拝

大隈大蔵卿閣下

［別紙］

ビンガム書翰　大隈重信宛

明治七年十月二日

茲に我合衆国海軍会計官バートン氏を閣下に招〔紹〕介す。依て閣下の恵典を以て面謁を許しあらん事を希ふ。右同人儀は貴国海軍の文官となり、米国の計算法を以て貴国海軍の会計算定に写〔ママ〕さんと希望する由。当人は素より右等の方法を熟知し、多分稗〔裨〕益の件々を閣下に上陳すべく、然して同人海軍所に従事の際貴省の書記生等をして計算法を学習せしむる事至極の便益と想像するなり。謹言

千八百七十四年十月二日

ビンガム手記

大隈大蔵卿閣下

［編者註］本書翰には右に収録した別紙和文書翰の英文原書翰が付随するが、紙幅上省略した。

48－2　川路寛堂書翰　（大隈重信）宛

明治十二年五月十六日

謹啓　清姿倍御清穆敬賀。扨別封者閣下御了知之バッチルダ氏より被相托候処一応者小生も相断申候得共、何分にも只管委托被致候間不得已内々拝呈仕候。別御留覧可然御顧慮被下候はゝ当人者不及申、於僕も大幸に奉存候。且又右之情実等委々拝陳も仕度。幷に又外一事折入て閣下之御垂憐を乞度義も御坐候間、御繁忙之御中万々奉恐入候得共、御用閑之節一両日の内に鳥渡謁見御話し被成下度、此段伏て奉乞候也。

五月十六日

川路寛堂拝具

［別紙］

バッチルダ書翰　大隈重信宛

明治十二年五月十二日

大隈公の閣下に敬白す。曩きに余が太平洋郵船会社の汽船ニウヨルク号を貴政府に売上たるの頃より屢ば閣下の謁見を辱ふし、頻りに愚見を建言し勧業議会（インダストリアルシンジケート）を起して以て国立汽船局を開き、港湾を改良し内地の測量を成し公路の開通工業の進歩森林の繁殖貿易の盛栄其他総て内国の開進を勧奨し、然して而して旧日本の面目を改め怠慢の工業を転して鋭盛の工事となし、僅々の水陸物素を変して増殖の産物となし、新たに日本の富殖を興起せんと希望せしなり。然り其勧業議会の設あるや実に全国の勉励競進力を連結し以て新面目の国を興し、惟新の事業惟新の財産惟新の資本並起り騪〔駸〕々乎として富殖休まざる開明の基礎立定し、自今二十年間には日本の富殖今に一倍するに至るべしと之を信するなり。茲に於て今旧幕政府以来引続きたる外交条約の如く、其内地の物産を殖するに限あるの政略よりして而して日本国の価位を収縮するの弊害を洗滌し得べきこと論を待ざるべし。

余信ずらく、今や既に日本国民の勉力を勧奨し物産を増殖するの基を立て得べきの機会に達せしことなるべし。之に依て余が今閣下に深く乞はんと欲するの一事あり。夫れ唯天皇陛下の外務省に於て殆んと進歩に遅々たるの方嚮あるが如く傍観し得るの件を、少しく改良せる〔ら脱〕ゝに注意あらんことを希望することなり。蓋し一朝其方嚮の転するときは、貴政府に於て彼の勧業議会を設けられ実際の事業に経験あるの人を挙けて其議員に充たしめ、全国の物素を増殖し財政を便益にし勧業保護の政略なる外交新条約の助けを得、富国進歩の基を立貿易は日一日より盛に海外の信用は年一年より進に紙幣の価正金と其交換の差なきに至るべきも敢て難事に非るべし。

余は今日迄貴政府外務省に対し余の訴件御処分の遷延する事態を以て、閣下の清聞を煩し奉たることなしと雖とも、今実に已を得ず閣下の御省に愁訴する所のものは、我米国政府幷に余に向ひ至当公平の御処分を与へられんことを〔ママ〕。該件たるや久しく寺島外務卿閣下の御手に留滞して決する所なきものにして、而して余は該訴件の中曩者日本の官吏が公法に背き取押へたる余の財産を回復するの事に関して、貴国外務省に対し十年の間訴訟討論を昼〔尽〕して空しく時日を費せり。然り而して其中六年間の星霜を法律考査のためなりとて空しく経過せしが、終に我政府より貴政府に要求して該件を仲裁に附することに決せり。

抑も当時の我大統領グラント氏は曩きに英米の間に起りたる彼のアラバマ号船紛紜件の如きも仲裁にて平穏に決せしがゆへ、凡百の難件を仲裁にて判決することを希望せしことなるべし。

茲に於て大統領グラント氏は其公使ビンガム氏其他スチイブンス氏少将ボンボリン氏領事デニソン氏領事セツパルド氏（今貴政府の外務省に在り）に命じ、該件を考査せしめたり。右各氏は皆法律に明なる縉士にして、而して皆信ずるに仲裁に附せば其判決の公平なるべきは論を待たざるなりと。若し夫れ閣下該件の適法可否を以て右の明法縉士に下問を辱ふせば、速に其公理如何を明弁すべし。

故に該訟件を速に審理判決せんとし、一千八百七十六年第三月三日に於て日本帝国政府と北米合衆国政府との間に仲裁判決の約条を確定せり。之に依て幾もなくして米国政府より撰挙されたる仲裁者デニソン氏は一千八百七十八年第二月廿八日に於て仲裁判決書を出し、該パイホ号船の件は原告を直者と認められたり。又佐野君（日本帝国政府より撰れたる中裁者）に於ては余が若し該訴訟を廃するなれは壱万弗を受け得べく、且は其他尚判決のこともあるべしと言れたり。然れとも同君は別に判決書を出さゞりし。然り而して其後終審仲裁者を撰れたりと雖とも之を承諾せずして、書類を返却されたり。蓋しビスマーク侯及び日耳曼の便益に依てのことなるべし。

如右の事情なるがゆへ余今恭しく之を惟ゆるに、閣下若し彼の下の関償金を回復せられんとの意あらせ賜ひ、幸に余を信任して其復金収入の事務を弁理せしめなば、余は其光栄を辱ふし昼力して之を復し、其金額の中より前に陳逑〔述〕せし如き米国政府の請求金額及び該収金の費用を引去り、其余は悉く日本政府の大蔵省に納むるに至らんことを熱望して已まざるなり。

然り又余望らくは該償金の内若干日本に復するときは、其金額を以て米国に於て織物機械羅沙金巾等の類を購求せられ、勧業議会の管轄に附して而して人民就業の嚆矢となり全国の勉力心を発動せしめ、以て新たに日本の富殖を年々に増すに至らんことを。前の大統領グラント氏幷に公使ビンガム氏も近く日本に来着すべし。此時に当て閣下幸に両国の間実に紛論のなきを欲せられ、同氏等来着の以前に該訴訟の難件を平穏に清定せられなば、蓋し貴政府の益少なからずして而して倍す開進の雄力を得らるゝに至べしと信する所のものなり。謹言

一千八百七十九年第五月十二日

於東京　ゼー、エム、バッチルダ頓首再拝

［編者註］本書翰には右に収録した別紙和文書翰の英文原書翰が付随するが、紙幅上省略した。

48-3　川路寛堂書翰　（大隈重信）宛

明治十二年九月一日

謹啓　別紙米国公使より拝上仕度。且明朝御待可申上旨にて巳刻該封小生方江差越申候処、不在中にて拝上延引甚奉恐入候。宜敷御海容之儀奉乞度候也。

九月一日

川路寛堂再拝

呈下執事

［別紙］

米国公使館書翰　大隈重信宛

明治十二年九月一日

本日附之御書簡拝受。陳者明二日午前第十時大隈卿閣下当公使館江御来駕該公使江御談示可被為在旨委詳拝諾、公使ビンガム氏に於て何之差支も無之、難有閣下之御来光を同時可奉待候。右貴酬如此御坐候也。

一千八百七十九年第九月一日

於米国公使館

［封筒表］〔以下朱書〕米国公使来状〔朱書止〕　大隈公閣下　川路寛堂再拝
［編者註］本書翰には右に収録した別紙和文書翰の英文原書翰が付随するが、紙幅上省略した。

48―4　川路寛堂書翰　大隈重信宛

明治十三年一月二十二日

謹啓　今朝参殿仕候処御繁忙之御中敢て奉乞拝謁候も甚奉恐入候義に奉存、不顧失敬以書中左に拝述仕候。
一昨日者バッチルドル氏に拝謁を御許相成、彼パイホ事件に付特別御懇篤之御高諭御坐候趣にて、早速同人義小生方江罷越御下示之旨一々感銘仕候段申聞候故、尚小生よりも御趣意之処及縷述置候末、尚同氏も一応ビンガム氏と内談仕候心得に御坐候折柄、ビンガム氏より米国大統領之通知書を被相示候に付旁以バッチルドルも決意仕、別紙訳文之通小生江書通仕候義に御坐候由。依て不取敢右書通之訳文皆悉拝上仕敢て閣下之御電覧を奉仰度。且又退て愚考仕候に該件たるや斯まで閣下之御厚慮を蒙り候義故、何卒御国之ため相成候様清定仕候義を只管希望仕、バッチルドル氏之意見も測量仕、且内外之御模様も窃に奉恐察処、到底彼の下の関一件に付バッチルドル氏江御指令等之義は相叶申間敷奉存候得共、素より日本政府に於ては若し米国政府が該償金を返戻仕候節、同国之請求金額を引去候義は御異議被為在間敷様奉存候。乍去又米国政府に於ては勝手に其請求を引去候義も敢て欲する所に無之様被相察候。就ては該償金返戻相成候節該請求類皆悉清定之ため弐割なり御引去相成、右を更に御下渡相成候義は相叶申間敷哉。依て若し今回バッチルドル氏之再応嘆願之趣を御顧慮被成下候義に御坐候はゝ、右辺を証するかため別紙甲号乃至は乙号之類なる御書面をバッチルドル氏に御渡相成候ては如何可有之歟。左候得者蓋し日米両国政府とも其義理被為立バッチルドル氏は其功名も相立、且日本政府之御救助を蒙り候義に立到り終身洪恩を忘却仕間敷、米公使に於ても無限之満足に可有之候義に付、是れ敢て御不都合之次第にも被為在間敷哉と一己の想像を妄起し、試に御達書案甲乙弐通を製し右を相副茲に拝伸仕候。閣下若し小生之多罪を御許被下小生之微志に御垂憐なし賜ひ前文之愚拙に御賢慮を被成下候はゝ無限之幸甚と奉存候。恐惶頓首

十三年第一月廿二日

川路寛堂拝具

恭呈大隈明府侍史

[別紙①]

甲号　御達案　米国人バッチルドル氏へ

若し米国政府より下の関償金を我政府に返戻有之節者、該金額中より定額之百分之弐拾を相渡可申条、右全金額を以て貴下より我政府に対するの請求幷に其他米国より是迄我政府に対するの請求を清定いたし候様取扱ひ可有之候事。

日本帝国　大蔵卿御判

乙号　米国人バッチルドル氏へ

別紙之通華聖東府駐在我公使館へ相達し置候条、其旨可被相心得候事。

大蔵卿御判

別紙　在米国日本公使館江御達

米人バッチルドル氏より申立之次第有之候に付、若し米国政府より下の関償金返戻相成、於其公使館受取候節は該金完額百分之弐拾を右バッチルドル氏へ相渡し可申事。

[別紙②]

バッチルダ書翰　川路寛堂宛

明治十三年一月二十日

訳文

川路君に敬白す。拙者義彼のパイホ仲裁事件に付今朝大隈公に謁見いたし特別の御懇話を辱ふせり。

然るに只今我公使ビンガム氏より拙者に示すに米国大統領より米公使に送られたる今便の通知書を以てせり。其書たるや蓋し大隈公の御参考に相成べくと存候に付、即ち附上候間貴下御成訳の上大隈公の御電覧を奉煩候様いたし度希望する所なり。

茲に於て拙者再三熟考候処左の通り企望いたし度と考定せり。

大隈公より御懇切に御下示有之候銀円弐万五千枚を以てパイホ一件清定可致の義は、拙者が「ワシントン」府に罷越候後迄先つ其儘御差置相成度、而して其代りに該件御内(うち)渡として銀円壱万五千枚を当時拝受いたし度奉存候。

且大蔵卿閣下より一通の御書簡を賜り、若し米国政府より日本政府に彼の下の関償金を返戻したるの時は其金額中より百分の弐拾を下賜ひ右を以て拙者の関するパイホ事件其他米国より日本に対する諸請求を悉く清定するための金額に充て可申旨御下示相成度希望仕候。何となれば拙者義今度自用を以て私に米国に罷越し日本帝国の良友となり、日本のために下の関償金返戻の件を周旋致すべくと将に決心すればなり。然して又右の百分の弐拾を拝受するの日に於て前文御内渡（うち）を願ひたる銀円壱万五千枚をも其時ワシントン府に於て返上すべし。

拙者義来る二十二日再び於大蔵省大隈公閣下の謁見を可奉乞と御約束をなせり。此故に貴下幸ひに明日大隈公に御伺被下以上企望の趣を御上願有之候様御依頼申上候。右の企望御許可相成候節は速に貴下と共にワシントン府に渡航し久しく日米両国の間に在りたる不愉快の事件を一切清定候様微力を昼さんと熱望して止ざるなり。

此段得貴意度如此候也。拝具

千八百八十年第一月二十日

バッチルダ手記

〔別紙③〕

訳文

一千八百七十九年第十二月．日附米国大統領ヘイス閣下より米公使ビンガム氏に送りたる例年通知書第十葉第廿八行に曰く

「我合衆国と日本との間に於て昔年取結びたる通商条約を改正せし所の近頃の新条約は、蓋し他の条約国（日本との条約国を云）に於ても亦其例に従ひ我国に於ると同様なる結約に到るべしと信するなり。

先年我米国に於て日本及び支那より受取たる償金の件は再び議院の議目となりたり。該金額たるや当今まで積立たる利子を加ふれば、相応の員数に及びたり。○若し我米国人民中より該各国に対し（日本及び支那を云）請求ありて、該償金中より請取るべきものは至急受取の手段之あるべし。且夫れ我米国政府に於て是まで望外過分に請取たるものあらば（償金等の類を云）、何れの国を問はず相応の手続を以て其金員所属の国に返戻すべきものにならんとする乎。」

〔編者註〕別紙②の欄外に朱書で「バッチエルダー氏来状あり」とあり。また、本書翰には右に収録した別紙③の英文原資料が付随するが、紙幅上省略した。

48-5 川路寛堂書翰（大隈重信）宛

明治十四年三月十六日

謹啓　別封者李仙得より拝上仕度旨依托御坐候。且又錫壺者支那之精茶にてピットマン氏より閣下に拝進仕度様、是亦小生江依頼御坐候に付右両様とも附上仕候。尚近日拝謁之栄を奉仰度奉存候也。拝具

三月十六日

川路寛堂再拝

明治十四年三月十五日

［別紙］

リゼンドル書翰　大隈重信宛

三四ヶ月前在香港ジョオンピットマン氏より金剛石僅箇を拙者に送り越、右を白金及ひ純銀之具に据へ附け新年之恭贈として大隈御息所に奉進致しくれ可申様依頼有之候。然るに右は当新年までに何分整頓相成兼、漸く只今出来候に付甚だ粗製には候得共、吾友ピットマン氏之依頼に従ひ恭しく閣下に奉送仕候。何卒閣下より御息所江御送致被成下候はゝ幸甚之至りに奉存候也。拝具謹言

明治十四年三月十五日

李仙得再拝

大隈公閣下

［編者註］本書翰には右別紙和文書翰の英文原書翰が付随するが、紙幅上省略した。

49　川尻治助書翰　大隈重信宛

（大正三）年五月一日

謹啓　今回又々諒闇に遭遇し恐懼之至りに候。陳者這般国家大勢の余儀なきより閣下の御出盧を煩し候趣、閣下の御迷惑は拝察仕候へとも天下蒼生の為め益御自愛之上政務御奮尽被成下度奉翹望候。先は御機嫌伺迄如斯候。敬備追々飛洲一位木如意一本、粗製には候へ共献呈仕候。御笑納被成下候はゝ幸甚に存候。

五月一日

蟾亭亮之拝

大隈伯爵閣下侍史御中

50―1　河鰭斉書翰　大隈重信宛

（明治八）年七月十一日

益御清穆奉恭賀候。陳者汽船掛判任官明日礼服着用内務省

へ出頭候様大蔵大丞より各員へ御達有之候よし。就而者極而汽船一同内務省へ御引渡相成候事と奉恐察候。然る処旧蕃地事務局会計仕上け一と通り出来候得共、残務全く整理候者猶両三月を要し可申歟。且汽船引渡に付而者是以会計其他書類悉皆整理候には多少時日も相費、且若干之人員を要候儀に御座候処、今更新員に而は取纏無覚束候間旧勅任官に而取調候様仕度奉存候折柄、右転任候而は忽ち差支候に付岩橋少丞於而も頗る当惑仕、此際如何相心得可然哉至急下官より奉伺候様申越候。同人儀当惑之余明日より閉局歟或は辞職之外無之抔申居候様子に候。乍併転任後に而も旧局務等は其迄之通為取扱可然儀に候哉。若左も候はゝ聊不都合無之様相運可申奉存候得共、実は同人儀内務省との御協議振一向承知不仕候に付相伺候趣に付此旨御了承被為在、此際之心得方何分之御指図奉仰度只今参殿仕候処御不在中に付、乍失儀以書取奉伺候。恐々頓首

七月十一日

河鰭斉

大隈公閣下

50-2　河鰭斉書翰　大隈重信宛

（明治八）年十月二十七日

長沼熊太郎儀捕縛相成候よし伝承仕候間、全為御心得上申仕置候也。

十月廿七日

河鰭斉

長官公閣下

二伸　熊太郎借金之件取調候様子に付、自然当局関渉之事件に調及候哉も難計と配慮仕候。勿論於局は仮令取調相成候而も聊不都合は無之候間、左様御承知置被下度奉存候。頓首

51　川村純義書翰　大隈重信宛

（明治三十四）年十月二十三日

拝啓　秋冷之候益御清勝奉慶賀候。陳者裕仁親王殿下御箸

初御前御撮影被為在候御真影下賜相成候に付御収納可有之候。敬具

十月二十三日

川村純義

大隈伯爵殿

52　北川泰次郎書翰（電報）　大隈家執事宛

大正六年五月十九日

受信人　ワセダ　オホクマケシツジ

発信人　キタガワ

発局　私報

サガ局

第九三号

月　日

受付　午後三時

五／一八字

着局　受信　午後五時三分

日附印　大正六年五月十九日

コウシヤク一カウブジサガチヤク

侯爵一行無事佐賀着。

［編者註］この解読原稿は電報本文から翻刻した。なお、朱書で「ゴアンチヤクヲシクス」（御安着を祝す）と書き込みあり。

53–1　（木戸孝允）書翰　（大隈重信）宛

（明治五）年（八）月（十九）日

是箱物持参仕候に付則備高覧候。此人而已ならず総而案外之事不少。已に使節一条に付而も着々齟齬、再度之御国書は米国之右次第に付其限りに御座候処、初発之御国書に付候而も段々議論も承り申候。実に体裁之不相立処も可有之と愚考仕候。

［別紙］

安川繁成書翰　（木戸孝允）宛

明治五年八月十九日

吾れ竊に聞く、本邦に於て訴訟法一定之見込を以て先原告被告の規則且其附録共一決伺済なりと。又民法之義は「ナポレヲンコード」に拠り、司法左院之両官員会して之れを議し追々其一決に及ぶ可しと。

右の如く法律の決定は今日之急務、政治の仕方相立つ事にて実に可賀。然れ共民法なるものは執政の一大要件にして国民の安否全く其法律の当否にある可し。付ては下官本邦に在りし頃ナポレヲンコードの如き世界に名高く、且箕作某か訳書の序にナポレヲンコードより欧洲各国皆之れに拠る云々あり。予実に之に服し、此外良法なしと無限に之れを尊信せし。然るに今般視察之命を奉し欧洲に至り、右コード之大綱と其実地とを視る。然る処豈計ん、仏国に於ては之れが為め其弊害不少。其害之一二を云ん。仏国人民中親を殺し兄を刺す者平均一月一人位有之。其根元何哉、遺物の法度より起る。又其他各国に於てコードに基き法度を改革せし実景を見す。茲に於て之れを考ふるにコード密に過たる歟、或は定理に切にして民心を酌むの浅き歟、或はナポレヲンの着眼何れにありて之れを定めし歟深く察す可し。依之我本邦政府右コードを根本とせは其実際上の利害得失を篤と御斟酌無之ては、仮令其法一決し之れを天下に施行すと雖とも後人民之苦難（苦難の末は乱となる可し）は果して如何、且宇内識者の評論も亦如何可恐。抑政事の元は民心なり。其論議帰着之処即国論なり。其論を採りて施行するは政府の本意、以て文明と称す可し。開化と唱ふ可きなり。其他の条件細目は茲に論ぜすと雖とも、只其文面を全く信し其実に注意せすして論定するを偏に恐る。下官此地に来り初め［て欠］其有様を知覚す。故に其大綱之一分を書取申上候間、宜しく御［破損］考被成下度候也。

壬申八月十九日　　少議生　安川繁成再拝

洋暦九月廿日

53－2　木戸孝允書翰　大隈重信宛

（明治九）年十一月二十八日

先以御清適奉賀候。さては独逸人マエエットなるもの之儀頃日右大臣殿より御談話御坐候由。元来同人事は経済家にして而有用之人物と青木公使も相認、何卒本邦へ差越置候はゝ必其益も可有之と相考、東校雇入之中へ相すゝめ候而来朝を促し当春来着之由。然処前段之次第前以其筋江貫徹いたし置不申儀は実に青木公使も不届に而、対彼候而も甚気の毒之至と愚考仕候。当夏品川弥二郎なるもの一同松方へは相話し置候事も御坐候。一向其後何事も不相分候中、華族会館に独逸人入用と申事御坐候間、右大臣殿へも右之趣相談之末此程御伝承にも相成候由。両三日前右大臣殿より右に付平田東介なるものを御宅へ差出し候様に相伝申候。いは細は東介則差出し候に付直に御承知可被下候。先は為其。草々頓首

十一月廿八日

［巻封］重信様御内披　孝允

（早稲田大学図書館所蔵高田早苗旧蔵文書）

54―1　楠田英世書翰　大隈重信宛

（明治三）年一月三日

御近所尾州邸田中氏偶居へ大学局中両三輩罷出、就而は此前粗御沙汰申上置候水府引移之儀一同にも尚御示談御尋仕度候間、後刻に而も参候而御支無御坐候哉否御尋仕候。一体右に付而は大臣殿よりも直に貴所様へ御示談いたし候様申候条、如此に候也。

正月三日

［巻封］大隈様御内々　楠田

54―2　楠田英世書翰（電報）　大隈重信・大木喬任宛

明治十年七月六日

明治十年送達紙
発局　官報　第十二号　熊本局　七月六日午前八時二十分
字数九十五字
着局　第三号　太政官代電信分局　七月六日
届　太政官に而　大隈参議大木参議殿
出　クマモト　クスダ議官
ボヘイノギ　クマモト　サングンヱ　シダンノトコロ　ヨク　リヨウカヒアリ　チカゴロ　クワングンノ　イキヲヒ
ジユウブンユヱニ　ボヘイ　ミヤワセ　シカルベシトノコ

ト　ナリ　ワガ　ハウチ　サガノジケン　トリマトメ　ヲ
ヒヲヒ　キキヨウス

募兵の義熊本参軍へ示談のところよく了解あり、近頃官軍の勢い十分故に募兵見合わせ然るべしとのことなり。我方ち〔ママ〕佐賀の事件取りまとめ追々帰京す。

［編者註］この解読原稿は電報本文から翻刻した。

55　熊谷武五郎書翰　大隈重信宛

（明治七）年四月十五日

明後日長崎江御出張被為在候段御懇配千万奉察上候。一御留主中省之処は吉田少輔江代理御下命相成候様仕度奉存候。左になければ其地位其の権を維持する尤難き事に奉存候。此儀無御忘却御取計奉仰上候。右御運ひ相成候上は省中当務之処は決而御懸念被成下間敷奉存候。いつれ明日参舘万其時に奉譲候。稽首

四月十五日

熊谷

大隈様

［巻封］大隈大蔵卿殿御親展　熊谷大蔵大丞

56　黒沢信一郎書翰　大隈重信宛

（　）年（　）月二十七日

謹啓仕候。兼て申上候宮部襄北田正董の両人より小生に申入候は彼等両人至急閣下に親敷得拝謁熱血以て開陳仕度一事有之候趣、決して区々猟官等の主意に無之、憲政に関する一大事として思慮至急に拝謁を乞度旨申出候故今朝参殿仕候次第、何卒今夕刻也又は明早朝也御拝謁を許され、彼等の心事御聞取被降候はゝ難有奉存候。尚後刻伺の為め参邸可仕候。恐々敬白

黒沢信一郎拝

大隈伯爵閣下

［封筒表］大隈伯閣下親展

〔封筒裏〕三崎町一の五　黒沢信一郎　廿七日

57　黒田清隆書翰（電報）　大隈重信・大木喬任・寺島宗則宛

明治十年二月二十八日

明治十年送達紙
発局　官報　第百四十号　神戸局　二月二十八日午後九時
三十五分　字数四十九字
着局　第三十四号　大蔵省電信分局　二月廿八日
届　大隈大蔵卿殿　大木司法卿殿　寺島外務卿殿
出　黒田参議
セツシヤト一〔朱書〕ゴセンシジ二一〔朱書〕ヘヲ四〔朱書〕ナニトゾ五八〔朱書〕ヲホサネ
七〔朱書〕レ七〔朱書〕ソ一〔朱書〕ノタメジンリヨクアリタシ
拙者今日午前四時鹿児島へ出発、何卒岩倉右大臣を補佐邦家のため尽力ありたし。

〔編者註〕この解読原稿は暗号を解読した上、電報本文から翻刻した。

58　郷純造書翰　大隈重信宛

（明治　）年三月二日

敝園之桜花十分之煇盈一日間之御慰に少々約折取差上申候。明日若御透なれは御光臨御一覧被下候。而は如何御咄候哉香雲之景色奇絶に御坐候。不備

三月初二

〔巻封〕大隈様　聊堂拝具

（早稲田大学図書館所蔵高田早苗旧蔵文書）

59－1　河内直方書翰（電報）　大隈重信宛

明治十年四月八日

明治十年送達紙
発局　急官報　第十六号　長崎局　四月八日午前十一時廿
五分　字数八十字

着局　第十号　大蔵省電信分局　四月八日
届　大隈参議
出　長崎県
　　高智〔河内〕書記官
コノハヨリサノホウチアリ
ホンジツゴゼンヨジヨリシンゲキフナサ〔ママ〕コムラノゾクルイ
ヲトルジヨウナイヨリモウチイテイデシヨウス
○ヤマガクチハホンエイヲフクモトエス丶メタリ

木葉より左の報知あり。
本日午前四時より進撃。舟底村の賊塁を取る。城内よりも
討ち入て出でし様子。
○山鹿口は本営を福本へ進めたり。

［編者註］この解読原稿は電報本文から翻刻した。

59－2　河内直方書翰（電報）　大隈重信・寺島宗則宛

明治十年四月十三日

明治十年送達紙
発局　官報　第十五号　長崎局　四月十三日午前十二時十
分　字数二百八字
着局　第五号　大蔵省電信分局　四月十三日
届　大隈寺島両公
出　高智〔河内〕書記官
ヤツシロエ　イジシ　ゾクカングンノ　タメヲ丶イニ　ウ
チヤブラレ　タイホウニモン　ブンドラレ　ヒトヨジ〔ママ〕ノ
カタニトンソウ　ゾクノシガイ　サンヒヤクヨアリ　マタ
サルヨウカ　ジヨウチウヨリ　ヲクシヨウサ　イチダイタ
イヲ　インソツシアンセイバシノホウルイヲヌキ　カワシ
リノジヨウリウヲ　カチワタリ　ウドニチヤクセリ　ソノ
トチウワ　ツ丶ニケンヲツケ　ゲキセンツウカス　ゾクワ
タンヤク　トボシク　ツ丶ニ　イシヲソウシホウシヤスル
ニイタリ　カンヘイシシヨウ　キワメテ　スクナカリシト
ユウ

八代へ出でし賊、官軍のため大いに打ち破られ大砲二門分捕られ、人吉の方に遁走。賊の死骸三百余あり。また去る八日城中より奥少佐一大隊を引率し安政橋の砲塁を抜き、川尻の上流を徒渡り宇土に着せり。その途中は筒に剣を着け激戦通過す。賊は弾薬乏しく筒に石を装し放射するに到り、官兵死傷極めて少なかりしと言う。

〔編者註〕この解読原稿は電報本文から翻刻した。

60　古賀定雄書翰　大隈重信宛

（明治　）年四月三日

過日被仰聞候辰年御下金云々に付者右仕わけ書別紙之通に有之、御沙汰之末に付奉入御覧候。其余之義只今探索中御坐候間、差分之上尚又奉申上候心得御坐候。いつれ近日拝趨。万々頓首拝手

四月三日

〔巻封〕大隈様　一平拝

61－1　五代友厚書翰　大隈重信宛

（明治十一）年三月五日

追而春暖相催候処愈御多祥御奉職奉欣賀候。随而迂生無異消光仕候間、乍恐御放念被下度。陳者滞京中種々御芳志を罷蒙、帰坂後速に御礼可申上筈之処彼是被取粉〔紛〕御不沙汰申上候。過日者彼孫七帰東京仕候間、坂地之景況御承達被下候半。御案内之可村此節孫七之催に仍り登京為仕候間、御用閑之節一改烈〔ママ〕御促被下度。生花者当時海内之一人と存、亦人物之維なるも一人なるへし。支那之景況も此度者必糸端を開き可申、乍憚御同慶被下度。仍時機五月比に者登京仕度、任幸便御礼旁奉得尊意候。恐々頓首

三月五日　松陰

重信様侍史

（早稲田大学図書館所蔵高田早苗旧蔵文書）

61−2　五代友厚書翰　大隈重信宛

（明治十二）年四月一日

本日本願寺人員法主并篠原土両名罷出候様申置申候。北畠に者過日成島柳北方江法主一同被招候由に付、仍御都合御招き被下候而も宜候半、迂生に者四時前より可罷出、本願寺は正五時に出車候様申置候。此旨奉得尊意候也。

四月一日

松陰

重信様

（早稲田大学図書館所蔵高田早苗旧蔵文書）

62　後藤象二郎書翰　大隈重信・板垣退助宛

（明治　）年二月五日

拝誦候。然者明六日第十字井上大輔様同伴光臨被下候に就、御待受可申被仰下承知仕候。右御受迄如此御坐候也。

第二月五日

後藤象二郎

大隈参議殿

板垣参議殿

（早稲田大学大学史資料センター所蔵）

63　西郷従道書翰　大隈重信宛

（明治三十一）年九月二十一日

謹啓　本日臨時閣議御開相成候趣敬承仕候。然るに目下各鎮守府司令長官等を召集し本省に於て会議中に付何分該会議を相外し難く候間、欠席仕候条可然御諒知被下度、此旨得貴意置候。頓首

九月二十一日

西郷海軍大臣

大隈総理大臣閣下

［封筒表］永田町官邸　大隈総理大臣閣下急き親展

［封筒裏］海軍大臣侯爵西郷従道

64　相良知安書翰　大隈重信宛

（　）年（　）月（　）日

口上

明日天気宜敷御坐候は者漁猟御出被成間敷哉。朝五つ時分より船を出し、晩八つ半時分帰り可申候。明日南風起候は者大捷之機と申事に候条、御閑隙に候は者朝御飯後早々御出可被下否や此者へ御口上奉希候也。

則　拝伺

［巻封］大隈様侍史　弘庵

65　桜井彦一郎書翰　大隈重信宛

明治三十二年十月七日

粛啓　秋冷之候閣下愈々御安康大慶此事に御坐候。降而小生義海外万里の域に在りて幸に無異消光仕居候間、乍憚御放慮なし被下奉願候。小生郷国を辞してより既に数閲月、されど見聞未た広からす敢て閣下の清慮に叶ふもの無之遺憾に存じ申候。桑港の地に留る事二ヶ月去つてシカゴ府に参り、二週日にしてまた彼地を辞して当地に来り暫時滞留の心得に有之、これより進で南はワシントン府まで北はボストン市まで参る積に御坐候。当地マルヴアンと申すはフィラデルフィヤ市を離るゝ二十哩許の田舎にして、巌本善治及小生の友人なる元札幌農学校教授農学博士新渡戸稲造病痾を養ふに此地に在るを幸に小生も彷佪ひ来りしものに有之候。

小生の主として視察せんと致し候女子社会及び其教育事業の状態は観察して以て参考とすべきもの甚た尠からず。他山の石を仮りて我邦国の女子社会の進歩の鏡を攻くべきの材料多く有之、素より米国女子の状態には感服不仕候へ共また彼等の品性上に高等教育が何程の実力ありたりやに疑ひなき不能候へ共、たゞ尤も小生の心に留まり居ものは独身女子自活の区域の甚た広大なる事に有之、此件は勉めて我国に応用し来りて今日我国にて多くは男子の従事する処なる事業と職業の多くを割きて女子に与ふる事も必要かと感じ申候。

米国の女子を見て小生は米国女子の中に米人かよく果して理情共に合せて衷情より男女同権または同等を説くものあ

りや、誰か能く果して女子の男子に服従するは天理なり自然なりとの事を承認せざるものありやと感じ申候。立派に独立して一生を過し得る女子は多しと雖も、求めて夫子の絆を受くることを欲せざるものは甚た尠かるべしと存じ申候。米国人でも日本人なりとも女子は矢張女子に御坐候。可弱きものに有之候。

研究調査すべき事項甚た多く、また小生等に取りて尤も必要なる婦人社会学をば社会上歴史上より研究するの端緒を得んか為に或る大学の教授を撰んで数ヶ月師事致し度き考も有之候へ共、何分本国出発の際旅資の準備不足なりし為思ふ儘に相成らず。尤も貧書生の事なれば準備の充分なるを得べき筈も無之、また謭才劣識の輩なれば敢て大家の門に奔りて出資を乞ふの便なく、詮ずるに険を冒すの志を以て来りて此国同情の士女の厚意に頼りて幸に達志を庶幾候処、先来多々の本邦人中に不始末なりしもの丶ありし為到る処に本邦人は飽かれたる有様に有之、誠意あるもの丶其意を認められ難き次第と相成り候。

閣下の仁志小生輩の如きもの丶微志を助けて、多年渇望の異域を見る事を得て感謝に不堪候。然るに更に以て閣下の仁志を煩はすは分に非ずと信申候へ共、閣下も若に小生を以て猶ほ為すに足るありと信ぜられなば、小生此地の教育等視察の素志を達し得らる丶為に可然き道を開き被下間敷候や懇願此事に有之候。

米国は数年前までは平和好きの国民の如くに見え申候ひしが、今日にては非常の戦争好きなる国民と相見え申候。僅に西班牙の考扞艦隊をマニラ湾に破りたるデユウェー将軍の名声は旭日の昇るが如しとも申すべき勢にして、今や米国はデユウェーの米国に有之、デウェー熱大流行に有之候。先達も紐育府にて新に二百余人のデユウェーを名のる小児生れたりと申す事を聞き伝へ申候。デユウェーは大統領にも撰ばるべき勢に有之、尤も同将軍は其候補を辞したる由に有之候へ共、なほ二政党は其党の勝利の為に彼を推選せんとする由に有之候。封入引抜の新聞記事御一覧被下候はゞ、デユウェーの地位伺ふべしと存じ申候。

先達て佐藤信孝と申す人帰朝の幸便に托して桑港市政報告書類及加州状況報告書類閣下まで進達依頼致置候処御落掌被下候ひしや。なほシカゴ市政報告書類も既に蒐集致し、また費府紐育其他の都府の政治報告及び其他の報告書類は得るに従つて閣下まで御送り可仕候。其蒐集を心掛け居り申候。

当地（費府）目下開設中の輸出品博覧会は近日見物仕の考にて其上にて多少の御報道致し度と存じ申候。先は近事貴聞に達し度、大略如斯に御坐候。敬白

明治三十二年十月七日

於米国　桜井彦一郎
c/o Dr Inazo Nitobe
Malvern Pa

伯爵大隈重信殿閣下

再伸　なほ相当の御用も有之候はゞ何卒御下命被下度奉願候。直々御下命も有之候節は華盛頓公使館宛に御書面被下度、まつは巌本押川両氏を通して御下命相成り度奉願候。敬白

乱筆加ふるに失礼なる紙を用ゐ候へ共、何卒御宥免なし被下度候。毎々貴人に対する礼を欠き恐縮の至りに御坐候。

〔編者註①〕本書翰には英字新聞の切抜が添付されているが、紙幅上省略した。
〔編者註②〕本書翰には押川方義の封筒が付随しているが、日付より別書翰のものとした。

66―1（佐佐木高行）書翰　（大隈重信）宛

（明治三）年十一月八日

今日条公御不参に付退出より納言公参議一同彼の御邸江出候様御沙汰有之。右者頃日来御評議中之事件急速御決定被成度との義に御坐候。就而者先生御所労中に而甚以御苦労に奉存候得共、相成義に候得共精々御扶け第二字より条公へ御参相願度、此の段一同より得御意候。右耳匆々奉伺候也。

十一月八日

〔編者註〕日本史籍協会編『大隈重信関係文書』第一巻三三八頁には広沢真臣書翰とあり。

66―2（佐佐木高行）書翰　大隈重信宛

（明治四）年五月十三日

専売規則之義民部省より申立之筋も無余義相聞候間、追而

工部省に而右規則相立候迄先つ其儘御差許候方可然、子細者既に御布告にも相成候上は只今差留候而も不都合と存候。右之段御考慮之筋今一応御報被下度候。右耳。匆々不備

五月十三日

［巻封］大隈参議殿御親展　参議

［編者註］早稲田大学図書館所蔵「大隈文書」ではB108―1「某参議書翰」として整理されているが、内容・筆跡より佐佐木高行書翰とした。

67　篠野乙次郎書翰　大隈重信宛

（明治三十二）年一月二十九日

謹啓　閣下益々御清祥奉敬賀候。陳者本書持参之五味兼吉は小生之親戚之者に而今般北海道水産税廃止之件に付同全道漁業者総代として出京致候処、好機会に付北海道状況に関し貴聞に達し置き度儀有之候趣を以て閣下へ御面謁相願度旨懇願致居候に付、御差支も無之候はゝ御面謁之儀御差許被下候様致度、此段本人御紹介旁奉希上候。敬具

一月廿九日

篠野乙次郎

大隈伯爵閣下

［封筒表］大隈伯爵閣下

［封筒裏］篠野乙次郎

68　佐野常民書翰　大隈重信宛

（明治）十三年八月二十六日

本年八月中旬神戸港輸出入貨幣幷元価表壱葉差進候也。

十三年八月廿六日

佐野大蔵卿

大隈参議殿

［別紙］

神戸港
明治十三年第七月上旬

輸出入物品元価表

輸出		輸入		輸出超過	
円	銭	円	銭	円	銭
269,268	43.6	213,744	42.6	55,523	81.0

収税

種類	員数			価格	
				円	銭
銀貨				109	99.2
貿易銀				19,534	92.3
通計				19,644	91.5

輸出入貨幣表

輸出					
種類	数量			価格	
				円	銭
銀貨				20,075	00.0
銅貨				3,166	40.0
古台鋳銀	分	4,800		496	80.0
洋銀	弗	8,100		8,100	00.0
通計				31,838	20.0

関税局　印

［編者註］別紙表中通計の数字及び下線は朱字。

69―1　三条実美書翰　大隈重信宛

（明治五）年五月十四日

横浜に於而大久保伊藤に面会有之候はゝ、岩倉家邸宅一条不得止次第従足下演述有之候様相頼度候。従下官は委細書状を以て右府へ相通置申候。仍此段申入度如此候也。

五月十四日

［巻封］大隈参議殿　　実美

（早稲田大学図書館所蔵高田早苗旧蔵文書）

69―2　三条実美書翰　参議宛

（明治六）年一月十日

今日参勤可仕之処昨夜より風疹相発何分不能出仕候間不参候条、宜御沙汰頼入候。明日は必す参朝も難相整と存候。仍此段申入度如此候也。

一月十日

二伸　大隈参議殿に面晤仕度義有之候間、退出掛乍苦労入来有之度候。副島外務卿参朝候はゝ下官今日不参候間明日参朝相成候様御伝有之度候。

［巻封］参議御中　実美

（早稲田大学大学史資料センター所蔵「増田義和氏寄贈　大隈重信関係文書」）

69―3　三条実美書翰　大隈重信宛

明治八年六月四日

別紙内務省伺毛布製作場建設之義下問候条、意見早々可申出候也。

明治八年六月四日

太政大臣三条実美

大蔵卿大隈重信殿

［編者註］本書翰には別紙「毛布製作場建設之儀に付伺」が付随するが、紙幅上省略した。

69―4　三条実美書翰　大隈重信宛

（明治十四）年二月二十三日

中村道太昨日来別冊差出、猶意見も有之候はゝ申呉との事に有之候。定而貴閣へも出事と存候。同人も何か願出事有之、其事済次第出発之由。右は如何之願事歟承知不致候得とも速に西向致候様之運に至候様心配有之度候。此段早々如此候也。
　二月廿三日　　　　　　　　　　　　　実美
大隈殿
（早稲田大学図書館所蔵高田早苗旧蔵文書）

70　塩田三郎書翰　大隈重信宛

（明治八）年九月二日

拝啓仕候。然者ホウヱル約定相断り義に付、同人より閣下江差出候書簡江御返簡案可認旨尊命之趣承知仕候。就而者右書簡横文元書御手許に御坐候はゝ御遣し被下度。右取見合せ御返簡案取調候積り御坐候。此段申上候也。
　九月二日
［巻封］大隈公閣下　　塩田三郎
［編者註］書翰冒頭に「九月三日返事差遣す」とあり。

71　重岡薫五郎書翰　大隈重信宛

（明治三十一）年（　）月（　）日

謹啓　別紙御参考迄に拝呈仕候間御電覧被下度候。敬具
　　　　　　　　　　　　　重岡通商局長
大隈外務大臣閣下

［別紙］
日清媾和条約によりて帝国臣民は清国に於て通商航海工業等の点に関し直に最恵国臣民と同様の待遇に均霑し、尚右条約を以て新に蘇州杭州沙市重慶四ヶ所を通商地に開かしめ日本船舶の駛行区域を宜昌重慶間幷に上海蘇州及杭州間に展開せしめ、更に廿九年十月の議定書によりて右新開通商地四ヶ所に日本専有居留地を置くの約諾を得、又帝国政府の請求あるときは既開通商地たる上海天津厦門漢口に専有居留地を置くべしとの約諾を得たり。
右約諾の結果、蘇州に於ては三十年三月、杭州に於ては全年五月日本専有居留地取極を完結し今既に実施中なり。
沙市に於ては談判久しく其局を結ばざりしが事変要償談判の結局と共に交渉漸く纒まり、本年八月清国地方官と本邦

領事との間に日本専有居留地に関する約訂を終りたり。而して重慶は今後の訂結事業に属す。

漢口に於ても専有居留地に関し本年七月帝国領事と清国地方官との間に妥協を終へ、天津に於ても亦本年八月専有居留地を得たり。厦門は今将に交渉中なり。

沙市事変に対する要償談判の結果、他日清国に於て岳州三都澳に於て他国に専有居留地を許すときは帝国にも亦許すべしとの約諾を得たるを以て是亦今後の経営に属す。

其他清国の南北に於て帝国通商の為め必要なる地に於て充分の立脚地を設くるの企図なり（福州の如き牛荘の如き未だ機密に属するもの）。

日清間通商進捗の為めには開港場を増し専有居留地を得るのみを以て足れりとせす、日本船舶の航行をも盛にせざるべからず。故に長江航路には大阪商船会社の保護規程により航行をなすあり。上海蘇州及杭州間には大東汽船合資会社の政府保護の下に航行をなし何れも充分成績あり。尚本年六月清国政府は通商市場ある各省内の内河には内外商の区別なく小汽船の駛行を許可したるを以て本邦当業者の画策あらんことを望む。又福州三都澳間航行に関しては既に郵船会社に勧誘中なるが、厦門を起点として南洋諸港間を回運する航路も清国出稼者の往来頻繁なると貨物亦相応の量あるとにて充分収利有益のものなれば、郵船会社に於て経営せんことを勧誘中なり。

本邦品の販路を得んが為めには在清帝国領事館中沙市厦門等に商品見本陳列所を設け衆庶の縦覧に供せり。日未だ浅くして著大の成績なしと雖追々実効を挙ぐるを期すべし。

清国に於ける本邦品販路は漸次展開の途にあるは勿論なり。新開市場に於ても蘇州には綿織物化装品洋傘等の雑貨、杭州に於ては燐寸金属類玻璃類、沙市に於ては紡績糸綿織物海産物燐寸等、重慶に於ては紡績糸雑貨類等を主として漸次輸入増加の有様なり。本邦品の欠点として見本と商品と相違する等の苦情あるを以て当業者注意奮発を要す。

貿易は片貿易たるに於ては不利少なからす。本邦商人は輸入と共に有利なる輸出に従事するを要す。蘇州に於ては絹織物生糸米、杭州に於ては茶生糸、重慶に於ては豚毛、沙市に於ては棉花漆等重要輸出品に属す。

通商は国民の実力に待つこと勿論なり。今新開市場に於ける本邦人数を見るに、

蘇州　二十三人
杭州　　　五人
沙市　　　六人
重慶　　　八人

開市後日尚浅しと雖其微々たる知るべし。今後益々発達せんことを望む。

［封筒表］大隈外務大臣閣下御直披
［封筒裏］重岡通商局長

72　職務掛弁事書翰　大隈重信宛

（明治二）年二月二十日

外国官権判事　中井弘蔵
外国官東京へ引移候に付、同人儀致東下候様被仰付可然哉之事。
宇和島藩　荻野四郎
当時新潟県御用懸同様之心得を以て出仕被仰付置候趣之処、此度東京へ出府先より御用筋有之致上京候事。
右は何にと歟名目相附け元之新潟県へ復命之次第も有之御評議之処、人物可否誰も相弁へ不申候事。
右之趣に付御見込之処御答越被成候様輔相公依御差図申入候間、早々御腹承度候也。
二月廿日
職務掛弁事
大隈四位殿

73　関谷柳二・桐山純孝・一柳紹念書翰（印刷）　大隈重信宛

明治三十一年四月二十二日（消印）

日本神道大学会大意
夫れ吾国は帝道唯一と言ふ。帝道とは何そや。古来列聖の大御国を知食めす道を言ふ。或は皇道とも言ひ神道とも言ひ古道とも言ひ、名は種々に異なると雖も其実は同一なり。帝道は唯一なるを以て吾か建国の根本なり。倘し帝道分岐するあらは国家は忽ち瓦解分裂を来す可し。抑も万有帰一とは近来科学者の唱ゑて真理とする所なるか、此真理は実に吾建国の始めより行はれ来れり。輙ち帝道唯一と言ふ意義を分拆して深く観察を下すに左の条目を含有せり。
○皇道伝教　○祭政一致　○忠孝一途　○文武不岐
以上の条目を正に実行しつゝ、吾か金甌無欠の国家を組織し来れり。倩を国史を按するに、此帝道唯一の道か施政上闡明に行はるゝ時は吾か国本鞏固にして、則ち国家は泰山の安きに居ること疑なし。故に当会は第一の皇道伝教を伝導せんと欲て、遠く天照大御神岩戸御開きの際御祈禱を司り給ひたる天児屋根命の神伝大中臣神祇伯教ゑの儘を汎く伝導研究致さんとす。尋て国家の為と思ひ諸君駸々御入会あらんことを深く懇禱するもの也。

日本神道大学会長　権中教正　関谷柳二

賛成総理　正五位　桐山純孝

枢要顧問監総長　正四位子爵　一柳紹念

［封筒表］東京　伯爵大隈重信殿呈上

［封筒裏］大阪市東区清堀真田山　日本神道大学会長　権中教正

関谷柳二

74 千住代之助 書翰　大隈重信 宛

（明治二）年十二月二十六日

以手紙致啓達候。然者先般御内々御献上物被成候付、従大納言様別紙書付之通被下之儀候。以上

十二月廿六日

［巻封］大隈八太郎様　千住代之助

［別紙］

覚

一　御召古御羽織一着

一　金子五拾両

以上

［封筒］書付　大隈八太郎

75 宗 重望 書翰　大隈重信 宛

（明治三十九）年三月三日

拝啓　時下益御清寧奉賀候。小生昨二日京城安着致候間何卒御休神願度。此の行御蔭にて諸事誠に好都合にて深謝不啻存候。統監至つて元気宜敷候。何れ近々可申上候へとも不取敢艸々寸楮如斯候。頓首

三月三日

重望

大隈伯閣下

76-1　大　史　書翰　大隈重信宛

（明治九）年二月十八日

過刻御談御坐候芹沢政温義、宿所相分不申達し方差支候に付御示諭被下度。右に付明後二十日之施行に有之申候。是又御含迄に申添候也。

二月十八日

大史

大隈参議殿

76-2　大　史　書翰　大隈重信宛

（明治九）年五月三十日

去る廿五日御廻申候五科廿二号井上議官日下義雄旅費之件差急き候間、御検印之上直ちに御返却被下度候也。

五月卅日

大史

大隈参議殿

76-3　大　史　書翰　大隈重信宛

（明治九）年六月三十日

昨日御廻申候廻議書類之内、

外七十四号

理事官以上朝鮮国滞留中食料支給之義

右差急候間御検印済此使へ御返却被下度候也。

六月卅日

大史

大隈参議殿

尚以同時御廻申上候書類之義も御検印相済居候はゝ同様御返却被下度、此段申添候也。

（早稲田大学大学史資料センター所蔵）

77　高田早苗書翰　大隈重信宛

（明治　）年（十二カ）月三十日

拝啓仕候。依例御無音のみ多罪の段御海容奉願候。陳者兼て閣下の鳳声に依り壬午銀行より借用致居候金子の義、本期も例により元額へ弐拾円丈差入候へ共、未だ利子相払ふ可き余地無之、明年にも相成候はゝ自ら負担可仕候へ共、何卒今回の所御払入為下間敷や、伏て奉願候。実は過般より拝趨相願度考居候所、折あしく痛く邪気に犯され臥床を離るゝ不能。左れど遷延仕候ては、銀行の迷惑不尠義と存じ、失礼の段万々恐入候得共紙上を以て奉懇願候。何卒無礼の段幾重にも御用捨奉願候。何れ明年参殿万々御詫可申上。願用まで。恐惶頓首

早苗九拝

大隈公閣下

尚々内用にて友人差出し候義も不相成、不得已書面を以て相願候義に御坐候間、何卒不悪御思召の程奉祈候。

［封筒表］大隈重信様侍史　願用　高田早苗拝
［封筒裏］卅日

78−1　高橋新吉書翰（電報）　大隈重信宛

明治（十）年三月二十日

明治　年送達紙
発局　官報　第二十三号　ナカサキ局　三月廿日午後四時五分　字数八十一字
着局　第六号　大蔵省局　三月廿日
届　大蔵卿輔殿
出　税関長　高橋新吉
タカシマ　タイサ　ノ　ヒキイタルセンニヒヤクノ　ヘイワ　ヤツシロノヒナグニ　サクチヨウ　ブジニ　ジヨウリク　ゾク　フセグノ　イキヲイナカリシヨシ　クロダ　サングンハ　コン　シヨウゴ　シツコウ　セリ

高島大佐の率いたる千二百の兵は八代の日奈久に昨朝無事に上陸。賊防ぐの勢い無かりし由。黒田参軍は今正午出航せり。

［編者註］この解読原稿は電報本文から翻刻した。

78―2　高橋新吉・池田貞賢書翰（電報）　大隈重信宛

明治十年三月二十一日

明治十年送達紙

発局　官報　第十六号　長崎局　三月廿一日午後二時三十分　字数七十九字

着局　第十二号　大蔵省電信分局　三月廿一日

届　大蔵省卿輔殿

出　長崎税関　高橋　海軍出張　池田少佐　両人

サクジツ　ミメイヨリ　シンゲキ　タワラサカヲトリ　ウエギニススミ　タイホウシモン　コヅ、ニヒヤクチヨウブントリ　ウエギヲヤキ　ダンヤク、ラヲ　ヤキタリト　コノハノイシイ　ヨリホウチ

昨日未明より進撃。田原坂を取り植木に進み、大砲四門小筒二百丁分捕り、植木を焼き弾薬倉を焼きたりと木葉の石井より報知。

［編者註］この解読原稿は電報本文から翻刻した。

78―3　高橋新吉・池田貞賢書翰（電報）　大隈重信宛

明治（十）年三月二十六日

明治　年送達紙

発局　官報　第十六号　長崎局　三月廿六日午後十二時二十分　字数百〇九字

着局　第六号　大蔵省電信分局　三月廿六日

届　大蔵卿輔殿

出　税関長　高橋シンキチ　同海軍出張所　池田少佐

クロダサングンノヘイワ　スデニ　ニジウサンチニ　ヤツシロト　ヲガワノアイダノ　セツシヨヲ　ノリトリタリ　ココニテ　シジヨウ　ヒヤクニン　ナイグワイナラン　ヲモキズダケ　カウチニ　キタリシモノ　シチジウサンメイ　ココヨリ　シロマデ　セツシヨハナキヨシナリ

黒田参軍の兵は既に二十三日に八代と小川の間の切所を乗り取りたり。ここにて死傷百人内外ならん。重傷だけ河内

に来たりし者七十三名。ここより城まで切所は無き由なり。

［編者註］この解読原稿は電報本文から翻刻した。なお、電報末尾に朱書で「巌卿西郷江写返し後」とあり。

78-4 高橋新吉書翰（電報） 大隈重信宛

明治十年三月二十八日

明治十年送達紙
発局　官報　第二号　長崎局　三月廿八日午セ八時二五分
字数五十九字
着局　第十二号　大蔵省電信分局　三月廿八日
届　大蔵卿輔御中
出　高橋新吉

ホヤヅ（シゾク）。シテリホ（ホヲキシ）。タンユフナヒ（ケンチヨウニ）。ロレキ（セマリ）。ユソナ（チヤウ）。ケアハネ（タルモノ）。ナユメキケリ（ウチトリタリ）。カンリフナ（コンキヨウ）。ホフホフヒ（シヨシヨニ）。ニテ（ヒヲ）。コタ（カケ）。ケス（タイ）。ヌイメ（サスト）。ヨツテ（フクヲ）。コツキ（カヨリ）。ヲンシナ（テンホヲ）。

士族蜂起し県庁に迫り長たる者討ち取りたり。今暁諸所に火を掛け退散すと、福岡より電報。

［編者註］この解読原稿は電報本文から翻刻した。

78-5 高橋新吉・前田献吉書翰（電報） 大隈重信宛

明治十年三月二十九日

明治十年送達紙
発局　官報　第七号　長崎局　三月廿九日午前十時四十分
字数四十字
着局　第五号　大蔵省電信分局　三月廿九日
届　大蔵卿輔御中
出　高橋新吉　前田謙〔献〕吉

サクジツノ　サンヒヤク　ニンワ　ジウイチノ　アヤマリ
ナリ　サンヒヤクニンワ　ウチ　チラセシ　ヨシ

昨日の三百人は十一の誤りなり。三百人は打ち散らせし由。

［編者註］この解読原稿は電報本文から翻刻した。

78−6　高橋新吉書翰（電報）　大隈重信宛

明治十年四月十四日

明治十年送達紙
発局　急官報　第七号　長崎局　四月十四日午前十一時四十分　字数百〇九字
着局　第五号　大蔵省電信分局　四月十四日
届　大蔵卿
出　高橋新吉

ホンゲツムイカ　シナガワ　リヨウジヨリノ　クスリイレザルハヤゴウ　ニマンゴセンワ　リクグン　ウンユキヨクヱワタセリ
マタ　ドウリヨウジノ　テヲヘテヱイシヨウ　ギリブリ〔ル〕カタヘ　リクアゲ　セシ　ハヤゴウ　ゴマンゴセンパツモドウキヨクヱ　カイイレニナリシ

本月六日品川領事よりの薬入れざる早合二万五千は陸軍運輸局へ渡せり。
また同領事の手を経て英商ギリブル方へ陸揚げせし早合五万五千発も同局へ買い入れになりし。

［編者註］この解読原稿は電報本文から翻刻した。

78−7　高橋新吉・前田献吉書翰（電報）　大隈重信宛

明治十年五月八日

明治十年送達紙
発局　官報　第七十号　ナガサキ局　五月八日午後一時十五分　字数百九十二字
着局　第四十号　西京分局　五月八日
届　ヲヲクマヲヲクラキヨウトノ
出　タカハシシンキチ
　　マヱダケンキチ

ホンゲツイツカ。ミメイ。カゴシマケンカヱ。ゾク。シウライ。シロヤマニテ。カイセン。ゴゴロクジコロ。ソムタ。ニシダ。ナカス。ソノタカミマチ。カクシヨニ。ヒノテ。サカンナリヲヨソ。シゾクヤシキ。サンブンノニハヤケタリトノヨシ。コノトキ。タタカイハ。イワサキヨリシロヤマニカケ。ニシダカワヲ。タテニトリ。スコブルレツセン。ゴゴ。ジユウジスギ。ゾク。ハイソウ。ミツカミサカヘン

ニ。ヒキアゲタリ。ヨクジツモ。センソウアリシトノ。フウセツナレドモ。カクセツヲエズ

本月五日未明鹿児島県下へ賊襲来、城山にて開戦。午後六時頃草牟田西田中洲その他上町、各所に火の手盛んなり。およそ士族屋敷三分の二は焼けたりとの由。この時戦いは岩崎より城山にかけ西田側を縦に取り頗る烈戦。午後十時過ぎ賊敗走。水上坂辺に引き揚げたり。翌日も戦争ありしとの風説なれども確説を得ず。

〔編者註〕この解読原稿は電報本文から翻刻した。

79 高屋 貞書翰 大隈重信宛

（明治二十四カ）年五月二十六日

〔本文略〕

〔編者註〕本書翰は第8巻・884―2と同一紙上に記載。

80 立 嘉度書翰 大隈重信宛

（明治　）年十二月八日

今朝御下命之ペルリ日本行書簡之儀、シーボルト其他へも問合せ候処何分所持いたし居候もの無之、尚過刻リゼントル方へも閣下之命令を以而問合に遣候義候得共未た有無不相分、附而者明朝にも同人より閣下迄書簡差出候哉も難計候間可然御含置奉頼候。以上

十二月八日　　嘉度

大蔵卿閣下

81 伊達宗城書翰 大隈重信宛

（明治　）年二月五日

令賀候。此熊肉弊藩より到来申候故乍軽少進候。尤彼料理人へ被申付西洋風調烹可也出来候や。若し調候はゝ小器へ

為試少々被相廻度、風味次第亦た相頼み度候也。
二月初五日
［巻封］大隈殿　伊達
（早稲田大学図書館所蔵高田早苗旧蔵文書）

82　田中芳男書翰　大隈重信宛
（明治三十一）年十月二十八日

謹呈仕候。陳者今般統計局に審査官被置候に付、相原重政儀者澳国博覧会へ派遣以後常に統計事業に従ひ居り勤労不尠候儀に有之、右審査官へ御採用の事と存候。尚同人は先般貴邸に澳博親睦会開れ候節も、本人の自製せる統計表も御覧に入れたる如く一日として此業に従はざるの日なきを以て其業へ進み居ること丶存候。此段御洞察奉願候。怱々頓首
十月二十八日
田中芳男
大隈伯爵閣下
（早稲田大学図書館所蔵）

83　千葉胤明書翰　大隈重信・大隈家一同宛
（　）年（　）月（　）日

画師は玉田及川端玉章の両人に依頼仕候処絹地江存外の困難相生、画師の用意の分にては大小不同かつわくの清浄ならぬものにて御献品に不適当故榛原へ非常の相談仕候へとも、この強雨にては襷水引にこまるとの事故又々明朝両画師を訪ひ、在りあはせの襷水引のきぬをわく張丈同一に榛原に命し候か、左もなくは美術学校に参り用意の分を応用いたさせ候やと決心仕候。何も明日言上之心得に御坐候。しかし御心配遊はし候様の事は決して不仕候。かしこ
夜十時半
胤明
大隈様
御奥人々御披露
（佐賀市大隈記念館所蔵）

84　張　玄一 書翰　大隈重信宛

（明治　）年三月二十一日

御用被為在候旨に付、今廿一日夕七時頃御私邸御出参可被成候。此段為御掛合如是御坐候。以上

三月廿一日

尚以御私邸内秀島源吾小屋へ御屯可被成存候也。

［巻封］大隈八太郎様　張玄一

85　角田真平 書翰　大隈重信宛

（明治四十二）年三月十四日

拝啓　先刻は失礼仕候。其節御はなし申上候芭蕉講義春の部一冊進呈仕候間、国府津辺へ御出の折御閑読有之度候。夏秋とも脱稿仕候に付、夏の分は五月中秋の分は八月中に出来上り可申、冬は本年中にと存候。去る卅六年冬より着手仕候ものにて、其着手に際しての考へは此別冊の序に詳にしるし置き候間御通読煩はし上度候。先は右迄。匆々頓首

三月十四日　竹冷

大隈伯殿

（早稲田大学大学史資料センター所蔵）

86　逓信大臣秘書官 書翰　大隈重信宛

（明治三十一）年十月十二日

拝啓　別紙之通芝罘郵便局長より内報有之候に付御参考之為め供内覧候。敬具

十月十二日　逓信大臣秘書官

大隈総理大臣閣下

［編者註］別紙は早稲田大学図書館所蔵「大隈文書」ではA858として整理されているが、紙幅上省略した。

87　鉄道掛書翰　大隈重信宛

明治三年六月二十八日

別紙壱通昨廿七日外務省より差越候処、猶今廿八日同省より右書面モレル江早々達方取計候様申出有之候得とも、同人儀本日第四字大坂表江発船致候由に付差廻候も間に合兼可申候間、此次飛脚船便より差廻し方致候而可然哉、此段相伺申候也。

庚午六月廿八日　鉄道掛

大隈大輔殿

尚以別紙御覧済之上は御差戻相成候様仕度存候。

一新貨幣之義に付各国公使より差出候書簡之写、別紙之通り出来候間差出申候。本書者直に当局より外務省へ返却致候也。

88　寺内正毅書翰　大隈重信宛

大正六年四月五日（消印）

拝復　来る十日貴邸に於ける晩餐に御招待被下奉謝候。当日参上可仕候に付、此段御請け申上候。敬具

寺内正毅

大隈重信殿

［封筒表］牛込区早稲田町　侯爵大隈重信閣下　御招待御返事
［封筒裏］麹町区永田町　寺内正毅

89　寺島宗則書翰　大隈重信宛

（明治四）年七月十九日

御精勤奉拝賀候。然者昨日者制度取調江藤其外出席無之、今日も同様之義に候哉。若右一同出会之義に候はゝ僕にも可罷出義に付、乍御面倒江藤江御聞合外務省扣所江一人差出置候もの江一言被仰聞候様、乍御手数伏而希上候。頓首

七月十九日

［巻封］大隈殿御用司　寺島

（早稲田大学図書館所蔵高田早苗旧蔵文書）

90　東京専門学校開院式祝賀表彰会委員　書翰　大隈重信宛

明治二十三年十一月二十五日

拝粛　益御清適奉大慶候。然は十余年来翹望御座候帝国議会愈々近日を以而開院式挙行相成候に付、当校講師校友生徒相計り開院式の当日江東井生村楼（向両国）に於而御祝賀表彰之為め祝宴相催度候間御来会被成下度、此段御案内申上候也。

追而当日午前七時一同打揃出校、桜田門外に於而龍駕奉迎之上正午十二時より開宴之都合に御坐候。

十一月廿五日

東京専門学校開院式祝賀表彰会委員

伯爵閣下執事

［別紙］

帝国議会開院祝歌（印刷）

祝へや祝へ君か代の、千代田の宮居と国民の、幸ひばしとのたゞ中に、みくにの基を堅めむと、あたらし橋の新しく、築き立てたる議事堂を、けふこそ開かせ給ふなれ、祝へや祝へけふの日を

明治廿三年十一月　東京専門学校

［封筒表］伯爵閣下執事
［封筒裏］東京専門学校祝賀表彰会委員
［編者註］同一の別紙三枚封入。

（早稲田大学大学史資料センター所蔵）

91　東京専門学校広島校友会総代　書翰（電報）　大隈重信宛

（明治）三十一年十月十八日

受信人　ワセダ　ヲヲクマ　ハクシヤク
発信人　コウユウカイ　ソウダイ　モリタクシ［タ欠］　アリタヲンソウ

発局　私報
　ヒロシマ局
　第一四九号
　十月十八日
　受付　午コ〇時五八分
　二十字
着局　受信　午コ一時四二分
日附印　武蔵東京牛込卅一年十月十八日
着第五六号
ゴソウナンヲツイカイシケンコウシユクス
御遭難を追懐し、健康を祝す。広島校友会総代

92　富岡敬明書翰（電報）　大隈重信宛

明治十年二月二十二日

明治十年送達紙
発局　官報　第四十号　久留米局　二月二十二日午後三時
三十分　字数百十三字
着局　第十八号　大蔵省電信分局　二月二十二日
届　大蔵卿
出　富岡権令
ゾクヘイニセンヨカワシリニアリテセキコウヘイヲクマモ
トヂカクイダセリチンダイワマツタクロウジヨウニテサク
ジツヨリジヨウガイシホウノジンカヤキハライタダイママ
デヒタヱズシゾクノホウコウハナハダアヤシケレドイマダ
カタチニアラハレス
　昨午後八時発

賊兵二千余川尻にありて斥候兵を熊本近く出だせり。鎮台は全く籠城にて、昨日より城外四方の人家焼き払い只今まで火絶えず。士族の方向は甚だ怪しけれど未だ形に現れず。

［編者註］この解読原稿は電報本文から翻刻した。

93　内務卿書翰　（大隈重信）宛

（明治　）年四月七日

当省定額金之儀至急取調相伺候様正院より度々御内沙汰も有之候に付、目途高夫々取調上申按相添去月中及御協議置候処右者其御手元に御留置に相成候趣に付、別段御異見も無之候はゝ速に御返送有之度、此段及御依頼候也。

四月七日　内務卿

大蔵卿殿

94　長岡義之書翰（電報）　大隈重信宛

明治十年三月三十日

明治十年送達紙
発局　官報　第十六号　神戸局　三月三十日午前十時三十分　字数二十字
着局　第三号　大蔵省電信分局　三月三十日
届　大隈大蔵卿殿
出　神戸税関長　長岡ヨシユキ
テテヌコカテミヒイウスメアネゲンソツウホ
〔以下朱書〕大坂神戸に「スナイドル」の弾薬なし。〔朱書止〕

95　中野梧一書翰（電報）　大隈重信宛

（明治七）年二月十八日

明治　年送達紙
発局　二月十八日　午九時　第二百七号
出　山口県権令
　中野五一〔梧〕
届　大蔵省
　大隈
着　二月十八日
コンゴセンシウイチジノテンシンホヲシヨヲチサガケンサンジワナイムキヨウノシンエイエヲモムクトテヤマクチヲ

サクヤハツシタリコクラケンシゾクヲツノリサガエウチイ
ルヲキカズサテサガケンエウイ〔ママ〕ワムラゴンレイクマモトノ
チンタイヘイヲヒキウケイリシガスコブルクセンニテツイ
ニハイシゾクノイキヲイサカンニナリサガノキウジヨウヘ
イカニカ、リタリトイウコウテツニツ〔ママ〕シウンリヨヲカンキ
ウシウスジエスキバカンヲキツウセンアリミキラフクヲカ
ヘンエサグリニダシタルトヲケンカンインノホヲコクヲマ
コトトシヲコタエイタスナリ

今午前十一時の電信報承知。佐賀県参事は内務卿の親衛へ赴くとて山口を昨夜発したり。小倉県士族を募り佐賀へ討ち入るを聞かず。扨て佐賀県へ岩村権令熊本の鎮台兵を引き受け入りしが頗る苦戦にて、遂に敗し賊の勢い盛んになり佐賀の旧城兵火に懸りたりと言う。甲鉄雲揚艦九州筋へ過ぎ馬関を急旋あり。右等福岡辺へ探りに出したる当県官員の報告を真とし御答え致すなり。

〔編者註〕この解読原稿は電報本文から翻刻した。

96−1　永野静雄書翰（電報）　大隈重信宛

大正六年四月二十七日

受信人　ワセダ　オオクマコウシヤクテイゴヂウ
発信人　ナガノ
発局　私報
　サガミスガヱ局
　第二〇号
　　月　日
受付　午コ三時二十分
四／三八字
着局　受信　午后五時二分
日附印　大正六年四月二十七日

コウシヤク一コウタレタレサマナンメイカズイコウナンメ
イカイツコノチオツキカ

侯爵一行誰々様何名か、随行何名か、いつこの地御着きか。

〔編者註〕この解読原稿は電報本文から翻刻した。

96－2 永野静雄書翰（電報） 大隈重信宛

大正六年四月二十七日

受信人 ヲヲクマコウテ〔ママ〕
発信人 ナガノ
発局 私報
サガ局
第二七号
四月二七日
受付 午コ十時十五分
四／三一字
着局 受信 午セ一時三二分
日附印 大正六年四月二十七日

一八ヒチヤクトワライゲツカズイコウナンニヨクベツツヘシ

十八日着とは来月か。随行男女区別つ〔す〕べし。

〔編者註〕この解読原稿は電報本文から翻刻した。

97 西徳二郎書翰 大隈重信宛

明治三十一年一月十二日

拝啓 陳は曩に独乙国皇帝陛下より閣下へ授与相成候勲章に対する勲記壱通、今般在本邦同国臨時代理公使より送越候間爰に及御転送候条御査収有之度、此段得貴意候。敬具

明治三十一年一月十二日

男爵西外務大臣

大隈伯爵閣下

〔編者註〕本書翰には独文勲記が付されているが、紙幅上省略した。

98 西村貞陽書翰 大隈重信宛

（明治　）年九月二十六日

尊翰辱拝見、其後御無音に罷過候段多罪の至に奉存候。さて初山氏一件に付ては、奈良原氏野州出張爾後三度程相尋

候処毎度行違不得面話、其中尊書御与へにも相成たる由に候へは尚更好都合に付不日面談可仕候。黒田殿へ対する垂諭の趣も敬承仕候。追々遷延小生におゐても汗顔の至に奉存候。いつれ近日参上可奉縷陳候。草々頓首

九月廿六日　　　　貞陽

大隈公閣下

（佐賀市大隈記念館所蔵）

99　長谷川三郎兵衛書翰　大隈重信宛

（明治　）年四月五日

奉拝呈候。只今は御所労中へ参上寛々蒙御高声恐入難有仕合奉存候。随而此重之内粗末なから拝呈仕候。御一咲被成下候得者難有仕合奉存候。右申上度。匆々頓首再拝

四月五日

〔巻封〕大隈公閣下　　一忠再拝

100　蕃地事務局書翰　大隈重信宛

（明治七）年七月二十日

兼而御上申相成候汽船三艘御買入一件、条公まて御決印済に而只今回議御下付相成候間為念申上置候也。

七月廿日　　　　蕃地事務局

大隈長官公閣下

101　土方久元書翰（電報）　大隈重信宛

明治十年四月十二日

明治十年送達紙

発局　官報　第八十号　高森局　四月十二日午後五時五十分

字数五十二字

着局　第十六号　大蔵省電信分局　四月十二日

届　大隈参議殿
出　発　土方大書記官
シユツケウゼン　ヲダンジノ　ケンケンハ　トリヲチウジ
ヨウ　キハンノ　ウヱ　モウシ　ダンジ　ナニブンノ　ゴ
トウ　モウシ　アグベシ

出京前御談じの件々は、鳥尾中将帰阪の上申し談じ何分の御答申し上ぐべし。

［編者註］この解読原稿は電報本文から翻刻した。

102－1　平井希昌書翰　大隈重信宛

（明治七）年五月二十八日

拝啓　今日リゼンドル同行横浜に而ヒル江引合せニユーヨーク船一件委細相話し、且郵船会社江もリゼンドル引合候次第も有之、尚明朝九字之汽車より同人下浜之積り、随而其以前閣下江拝謁仕度由申出候処御都合如何可有之哉奉伺候。以上

五月廿八日　平井希昌

大隈公閣下

102－2　平井希昌書翰　大隈重信宛

（明治七）年六月一日

拝啓　昨日御下命之和清条約書弐部外務省より取寄候間、壱部局中江留置壱部為持さし上候間御落手可被下候。以上

六月一日　平井希昌

大隈公閣下

102-3　平井希昌書翰　大隈重信宛

（明治七）年六月二十九日

拝啓　昨日御下命之趣上野山口少輔江申入り夫よりスミツ江回答相来り、昨夜ヒンガム氏郵船会社之者江示談之上今日之裁判所吟味見合可相成否之儀、スミツより昨夜小生迄告知可被成約束之処唯今迄消息無御座候間、多分は裁判所出席之上延引之事達し有之方歟、或は又会社にて右之上尚相貪ビンガム之意を領承不致候歟何れ両様之内と相察せられ、原告代言人ヒルは兼而裁判所より被相呼居候儀に付、兎も角今朝は下浜李仙得も同行、小生にも出席いたし居呉候様ヒルより談有之候付同行仕候積に御座候。前条上野氏江御回答之顚末委敷李江相噺候処至極穏当之御所置御尤に奉存候旨申聞候。先者今朝之成行達御聴置度如此御座候。以上

六月廿九日

平井希昌

大隈公閣下

102-4　平井希昌書翰　大隈重信宛

（明治七）年七月二十六日

謹啓　ブロウン横浜より罷帰り、アカンタ号汽船弥明廿七日試み運転いたし、異議無之候得者廿八日には金子相渡し本船請取之運ひに決定いたし候。随而乗組人員之事岩崎弥太郎方如何之都合に御座候哉、現今乗組居候船長幷機関長たけに而も其儘御雇いたし置候へ者同船之性質と癖とを多年呑み込居候付幾許之御便益可有之、給金は船長に而三百五拾位機関長三百円に不上高にて雇入可相成由、ブロウン申居候。尤是はいまた談済には無之候。且又ニューヨーク船コルデンヱジ船ネワタ船も内々売払度積之由、価は二十五万より二十七万元位に御座候由、先日上海江電報に而問合候ベンガル船よりも余程都合能被存候。委曲明朝相伺候様可仕、ブロウンも十字後正院江出頭可仕約束仕置候。此段申上置候。拝具

七月廿六日

於尊邸認　平井希昌

［巻封］大隈公閣下　拝呈

102－5　（平井希昌）書翰　（大隈重信）宛

（明治七）年十月一日

拝啓　ハウスより左之訳文之通り小生まで文通有之候付、御含まて入御覧候。拝具

十月一日

訳文　唯今承り候に、米公使儀丁度先日の如く又々台湾事件に故障いたし度心組之由、是はさして要用にも無之候得共事務局に而は御承知被成置候方可然と存し候。ビンハム氏此度ワッスンを拘留いたし再度帰湾不為致候歟、又は日本政府之手を借りて同人を免職為致候歟両条を目論見居候由、一体ビンハム氏右様の所業に及候儀実に法外と可申、愚案に而は一の公使たる人他人の所行に如此不絶故障をなすは甚不相済事に御座候。

十月一日

102－6　平井希昌書翰　大隈重信宛

（明治七）年十月五日

小麦輸出之儀に付調へ書出来候由に而ウォルス昨日持参仕候付翻訳さし上申候。拝具

十月五日

平井希昌

大隈公閣下

102－7　平井希昌書翰　大隈重信宛

（明治七）年十月六日

拝啓　太平洋郵船会代〔社〕総代ハールトより閣下江申上呉候様申出候趣には、此節米国通ヨイ同会社之蒸気船チャイナ号外船待合わせし都合有之一両日閑暇に有之候付、右之折を以内外之諸大臣方を招請し同船に而船遊相催し度、付而は閣下之御光来を専ら相願度、因而八日九日両日之内御都合

宜しき日取相決し被下候はゝ、其日期を以外か大臣方江申上候様可仕旨に御座候。尤同日朝出帆夕刻帰船之積に候由、右御決定之日取御示し被下候はゝ回答可仕奉存候。拝具

十月六日

平井希昌

大隈公閣下

102—8　平井希昌書翰　大隈重信宛

（明治七）年十月二十八日

謹啓　ボイントン一件此程尊命之通取計書翰取調中に候処、最初右発明建白之書翰一通大蔵省に而翻訳相成候分原訳とも行衛に写不相分、昨今尚又諸方問合中に御座候。且右一件李仙得江も相話候処同人了見に而は訴訟にも及間敷、自身力の及丈尽力いたしボイントンの朋友等江調練いたし、前日之書面の如き非分之望を止め候様談話いたし而は如何と申聞候付、先其意に相任かせ候処一両日中には回答可申上旨申聞候。随而前条ボイントン最前より書翰は今一応大蔵省之方相尋候積に御座候。此段申上置候也。

十月廿八日

平井希昌

大隈公閣下

102—9　平井希昌書翰　大隈重信宛

（明治八）年一月二十二日

謹啓　別紙翻訳文之通李仙得より申立、右一条に付明廿三日午前十時比歟午后二三時比参殿拝話仕度旨申出候処如何相答可申哉奉伺候。以上

一月廿二日

平井希昌

大隈公閣下

［編者註］別紙は早稲田大学図書館所蔵「大隈文書」ではA4438―2として整理されているが、紙幅上省略した。

［封筒表］大隈参議殿　平井外務少丞

102-10　平井希昌書翰　大隈重信宛

（明治八）年二月二十三日

拝呈　ボイントン製造之砕船器機諸部既に落成、自今六七日中には試験出来可申趣唯今ヒイル申聞候。随而右機械を全く汽船に据付候以前に、同人新発明之部分御一覧被成間敷哉、据付後に相成候而は明了に機器之活用御分り難被成儀も有之候様被存候付、一両日中御下浜之御寸暇被為在候はゝヒイル儀御供いたし諸般御了解被成候様いたし度旨申出候付此段申上候。尤試験日取之儀は明日確定申上候様可仕候。拝首

二月廿三日

平井希昌

大隈公閣下

102-11　（平井希昌）書翰　（大隈重信）宛

（明治八）年二月二十四日

拝啓　今朝ボイントン出局砕船器機具出来候付一応私に而下見いたし、其上尊閑被為在候はゝ閣下にも御下浜可奉願旨申聞候間午後下浜可仕、其上模様上申候様いたし度、且同時カッスルをも見舞可申、昨日ホフマン下浜之儀御沙汰候へとも病体快癒に赴き候得者不用之儀と存候。未た御書翰は差出不申、今日看視之上其都合によりホフマン江は申入候様可仕奉存候。此段申上候也。

二月廿四日

102-12　平井希昌書翰　大隈重信宛

（明治八）年二月二十五日

昨日下浜砕船機具一見仕候処余程精密に出来、微細之機器なから感応烈敷随分有用之一器と奉存候。右之内細少之部

分取はづし出来候間、御沙汰次第東京江携来尊覧に入れ可申とボイントン申居候。
カッセルは既に快癒いたし、無程外出も可出来様子に有之候付最早ホフマンも不用と奉存候。カッセルより閣下度々の御厚情深く奉謝候旨申出候。此段申上候也。

二月廿五日

平井希昌

大隈公閣下

102―13　平井希昌書翰　大隈重信宛

（明治八）年五月十八日

拝啓　ブロウン江明日は参上不致、明後廿日朝九字罷上り候様相達置申候。扨明後二十日夕五時比より李仙得宅にて晩食呈上仕度候付御光駕奉願度旨同人申出候処如何相答可申哉、大久保西郷両閣下江も御入来願置候旨申聞候。早々頓首

五月十八日

平井希昌

大隈公閣下

尚以ワッソン儀一昨日支那より帰朝、来廿三日シテイーヲフトーキヨウ号に而米国江帰帆之由に御座候。此段も申上置候。

102―14　平井希昌書翰　大隈重信宛

（明治八）年六月二十七日

謹啓　此程拝晤之節申上候李仙得より閣下江拝呈之新聞紙条例土耳其国に而施行之分、幷同国滞留米公使之書翰をも翻訳出来候付差上申候。且領地外保権幷捴則写之儀に関し旧日本在留米公使ハルリス氏よりハウス江之書翰訳をも差上申候。
牧羊計算書ヂヨンス氏所作之分是又差上申候。且付属之漢書三冊は台湾事件関係之英医マンソン著述之由に而、李仙得より閣下江差上呉候様願出候間是又呈上仕候。右書籍に付添之李氏一翰者、マンソン義厦門に而我国の為買入候牛馬之事に付損失を請し告訴を曾てセイルデウイソン之両法律家江考へさせ其考案を李仙得より相廻し候処、其考案に

承伏し向後は告訴を相止め候主意に而書を贈り候一件を閣下に拝告する書翰に御座候。此分翻訳中に付出来中差上可申候。
明廿八日は午前十一時より又々海軍省にて水雷試験之積、此度はどふ歟十分之事に至り候様に希望仕候。頓首
六月廿七日
平井希昌
大隈公閣下

［編者註］別冊は早稲田大学図書館所蔵「大隈文書」ではA3826として整理されているが、紙幅上省略した。

102－15　平井希昌書翰　大隈重信宛

（明治八）年六月二十九日

拝啓　李氏辞表一件私限り之積に而熟談候処少々私し意外之事も有之彼是押合談話いたし、詰る処両日を待ち決答可致に付此談話をなせし事は右両日たけ誰にも極内分にいたし置候様精々之頼に有之、随而正院江之御上申も夫迄御見合出来候得は仕合に御座候。此段拝告。草々謹具
六月廿九日
平井希昌
大隈公閣下
乍併アメ一より取次き来候北京ブランド来書訳文一紙入御覧候。

102－16　平井希昌書翰　大隈重信宛

（明治八）年七月五日

謹啓　別紙訳文は李仙得より両三日中閣下へ持参仕へき書翰之訳文に御座候。右は翻訳之儀頼来候付写取内々尊覧に呈置候。委曲拝容之折別して申上。草々頓首
七月五日
平井希昌
大隈公閣下

［別紙］
マンソン書翰　リゼンドル宛

明治八年四月十六日

写

余只今二月廿四日附貴翰と余か要需の事に付き日本政府の意見を告示せる別紙とを落手せり。蓋し貴下の余か為めに種々配慮ありたるは余か深く感謝する所にして、且つ日本政府の余の中立を熟思したるを謝する旨を貴下より同政府へ伝言あらんことを乞ふ。

夫の損失は余か為めには頗る重大の者にして、余か起せし不都合は貴下の長官の為めには亦重大の者たるを確信す。蓋し右長官は純然たる法律上の憑拠を以て余か要需を棄却する由なるか、若し余か更に法律学を識りしならは必す自から右様の損失を受けしことなく、又日本長官へも不都合を掛けしことなかる可し。蓋し余は右仕損しを為せしことを承知したるや否、直に之を改良する為め相当なる無二の良策と思ひし処置を為し、而して余は我か見込みの為め余程の損失を被りたれとも、当時右の処置は正当の者と思ひ今に至りても猶正当の者と思ひ居り、啻に余か自から過てりと思ふ所は其事情を心得ずして一箇の事業を企てたる事に在るのみ。依て更に貴下の配慮を謝し、謹んで之を呈す。

千八百七十五年四月十六日

アベルギーン府キング街廿二番地

パトリック、マンソン

ゼネラール、リゼンドル貴下

〔封筒表〕大隈参議殿御親拆　平井外務少丞

102-17　平井希昌書翰　大隈重信宛

（明治八）年七月七日

拝啓　一昨日差上置候李仙得より条公江差上へき書翰之内、尚又別紙黒線之通取除き候事に決議相成候付大に都合宜き方に御座候。御一覧被下度候。

随而同人儀右書翰持参に而一両日中閣下へ拝謁相願度由に御座候処、いつ比御対話可被下哉奉伺候。

七月七日　平井希昌

大隈公閣下

〔別紙〕

リゼンドル書翰　三条実美宛

明治八年七月（　）日

反訳者の為めの写書

嘗て副島氏の使節として北京へ趣きし時並に其後ち台湾の挙起りし時、余は日本官員の身分にて支那人に接すへきの望を受けしか、蓋し想ふに余をしてこの事を為し得さしめんか為め、余か千八百七十二年十二月十九日日本政府の雇入となりし後、最初外務省に於て明治五年十一月廿八日即ち千八百七十二年十二月廿八日に政府に於ける正当の職務を余に与へ、次きに蕃地事務局に於て千八百七十四年四月八日に更に其職務を余に与へたり。然るに方今に至りては最早右之事を須要と為せし景状も過き去り蕃地事務局も不日閉鎖すへきに因り、余謹んて閣下に余か方今の委任状を差出して其職を辞し、且千八百七十二年十二月中先きの合衆国公使デロング氏と当時の外務卿副島氏と互に取替たる往復書翰中には、余か日本政府との関係を規定する協議並に余か政府の為め奉職する時間何時たりとも政府より余に授くる公務上の貴重及ひ其他の資益を明示したれは、余亦謹んて閣下の右往復書翰に注意あらん事を乞ふ。

（除く）又余か政府との関係を保存すへき時期の事に付ては、余復た更に謹んて閣下の右に記する往復書翰に注意あらん事を乞ふ。而て閣下右往復書翰を一覧し給ふ時は、政府も余も共に勤務毎歳の終りに至りて相互に契約の義務を免れ得可き旨を知り給ふへし。

今より二三週を経れは余は嘗て成就すへきの求を受けし事業を修整すべく、而て其時に至り（除く）嘗て千八百七十四年七月八日余か閣下に呈せし書の返答に大隈氏か後日追て二ヶ月間の休暇を余に与ふへきを約されし如く、閣下若し現に其二ヶ月間の休暇を余に賜はゝ余に於て感謝する処たるべし。而て此二ヶ月の賜暇の後閣下の命令に従ひ余か事業を終成したる上にて余閣下に乞はんとす。閣下余の職を免し余をして全く其勤務を離れしめ給はん事を。恐惶敬白

千八百七十五年七月　日

東京に於て　李仙得

太政大臣三条実美閣下

［編者註］別紙は早稲田大学図書館所蔵「大隈文書」ではA4449として整理されているが、内容より本書翰に付随するものとした。

102−18　平井希昌書翰　大隈重信宛

（明治八）年七月十五日

拝啓　李仙得江賞牌下賜候旨御達御座候処、右は閣下より御書面に而同人江御達可被成哉、又は御面晤之節御口演可相成哉、最前カッセルワッソン江同様之節は出発に際し現物渡方之期も不相分口演のみに而は無証拠之姿に付、西郷中将より内書に而被相達申候。然るに当節は李仙得今暫滞京之事にも有之、同人帰国前賞牌御給与可相成儀に候へは唯御口演に而も可然様被存候。御紙面之方御都合宜敷候はゝ右案文不〔ママ〕認可入御覧存候。右相伺度参上之処不得尊顔候付、略儀なから書残置候也。拝具

七月十五日

〔巻封〕大隈参議殿　平井外務少丞

102−19　平井希昌書翰　大隈重信宛

（明治八）年九月一日

李仙得書記生デゥイト江賜物彼より者六百五十ドル即四ヶ月余之給と申立有之候得共、三ヶ月之給に而可然候半と過日申上置候。尚退而勘考候処、先般ガリー、ページ御暇之節も三ヶ月之賜物有之、デゥイト儀は此者共とは勤年数大に同しからす大約一年も永く相勤居候儀に付矢張四ヶ月之給賜候様仕度、同人書記等勉強候儀は相違も無之、兼而薄禄之者も有之旁李氏よりも厚く懇願いたし候事と奉存候。右に付御書翰案文は汽船局より御手許へ差上候筈に御座候。謹言

九月一日

平井希昌

大隈公閣下

102 − 20 平井希昌書翰 大隈重信宛

（明治八）年九月二十日

尊翰拝接、米国行書翰承諾仕候。早々達方取計可申候。ヒイル拝謁之儀廿三日八字たるへき旨是又拝承仕候。同日は兼約有之卑生も同道参上可仕候。此段謹覆仕候。頓首

九月廿日　平井希正

大隈公閣下

102 − 21 平井希昌書翰 大隈重信宛

（明治　）年八月十四日

拝啓　今朝御噂御座候李仙得書記生之儀少々変化之様子相見江候付、文部江之御懸合は暫御見合せ相成度、委詳は拝容可申上候也。

八月十四日　平井希昌

大隈公閣下

102 − 22 平井希昌書翰 大隈重信宛

（明治　）年十二月二十五日

昨日貴諭之通李仙得へ相達候処何も差支無之由に付、午後一字大蔵省へ同伴可仕奉存候。此段御答申上候。早々以上

十二月廿五日　平井希昌

大隈公閣下

102 − 23 平井希昌書翰 大隈重信宛

（明治　）年（　）月二十五日

別紙ウリヤムス関係之新説ロンドン新聞紙上に相見へ候間、

訳述入御覧候也。
李仙得一件に付相伺度儀も有之候間、一両日中御病間拝容
相願度候也。拝具

廿五日　平井希昌

大隈公閣下

103－1　平岡通義書翰　大隈重信宛

（明治四）年一月十七日

謹啓　先以御機嫌能被成御尽務奉恐賀候。扨過日は拝謁不
相替御懇情之義奉深謝候。其節粗相願置候園田御氏府江採
用仕度奉存候。就而者参昇相伺候筈之処却而御繁劇之央御
邪魔と相考差扣申候。御同氏はいつれ之藩籍に御坐候哉是
又乍御手数被仰聞度。且府下取締筋も追々御配慮被為在候
通、当年は甚以六ケ敷世勢に御坐候間、専ら非常緩急之御
予備詳密に被為建、逆犯之徒府下僭〔潜〕伏不相成様厳重手配専
務と奉存候。就而者連区援応束伍編籍之法、事ある時は信
号に応し府下鉄網を布か如く悪徒一挙に捕縛相成候様仕度、
猶諸所一揆其外禍害の微なる内非常之御所置無之而は不可
救之難事とも可相成、杞憂慷慨に不堪事共に御坐候。先は
乍略義過日御礼尚用事迄申上、余は奉譲拝晤候。恐々頓
首々々

正月十七日

［別紙］
追啓　園田何某に而孰れ之藩歟不日採用相成候而も差支之
有無丈け御聞せ奉願候。頓首

［巻封］参議公閣下御左右　兵吉拝

103－2　平岡通義書翰　大隈重信宛

（明治　）年三月八日

春雨難晴御坐候得共益御機嫌好被成御奉務奉欣慕候。さて
今朝者御繁劇之央誠に御出駕前江推参押而拝謁相願、恐縮
此事に奉存候。扨先比者数度罷出早暁御懇話拝聴如之御叮
嚀之義幾重も奉感謝候。陳是弐千万軽微之極奉愧入候得共、

折柄任到来持せ差出候間、御暁菜端にも被仰付候はゝ別而本懐之到に奉存候。いつれ明夕は乍御邪魔罷出候間是亦御含置奉希候。先は要件まて。匆々頓首

三月八日

二白　御繁用中江種々御手数之義相願幾重も奉恐縮候。他者拝趣万縷可申上候。不全

［巻封］参議公閣下御親閲　兵吉拝具

104　平松時厚書翰　大隈重信宛

（明治二）年（四）月（二十八）日

楮幣布告之事件議論有之候に付京坂飛脚差立見合之旨敬承候。酉半過に出し候故最早五里程参り居候と存候間、後追にて六ケ敷と存候やも極々至急にて差留候様可申達候。仍御請如斯候也。

即刻　弁事

大隈八太郎殿

105－1　福島九成書翰　（大隈重信）宛

（明治七）年四月十六日

北海丸厦門港回航に付免状之儀御渡に不及旨御申越之趣承諾いたし候也。

四月十六日

事務参謀　福島九成

105－2　福島九成書翰　大隈重信宛

（明治七）年四月十六日

北海丸より伺出之由武庫司荷物十八日積込度申出候処、其官員直に掛合可申段御指令有之候得共同船於て得と承認不致未其手筈相付不居候間、直に御局より武庫司へ明十七日中に積込候様御沙汰有之度、此段申進候也。

四月十六日夜

事務参謀　福島九成

蕃地事務局長官大隈重信殿
追而北海丸より同書之内明十七日には石炭積入手配方等も有之積荷引出相成候得共、今日同船罷越直に船乗役懸之者へ談判候処積荷差支無之段申出候に付、其御含を以て武庫司御沙汰有之度候也。

106　藤村紫朗書翰　大隈重信宛

（明治四）年十一月二日

益御多祥可被成御坐奉恐賀候。府下相替候儀も無御坐御放慮可被下候。平素は法外之御無沙汰奉申上不敬御仁恕可被下候。追々府中施政之儀に付而は厚く被懸御心御運被成遣奉拝謝候。御引立を以当地も昨春比と見競候時は聊進歩之光景には相見候得共、御地浪花抔と違ひ地形旁人民頑固十分に不相運困入申候。尚此上宜敷被添貴慮被下候様奉願候。一此度岩公初御航海に付而は陪随之儀云々松田大参事より御依頼申上候処早速御承知被成下、尚費用云々事御懇諭之趣同人より申越至極御尤に付、何と歟手段を設け是非陪随仕度、爾来日夜苦慮仕候得共竟に術策不行届乍残念今日全絶念仕候。実に千載之遺憾断腸之思に御坐候。御歇察可被下候。右に付而は不一形御高配被成遣候由深く奉感謝候。種々言上之儀も御坐候へ共差急右御礼申上度如此御坐候。折角時下御愛護奉祈候。頓首敬白

十一月二日　信郷拝

大隈先生閣下

二白　本文委詳は松田より申上候筈に付、御承知可被下候。

107－1　穆所濬書翰　大隈重信宛

（明治　）年五月十日

一昨夜は意外の芳待を蒙り実に佳遇と云へし。僕口訥にして謝辞を尽す能はす。幸に仁恕を乞而已。倩案人為知己者死の語あり。梁山泊に非と雖とも君を以て宋江明に盟ひ国事を以て生命を致さんと欲す。特知る会計は方今の困難也。之を避には非れとも、知県之官は自ら専決を取り短才微力と雖とも大に伸んと欲る権あり。因て過日島君に之を請求す。猶考るに困難の地を避るは譬ひ志を得て其業を天下に

示すとも男子の愉快とする処に非る歟。官中を洞察するに君の肱股と成て奮激生命を不顧は無之也。最国家の為に憂るところ故に可忍は自ら之を忍ひ、官路請求の道を断ち進退去就之を君に徯〔候〕つ。君不捨僕々須く努力すへし。宜く裁制を仰く而已。濬九拝頓首書して賢台大隈君の閣下に呈す。

五月十日

（早稲田大学大学史資料センター所蔵）

107―2　穆所　濬書翰　（大隈重信）宛

（明治　）年五月十五日

方今之困難は会計に有之、兼て建言する如く会計の為に斃れんと欲する歟、僕朝暮飲食間も忘るゝ能はす。外国逋債の如きは君の明弁果断を以彼を圧する実に癸丑以来の愉快と云へし。然るに又会計其根拠を得すんは何を以邦内を御せん。此に於て外国逋債を償を実とし、皇国三千万石此三分一の高当り一千万両上納を申付、則国債となし利息を与ふへし。与ふるとも我国の有なるへし。是れ三百諸候に之を質問し、皇国立と不立との両端を以て議せは猶其上策ぁりや、此機会不可失之時也。〇昨年水損と雖とも邦内悉皆に非す。近来稔豊連綿、之に加ふるに物価高騰田地所持する者は大に富をなす。此に於て三百石所持する者へ百金の出金実に易と云へし。然るに又此三分の一或四分の一領主自ら之を出し其余を民間に命し、其他三都の如き募りに応する者も亦多からん。依之兵害に係り真に困難の場所は之を除と雖とも一千万両は必易かるへし。是監督司之職務也。速に其任を被命府県管轄所へは一両人宛巡回説諭せは其策必行はるへし。今日会計之姿深淵に臨に斉しく坐視するに忍んや。猶拝眉に譲る。頓首々々

五月十五日

穆所濬拝具

108　本間清雄書翰　（大隈重信）宛

（明治二十一）年（十二）月（三）日

別紙案之通り回答仕り可然哉、高裁を仰ぐべき様次官之命を以て参閣仕候。立案通り可然候はゝ御捺印被下度候。

本間清雄

〔封筒表〕外務大臣　伯大隈重信殿親披
〔封筒裏〕外務書記官　本間清雄

〔別紙①〕
明治廿一年十二月三日起草
明治〃年〃月〃日発遣
大臣
次官
人事課㊞
外務大臣　伯大隈重信
宮内大臣　子土方久元殿
公使館書記官男岩倉具経義、貴省高等官に採用被成度に付当省差支之有無本日附以て御問合之赴致承知候。右は当省於て差支無之候。此段回答申進候也。

〔別紙②〕
土方久元書翰　大隈重信宛
（明治）二十一年十二月三日
公使館書記官男爵岩倉具経儀、当省高等官に採用致度候。右御省に於て御差支無之候哉否折返し御回答相成度、此段及御照会候也。
二十一年十二月三日
宮内大臣　子爵土方久元
外務大臣　伯爵大隈重信殿

109　（町田久成）書翰　（大隈重信）宛
（慶応四）年八月二十五日
昨夕は御邪魔仕甚失敬之至候。今日も御暇乞旁参楼可仕候処、足痛相発不任心底次第御海涵可被下候。偖者願上置候別紙御着崎之上野村江御渡被下候様奉願候。何も右早々如斯御坐候。頓首謹言
八月廿五日

110　丸尾文六書翰　大隈重信宛
（明治二十八）年十二月十六日
謹啓　今十六日評議会に於て掌事事務員の撰挙致候処、従

前の通り掌事に浅香克孝氏、事務員に門馬尚経氏当撰相成候間此段御承認被下度、例により不取敢申上候。早々頓首

十二月十六日

評議会長　丸尾文六

代議会長大隈伯爵閣下

111−1　馬渡俊猷書翰　大隈重信宛

（明治）三十一年三月二日

拝啓　陳者兼て御申付被置候一件に付、過日来大字本郷之豪農川本政五郎（此者本郷にては第一等の勢力を有し頗る義侠心に富めり）なる者に倚頼致置候処、同人非常に尽力致呉連中（五六名あり）と相談之末、結局堀田氏を撰挙する事に決定仕候。尚同人之心付により小生今朝大字雑色之豪農小谷津利兵衛（此者雑色にては第一等の勢力に有居れり）方に参り同人に面会し倚頼致候処是亦輒すく承諾致呉、連中（五六名あり）と相談之上不参無之様取計可致旨申聞候。右之次第に付、此両部落に於ては必す好結果を得へき事と被存候条左様御含置被為在度、先不取敢一応御報道申上候。敬具

三十一年三月二日夕

俊猷再拝

大隈公閣下

［封筒表］牛込区早稲田　大隈公閣下親展
［封筒裏］豊多摩郡淀橋町七百二十六　馬渡俊猷

111−2　馬渡俊猷書翰　大隈重信宛

（明治三十一）年三月十六日

拝啓　陳者昨夜当町平民土方半兵衛なる者参り、当町有権者十二名之内栗原某一名裏切を為し、其他悉く堀田氏を選挙致候旨申聞候間、左様御承知被為在度。此段不取敢御報告申上候。敬具

三月十六日

俊猷再拝

大隈公閣下侍史

再啓　当町長川本某は最初より宮武某を選挙すへき事なりしか、渡辺雅之助等説諭に依り堀田氏を選挙致候由、此段

御含迄申上置候也。

［封筒表］牛込区早稲田　大隈公閣下親展
［封筒裏］豊多摩郡淀橋町七百二十六番地　馬渡俊猷

111―3　馬渡俊猷書翰　大隈重信宛

明治三十一年（消印）三月十七日

拝啓　陳者唯今立会人土方半兵衛なる者別紙持参仕候間、此段不取敢御報告申上候。敬具

三月十七日午後五時十分

俊猷再拝

大隈公閣下侍史

［別紙］

投票

一　五百三拾六票　堀田連太郎氏
一　三百八票　宮武南海氏
一　弐票　相沢喜兵衛氏
一　壱票　名倉甚右衛門氏
一　壱票　宮本頼三氏
一　壱票　浅田甚右衛門氏
一　壱票　石井小兵衛氏
一　壱票　中村氏

きけん五十六票

［封筒表］牛込区早稲田　大隈公閣下親展
［封筒裏］豊多摩郡淀橋町七百二十六　馬渡俊猷

111―4　馬渡俊猷書翰　大隈重信宛

（明治三十一）年（　）月（　）日

拝啓　陳者昨夕当町三百二十一番地平民土方半兵衛なる者（当町にて頗る勢力有るもの）突然拙宅に参候に付面会仕候処全く選挙之一件に有之、依て幸堀田氏之履歴等相咄し倚頼に及ひたるに同人大に其人を得たるを喜ひ直ちに承諾致呉、乍不肖尽力可致云々申答候へ共、此上閣下より御一書被賜候へは同人一層尽力可致事と被察候条何卒至急奉願候。宮武某非常に運動致し、既に中野に於ては堀田氏を賛成致候者壱両名も変心致候趣、這は不容易事故渡辺氏も事

務差繰暫時帰宅専ら防禦等に尽力致呉候次第に有之候。右者拝趨之上御報告可仕筈に御坐候得共、本日塡補に相当り自是出顱不能其儀候間、先不取敢以寸楮御報告申上候。敬具

俊猷再拝

大隈公閣下

112　光岡威一郎書翰　大隈重信宛

（明治二十九）年十一月二十三日

謹啓　然者一昨日一寸御官邸の方へ電話を以て相伺候件、大日本実業学会に於て専ら茶業の事を担当する農商務技師農学士大林雄也と申すもの、此節其筋の命を帯ひて印度清国地方へ茶業視察のため出張候事に相成、然処同人義是非一度閣下の御高見等拝承の上出発致度趣に付、何卒御面謁被仰付候様奉願上候。草々敬具

十一月廿三日

威一郎

大隈伯爵閣下執事御中

113-1　三橋信方書翰　大隈重信宛

（明治三十）年八月三十一日

拝啓　昨日御下命の通、在英加藤公使（函館清国人の件）在米星公使（海獣保護会議の件）への御訓電は夫々発送仕置候。○別封松方首相并李埈鎔氏書状差上候。又別封横文書状は別に親展之文字無之候に付開封仕候処、全く公文に無之様拝見候間其儘呈上仕候。電信弐通并に本日の新聞切抜併封差出候間御落掌被下度。其他本日は別に相異り候事無之候。右申上度。早々敬具

八月三十一日

三橋信方

大隈外相閣下

113―2　三橋信方書翰　大隈重信宛

（明治三十一）年七月二十七日

拝啓　大森兵庫県知事より別紙之通電報接到致候に付右写供貴覧候。敬具

七月二十七日

三橋信方

大隈外務大臣閣下

［別紙］

大森鍾一書翰（電報）　大隈重信宛

明治三十一年七月二十六日

電受第一六九号

明治三十一年七月廿六日午后六時三十分発

午后八時二十分着

大森兵庫県知事

大隈外務大臣

露国皇族明二十七日午前九時当港発。二十九日長崎着。同地御上陸四日間御滞在の予定。

［封筒表］永田町官舎　大隈外務大臣閣下

［封筒裏］三橋信方

114　森長義書翰（電報）　大隈重信宛

（明治七）年二月十七日

明治　年送達紙

発局　二月十七日　午前二時二十分　第百五十八号　官報

出　山口にて

佐賀県参事　森永克信（ママ）

届　東京江

大蔵卿　大隈重信ヱ

着　二月十七日

サルジウヨツカシラカワノチンダイヘイイチダイタイヲヒイテイマムラゴンレイサガヱイルツモリボクモマタコクラニテヘイヲツクリサガヱイルツモリナリ

去る十四日白川の鎮台兵一大隊を牽いて岩村権令佐賀へ入る積り。僕もまた小倉にて兵を作り、佐賀へ入るつもりな

り。

〔編者註〕この解読原稿は電報本文から翻刻した。

115　山田喜之助書翰　大隈重信宛

（明治三十一）年（　）月二十六日

拝呈仕□〔破損〕。明日者調査会之者御招き置相成居候由、就て者何にか苦情ヶ間敷事候哉も難計候得共、結局穂積梅岡野之三人者外面連合致候様相見せ懸候得共、其実個々別々之異見を有し居候者に御坐候間、余り彼等之意見御採用相成り過きさる様偏に奉願候。

彼等を留会せしむる事は便利に者候得共、必要と申程に者無御坐候間右御含為被在〔ママ〕度候。今朝石渡参上候筈之処差支にて不相伺候由なれは、高田明朝参上候はは御聞取奉願候。

草々敬白

廿六日　　喜之助頓首

大隈伯爵閣下

別紙補遺

26　浅田耕平・東海林貞之丞 書翰　大隈重信 宛

（明治）七年七月十六日

〔本書翰は第1巻・26に収録〕

〔別紙〕
和田太兵衛・山内遊翁・西郷礫洲他一名　書翰　大隈重信宛

（明治七）年六月二十日

未接馨〔謦〕欬候得共薄暑之時節倍御清穆御消光被為在候条遥承奉南山候。陳者恩賜金配賦残下付の儀延滞に付為総代東海林津田去壬申八月中出府之処、事情徹底不致上より司法省へ歎訴審判を請候段は御聞取被下候通に御座候。就右意外之永滞留に相成必死窮死之余只管及御依頼候由之処、衷情御憫諒御高勢に依て哀願御采用之段に至り、今般非常特殊之廟議を以一時御下金に相成候顚末両人共より委曲申越候。爰元に於ても一統厚感戴仕御高礼申上候様申出候。実に高庇に依而幾多之生霊浩恩に浴候段於私共不知所謝、因筆端之所尽無御座候得共、不取敢呈寸楮御礼申上候。余は期後鴻之時候。不宣謹言

六月廿日

和田太兵衛 花押
山内遊翁 花押
西郷礫洲 花押
上田如栄 花押

大隈重信殿

55―5　（有賀長雄）書翰　大隈重信 宛

（大正二）年三月二十日

〔本書翰は第1巻・55―5に収録〕

〔編者註〕別紙写真は早稲田大学大学史資料センター所蔵写真A14―10として整理されているが、本書翰に付随するものとした。写真枠には「大隈伯爵存」「袁世凱贈」とある。なお、本巻の口絵写真として収録した。

64―1 安藤就高書翰　大隈重信宛

（明治十）年十二月二十三日

［本書翰は第1巻・64―1に収録］

［編者註］別紙は早稲田大学図書館所蔵「大隈文書」ではA1561・A1564として整理されているが、紙幅上省略した。

77―8 諫早家崇書翰　大隈重信宛

（明治　）年十二月一日

［本書翰は第1巻・77―8に収録］

［編者註］別紙は早稲田大学大学史資料センター所蔵「大隈重信関係文書」では24（ロ）6として整理されているが、紙幅上省略した。

110―3 井関盛艮書翰　大隈重信宛

（明治二）年十二月二十四日

［本書翰は第1巻・110―3に収録］

［編者註］別紙は早稲田大学図書館所蔵「大隈文書」ではA3126・A3127・A3128として整理されているが、紙幅上省略した。

123―3 伊東武重書翰　大隈重信宛

（明治五）年（六）月（　）日

［本書翰は第1巻・123―3に収録］

［編者註］別紙は早稲田大学図書館所蔵「大隈文書」ではA587として整理されているが、紙幅上省略した。

139―4　井上　毅書翰　大隈重信宛

（明治二十二）年五月二十日

〔本書翰は第1巻・139―4に収録〕

〔別紙〕

渡辺国武書翰　井上毅宛

（明治二十二）年五月十八日

拝見仕候官制通則に掲け有之候出納課検査課用度課等者、畢竟各大臣即ち命令官部内之機関部内之取締りに而会計法会計規則等と並行してさし支無之、もし検査課を以公然たる独立官とすれは官制に入るへきものに無之、他の法律勅令等を以責任を負はしむるに非れは不可と存候。右者法理上之見解に而今日之官制者少しく事務章程と混同いたし居候憾有之、其辺より改正を要するは別段之事にして小生亦希望仕居候儀に御坐候。さし急き此段のみ。拝復

五月十八日　　国武

井上老閣御侍史

追而各国官制に者大抵俸給等も相加可有之様に相覚、今日之如く別勅令に而者天皇者官制を定め云云之御大権にさし響き、俸給者議会に而左右し得へき事に可相成哉。別事なから御高案を累し奉り置候。

〔編者註〕別紙は早稲田大学図書館所蔵「大隈文書」ではB104―2として整理されているが、日付・内容より本書翰に付随するものとした。

142―12　井上　勝書翰　大隈重信宛

（明治四）年三月十二日

〔本書翰は第2巻・142―12に収録〕

〔編者註〕別紙は早稲田大学図書館所蔵「大隈文書」ではA2852として整理されているが、紙幅上省略した。

151－19　岩倉具視書翰　大隈重信宛

（明治四）年十一月八日

［本書翰は第2巻・151—19に収録］

［編者註］別紙は早稲田大学図書館所蔵「大隈文書」ではA349として整理されているが、紙幅上省略した。

151－106　岩倉具視書翰　大隈重信宛

（明治十一）年六月二十二日

［本書翰は第2巻・151－106に収録］

［別紙］

徳大寺実則書翰　三条実美・岩倉具視宛

（明治十一）年六月二十一日

今朝御尋御坐候雅楽課増金額即金六千五百円、外に参議云々壱人分三千円、合而九千五百円。

右之通に候。仍及拝陳候也。

六月廿一日　　実則

三条公

岩倉公

［編者註］別紙は早稲田大学図書館所蔵「大隈文書」ではB85－13として整理されているが、日付・内容より本書翰に付随するものとした。

151－120　岩倉具視書翰　大隈重信宛

（明治十二）年二月二十二日

［本書翰は第2巻・151—120に収録］

［別紙①］

松村辰昌書翰　岩倉具視宛

（明治）十二年二月二十一日

恭啓　過日は御繁劇之央不顧恐拝謁奉願候処、早速拝謁被仰付辱奉万謝候。陳者昨日京都在勤園田弘より報知之次第も有之候に付、尚御含迄左之廉々開陳仕度候。

一　先般拝謁之砌り株数金員等記載して供電覧候分は唯演舌而已を以上陳するよりも聊御分り易きを主として金高株数等仮令を以上陳仕候次第に而、株数金員等に至ては最も概略之儀に御坐候。

一　目今右之方法規則等西京に於て取調最中に有之候処、大洲鉄然無拠義に付去る十六日より鹿児島県へ出張に付、香川葆晃大洲より申残し置候故園田香川等集会致候由申参り候。右之趣向を以会社相立候はゝ国家人民之為め可相成は必然之義と存候得共、政府におゐて御差支無之哉其辺頻に心配罷在候間、御内閣御詮議之上其可否而已御内々御諭示被下候はゝ、該社方法規則等之義に至ては其便宜に随て更正可仕心得に御坐候。

一　現今各地方に於て士族就産成は国家之公益を謀り工業其他之事業発起すると雖とも、本資金乏きに付内務大蔵両省へ拝借等出願致候得共、其事業之美挙たるを賞して其本資貸下等実際難被行件々不少候。依て該社設立之上は確実なる見込あつて各地方保証せば、該社金を以貸渡起業致候はゝ国家人民之便益を得るは必然之義と奉存候。右開陳仕候。謹言

十二年二月廿一日　　兵庫県　松村辰昌㊞再拝頓首

岩倉右大臣殿閣下侍史

〔別紙②〕

教救社

壱株に付金拾円

凡株数四拾万

此金四百万円

年六朱と見て

此利金弐拾四万円

内拾弐万円　三朱つゝ株主へ配賦す

残拾弐万円

外に利益金

含て

内　教導費

救恤費

社入費

〔編者註〕別紙①、②は早稲田大学図書館所蔵「大隈文書」ではB3037として整理されているが、日付・内容より本書翰に付随するものとした。

151―143　岩倉具視書翰　大隈重信宛

（明治　）年七月二十三日

［本書翰は第2巻・151―143に収録］

［別紙］

島津久光書翰　岩倉具視宛

（明治　）年七月二十三日

別封三条殿より御廻し披閲相済差上申候也。

七月廿三日

久光

右大臣殿

［編者註］別紙は早稲田大学図書館所蔵「大隈文書」ではB250として整理されているが、日付・内容より本書翰に付随するものとした。

151―166　岩倉具視書翰　大隈重信宛

（明治十一）年十月九日

［本書翰は第2巻・151―166に収録］

［別紙①］

昭憲皇太后御歌

清らなる蓮のいとの一すちに
いのりし老のこゝろをそおもふ

［別紙②］

四辻清子・高倉寿子書翰　岩倉具視宛

（明治十一）年（十）月（　）日

時分柄朝夕はひやゝかにおはしまし候。愈御揃被遊御機嫌よく成らせられ、何の〳〵御申分様もあらせられすめて度御安心御申入あそはし候様、弥御前様にも御障りもおはしまし候はてめて度さ左様に候へは、此藕絲織仏像一箱大隈殿御老母事御祈請により多年御苦心に而当年にいたり御織上のよし御伝献の御事何も〳〵申入りまいらせ候得は、御満足〳〵様にて御織方御手際御老人御精神の程実に〳〵御感心に思召、何も御満足様の御事よろしく〳〵御申伝への様にと頼思しめし候あまりに御感心に思召、御なくさみ様にこの御歌あそはされ右府様迄御見せ遊はされ候まゝ何もよろしく御取はからひの程御頼あそはし候。めでたくかしく

なを〳〵時かふ御大事に御いとゐのやうにと思しめし候。めでたくかしく

［巻封］右大臣様　申入まいらせ候　典侍　清子
同　寿子

［別紙③］
万里小路幸子書翰　岩倉具視宛
（明治十一）年（十）月（　）日

段々冷えおはしまし候。愈御機嫌よくならせられ、御さためて度添なく候。弥大后宮様にも御機嫌よくならせられ候まゝめてたく御安心御申入遊候様、弥右府様にも折からの御障もおはしまさす候御事めて度御満足に思しめし、さ様に候らへは今度御献上おはしまし候藕絲救度仏母の像は大隈三井子の作のよし、誠にめつらしき物にて昔物語にては御承知も遊はされ候得共、現在の品御覧の御事は御はしめてに而きつう〳〵御満足、こと更細工の精妙老人の丹誠は実に御かん心あらせられ永く御秘蔵遊はさるへくと思しめされ候。かしく

猶々このよしよろしく御申伝への御事御頼思しめし候。めて度かしく

［巻封］岩倉右大臣殿へ　典侍　幸子
［編者註］別紙①は早稲田大学図書館ではチ06―4703、別紙②は同所蔵「大隈文書」D582、別紙③は同所蔵「大隈文書」D583として整理されているが、内容より本書翰に付随するものとした。

158－19　岩橋轍輔書翰　大隈重信宛

（明治七）年九月五日

［本書翰は第2巻・158―19に収録］

［別紙］

川田小一郎・石川七財書翰　岩橋轍輔宛

（明治七）年九月四日

前略御厚免。過刻相窺候東海丸之義は壱万五千円之打出し仕候処、先方之見込と多分之相違に相成候而は咄に相成不申突放御坐候間、此儀は明朝出頭委細御届可申上。先は右而已。匆々頓首百拝

九月四日　　川田
　　　　　　石川

岩橋大君呈玉下

［編者註］別紙は早稲田大学図書館所蔵「大隈文書」ではＢ１０７７として整理されているが、日付・内容より本書翰に付随するものとした。

158―25　岩橋轍輔書翰　大隈重信宛

（明治七）年十二月十八日

［本書翰は第２巻・１５８―２５に収録］

［別紙①］

西村貞陽書翰　岩橋轍輔宛

（明治七）年十二月十八日

御内書拝見。笠野熊吉義に付垂問之趣敬承仕候。同人義は当使貸付所用達之一人に而、其用達の一連に而運漕社をも取結居、笠野なる者は身元慥成ものにて是迄拝借金等之廉も別紙書取之通に御坐候。尤貸附用達の規則として一列中分散之者返納金及不足候節は一同より弁納之筈、当使へも請書差出居候間右御承知可被下候。さて茲に木村万平より建言する所、現今輸出之茶夥多有之候処四番船に而一時に受付兼、荷主殊之外差急き居候由に付、ベハール号或は他之御船を以此際桑港回航之端緒を御開き相成候而は如何哉と存候に付、実は参局之上大隈殿へも篤と申立度候へ共、長官之留守中何分難差延候間貴兄尚御唫味之上貴長官へ御稟議相成度、万一此件御施行に決し候はは手配中米四番へは秘し置、インシウレンス等を付候事は英米一番の内に而必承諾可致と之事に御坐候。且否之御決議は最迅速を要し候間右御含有御坐度、此段御答旁為可得貴意如此。

十二月十八日

二　過日ベハール号御引渡に及候節、船長已下乗与之者共

成丈は据付之まゝ御使用被下度旨御依頼申上置候処無拠都合も御坐候哉。別紙申出之通に候処、水火夫に至候而は殊更難渋いたし候由に付、数艘之御船に付而はいつれへ歟御差操御使用被下候義は被相叶間敷や、尚亦御願申上義に御坐候也。

［巻封］岩橋賢台拝復　　西村生

［別紙②］

西村貞陽書翰　岩橋轍輔宛

（明治七）年（十二）月（十八）日

用達受書之写為御心得差上申候。

貞陽生

岩橋盟台

外書面封後に付別封にして差上候事。

［編者註］別紙①・②は早稲田大学図書館所蔵「大隈文書」ではB4880として整理されているが、日付・内容より本書翰に付随するものとした。

211－27　大木喬任書翰　大隈重信宛

（明治三十）年五月二十二日

［本書翰は第2巻・211－27に収録］

［別紙］

道家斉書翰　大木喬任宛

（明治三十）年五月二十日

謹啓　昨日者得拝顔難有奉存候。兼て御願仕候松岡寿身上の儀に付ては、種々御配慮被成下難有奉感謝候。昨日も一寸御話仕候通り、貿易品陳列館長の位地は今回官制改正に依り特別任用なる技師を置き、之をして館長の職務を兼ねしむる仕組なる趣伝聞仕候に付、同人最も適任にして且就職の道相付候次第に有之、尚ほ昨日御話の次第も有之候に付更に為念右官制改正の実否内々為聞合候処、全く事実なるのみならす不日発表の運に可相成趣伝承仕候。察するに大隈伯は目下御多忙中にて右の如き詳細の儀は未た御聞に不達事に可有之哉に被存候間、何卒右次第御差含にて可然御配慮被成下度重て奉懇願候。草々敬具

五月廿日　斉

大木伯閣下

［編者註］別紙は早稲田大学図書館所蔵「大隈文書」ではB5307として整理されているが、日付・内容より本書翰に付随するものとした。

216―1　大久保利通書翰　大隈重信宛

（明治二）年二月九日

［本書翰は第3巻・216―1に収録］

［別紙］

中御門経之書翰　大久保利通宛

（明治二）年二月八日

御安全珍重に候。抑今般造幣局取建に付是迄之弊害一洗幷大阪府取締等之義に付、明日岩倉大納言三岡四位等下阪候。右に付是非足下大隈氏等一応面談被致度候に付、自然御乗船之御都合も可有之哉候へ共、右之次第岩倉下阪迄御見合之様可申入旨に候間、此段申入候。先は早々右申入度迄如此候也。

二月八日

［巻封］大久保一蔵殿　経之

［編者註］別紙は早稲田大学図書館所蔵「大隈文書」ではB260―2として整理されているが、日付・内容より本書翰に付随するものとした。

216―13　大久保利通書翰　大隈重信宛

（明治八）年十二月十一日

［本書翰は第3巻・216―13に収録］

［別紙］

中島信行書翰　大久保利通宛

（明治八）年十二月十日

一書拝啓仕候。然者吉田新田一条帰港後ヲーシホール社中へ面会し御下命に従ひ悉情談判仕候処、同社は三十万円に而承諾之義申出候。附而者最早余言も無之候事と奉存候間、政府に於而も速に右一条落着御附候様可有之と奉存候。巨細は猶跡より可申上候得共、右は今日御下命之段落着之御報不取敢申上置候。頓首

十二月十日　信行

内務卿殿

[編者註] 別紙は早稲田大学図書館所蔵「大隈文書」ではB272—9として整理されているが、日付・内容より本書翰に付随するものとした。

369—6　金井之恭書翰　大隈重信宛

明治三十五年十一月二十二日

[本書翰は第4巻・369—6に収録]

[詩軸]

災厄人間得必無、此般何用費憂虞、祝融却幸化公地、造出新廬勝旧廬

明治壬寅菊月聞

大隈伯新築告竣、結構輪奐非旧館之比、賦之致郵以賀。併乞正。　辱知　之恭草　印印

（早稲田大学大学史資料センター所蔵）

397—5　河瀬秀治書翰　大隈重信宛

（明治十）年六月六日

[本書翰は第4巻・397—5に収録]

[別紙]

五代友厚書翰　河瀬秀治宛

（明治十）年六月六日

追而薄暑相催候処愈御多祥御奉職可被成御座奉恐賀候。随而迂生も無異消光仕候間、乍恐放念被下度。然者此内より粗申上置候通、弥昨日別紙之通精製藍定価相下申候間先々御同慶被下度。追々試験弥取懸り先つ者斤四円内外と決、

是より盛業之手順造作及機具等取設候筈に御座候間、此月の中旬よりは新工夫製造相始可申候。夫迄は藍造休業仕候。左様御承引被下置度此旨御吹聴申上度、恐々奉得尊意候也。

六月六日　松陰

秀治様

猶々御局に者公然御届申上候様東館通信仕置申候。

［編者註］別紙は早稲田大学図書館所蔵「大隈文書」ではB1408として整理されているが、日付・内容より本書翰に付随するものとした。

446-12　九鬼隆一書翰　大隈重信宛

（明治二十九）年十二月二十二日

［本書翰は第4巻・446―12に収録］

［別紙］

（九鬼隆一）書翰（松方正義・樺山資紀・高島鞆之助）宛

（明治二十九）年十二月二十二日

秘啓　諸公が全力を挙げて国民協会を招かんとしたるの事業は（諸公は全力を尽したるにあらさるか世人は一般に斯く見認めたる也）今や大概失敗に帰せり。否未たしとするも十に八九は失敗に帰すべし。諸公既に反対者より宣戦を布告せられ居るなり。

宣布戦勝を謀つて後に百事戦後の策を講すべし。

諸公今の如くにして若し戦ひ敗るれは亦焉んそ条理道徳の説くへきの策あらんや。

唯其時に於ては敗軍の将戦略の説くへきなきを慎みて瞑目するの外はなき也。

諸公は初めより戦略を誤まることなきか。世人は多く之を疑ふ也。

諸公が国民協会を招かんが為めには味方の気合を損するを意とせす、味方の離散するをも顧みず、而して曰く品川曰く白根曰く元田、世人は疾くに彼等の行動行為を見て決而彼等を信せす。又決而諸公の味方たるものにあらさるを知れり。

曰く佐々曰く清浦曰く安場曰く松平曰く野村、世人は決而彼等の勢力を以て少数の国民協会をすらも動かすへからさるを知りし也。

諸公は何故に現内閣派の中堅を定めざるか。政敵は実に中堅を定め陣列を整ひて攻迫至れり。

諸公は戦既に開かれたるに何故に勝戦の策を講せざるか。鄙生百方考慮するに、兎も角も諸公は第十議会に辛くも勝算を立てゝ戦ひ勝て後百事為すへし。此議会にして今の如き形況を以て失敗に帰せは到底諸公は何等の辞なく、又何等の面目もなき也。松平は良次官也。寺原は良局長也。平常行政の衝に当る、是誠に適当なるへし。然れとも議会法戦のことは事頗る複雑難渋にして到底田舎武士の能く堪へ得へきものにあらす。

諸公願くは餅は餅屋を使用して宜しく陣頭に臨まんことを切望す。

戦既に開かれたり、必勝の策を講する最大急務也。

諸公交友の親疎を論するの暇なし。最早今日の形勢と相成つたる以上は宜しく中堅を進歩党と定め、加之真疾駆良に中立及無所属実業団等を応呼せしめ専一無適に攻迫して、而して臨機或は自由を割き国民を割くの戦略もあらん。

諸公は宜しく既往に鑑み当来を考へて戦陣を整へられんことを切望す。

敵勢は多年の練磨也。歴史的の順序も出来たり。味方に歴史未た成らす。諸公味方の境遇も誠に困難の立場なるへし。

諸公は敵と味方とを明別せられたる以上は、出来得へき限りは味方勢の戦ひ易くして対戦に堪へ得へきの途を講して何部分の譲歩を与へさるへからさる也。

諸公宜しく焦眉の急を救はれんことを切望す。楮余在拝鳳。

匆々

　十二月廿二日

御一閲後直に丙丁を乞ふ。

［封筒表］秘展

［編者註］別紙は早稲田大学図書館所蔵「大隈文書」ではB5311として整理されているが、日付・内容より本書翰に付随するものとした。

458―8　熊谷武五郎書翰　大隈重信宛

（明治七）年二月一日

［本書翰は第4巻・458―8に収録］

［別紙］

須藤時一郎書翰　熊谷武五郎宛

（明治七）年二月一日

拝啓　昨日は尊命を奉して十二時少前に外務省に至り宮本大丞江談判之末彼是手間取、第一時同省訳官田辺某と共に新橋より発車第二時少前に横浜着、夫より東洋銀行に至り候処同日は土曜日に付午時限り鎖店候得共裏口より立入、先つ英国江可渡分十二万五千弗相渡し受取書を得即刻五十七番仏銀行コントアデスコントに至り前同様、夫より十二番荷蘭コンシュルの方に至り同様取計申候。尤も請取原書は外務省官員主任に而右為替切手裏書上野少輔之奥書に而、右金子同省官員持参候義に付外務省之もの受取立帰度旨に付任其意、四時発車第五時帰宅仕候。荷蘭之義は既に書簡差出有之候得共蘭文に付反訳手間取れ寺島卿之御手許江は未た差出不相成居候事に付、是又命之通宮本江申談渡方之手続に及ひ候事に御座候。右参上可申上之処実母病気之よし申来罷越候に付、以書中此段御届仕候。已上

二月一日

時一郎

課長公

［編者註］別紙は早稲田大学図書館所蔵「大隈文書」ではB３４５２として整理されているが、日付・内容より本書翰に付随するものとした。

472−7　黒田清隆書翰　大隈重信宛

（明治二十二）年七月六日

［本書翰は第5巻・472―7に収録］

［別紙］

松方正義書翰　黒田清隆宛

（明治二十二）年七月六日

拝啓　陳過刻御返答者明朝井上大臣へ可参旨申上置候得共、明朝若や逢取兼候も難計と存今夜井上氏江差越閣下之御趣意に従ひ反覆申談候処、何分今夜即坐に返答者致兼候間尚勘考為致呉候様との事に有之、尤兎に角小生江相談相遂け其上いつれとも可相決候間其段は安心致し呉度趣再三承り候仕合、夫故今夜者引取申候。小生よりも縷々熟談押返繰返致置候間左様御承知可被下候。猶細事は拝顔可申上候得共只今罷帰候付、不取敢右之形行奉得尊意候。頓首再拝

七月六日夜十一時

正義拝

黒田伯閣下

〔編者註〕別紙は早稲田大学図書館蔵「大隈文書」ではB42―8として整理されているが、日付・内容より本書翰に付随するものとした。

1163　堀田連太郎書翰　大隈重信宛

（明治三十一）年二月二十八日

〔本書翰は第9巻・1163に収録〕

〔別紙〕
（堀田連太郎）書翰　（大隈重信）宛

（明治三十一）年（二）月（二十八）日

再伸　可相成は特に駿台へ御密使御差向之事大急務と奉存候。其手筋にては随分秘密に北豊島全部へ勢力相及ぼし可申哉と奉存候。

〔編者註〕別紙は早稲田大学図書館所蔵「大隈文書」ではB5313として整理されているが、内容より本書翰に付随するものとした。

追補

1　（朝河貫一）書翰控　大隈重信宛

大正二年五月十八日

大隈に返事　May 18, '13

謹啓　四月廿一日の尊翰拝誦。近来世事較々繁忙の様に察上候へとも益々御健勝の由奉謹賀候。「新日本」にて毎号御高説拝読罷在候。

牧野氏「最近外交事情」の英訳につきては同氏よりも直接に依頼有之候に付、既に過日同氏に左の意味の返書を呈し候。

もしエール大学における小生の事業の性質を御熟知被遊候はゞ、貴著の翻訳を小生に依頼さるゝ如きことはなされざりしならん。小生の事業上又地位上、小生は独創の研究に専心せざるべからず。之に対する時間すら乏しく候間、現存の人の出版せる通俗的著書は（如何に良書にもせよ）小生において単に之を翻訳するに費すの時間を得るの法なく候。即ち学者としては未だ曾て人類に知られざりし新資料又は新知見を学界に貢献することが専務にして、之が時間の不足なるに当って世界の一部に既に発表せられ熟知せられたる智識を単に他部に向ひて紹介する如きことに時間を用うる余裕更に之なく候。賢兄（牧野氏）の為に計るに最良の法は「自ら云はんと欲せらるゝ所を英文にて記し、之を当国の雑誌社又は出版会社に送らるゝにあるべく候。」而して之を草するに当りては、もし通俗に訴へんとの御志望ならば正確の引照を附せらるゝに及ばざれども、識者にも読まれん為ならば引照正確なるのみならず、又精透ならんことを要し候。貴著を拝読する、〔に脱〕日米関係につきて未だ根本材料を尽されざるものあり。もし更に広く御研究被遊候はゞ多少貴説の形を変ずるの結果を生ずることあるべしと存候。

右牧野氏へ返書にて事情御洞見被下度候。当国最高諸大学内部における学問の要件は、偏に人類の知識に新貢献を為すにあり。私は日本に関する此貢献を致度日夜努力致居候次第にて、単に他の人の既に世に与へたることを訳する如きことは、啻に如何にしても其余暇を得がたきのみならず、又私の地位の要求に反し候。且つ翻訳のみに候はゞ他にも私に優れたる人多かるべく、他人の為し得ることを私のなさんことは労力の不経済と存候。加之、日米関係につきては既に川上新渡部〔已〕両氏の著作あり。此二氏及牧野氏の考へ何れも不充分にて精細なる学者の批評に当る能はず候間、之が訳者たらんことは日本の為にもエールの為にも私の為にも望ましからざることに存候。

右は特別の御依頼に対し露骨の拒絶の如く相見へ不本意の至に候へども、是れ畢竟日本にて見るところと小生の立場にて見得る所と、必しも相合せざることなきを得ざるにより候と存候。此事のみならず当国学界の要求とかくに日本に解せられさるを見候。日米交換教授の法の如きも其の一例に候。従来日米の交情の為にとて日本人の企てたることは多くは浅薄にして（右の交換も帰一会も紐育の日本協会も）、此等の事業より来る効果は単に一時的社交的のものにして根拠薄弱を極め居候と同時に、一方者却って真の識者の冷笑する所に候間、利はありとしても害も亦之なきにあらす。支那に関する近時米人の学問的施為に対してすら、日米に関す〔る脱〕日本人の事業は赤面冷汗の感に堪へず候。幼き底度御座候はゝ、日米関係史の著作の如きも真に信頼すべきこと、又学問的著書たる資格を備へたる正確精選のものならんことを祈候。かゝる威権ある一著書によりて日本の品格を高むるの効果あることは意外に候。凡て真実に相互の尊敬を得るの道は（其の方法の如何に通俗的なる場合にも）、其の根底は深く且つ堅からんことを要し候。日本にて日米関係を顧慮する人士は、此点につき猛省あらんことを祈候。

レーク、モホンクにおける列国仲裁会議第十九年会に招かれ候て参会し昨夜帰宅仕候。よって別封同会の様子申上候間、「新日本」又は平和協会の機関にて之を日本に発表せらるゝを得ば幸甚に存候。同会にては此度は加州問題には特に論及せず、主としてパナマ問題及第三ヘーグ平和会議の準備問題を論じ候。又決議案をも通過致候。エリオット氏（前独逸駐在米国大使）タワー氏其他の人士並に独墺英加奈陀南米等の代表者も参会致候。詳しくは別封にて御一覧被下度候。

近時の日本「政変」には多大の希望を抱居候処、声のみ高くして具体の結果の乏しかりしは遺憾の至に候。此機を逸し候は残念に候へども、之にて国民の憲法的意識やゝ一進致候事と存候間、次の機会には国民の態度も指導者の見識も如何にも大正の新日本らしくあらんことを希望致居候。

（福島県立図書館所蔵）

2　石井忠亮書翰　大隈重信宛

（明治二十三）年三月三十日

奉拝啓候。時下益御安泰被為渉奉敬賀候。爾来御伺も相怠り恐縮此事候。御患所如何被為在候哉、定而順次御快方被為在候事と奉遠察候。随分御加養奉祈上候。扨当県下之景況も差而申上候程之事も無之、目下県会議員半数選挙に付而自治大同両派之競争益其熟度を高め甚懸念も不少に付暗々裏に警戒を加へ、今日に至り而は全く其局を結自治党勝を制し無事平穏に相済申候間幸に御休意被下度候。又水害跡之工事も一月以来気候不順始終雨天勝に而工事も次第に手間取候。殊に木石材買入等に付而種々党派心を利用し自然工事上に障害を及候様之傾あり、甚困却之事共に御座候。且諸作物も県下一般右不順故充分之結果を得る能さるの景況に而、最早此上諸作未熟之実況に陥る時は終に凍餓を哭く之惨状を呈すへくと憂慮罷在候。其他申上度義も候へ共尚追々可及言上。扨兼而御約速〔束〕申上置候まなかた漬気節あしく容易に手に入候義出来不申、漸少々相求候間供貴覧度。風味等如何候哉。兎も角も差上見候間御笑留御試被成下度奉願候。右御伺旁県下之景況大略申上候。早々頓首

三月三十日　　忠亮

再拝

大隈伯閣下

追て時下御自愛奉祈候。乍恐奥様へ宜敷被仰上被下度奉願候也。

（公益財団法人鍋島報效会所蔵）

3　石井忠恭書翰　大隈重信宛

（明治二十三）年一月二十三日

奉拝啓候。時下寒威之肌高堂益御栄暢可被遊御起居奉仰賀候。陳者近来如何被為在候哉、御容体伺相怠り不本意之闕礼平に御高恕奉仰候。大手術後腐筋肉中に存し包まれたる物ありて旧年末頃上股之側正に焮衝起し候故、去る七日創口之横を切破られ防腐剤を施させられ候由に而、是御快癒之趣御承仕御同慶無此上奉存候。大手術後如閣下是迄一度之異変もなく順当之経過者稀有なる耳ならす、右等之小異変発するも全体之御快癒を妨候ことは決して無之、只僅に

御全癒之日を延す迄のこととの趣医家之説信認仕候に付、果して近々御全癒と奉遥察候。猶精々御療養被遊候様専一に是祈候。此段御容体御伺申上度得貴意候。頓首

一月廿三日　　忠恭

大隈伯爵閣下侍史

（公益財団法人鍋島報效会所蔵）

4　石橋重朝書翰　大隈重信宛

（明治二十一）年四月二十八日

謹て寸墨を呈上仕候。時下春暖之候培〔倍〕々御清栄奉欣賀候。陳而過日は御恩命に任せ緩々長坐罷過最後迄御厄介千万、実は余り歓喜に乗し頂戴いたし過き定て御無礼多々なるかと相考候得共、朦朧として確と不相覚程に有之、何卒御海容被下度偏に奉願候。又乍末筆御夫人様方へ厚く御礼申上候段乍失礼御伝へ被下度奉願上候。何れ不日拝趨之上万謝可申上候得共、先以右御礼迄早々如斯に御坐候。頓首再拝

四月廿八日　　重朝

大隈公閣下御侍史

追而此品至て乍軽微献呈仕度候条、御笑留被下候はゝ幸甚之至り奉存候。

又過日鳥度御咄し之「イーヤブック」は千八百八十六年分は最早残余無之趣、同八十七年分は来る五月末には到着之由、其折は直様手に入り候様依頼いたし置候間到達次第差上可申候条、此段申上置候。不具

（公益財団法人鍋島報效会所蔵）

5－1　井関盛良書翰　大隈重信宛

（明治二二）年五月六日

一翰拝啓仕候。愈御多祥御奉職之義と奉南山候。然は過日御地にて御伝言之通、前田弘安尽力致候英和対訳別紙之通壱部拾弐弗宛に御預り金子之内より相渡申候。然る処寺島氏之考も有之候間書類差出候間、猶御差図次第可取計候に付否御申越被下度、此段要用迄可得貴意候。以上

五月六日

大隈四位殿貴下

井関斎右衛門

（大阪商工会議所所蔵）

5－2　井関盛艮書翰　大隈重信宛

（明治六）年十一月二十九日

島根県両度之水災に付三万八千九百円余拝借之義大蔵省江伺差出置候処、若右宜敷返納年限等御減省相成候而者必至と難渋可仕云々之情実拝謁之上可申上候間、夫迄之処御決議御指令無之様御差含被成下度、今朝参館仕候処最早御出勤相成候に付一応以書取申上置候。頓首

十一月二十九日

島根県権令　井関盛艮

大隈公閣下

（国立公文書館所蔵）

6－1　伊藤博文書翰　大隈重信・吉田清成宛

（明治四）年五月十三日

米国政府議政官員ブロックス並に同国公使今夕深川大黒屋方迄相招可申様約束仕置、第一字頃より罷越可申筈に御坐候間少し其前に両君共御帰館願上度、是非御同伴可仕、既に御姓名も同人等へ告知仕置候。全体今昼頃より横浜に可罷帰取極居候趣に御坐候得共、御互に誘引仕候為今日暮迄相滞可申筈に御坐候。御用繁にも可有之候得共、インテルナシヨナール、フレンドシツプも今日之人間ソシヤール、ライフ之一大要事に御坐候間、是非右時刻迄に御帰着奉待上候。匆々拝具

五月十三日

［巻封］　大隈参議殿　吉田太郎殿　至急　伊藤大蔵少輔

（京都大学総合博物館所蔵）

6－2　伊藤博文書翰　大隈重信・吉田清成宛

（明治六）年十二月十三日

今般内務省中へ土木寮を移可申御内決に付而は、営繕課丈け引分け工部省へ附属可被仰付而は如何可有之候乎と申御内話に御坐候処、川河堤防と営繕之間実際上如何程にも分別に相成居、実務上之利害等其職を奉し細大相心得居候者より明亮に承知致し度候に付、土木寮中職務及ひ規則等解得仕候官員一名明十四日朝十字頃より正院制度掛へ出頭仕候様御申付可被下候。為其。匆々頓首再拝

十二月十三日　　伊藤参議

大蔵卿大隈殿
大蔵少輔吉田殿

［巻封］　至急

（京都大学総合博物館所蔵）

6－3　伊藤博文書翰　岩倉具視・大隈重信・井上馨宛

（明治十一）年九月四日

粛啓　聖上益御機嫌克順々各地御巡幸将又各位閣下に於ても御健全御陪輦之趣、前島少輔帰報を以承知恭祝此事に候。東京御留守中も其後異状無之御安神是祈。三十日夜半之事も少しく風声鶴唳之気味有之、然し探偵之緻密なるより流言巷説をも不捨置用意仕候事に可有之候。目今之処に而は人心も大に折合候様被察申候。〇下総牧羊場雇米人ジョンスの居館に去月二十九日夜半一時比強盗白刃を携て忍ひ入、同人幷に来客米人ロッセル両人に重傷を為負候儀は已に前島より申上御承知之事と奉存候。然るに強賊も已に就縛、両人も生命に関する程のことは有之間布医師之見込に御坐候故、是又御懸念被下間布候。強賊口供医師診断書等は写取封入仕候に付御回覧可被下候。

過般四国中国路県治実検の為出張申付候北垣書記官従大坂之来書写、是又御一覧之為差上申候。同人も此比は四国に渡航之頃と被察候に付、再報有之次第尚為御知可申候。

禄券保護方其外に付地方官へ之諭達書は一昨日封書を以相達申候。布告は来る九日比に発表可仕積に御坐候。

大蔵卿殿御発足之節も乍立一寸申入候脚気病院不足費壱万三千円は、是非御許可不被下候而は甚困却之事に候。抑脚気病院之事は真之叡慮に出て然して其実効已に相顕れ、入院百有名にも及ひ漢洋医等非常に勉励折角の叡旨も貫徹可仕之際、僅に一万円余の為に蹉跌せさるを不得に至ては甚不安事に付、是は御留守番之前賞として何卒御許可被下候様大隈殿へ只管歎願仕候間、至急御一答被下度候。○吉原洋行之事は昨日拝命、近便に而発航之筈に御坐候。○山県過日之騒動以来余程脳に感触候事と相見、片眼朦朧咫尺に見る不能即今治療中。他はいつれも健康是又御省念奉仰候。先は前文御報道之為。匆々。余は譲後鴻。誠惶頓首再拝

九月四日午前十一半　内務省　博文

右大臣殿
大蔵卿殿
工部卿殿

今暁来俄然大雨と相成、碓氷峠新道御通輦は定而御難渋に可相成と今より奉懸念候。

（国立国会図書館憲政資料室所蔵）

6－4　伊藤博文書翰　大隈重信宛

（明治三十一）年十月十日

時下台候万福公務鞅掌遥賀此事に候。小子北京辞去後上海に暫時淹留今晩揚子江を遡り武昌に到り張之洞面会之筈、同人已発部員迎接旅館等も用意之趣に候。当地滞在中英国商業会議所派遣委員ロードベルスホールドより面会を求来候故両三回面会候処頻りに日英独米同盟論を首唱し〔欄外〕、清国之独立を維持し露国の侵略を掣肘せんとの相談有之候に付内情を叩き候処、サリスブリー侯及総元帥ウルシー伯等と内議之上清国之事情を探聞し、目下之に処する方法を講窮する為表面商法会議所派出之名義に而出張せし趣に被察候処、不図も北京政府目下変局の時機に遭遇し改革家続々苛酷の極刑に被処を不能傍観とて救護の手段を尽し度旨相談有之候。此上張之洞に連及するに至ては殆んと人物を一掃し尽すを以極力之を救済せんことに助力を求め候故表同意置候間、此段御含置可被下候。北京之情勢は公使之報道に而時々御詳知之事に付茲に不贅候。愚考に而は支那改革之一蹉跌は将来の禍機を一層速かならしめたること不容疑、於茲乎我国に在ても対清国将来の方針を定めさるを得さる

事情に迫れりと被察候間、廟堂に於ても深思熟計遺算なきを期せられんことを切望之至に候。書余譲後鴻匆々閣筆。頓首再拝

十月十日　　　博文

大隈首相閣下

北京に而李鴻章とも数回談話を経候処彼は露に偏倚するの実を免れず、将来を与謀するもの張之洞一人あるのみと被察候。小子とベルスホールドとの談話は凡て小子一己の所見と申置候故、決して日本政府の責任は無之候故此段御安心可被下候。

〔欄外〕四国同盟は名義を通商同盟とし、北京政府に要請して適当の改革を実行せしめ之に連合を以て助力を与んと云にあり。費用の供給は海関税を増加せしめ、先つ兵力を養成せしめんとの意嚮なり。増税のことは英国より発議すれは他国より異議を唱るの理なしと云か如し。小子は日本の利益は支那の瓦解にあらすして其独立を扶持し、彼をして自立せしめ以て其富源を開発せしむるにあるを以て、一己の私見に於ては同感を表すと答へ置きたり。又韓国の独立を維持せしむるとも此中に算入せんこと〔を脱〕以てしたり。同人の所見にては独米を誘導して加盟せしむること難からすとするもの〔の脱〕如し。

〔封筒表〕東京　大隈重信殿親展密
〔封筒裏〕上海　伊藤博文

（国立国会図書館憲政資料室所蔵）

6-5 伊藤博文書翰　大隈重信宛

（明治　）年九月八日

昨日差出置候訳文御覧被下候へは別紙へ御調印被下度、不日に飛脚船便にて英国へ差送可申候。頓首再拝

九月八日

〔巻封〕大隈先生御直　　伊藤

（佐賀県立博物館所蔵）

7　犬養　毅書翰　大隈重信宛

（明治十九カ）年（　）月三日

拝啓　昨日御話申上候佳人奇遇（柴四朗著）第三篇出版いたし候に付、何卒閣下の御序文を得度同人の兄弟朋友一同希望仕居候に付、甚御面倒の段恐入候得共、若し相成候事なれば如何なる短文にてもよろし敷候間、一文御与へ被下候訳には不参候哉。実は昨日も申上候通再三拒絶いたし置候処、今日も参りて頻りに取次呉れとの達ての依頼に付不顧御面倒一応伺上候。草々頓首

三日

犬養毅再拝

大隈公閣下

二白　御承諾被下候哉否、可相成は直に御返書頂戴仕度候。

（個人所蔵）

8　犬塚文十郎・田中清介・百武安太郎書翰　大隈重信宛

（明治　）年五月六日

明七日御内々被為召候条、晩七つ時溜池御屋敷御出可被成候。此旨我々より及御懸合候様被仰付如此御座候。以上

五月六日

犬塚文十郎
田中清介
百武安太郎

［巻封］大隈八太郎様

（大阪商工会議所所蔵）

9―1　井上　馨書翰　大隈重信・伊藤博文宛

（明治三）年三月三十日

各位益御精勤と奉遠察候。過日伊藤兄迄申出候通り、小生一身余命保護之一策者幾重も御工夫被成下度、且対老母江少しは孝養いたし置度心持に御坐候。勿論火急に申出候次

第に者無之候。併滞坂中迚も坂府大参事丈御免職被成下度、是迄とも相変り独勤之事故御諒察被下度候。

一　通商司為替通商両会社之義も只今之通不規則にては甚以後害可恐事と奉存候。何分此往百事手を下す、今少し下情も可成丈細密に洞知、些少之事件にても規則後法と相成候様無之而者始ては止み、実に人民之望を失し申候。従て信義も難相立、仮令百事手間取候而も御互に密に相渉り度事と奉存候。何分事を容易に心得候而より瓦解之基と相成、既に旧藩之諸隊駕御等にても至て軽易に思ひ候て行ひ候故之事に御坐候。申上も愚に候得共深く御勘考被成下度、既に銭札之一件等に付而も火急御引揚候而は下方難渋故地方官も余程困窮、亦令も行届不申候間、是は当年中と歟何と歟期限御定め有之度候。令を出すは安し令を実に行は些少之事迄甚以難渋に有之候。銭札一件者急速御再議之趣奉仰下度被存候。

一　中西国等納米納金東京廻し等之事も、余程下民之江者高懸り等多く相成候而困窮之様に申出候県有之候。是等去暮帰藩前も粗申上置候事歟と奉存候。是亦御再決可被下候。

一　造幣寮も来四月廿四五日頃迄に者凡出来之積り之由、凡前途規則尚亦新金引変一件新金券に至迄承り度廉々不少候間、両兄之内御下向歟亦は小生罷登り候歟両条之内御答被下度奉存候。

一　朝兵十分相備へ不申而者諸藩より政府を蔑視すること日々甚敷、何れ此後藩内又者藩と藩争端等有之節は朝兵を以不制之、則何年にても朝威確乎と相立候様に者不相成哉と奉存候。

一　当地に銅凡五百万計有之候而追々諸方より買上直段を以買呉候様申出誠に込り入申候間、是外国人正直人見立銅之ヱーゼントにても相定、月弐三拾万宛平常にして上海又者カルカタボンベー辺江差出候都合に相成候而者如何哉、是亦御評決是祈候。

一　国役堤防金割付高百石に付壱両弐部宛との御事、実に当年凶作之上ケ様多分之懸り物にて下民は実に難渋至候間半方にて者如何哉、此段も奉伺候。右急飛を以廉々御答被成下度奉存候。為其。匆々謹言

三月卅日

二白　加賀者過日帰藩に付大困窮に候間、可然御尽力有之度事に御座候。以上

［巻封］八太郎様　俊輔様　　聞多

（国立国会図書館憲政資料室所蔵）

9−2　井上　馨 書翰　大隈重信・伊藤博文宛

（明治三）年六月十一日

過日は神田下坂之節御懇書被成下益御精勤奉敬賀候。不相変御多端と奉存候。当地先無事過る朔日より上京吉井申合何も取締相付候間、決て御懸念被下間敷候。人員も小遣等江懸三十人計も減少仕候。恭明宮凡四万内にて定て皆出来為仕可申候。北代は帰東候共差支へ候事更に無之候。造幣一条に付而者キントルス種々気付筋有之、一々密にして尤と奉存候。新金裏大（太）陽之工合甚以よろしからす、且菊と桐多く何の主意たる哉不相分由。彼云此新金人気きれいな金と心に思ふ時は人心一般好と云処に立至りて流通克く相成、人気きたない金と思ふ時自ら広く不流通之基に候との事、随て極印師当時何の所業も無之候事故、為試新に彫刻に懸らせ申候。又外に新十円金半円銀同形故、若し上海辺にても右半円銀之表半の字を十の字に作り替え流金する時は必十円金之内え紛込居候必然故是非裏之模様を替さること不能由、是も為試当節彫刻為仕候。出来次第一つ銀貨幣作り入尊覧可申候。画にて能く分り兼申候。其外寮よりハンクと金銀取引之都合会計と引取都合、彼の規則通りに地金請取候時は我人民之所持之分如何取計候哉、又御面談ならては決し難き事件多し、随て伊藤兄御書中当月は大隈兄ロベルッソン御同道にて御下坂之由。右様共有之候得者実に仕合申候。若し御下坂無之候得者東行不仕而者不相叶、併東行候而者当地之所足をぬき候と御普請其他日々之事件に不決之事延引候と相成込り入申候。当節は土木司抔も余程叱り付候而懶（惰）発余程運ひも相付申候最中故、只今一歩も去り候時は自ら惰気を生し込り入申候。外国人住所も当月廿日迄に者皆出来可仕候。就而者造幣懸り土木司は朝六字より夕五字半迄詰切候故、外官員とも違を以別御手当被下候様御評決被下度候。

一　楮幣は是非とも制し替不申而者偽物之恐れ有之候故、新金発行迄に在来之分新製を以引替不申而者不相叶、是亦十分見込相付居候間御談決仕度。何分紙上にては不尽其意候。

一　坂本脇方より承り候得者大隈大兄には辞表御差出との事、如何之事に候哉。若し弟等残し御遁世之策に者無之候哉。右様候得者小生等一同も留り不申候間至急御答被下度候。

一　前途楮幣新金引替之見込十分有之申候。

一　福原恭助事、昨年監督知事御申付被成候て当節出坂候得共、当地は不用且役名も当時違ひ候事故一応東京行仕候様申聞せ候間、上東候はゝ伊藤兄江御相談可仕候間可然御取計被下度候。

一 過日弟持下り候キントルス気附書之内、金銭は一部の利益を政府江受候様有之度、附而者金九銅一之標差出候分を以算勘仕らせ候時者勿論スタントアールとは一円銀に候得共、割合の位別紙之通りに相成申候。左すれは外国より金銭の真金を以形計偽物を作り持来り、日本銀銭を買時英のホントステルリングにても別紙之通りに相成候為、金を不滅元之通目方にて減し候方可然哉と奉愚考候。又金九銅一之地金を合せ金見改之人抔に見せ候処中々以不同意、銅中江金少々入候物歟抔と申居候。人民此金銭を不好時者実に当時弐分金之如し。仮令性合は宜敷共上向見苦敷時は又政府より偽金作り出せしと人々嘵々必然のことならん。終に者銀銭迄も不評を受候ては込り申候。就而は在来之通少々銀を取交割合を以地金入尊覧入〔ママ〕申候。金十二の一より金九銅五銀五の方正しき物と見改人は申立居候。何分にも大隈大兄一応至急御下坂被成下候はゝ実に何も相決し候而仕合申候。至急御答被下度候。其内時下御自愛専一奉存候。謹言

六月十一日

〔巻封〕大隈盟賢兄 伊藤盟賢兄　井上拝

（国立国会図書館憲政資料室所蔵）

9-3 井上 馨 書翰 大隈重信・大久保利通 宛

（明治四）年九月二十七日

造幣寮之一件并兵庫大坂之間鉄道等之義に付而も至急伊藤出張被呉不申而者何分造幣之差支り切迫候間、朔日之便船より下坂候様御沙汰可被下候。尚亦渋沢事も同寮始末後引受之ため出張候様御辞令被成下候様奉頼候。就而者野生も渋沢同道にて明後廿九日より横浜迄より鳥渡出張仕度候。尤生者朔日に者帰省之積に御座候。前条者今日にも御運ひ置不被下候而は甚以差支り候間、此段書面を以申上候。匆々頓首

九月廿七日

〔巻封〕大隈参議殿 大久保卿殿　井上大輔

（国立歴史民俗博物館所蔵）

10－1　岩倉具視書翰　大隈重信宛

（明治六）年十二月十六日

明十七日横須賀行幸行啓等供奉之処依所労令不参候。邂逅遠方之供奉之義参向当然之事に候得共、実は兼而御咄し申入候近来病痾条虫之為め昨今殊更に困却に付、明日より治療に取掛候へは四五日間に而平癒之旨医師申聞候に付、不得已不参候心得に御座候。右御心得迄に申入候間徳大寺御申合御前辺之事万事御引受宜敷御配慮有之度、此段御頼申入候。仍早々如之候也。

十二月十六日　具視

大隈参議殿

追而各国公使も参会候に付殊更寺島勝共に御注意可有之旨御伝声可被下候也。

［封筒表］大隈参議殿　岩倉右大臣

（国立国会図書館憲政資料室所蔵）

10－2　岩倉具視書翰　大隈重信宛

（明治七カ）年八月十六日

今日終日御在宅之趣、晩程迄之内更に御面倒可申入候。外に島津云〻別紙御伝申入候。御一覧之後伊藤江御廻し可給候。何も後刻可期面上候。早々已上

八月十六日　具視

大隈殿

（国立国会図書館憲政資料室所蔵）

10－3　岩倉具視書翰控　大隈重信宛

（明治七）年八月二十七日

昨朝書取類内々入一覧に候末、両公懇談至極都合よろしく国債を以而官員華族等より人民云〻凡而同意、亦地方官中立会議之事も不可然義に決し申候。右両公而已ならす黒多［田］

伊地知にも同意候。此上は伊藤以下之所談し候而已に候。
細敷今夕明朝之内面談可申入候。
一 法常寺霊源寺等歎願之所如何に哉、御繁多中申かね候得とも何卒一日も速に御落着偏に依頼候。且自今金百円宛と是迄之分半減に而も被下置候様御頼申候。
一 昨年十月以来不得止事件に付内御用取扱局金子土方より請取候後之分、又千金余取替に相成居候。右は岩村其外より返金之分も有之色々入込居候に付、未た清算は不仕候得とも何分千有余取替に相成り居候事は無相違、右金高当晦日なくて不相成由家来段々申出候に付、不取敢千金丈之所元の道筋に而土方取計に而両三日之内御廻し被下度候。尤巨細勘定書は不日可差出候。右早々

八月廿七日

大隈——

（海の見える杜美術館所蔵）

10－4 岩倉具視書翰 大隈重信・大木喬任宛

（明治十）年三月九日

山形県令電報一見。若し彼動かば四百名の巡査を以而云云余り軽侮の言と存候。果して然らは幸甚なれとも今朝も申入候通りに付候。東も亦一杯やられては万々不相済、則今日は御互之任也よろしく御厚意有之度候。扨又七日来今日迄三月何之報なし。戦ひ如何之事哉と頗る懸念せり。別紙愚孫来翰中一二ヶ条書抜入御一覧に候。庄内云云の件可考事と存候。早々以上

三月九日

具視

大隈殿
大木殿

（国立国会図書館憲政資料室所蔵）

10―5　岩倉具視書翰　大隈重信・大木喬任宛

（明治十）年三月九日

別紙野村より前島へ之文通、尤可怪事に候。鹿児島行なれは数少し、且海口は軍艦にて閉たる由に候得は格別掛念なし。右に付過日西村大書記官内話酒田士族此間中茶生糸見本横浜へ持出候趣、時其時に無之候に付頗る不審と申居候間早速前島へ申入、同人横浜出張示談之末如斯申来候事に御坐候。御一新之際庄内人横浜にて多く之器械買入れ之例も有之、決而油断ならざる事と存候。其上三島之電報頗る軽侮之語あり、厚く御注意有之度存付之儘申入候。早々以上

三月九日　　具視

大隈殿
大木殿

（国立国会図書館憲政資料室所蔵）

10―6　岩倉具視書翰控　大隈重信・大木喬任・寺島宗則宛

（明治十）年四月十三日

別紙伺鵜鳥狙撃之義、此節柄之義暫時見合せ置候方可然と頼置候得共、最早差構ひも無之歟却て可然様にも存候。御同列御評義之上御下知有之度候。小生は唯今致検印候事に候。

別紙西郷中将より之秘書に付ては何れ発表せさるを不得事と被存候。付ては其順序可然御評義有之度存候。壮兵徴募之義に付ては行在所にて三条より旧知事へ懇諭之事も有之候趣、右は昨夜帰東花房より一寸承候間今日寺島卿より同人へ篤と御尋置有之度候。

右今日不参に付宜敷御内評有之度候。早々以上

四月十三日　　具視

大隈参議殿
大木参議殿
寺島参議殿

（海の見える杜美術館所蔵）

10−7　岩倉具視書翰　大隈重信宛

（明治十）年六月二十一日

前略　御所労如何候哉御尋申入候。小生も両三日時邪平臥連日不虞之仕合、然る処銀行之義に付是非御談申度次第有之候得とも不能出頭に付、以愚孫明朝出頭可申入候間此段兼て御依頼申入置候。別紙井田より相回り候分入内覧候。御一覧後大木江御回し被下度候。早々已上

六月廿一日　　　具視

大隈参議殿

（佐賀県立博物館所蔵）

10−8　岩倉具視・三条実美書翰　大隈重信宛

（明治十二）年七月八日

前略　琉球廃藩に付支那葛藤事件、書記官井上毅至急苦心申出〔破損〕末、別紙建言両大臣へ差出候。御一覧之上各参議にも御通覧有之度、則御廻し申入候。已上

七月八日　　　具視

実美

大隈参議殿

追而本紙伊藤参議に者一見相済候間、此段申入候也。

（国立国会図書館憲政資料室所蔵）

10−9　岩倉具視書翰　大隈重信・大木喬任宛

（明治十三）年八月十一日

前略　財政之事内閣一同揃ひ之上開議之筈にて、乃ち井上馨来十三日帰京之趣に候。就而者別紙建議壱冊御熟覧有之度候。素より書不尽言、尚面上にて意見陳述致度次第も有之候。最も御高慮も承知致度、旁一両日中及御案内候はゝ来臨希候。仍早々如此御座候。以上

八月十一日　　　岩倉具視

大隈参議殿
大木参議殿

追て直接貿易之義者前田正名多年熱心、同人此度建言趣意に基き書取候事にて、若未た同人御面話無之候はゝ何卒一応御聞取に相成度希望候。尚又米納一件は小生兼て之意見故別紙之通陳述候処、頃日五代友厚上京面会同人建議一見致候処、同件能く時情に渉り反覆得失を論し感服之事に候。未た御覧も無之候はゝ跡より御廻し可申候。以上

愚息代筆御海恕可被下候。

（国立国会図書館憲政資料室所蔵）

10―10　岩倉具視書翰　大隈重信・伊藤博文宛

（明治　）年四月八日

前略　兼而内願仕置候御暇之事、弥明日発途来十一日帰宅候心得候。表向別段不願置候間御含置可給候。扨海江田信義御採用之事、今般は速に相運ひ候様只管御配慮依頼候。早々以上

四月八日

具視

大隈殿
伊藤殿

（国立国会図書館憲政資料室所蔵）

10―11　岩倉具視書翰控　大隈重信・三条実美宛

（明治　）年八月二十五日

今朝者是非御苦労被下度存候所無拠来人只今に至り、其上今暁来腹痛度々下痢、無拠今日は令不参候。併段々大事御内談申度、今夕か明早天か申入次第必御出被下度候。早々以上

八廿五

具視

大隈殿
三条公

追伸　今日退出掛黒多伊地知両人入来候付相済候上可申入と存候也。

（国立国会図書館憲政資料室所蔵）

11－1 岩崎弥太郎書翰 大隈重信宛

（明治 ）年一月二日

新禧万福奉恭賀候。昨日者午前に鳥渡御年始拝賀参上仕処未御帰邸不被為在御場合に有之。陳去暮御内諭之新聞云々儀に付猶又御主意柄一応荘田平吾〔五〕郎へ御直為相伺申度、就而は若御暇隙被為在候節同人参上仕時は宜敷御垂示之程奉希候。余奉期拝趨之際候。恐惶拝具

一月二日　岩崎弥太郎

雉梁公様下執事

（個人所蔵）

11－2 岩崎弥太郎書翰 大隈重信宛

（明治 ）年二月七日

拝啓仕候。厳寒之際益御堅勝被為渡万恭賀之至奉存候。過日よりは始終微恙罷在甚御無音申上候処、毎時御懇切之御垂問千万難有銘肝之至奉存候。追々と快方に赴申候に付、両三日之内には必拝趨万御礼可申上。頗如何敷品に候へ共、朝鮮之塩窪〔鶴〕並旧県松魚之酒とふ者甚些〔ママ〕少に候へ共試御厨下に呈上仕、御叱投被仰付候はゝ難有仕合に奉存候。余奉拝輝之砌候。恐惶頓首々々

二月七日　岩崎弥太郎

大隈様下執事

（個人所蔵）

11－3　岩崎弥太郎書翰　大隈重信宛

（明治　）年三月三十一日

拝啓仕候。此間は蓬門御枉駕実難有奉存候。御不快其後は若何被為有候や、厚御自重之程奉万祈候。一日王子辺何卒御供被仰付度奉希候。上野山中桜花此節爛熳之好時節に候而弊楼一望も絶佳候へは、明日比御都合宜被為有候はゝ御降臨被成遣度、少しは御所患御慰にも相成可申と奉存候。返すくも奉祈候。右御模様御伺之為め。恐惶敬白

三月三十一日　　岩崎弥太郎

参議公閣下

（個人所蔵）

11－4　岩崎弥太郎書翰　大隈重信宛

（明治　）年四月十二日

昨日者御盛宴に奉陪被仰付千万難有仕合奉存候。近来稀成大愉快、不覚酩顚之境に入失敬狼藉実惶恐之至不堪、幾重も御海涵之程偏奉願上候。拝趨万謝可申上候へ共、不取敢右耳申上度。恐惶拝具

四月十二日　　岩崎弥太郎

大隈様御執事

尚々斯双鯉は昨日早稲田之御池沼に遊泳為仕申度取寄候処、時間相晩まに合不申候へ共今朝供尊覧奉り候。御一笑に御付与被仰付度奉希候。

（個人所蔵）

11-5　岩崎弥太郎書翰　大隈重信宛

（明治　）年六月二十四日

雲翰敬誦仕候。澳国郵船会社香港線路結合之為め該国公使より申出之儀に付、来廿九日午後三時尊邸へ参上候様御下命之趣奉畏候。必拝趨仕り可申、不取敢右御受耳。匆々拝具

六月廿四日

岩崎弥太郎

大隈様御侍史

（個人所蔵）

11-6　岩崎弥太郎書翰　大隈重信宛

（明治　）年八月二十五日

拝啓仕候。過日は御発軔被遊以来益御堅勝に被為渡万奉恭賀候。本日は必参上可仕筈之処存外に社事蝟集仕り不任心底伺候相怠、千万遺憾之至に不堪不悪様御海涵之程奉希候。乍是上御気長御療養被遊、全之御平快に被為至候様万々奉祈上候。御帰坐被遊候節は是非共御迎旁参上仕り可申相含居申候間、御都合次第直くと火船駛行之義御指揮被仰付度偏奉企望候。

将此之桃実は此之程天津より敦賀船廻着仕り右便りに而取り寄せ、不珍之物に候へ共些少計御後室様之奉入御覧候間御都合之節宜敷よふ御執成奉伏願候。余奉期拝趨之砌候。恐惶頓首々々

八月二十五日

岩崎弥太郎

大隈様御侍者中

（個人所蔵）

11-7　岩崎弥太郎書翰　大隈重信宛

（明治　）年九月二十一日

昨日御下命に付本日は肥田昭作同道参上仕り可申相含居申候処、無余儀私儀は本日差支候に付昭作のみ参上為仕候間

可然よふ御教督之程奉願上候。匆々拝具
　九月廿一日
岩崎弥太郎
大隈様御侍史中
（個人所蔵）

12　岩崎弥之助書翰　大隈重信宛

（明治三十）年二月二十日

拝啓　寒威烈敷候処益御清泰被為在御坐奉謹賀候。陳は兼而御配慮被為在候航海奨励法案は、其筋練熟之者之見込に而は別紙朱書之通り増減致可然との事に御坐候。右は郵船会社之方より逓信大臣へ上申致置候筈に御坐候得共、御参考之為め茲に送呈仕候。右申上度如此御坐候。頓首
　二月二十日
岩崎弥之助
大隈伯閣下
（個人所蔵）

13―1　宇都宮太郎書翰控　大隈重信宛

（明治三十一）年三月三十一日

一書拝呈仕候。国会も既に閉鎖致候折柄、少しは御閑暇に被為渡候哉。其後鳥渡参上御高説拝承仕度と存居候得共、猶ほ当分は御繁用なるへしと存じ差扣居候。然る処所謂近東之問題も我々局外者之眼睛には事に依りては危機一発〔髪〕、如何なる変態を相生し候やも測られさるか如き有様実に千載一遇の好機（少しく早過きるかなれとも）、或は突然爆発致候哉も知れさるの気運に相成候。万一斯か〻〔ママ〕る好機の爆発致候へは別冊の如き問題之講究も決して全然無用にもこれあるましくと存候。別冊は固より参謀本部の意見には無之小生一個の私見に御坐候へ共、青年軍人中一部の意見は斯の如き者も有之候として御一覧被下度。先生は外務之御要職に居られ此種希望の実行には実に最緊最密の御関係有之候に付き御内覧に供し候間、大臣の外如何なる御親信にも御示し無之様御願申上候。又た世間に所謂策士輩か諸種の方策を画き之を以て当路に説き、自家顕達の便を図るか如き者と御混同無之様御願申上候。実に生は先生に対し其御英資には推服する者なれとも、また決して一厘一毛求

むる所ある者には無之候間、左様御諒知置き被下度。叨りに先輩を冒瀆し恐惶の至に禁へす。

三月卅一日

宇都宮太郎拝

大隈先生坐下

（宇都宮恭三氏所蔵）

13－2　宇都宮太郎書翰　大隈重信宛

大正五年十月十六日

一書拝呈仕候。秋冷頓に相加り候処益々御清武に被為渡候段大慶之至に奉存上候。陳而者此度は所謂功成名遂けての御勇退高風真に欣羨の至に御坐候。世間多少の妄議は有之候へ共事実は何よりも有力なる証明者に有之、先生の御功業は恩怨相忘るゝの他日益々顕揚永く竹帛に垂れ可申、一太郎輩か多言を要せさる所に有之、茲に謹而従来の御勤労を拝謝し併せて将来の御健康を奉祈上候。謹言

大正五年十月十六日

大坂に於　宇都宮太郎

侯爵大勲位大隈閣下侍史

（公益財団法人鍋島報效会所蔵）

14　江藤新作書翰　大隈重信宛

（明治二十七）年十月六日

拝啓　時下秋冷之候に御座候処愈御清穆奉賀候。迂生一昨日当地着仕候。着懸にて当地之模様も委敷は承知不仕候得共、過日来第一師団兵来広中にて満市皆兵と可申有様に御座候。同兵は来八日頃より十二三日に懸け出発可致筈之様承候。

議員連中は未だ来広不致、尤も安場は来着致居候由に候得共未面会不仕候。

通常議会は東京に於て可開筈之趣、伊藤総理相話候由伝承仕候。

迂生も当議会閉会後は可成上京可仕積に有之候。

時下国事多端之折柄折角御自愛奉祈候。匆々敬具

十月六日

江藤新作

大隈伯爵閣下

（公益財団法人鍋島報效会所蔵）

15　大江　卓書翰　大隈重信宛

（明治七）年一月十八日

昨日拝謁后中島に面会可致積りにて所々相尋候得共踪跡不相分今に於て面会不仕候。然るに昨日も申上候通岩村高俊転任之儀は中島も同意之儀に付、一日も速に御沙汰相成候方九州之着手に於て至極の都合と奉存候間可相成は本日御評決御座候様仕度、就而者岩村通俊も是非転任不相成候ては不都合に可有之、右者昨日も申上候通一と先正院へ転任相成追而御見込も可有之儀と奉存候に付、高俊転任之期前文之通御所置相成候ては如何御座候哉と奉存候。

一私北行之儀は昨日も申上候通是非共僭〔潜〕行に無之候而は事を謀るに不都合儀可有之且外聞も不宜と奉存候間、何分にも私見込之通病気保養之御暇も奉願候。勝手北行仕候方可然儀と奉存候。右辺伊藤参議へも先日申出置候儀も御坐候間可然御評定被成下置度奉存候。

右申上度如此御座候。頓首

第壱月十八日

大隈参議公閣下　　　大江卓

（国立公文書館所蔵）

16　大木遠吉書翰　大隈重信宛

（明治三十九）年八月六日

謹啓　大暑之候愈御健勝奉万賀候。先達は自儘千万之御願申上候処御許容被下難有奉存候。扨兼而貴族院議員之希望有之候得共未得時機今日に及、此度之補欠に就而も段々消息を探り候処確乎たる候補者有之、所詮此度は致方無之と存候。されども到底坐なから希望を遂くるは不可能之儀に有之、今日より予め将来之地を作らずんば何れの時か一意貫徹之期あらんと決心仕候。就而者右件に付御高配を仰ぎ度近日中平野新八を以て逐一御願可仕に付、御多用中恐入候得共同人参上候はゝ暫時なりとも御引見被成下候様御願仕候。実は参上親しく御願可仕候得共、箇様之事自分之口

より彼是縷述致候は如何にも申兼候に付平野参上之事に致候段、不悪御宥恕被下度奉願候。草々頓首

八月六日　　遠吉

大隈伯爵様坐下

（公益財団法人鍋島報效会所蔵）

17－1　大木喬任書翰　大久保利通・大隈重信宛

（明治六）年十一月二十日

渡辺司法大丞を出張被仰付候義は是非御見合相成候様致度、種々都合も有之候付御汲取被成度、尤此替りに丹羽司法少丞御命相成候而可然奉存候。別に御異存無之候はゝ此紙面に御承知之御印被下候はゝ其段史官に申遣し、今晩明朝にも相運候様可仕候。此段最前御両所様江御相談之末に付先以相伺候也。

十一月廿日　　大木参議

大久保参議殿　異存無之

大隈参議殿

［巻封］大久保参議殿　大隈参議殿　　大木参議

［編者註］宛名「大久保参議」下の「異存無之」は大久保利通の自筆。

（国立国会図書館憲政資料室所蔵）

17－2　大木喬任書翰　大隈重信宛

（明治　）年四月八日

貴薗之中花追々破蕾候付辱栄招奉謝候。応尊命欣然参趨可仕候。此段拝答申上候也。

四月八日　　大木喬任

大隈重信殿

（国立国会図書館憲政資料室所蔵）

17–3　大木喬任書翰　大隈重信宛

（明治　）年十一月二十七日

明日者西の久保小官別荘へ御来車被下度過日略申上置候処、御陪食順番に而参内可仕筈其上少し故障有之旁後日に差延度御座候に付、先以御断申上候。日限之義は追而可申上、先は御断旁匆々如此御座候也。

十一月廿七日　　大木拝

大隈様

（公益財団法人鍋島報效会所蔵）

18　大迫尚道書翰　大隈重信宛

（大正四）年七月二十七日

拝啓　益御清穆奉恭賀候。陳者貴会に於て御翻訳相成候独乙国民之将来御寄贈被下難有、時局上必要なる著書と拝見致候。永記念にして保存可致候。右御礼迄。草々敬具

七月廿七日　　大迫尚道

軍人後援会長大隈重信殿

（西尾市岩瀬文庫所蔵）

19　小野義真書翰　大隈重信宛

（明治　）年十二月二十九日

□□〔破損〕今朝は御用中大に御邪魔仕候。偖海軍省関係一条、別紙之通即刻大審院より達御坐候間一応供高覧候。右□〔破損〕申上度。匆々拝具

十二月廿九日　　義真

大隈公閣下

（個人所蔵）

20　片山伝七・犬塚文十郎書翰　大隈重信宛

（　）年七月四日

御紙面致拝見候。然者御両殿様江氷御献上被成度由に而遠路為御持相成則差上候処御大慶被思召候。此段為御答如斯御座候。以上

七月四日

［巻封］大隈八太郎様　片山伝七
犬塚文十郎

（大阪商工会議所所蔵）

21　楠田英世書翰　大隈重信宛

（明治　）年（　）月（　）日

拝啓　来る十三日園遊会御催しの由にて御案内被下難有御礼申上候。当日は家族同伴参上仕るへく候。此の麦酒甚だ軽少なから御覧に入置候間御受納被下度候。草々

大隈重信殿

楠田英世

（公益財団法人鍋島報效会所蔵）

22　熊谷武五郎書翰　大隈重信宛

（明治　）年八月二十二日

検査寮上申官省府県江官員派出の儀伺、是は何分早速御指揮無之候はては決算相差支、且検査寮改正行届兼到底周年入費之総計を見る事尤難く、御承知之通本年時月最早四ヶ月余無之、旁是迄未決算之分何とか便宜検査方法相設け結落致候外無之、依而速に御差図之儀只管御宜敷奉祈上候。稽首

八月廿二日

熊谷

大隈様侍

（国立公文書館所蔵）

23　久米邦武書翰　大隈家執事宛

（　）年六月十三日

去る八日は例ながら盛饗を忝くし奉鳴謝候。其節御吩咐之外交史序文修正之事、爾後病気にて神経爽かならす荏苒延引致し漸く相済し呈高覧候間、可然御披露可被成下候。頓首

六月十三日　久米邦武

大隈伯執事

（公益財団法人鍋島報效会所蔵）

24-1　五代友厚書翰　大隈重信宛

（明治一一）年二月十八日

今朝者御多忙中昇堂御邪ま申上候。扨今日者ホートウエーン江面会仕候処、化幣一条申聞心得相成候儀も御坐候間、明夕五時半より僕宅江参呉候様申置候。然る処老台にも明後朝御招き相成居候由、自然御差支候儀無御坐候はゝ明夕僕宅江御来会被下候儀は相叶申間敷哉。左候へは用談之跡に而洋食に而も相始申度、いつれ明朝は昇堂御直に縷々御咄可申上候得共明夕御差支之有無一寸奉伺度、此旨奉得御意候。匆々敬白

二月十八日夕

弐白　北解ものは明朝迄に者出来可申候間、左様思召可被下候。

［巻封］大隈参与殿下　五代拝

（大阪商工会議所所蔵）

24-2　五代友厚書翰　大隈重信宛

（明治十一）年七月九日

愈御多祥奉恐賀候。陳者過日者笠野熊吉江百事相托為致出京候処、不相替御懇慮を蒙候由と相見へ電報を以都合向申来大に安心仕候。家業之儀も日々進歩致候姿に而、彼天津

より送来候支那藍見本及分析候処上海近傍と者大違其相場高直、然者過日申上置候一樽十四枚に而買請度云々も決而偽に者あらさるへしと信用仕候。川瀬秀治帰東京迄に者都而試験分析出来可申候間、委詳同人に托申上候様可仕候。別封者云々相認置候儀も有之候間同人より御伝承被下度、此旨不取敢奉得貴意候。恐々頓首

七月九日　松陰

重信様侍史

（大阪商工会議所所蔵）

24-3　五代友厚書翰　大隈重信宛

（明治十二）年五月十四日

只今大久保之祭も相仕廻申候。扨本日川崎方に而懇会相催度申上置候処、今晩大久保方江招待相成候人員而已に付明日為延申候。今朝松方迄右之始末申述越候処同人儀今日は出勤不仕候由、就而者若御出掛被下候も難計存候付此旨御断旁奉得尊意候。頓首

五月十四日　松陰

重信様侍史

（国立国会図書館憲政資料室所蔵）

25　後藤新平書翰控　大隈重信宛

大正四年八月三十日

謹啓　時下残暑甚敷候処益御清福被為渉慶頌至極に奉存候。偖唐突の申条に候得共、我国立憲の政を施かれ候てより既に二十有五年と相成、国民の政治思想漸く熟し来り候と共に所謂政党政派の紛争歳月を追ふて劇く、余弊の及ふ所偶々憲政の美果を収めんとする予期に相戻り、却て固有諄朴の良風までも破壊せられんとする趨勢を見候は閣下の夙に国家の深憂とせられたる所、而も最も政党の経験に富ませられ候閣下にして内閣組織の初に当り党弊の廓清を通破せられ候ことは、真に達人の達見後進小生等の佩服措く能はさる所に御坐候。嗣後数々拝晤の機会に於て親く至教を賜り候所に依れは、其間寸疑の存するものなきにあらさる

も、大体に於て国家の将来を洞観せられ憂を同くせらるるを拝悉し、欽仰愈々已まさる次第に御坐候。

是に於て小生は身、党派の内外に在るを問はす、何者か国家永遠の疾患を済ふ為に党派を超越する有機体の必要を切実に相感し、平生聊か攻究せる実例中に求め候末、大正二年秋日別冊独国ハンザ同盟に想到し、直ちに其大要を訳して同憂の士に頒ち相与に参考の料と致候儀に御坐候。固より彼我歴史国情を異にし一概に模倣すへきにあらさるは論なき所に候得共、国民をして党派的流毒を免かれ健全なる自治体の下に中庸の利福を享けしめんとする理想実行の為には他山の石たるを失はすと存候。実は小生前年立憲同志会を去るの後、早速此事を首唱して識者の考慮を請ひ国民の注意を喚起致度と存候も、時機未た熟せす今日に相曁ひ候処、既に内閣一部の改造行はれ閣下依然輔弼の重責に膺られ候こと定まり候以上、此に鄙見に対する閣下の尊教を仰き、徐に国家政治の根本たる自治体の発達の為に微力を致さんことを覚悟致候。併し小生の此主張に対し動もすれは政党政派を無用視するもの丶如き謬想を抱くものなきを保せすと雖とも、小生の本志切実に党派の改善を希ふに存し、此点に関して自ら経験ある諸賢の在るあり、而かも国家の根抵たる自治体の改善を以て於(よ)り重しとし於(よ)り急とするに外ならす候。別冊中にも謂へる如く党派の如何を論せす理想を同くする団集、憲法治下に於ける文装的経済的結社とし、地方自治の独立を保持し各階級を通して平等の利益を享けしめんとする最大の目的を有する団体組成の必要を感すること、今日の如く急なるはなし。倘し此の見地より言は丶、健全なる政党の発達には欠くへからさるものに有之候半と存候。

今春衆議院議員選挙に際し各地方に貽したる諸多の弊害は今更絮説するの要なく閣下の親く見聞せらる丶所、現に之か為に前内務大臣は罪を闕下に待つの止むなきに至り、閣下も亦累を被りて一たひは骸骨を乞はれ候こと、閣下の素志と相違ふ甚た遼きもの可有之。随って今秋行はれんとする府県会議員の選挙に当りては、深く前跌に鑑み戒飾〔飭〕尤も努めらるへきを疑はす候得共、観し来れは国法上一閣臣の過失あらは之を厳に咎めさるへからさるも、遡て国民各自の覚醒を促すこそ正径には無之歟。其形象種々と雖とも病源自ら存する所を知らさるへからす。要するに自治の本義を明かにして各人の自主自覚を促し各政党政派の外に於て引援附比の習を去り、真正に憲法治下の民たるの幸福を享有するに足るへき自治団体を組織するの必要を国民一般に知らしめんとする微衷に出つるに外ならさる儀に御坐候。上来拝陳する所極めて蕪雑を免れすと雖とも、何者かを以て国家将来の疾患を救はんとする初一念を亮察せられ、更

に雅教を吝み玉はすんは独り小生の至幸のみに無之候。終に国家の為に旦暮御加餐奉祈上候。敬具

大正四年八月三十日

男爵後藤新平

内閣総理大臣伯爵大隈重信閣下

（奥州市立後藤新平記念館所蔵）

26 佐野常民書翰 大隈重信宛

（明治　）年十月三十一日

謹呈　益御清健奉敬賀候。陳者拙にも七八日前より脚部掀腫を発し疼痛強く引入罷在候故、御伺も不申上失敬仕候。倩過日一寸御噂御座候内閣諸賓御招待之儀者少々考付候次第も有之候間、当分御見合之方可然奉存候。種々拝顔上申上度儀も有之候得共、前件之次第に而参殿不任所存先以即今如何と懸念仕候。右之一事愚考之儘得御意候。いつも老婆心貴慮に触れ可申候得共平日之厚誼不能止申上候間、不悪御聞取諸事御深案御警省之程為国家奉祈望候。書外拝眉万可申上候。草々頓首

十月三十一日

常民拝

大隈明台

（公益財団法人鍋島報效会所蔵）

27－1 三条実美書翰 大隈重信宛

（明治五）年九月三日

以紙面申入候。江藤司法卿洋行之義、既発途之期も相迫候程之義に付今更猶予も難相成都合に有之候得共、倩相考候得者方今司法専創業端緒を開れ候事に而尤肝要之折柄に付、卿発途後も唯保守而已に従事候事も難相成歟彼是勘考致候得者、洋行之義も急務勿論候得共即今之内務に比較致候得者軽重緩急如何を不可知、可相成は先以当年中位は延引相成候而者如何可有之哉、今日に至発途も切迫致居事故不都合とは万々存候得共憂慮之余先申試候。猶賢慮承度候。今日は参朝可申談心得之処風邪に而出仕相成兼、乍略義以一書申入候。板垣へも御申入有之度。草々要用而已如此候也。

九月三日

［巻封］大隈参議殿　　実美

（佐賀県立図書館所蔵）

27－2　（三条実美）書翰控　（大隈重信）宛

（明治七）年（四）月（十九）日

軽暖之候弥清康奉務遥賀候。扨台湾出師之事に付各※公使より云々申立有之候に付更に態と以使价相達申候。右外務に於て談判之次第は即応接書自同省可相廻候間、夫に而詳知有之度。右米人李仙得始人員并船艦台湾に航行候事差止候に付而者、第一此節之一挙も専李仙得に依頼し、殊外国に関係之事は同人に専任にも相成居候処、前条之次第に付而者故障故障出来（其儀不相整）、且船艦等之需用も被差留候上は此節之一挙成功之目的も（万々）有之間布、所詮難施都合に立至苦心当惑此事於政府殆不知所為候（に候。当惑 に而候）。猶亦支那政府との引合も唯彼蕃地は政権の所不及と謂一言之外（柳原応接之次第耳に而）慥成談判之手順も不相立、支那政府之承諾無之彼地に兵隊を上陸所分相成候事各公使等にも追々議論有之（相生し）、外務卿にも兎や角弁解には相成候得共何分於我手之不足次第に而甚不都合に有之（至に）、各国之公論彼地は支那之版図と見做候事判然たる上者、直に兵隊を上陸候者即支那に敵対する之訳に相成、何れ支那政府に使節を以て遂談判、其上台湾に着手之順序に相成不申而者到底不都合を生し可申歟。就而者彼是御評議も有之候に付足下之処速に帰京相成候様可被致、至今日前段之成行実地足下之苦慮配神万々遥察仕候。已に時機を失し候上は如何共致方も有之間敷候得共、不得止足下帰京之上評決之事に相決し候条速に帰艦可有之候。尤都督之処は随行諸官員并兵隊諸艦之取纏も可有之、且前段之次第に付而者更に御委任之事件も有之候に付、政府之指令を相待居候様通達可有之候。事今日に至り前条之都合於足下も実際苦心困難之事と実に相察申候も、右に付北海丸長崎港に入津相達金井内史差遣候。委細同人より可申入候。猶亦福島九成義は同港着津之上は足下之指令に従ひ進退可致相達置候間、同人進退之義は都合次第可然指図有之度候。

（国立国会図書館憲政資料室所蔵）

［編者註］大隈重信に送付された書翰は、日本史籍協会編『大隈重信関係文書』第二巻三〇二頁以下にあり。本書翰は草稿をそのまま翻刻した。

27―3　三条実美・岩倉具視書翰　大隈重信・大木喬任・山県有朋他五名宛

（明治十二）年十二月二十二日

別紙黒田参議函館市街火災に付露国公使贈金云云届書入御一覧候。就ては開拓使に於ても素り官員中贈金有之候趣、内務省に於ても伊藤卿始め官員中集金贈付之趣承候に付、両大臣に於ても多少扶助金可致積に候。孰れ来廿四日参集日に付御相談とは存候得共、時日も後れ候事に付不取敢御心得迄に申入候。早々已上

十二月廿二日

三条実美
岩倉具視

大隈殿
大木殿
山県殿
寺島殿
西郷殿　㊞
川村殿
井上殿　印
山田殿　敬承仕候也。

［編者註］本文宛名「山田殿」下の「敬承仕候也」は山田顕義の自筆。

［別紙］

黒田清隆書翰　三条実美・岩倉具視宛

（明治十二）年十二月十九日

謹啓仕候。陳者本日魯国公使当出張所へ来車に付面会候処、今般函館市街火災之趣新聞に而承知誠に愍然之事に被存金百円差出候間、乍聊窮民救助之内へ差加呉候様申聞右金持参被致候。尤当使官員同様之振合に処分し名前相顕候義者堅く謝候趣に候間、此段無急度達尊聴置候。謹言

十二月十九日

黒田清隆

三条太政大臣公
岩倉右大臣公　閣下

［封筒］三条太政大臣殿
岩倉右大臣殿　親展　黒田開拓長官

（国立公文書館所蔵）

27-4　三条実美書翰　大隈重信宛

（明治　）年四月一日

過刻は退出掛岩倉家へ行向候様申約置候処、少々都合有之帰宅之処川路入来無拠手間取、直に岩倉家へ行向候処両卿共退散後に相成違約不都合之次第に御坐候。委細岩卿より承知致候間夫々取計可申候。右理迄一筆申入候也。

四月一日　　　　実美

大隈殿

明朝御祭典参否承度、家来口頭に而返答承度候。

（国立国会図書館憲政資料室所蔵）

28　志田林三郎書翰　大隈重信宛

（明治）二十三年三月十一日

拝啓　陳は今般創設可致電話交換に御加入之義当省次官へ御談有之候趣、就ては為御参照別冊電話交換方法大要書及御送付候間、該方法書に基き御加入之旨表面御申込相成候様致度此段得貴意候。敬具

廿三年三月十一日

逓信省工務局長　志田林三郎

伯爵大隈重信殿

（公益財団法人鍋島報效会所蔵）

29　島義勇書翰　大隈重信宛

（明治四）年四月十八日

拝啓　漸々暖気強相成候処益御機嫌能被成御勤労奉抃寿候。陳者先日者升堂御用多中不相変御懇待被下忝奉拝謝候。其節拙老進退之義歎願仕置候通、最早勇退之秋と致決心帰藩之願差出候。定而御廻読被下候と奉察候。何卒是迄之御厚誼を以而速に願之通に御仁評被下度、有様免職後既に十一ヶ月にも相成り力尽気屈誠に曠日持久に而者内分益窮迫之事も有之、老人之習以一日三秋之思をなし徒に案痛已に而御坐候。仰願者公之御片言に而御仁恕被下候得者御蔭に老

後之余命を伸候と奉存候。宜御賢察被下度奉万祈候也。

四月十八日

島雪髯再拝

大隈公閣下

二白　先日者杉本君に而之御伝言難有奉拝謝候。本文奉頼候通御用多中甚奉恐入候得共、有様暑気にも相向候付段々仕舞方等も仕居候。何卒急に御決議被下候得者御蔭に来月初旬共より帰国仕度奉存候。幾重にも奉懇願候。拝手

尚以御参可奉希候処御用多中御妨申上候も恐入義に御坐候付、乍不砕以呈書奉頼候間不悪御海容被下度奉祈候。

（公益財団法人鍋島報效会所蔵）

30　副島道正書翰　大隈重信宛

（明治三十二）年四月十七日

拝啓　来る二十二日（土曜日）午後一時神田区錦町錦輝館に於帝国青年会発会式挙行仕候間、同日時刻前十五分位迄に御臨場被成下度希上候。何れ不日参趨御願可申上筈に御坐候得共、不取敢以書中此段申上置候也。敬具

四月十七日

副島道正

伯爵大隈重信殿閣下

（公益財団法人鍋島報效会所蔵）

31　伊達宗城書翰　大隈重信宛

（明治　）年六月五日

催晴同慶候。弥御清迪日々乾励令賀候。然は明後七日夕五字頃迄に茅邸へ参入給度。当官吏中相招、麤薄之ターフル料理差出度と存候故也。

六初五

宗城

大隈四位殿

尚五代伊藤も参入之義被申伝度及御頼候。否一筆被申聞度候也。

（大阪商工会議所所蔵）

32　谷口復四郎書翰　大隈重信宛

（明治二）年（五）月二日

盛夏之節益御清適被遊御座恭奉遠賀候。遥聞先生之御登庸恐悦至極奉存候。先年は御厚配被下御東行之節者遇父之病不得扈、其後従父在鹿島碌々送光陰罷在候。時々東遊之志を生候へ共、窃謂聖賢義理之本体未相見候ては徒に万里之外に遊非常之人に接候とも於身無寸益、却て浮華軽躁之心を生する耳と。其故今日に至迄六経四史之場に逍遥仕候。近来愚父病方廖〔瘳〕、小子亦聖賢道義之学に於て略知方向、此後者四方之人に接し四方之書に渉り見聞を広志気を練候単一と存候故、何卒来春に及候得は〻（ママ）直に東遊之積に候処、其節者無御見捨又々諸事御教訓可被下宜奉願候。好便に付暑中御伺旁如此御座候。恐惶謹言

二日　　谷口復再拝

大隈大先生侍史中

其後打絶御報問も不仕不敏之責無所逃。然とも是又躁進之謗を恐也。人之多言亦可畏、其段乍憚御賢察可被下候。愚父も失敬罷過宜申上候。偶来長崎帰途相急き匆々走筆候故、不文乱筆御海容可被下候。

（公益財団法人鍋島報效会所蔵）

33　谷口藍田書翰　大隈重信宛

（明治三十四）年四月二十四日

貴書敬読。閣下益御祐健奉賀候。大学組織之思召為御知被下、実に国家之為万民之為無此上美挙にて慶賀之至に候。随て幾分歟御賛助之印相表度候得共陋巷之寒生不任所存、乍軽微別紙之金員五拾円豊五郎と父子にて寄附仕度前島氏迄訳書相添差出置候条、実に九牛之一毛に候得共御受納被下候得者本懐之至に候。貴報迄如此候也。恐惶頓首

四月廿四日　　谷口中秋

伯爵大隈重信殿閣下侍者

先頃者下拙不快にて箱根山入湯致候。不在中貴邸火災に御罹之由承り驚入候。但御満家様御康健の御様子安心仕候。所謂欲高翔者先斂其翼之理かも不相分、寛懐逍遥之御様子

奉察候。乍此式山中器物三品御台所用に献上致候条御叱留可被下候。万奉期拝芝候也。

（公益財団法人鍋島報效会所蔵）

34 徳久恒範書翰　大隈重信宛

（明治四十一）年十月三十日

恭啓　昨日は御世話成上御礼申上候。犬養に行候処今大森より為帰処に而江藤も喀血は相止り候得共平臥中、自今寒気に向大事之時節に付一家転地を相勧置たる旨に付鎌倉病院之事共相談仕候。段々同人療養額等御心配被下候事も同人より承り是又御礼申上候。大木副島両伯にも尚相談可仕、其他にも水町坂田其余にも同意之人可有之存候。別冊は実に奇功有之、特に病後之摂養には極而宜敷先食慾振ひ気分好なり、〔ママ〕服に力を生候事は同人も一致致、又其無害なるは十文字大元昨年二月より毎日日々三回于今相続け為何事も無之、其他持久いたし候者も多々有之、此療法はぜんな以上之一大発明と確信仕候間一週間御ためし被成度御勧申上候。医者之病気を能くなすは独逸法之外に無之様思居候事文明之今日に愚も又甚敷、只今日は学理々々と申人之学理を墨守致、自ら学理を拵候研究発明之心なきは実に可痛歎事に御坐候。草々敬具

十月三十日

徳久恒範

大隈伯閣下

追而御恵之黒米之茶昨夜相試早速一家相始候事にいたし候。是又御礼申上候。

（公益財団法人鍋島報效会所蔵）

35 中江兆民書翰　大隈重信宛

（明治二十四）年四月四日

拝啓　春暖之候益々御清栄奉敬賀候。陳は小生今般北海道小樽北門新報社之招聘に応し本月廿一日初号発行之計画に有之候。就而は御繁用中恐縮之至存候へ共、来六日迄に表書之場処へ宛て一言御寄せ被下度不堪切望候。匆々敬具

四月四日

北門新報主筆　中江篤介

大隈重信殿親展

（東京都立中央図書館特別文庫室所蔵）

36　仲小路　廉　書翰　大隈重信宛

大正四年（消印）四月七日

謹啓　来る十日御招待を蒙り候御指命之時刻参上可致候。右拝答。早々不具

四月七日　　仲小路廉

大隈伯爵閣下執事御中

［封筒表］永田町官邸　大隈伯爵執事御中
［封筒裏］麻布　仲小路廉

（国立国会図書館憲政資料室所蔵）

37−1　永田佐次郎　書翰　大隈重信宛

（大正四）年六月九日

奉謹啓候。時下初夏新緑之候に御坐候処、閣下には益御機嫌能被遊御坐候段恐悦至極に奉存上候。然は当子爵家より既に御令扶迄為御知申上居候通り、直彬様御病気之義逐日御重態に御向ひ被成候御傾向有之、主治医に於ても今日之処先御全快之御見込相立兼候旨窃に申出居候次第にて、旧臣一同只管痛心罷在候処に御坐候。就而は他に御前例も有御坐候事と奉存候に付、昇位之義此際御取上之上生前何分之御沙汰相蒙り候様御執成之途は有御坐間敷哉。御直に斯様の歎願申上候義誠に恐縮之至に御坐候得共、此之場合旧臣之情一日も黙止難致候条不顧冒瀆以書中此段奉歎願候。頓首再拝

六月九日　　佐次郎

大隈伯爵閣下

（公益財団法人鍋島報效会所蔵）

37―2　永田佐次郎他四名書翰　大隈重信宛

大正四年十月（　）日

願

私共旧藩主鍋島直彬は夙に勤王の志厚く、文久慶応の交幕府民心を失ひ天下騒然たるの時に際しては広く同志の士と相交り、尊王の大義を唱へ宗藩を助けて王事に尽さしめ、維新後亦た官に野に寸時も奉公の念を絶たす陽に陰に尽忠の微誠を効したる義は別紙其の略歴に記載する通りに有之候。去る明治十七年直彬に対し御下授相成居候爵位は直彬旧来の家格に相当せる分度に止り、其勤労に対する恩典の意味或は無之義共には有之間敷哉と乍恐愚考罷在候。固より右様の事は臣子の分として猥りに出願等可仕筋合に無之義は万々承知罷在候義に御坐候得共、数百年来特別之縁故を有する吾々旧臣民の情誼上遺憾無此上黙止するに忍ひざるもの有之候処より、茲に潜越の罪を犯し奉請願候次第に御坐候条、区々の微衷御諒察の上来る十一月の御大典を機とし特別の御詮議を以て直彬生前の勤労を被思召、相当の御恩命に浴する事相叶候様御宣奏の御取計被成下度、幸に御聴許を賜はらば直彬の霊も亦た地下に於て聖恩の優渥なるに可奉感泣事と奉存候。至情冒瀆を顧みるの遑無之別紙直彬の略歴相済候。此段奉悃願候。恐懼々々頓首

大正四年十月

佐賀県藤津郡鹿島町旧鹿島藩士臣総代　永田佐次郎

同　井原喜代太郎

同　相良頼見

同鹿島村　梅崎季礼

同鹿島町　織田良益

内閣総理大臣伯爵大隈重信殿

（福岡市博物館所蔵）

38　中野健明書翰　大隈重信宛

（明治　　）四月二十二日

華翰奉拝誦候。毎々多忙に取紛心外御無音に流れ候段御宥恕可被下候。然者御園中之桜花満開に付、来廿五日観花之宴被為催候に就き陪席可致旨御案内を蒙り奉敬承候。然る処同日は他に集会之先約有之今更何分にも難差繰事情御座候間、甚た乍遺憾参上仕兼候。折角之御懇情に相背き候段

何卒不悪御了承被下度奉願上候。此段拝答旁御断申上候。匆々頓首
四月廿二日
中野健明
大隈重信様
（公益財団法人鍋島報效会所蔵）

39　中牟田倉之助 書翰　大隈重信 宛
（明治二十）年二月二十一日

愈御安康奉賀候。陳は過日非職海軍属中島政一就職候様御周旋奉願置候末、松方伯へ御相談被下候哉。甚乍突然本人差出候条御面話被下度、此段奉希望候。頓首
二月廿一日
中牟田倉之助
大隈重信殿侍史
（公益財団法人鍋島報效会所蔵）

40　中村　覚 書翰　大隈重信 宛
（大正四）年八月四日

拝復　益々御清適奉賀候。陳者貴会御製版之独逸国民の将来一冊御恵送被下難有受納仕候。先は御礼申上度如斯に御座候。敬具
八月四日
中村覚
伯爵大隈重信閣下
（西尾市岩瀬文庫所蔵）

41　長森敬斐 書翰　大隈重信 宛
（明治　）年三月十八日

奉拝啓候。過日参邸之節市来四郎同伴之義、来十九廿日之内御差支無御坐候段被仰聞候末市来江申通候処、廿日午前より参上仕候趣申答候。因而同日参邸可仕候。此段為可申

上。早々再拝

三月十八日

長森敬斐

大隈様執事御中

（公益財団法人鍋島報效会所蔵）

42　鍋島直虎書翰　大隈重信宛

（明治十八）年五月十三日

尊翰辱拝誦仕候。陳而は深川鶴田蓑田江越江御示諭之趣申聞候処、来る十六日即ち土曜日皆々差支無之候に付午后三時より参殿可仕候。何にも御面晤之上縷々可申述候。此段貴答まて寸楮を呈候。不具

五月十三日

鍋島直虎拝

大隈重信殿玉案下

（公益財団法人鍋島報效会所蔵）

43－1　鍋島直大書翰　大隈重信宛

（明治五）年十月一日

一翰拝啓仕候。

聖上益御機嫌克被遊御座御同慶恐悦奉存候。且貴君愈御健勝被成御奉職奉賀候。然は横浜発航之末無事着英、不相変消光罷候間御降心可被下候。扨発程前より家事向色々御打懸いたし御繁務之半御難題之至御座候。然し御懇情を以留主中尚又御高配被成下候由折々致承知御心切之程忝奉深謝候。僕にも敢果々々（ママ）敷学問も出来不申候得共、随分見聞等之裨益相覚申候。此比蜂須賀より相談之事件有之候得共程能相断申候。夫に付而建白書百武共より深川迄差越置候に付御披見可被下候。懸隔り御国之近況も詳に不相心得候故不能申述候得共、諸事尚又無御腹蔵御談合被下度奉願候。此段御見舞旁如是御座候。恐惶頓首

十月朔日

鍋島直大

大隈参議殿

二伸　時下為天下御保養専一奉存候。以上

（公益財団法人鍋島報效会所蔵）

43―2　鍋島直大書翰　大隈重信宛

（明治五）年十月十四日

一翰拝啓仕候。益御多祥可被成御奉職珍重奉拝賀候。然は今般バンクロフトに懸合学費之分総而没却し、唯一ヶ月之余金を所持する而已に而心止〔ママ〕差支誠に困窮之参り懸に而弁務使へ相談、当分御取替拝借被願候而相凌候外別策無御座候。抑此事之次第は着英懸言語者勿論諸事不馴之半不少金子所持いたし候而は盗難等之事に甚気遣敷有之、幸アメリカナショナルバンク江長州産南貞助と申人有之随分心配可致候間、彼バンク江相預け候様申聞候故聞繕候処、鮫島弁務使を始日本人は大抵相預け居随分気遣り有之間敷、且時に取引に付而も通弁等之都合宜敷旁を以彼バンク江相預け候通取極当四月より相預申候。其後使節着英相成候処岩公を始めいつれも預け相成居候処、不図バンクロフトに付僕等之学費而已ならす大抵日本人之金総而十万両程之没却に付、只今法師御雇入に而日々伊東〔藤〕副使其外其取極之手術相始居申候。就は一日も金子之所持無之而者諸事不相済候故、深川まて百武田中より委細申越居候間留守中諸事御苦配被下候半。弥ケ上なから申越之筋御高配之義奉願候。且バンクロフト之事に付而は邸中深川始相驚可申哉に付、安着之為可然右等之事情御喩被下置度是又奉願候。此旨為可得貴意旁如此御坐候。頓首

十月十四日　　鍋島直大

大隈参議殿

（公益財団法人鍋島報效会所蔵）

43―3　鍋島直大書翰　大隈重信宛

（明治六）年一月五日

改年之御慶不可有際限御座候。偖御多祥可被成御超歳恐悦奉存候。僕も不相変駕齢候間御休意可被下候。此段年始之御祝儀為可得貴意如是候也。恐惶謹言

第一月五日　　鍋島直大

大隈参議殿

二伸　今年は大〔太〕陽暦に御改革之段致承知我十二月三日則我第一月第一日に付、同日只今寓居罷在候家内一同元日を祝

申候。当夏は澳国博覧会御出張之由、僕にも一覧之含に付必す御面を得可申相楽罷在候。当節中山其外帰朝に付爰許之様子別段不申越候。中山には家事向之事相談置候間同人より訳而御承知可被下候。已上

（公益財団法人鍋島報效会所蔵）

43―4　鍋島直大書翰　大隈重信宛

（明治七）年十一月二十五日

一簡拝呈。寒威差募候処倍御清穆被成御奉職恐悦奉存候。然は長崎発船以来香港海に而不図颶風に逢頗難渋仕候へ共、其後海上別而平穏無恙当月朔日仏都到着、於同所中野殊之外心配に而御座候。其末漸一昨廿三日爰許到着、何れも無事罷在候間乍憚御降心可被成下候。誠に台湾一条は存外速に相捌、我邦之名誉に而御同慶奉存候。爾後佐賀之景況如何之折合共に御座候哉、御序等も被成御座候はは一筆御報知奉希候。先は着之為御知旁如此御座候也。恐惶頓首

十一月廿五日

鍋島直大

大隈参議殿

二伸　時下御自玉専一奉祈候。不乙

（公益財団法人鍋島報效会所蔵）

43―5　鍋島直大書翰　大隈重信宛

（明治八）年一月五日

新春之佳節聖上益御機嫌能国家靖康、且尊老方にも愈御清福御加齢被成候義万里之御欣慶無限遥に奉祝賀候。拙者事も当節は欧洲に而第三之新年依旧碌々唯馬齢相加へ申候間、乍憚御降意可被成下度〔ママ〕。此旨新年之御祝詞為可得貴意如此御座候。恐惶謹言

一月五日

鍋島直大

大隈参議殿侍史

二伸　去月初当府着懸より住所一条に而騒匆之処漸落着を成し申候。誠に台湾之役に付支那より紛紜之際に出国し顧念此事に御座候処、彼償金を出し謝したる由新報を得、我国光之面目を外邦に称揚し且両国交際之所益に付、我国之

幸福を遥に致祝賀候。但以後内国之情況者如何之次第共に而御座候哉、定而凱兵之余勇或は野侠之固論等に而東京も随分喧敷様子ならんと遥想仕候。尚又御苦労之事に奉存候也。

（公益財団法人鍋島報效会所蔵）

43–6　鍋島直大書翰　大隈重信宛

（明治十二）年十一月二十一日

貴書忝致拝見候。然者来る二十二日午後二時比より罷出候様奉深謝候。同日者イタリヤ皇族接待御用に付横浜表へ出張可致哉も難計候に付早目に罷帰り度存候。尤出張延引可致儀も候はは、ゆる〳〵御高話拝承可仕候也。

十一月二十一日　鍋島直大

大隈重信殿

（公益財団法人鍋島報效会所蔵）

43–7　鍋島直大書翰　大隈重信宛

（明治十三カ）年六月二日

拝啓　然者為御留別来る六日両国中村楼に於而会宴相催候間、午前十一時同所御枉駕被下度候也。

六月二日　鍋島直大

大隈重信殿

（公益財団法人鍋島報效会所蔵）

43–8　鍋島直大書翰　大隈重信宛

（明治十四）年一月二十二日

一翰拝啓仕候。時下厳寒之候倍御壮健被成御勤奉敬賀候。陳は財政其外事務多端之際、殊に御賢労可被成と遥察仕候。当地にも条約重修之件急に相運兼苦心仕候。扨各省減員に付派出相成候公使も半は御引戻之由、然処本館は書記官書記生一名つゝ拙官一同者追駐箚候やに伝聞仕候処、若し実説候はは百武書記官斎藤書記生は必要之人々に付依然在勤相成度。其他被相減候人へは本省より差図を以帰朝申越相成候様有之度。書記生中も皆滞欧を好む人而已にて万一拙官見計を以て相減候様指令有之候は者困却可仕、右之亙り直に外務卿へ申遣候方可然候へ共、未た風聞に而公信上には拙官之去留も不定折柄不都合に付、賢台より宜敷御談置被下度奉希候。此段得貴意度。早々頓首

正月廿二日　　鍋島直大

大隈重信殿

二伸　思の外事務も繁多有之、願くは書記生も一人被相減候様有之度奉存候。

（公益財団法人鍋島報效会所蔵）

43−9　鍋島直大書翰　大隈重信宛

（明治　　）五月三十日

来月二日午後七時晩餐之御芳招を辱し敬承仕候。何れ同刻参趨拝謝可申述候得共、先以此旨御請まて如是御坐候也。

五月卅日　　鍋島直大

大隈重信殿侍史

（公益財団法人鍋島報效会所蔵）

43−10　鍋島直大書翰　大隈重信宛

（明治　　）年十一月四日

拝啓　然は明五日晩五時より長岡護美同道御邸へ参上御高話承り度候間、御差支等は無御座候や奉伺候。尤別段之御用意等は難[固]く御断り申上候。

十一月四日　　直大

大隈重信殿

（公益財団法人鍋島報效会所蔵）

44－1　鍋島直彬書翰　大隈重信宛

（明治八）年五月七日

換舌

過日より御所労に而久敷御出仕も不被為在趣側に拝承仕居候得共、遂に御起居をも不奉伺大失敬仕候。廟堂之御都合は固より承知不仕義に候得共、尊君には最初より国家の大事極めて御尽力相成既に草創之難きに於ては是迄万緒御苦心之末に付ては、後来守成の難に際し国家の為め病を扶けて猶御尽力之程、彬に於ては深く奉希望候。偖御養痾中是等奉願候義用捨不少奉存候得共、原忠順義先般御庇を以五等議官拝命諸業課に相勤め、余程奮発勉励昨年より殆一年之処一日之欠勤も不致奉職仕居、今般左院御廃し相成候に付而諸議官と一同御用滞在被命、方今休息罷在候。節角尊公御高配を以是迄奉職仕居、此儘にて再奉職も不仕通にては実に憫然之至、本人に於ても御庇に拝命仕候に付而は是非共聊にても事功相挙候まで勉励仕候心得之処只今之訳に相成、今一応は御奉公申上度千万相心得候趣尤の義に御坐候。就而は何率最前よりの志願も有之、且是迄諸業課にて農工商の三業は深く心を用ひ、規則其外等緻密相究め馴熟も致し居候に付、何率此節は内務省勧業寮へ拝命仕候様御高配被成下度伏而奉縋願候。猶原勉強之振合等は諸業同課伊丹と申人へ御尋相成候得者同人精しく承知可罷在候。御病中右様御面倒之義奉願候亙り甚奉恐入候得共、兼ての処にて用捨なく奉陳述候。匆卒相認め文理錯雑書体紛乱御推諒奉希候。何れ其中重て参上万縷可奉申上候。恐々頓首

五月七日朝

〔巻封〕大隈公閣下御親展　　鍋島直彬拝

（福岡市博物館所蔵）

44－2　鍋島直彬書翰　大隈重信宛

（明治八）年十月十八日

閣下弥御安泰奉賀候。扨小子義過日已来胃疾に罹り、其故爾後は御伺にも参上不相叶失敬罷在候。原一条は如何之御都合に御座候哉、本人にも遅速緩急は固より彼是申上候訳も無之候得共、到底成と否と之趣丈は何率略拝承仕度存候由、其所以は迚も難成事件ならは徒に諸公へ御難題奉懸遡

然寄留罷在候も甚不相済義に付、一先帰県仕候心得之趣近来屢野生迄申聞候。方今之処勿論難事には可有之候得共、何率尊公之御懸配を仰き松方氏にも猶又十分心配被致呉候様偏に奉願候。全快之上参趨万可申上候。恐々頓首

十月十八日　　直彬

大隈公閣下

尚々臥床上乱毫御宥免奉願候。

[巻封] 粛呈　直彬

（福岡市博物館所蔵）

44-3　鍋島直彬書翰　（大隈重信）宛

（明治八）年（十二）月（　）日

過日書面を以申上置候原一条は御了解被為成候哉、右書面は専ら安川氏陳述之次第を記載せしものにて今朝は又々僕之願意別段申上度参上候。頃日原僕に向て申候には、某不才とは申なから旧同僚之井上にも既に財務課へ進任し、紅林にも地租改正局御雇に相成、某一人碌々其所を得す。茲の如くして茫然、此地に留る事旧同僚に対し且朋友に向ても実に面目無之に付、余り延引可相成都合に候はは一先つ下県可仕と申趣意に付、僕之に答ゆるに折角尊公にも御心配中之処に突然帰県する如きは如何可有之や、兎も角も今暫く相待候様と抑留致置候。抑原には頗る志も有之、随分御用にも可相立ものに付、何率先以て正院出仕被仰付度、其上は尊公御考量之勘査局にても或は安川氏勘考之第二科にても若くは地租改正にても何れにも御部め可然、只今之処にては一刻も速に出仕候様偏に奉縋願候。且又私情を以てすれ者、原義は一歳中左院と正院二度之廃官に遭ひ実に憐む可きもの、扨又同前も申上候通り僕旧家来共より可然場に御奉公致し居候者も無之に付、是非彼一人は必す御奉公仕候様千万祈願仕候条、何率至急正院出仕被仰付候様乍此上只管尊公へ奉懇冀候間微意御諒察被成下度、御繁劇之御央をも不顧此段陳述仕候。頓首

[巻封] 換舌　鍋島直彬　乱毫之義は平に御海恕奉願候。

（福岡市博物館所蔵）

44－4　（鍋島直彬）書翰　（大隈重信）宛

（明治九）年（一）月（　）日

頃日御所労之趣唯今拝承、如何御気体に被為在候哉。逐日寒威候に付而は猶又国家之為め御大事御養生不能申述候。偖旧臘は屢参趨原任職一条御縋願申上、縷々御高配を蒙り難有奉謝候。右事件に付而今朝も暫時拝謁相願たる義に御座候。抑兼而御承知之通安川氏原とは左院以来之交際に而、殊に極近情故頻に原任職之義周旋いたし居、過日敝邸江参り候て僕まて頼談有之、僕より閣下江申上呉れ候様と之義に御座候。其次第は原任職余り遅引も仕候に付、何率一先正院出仕被仰付度、随而第二科内務江御部め相成候はは可然、其所以は安川にも方今財務担当、兎角財務之義は目下緊要之事に而、是まて之通に而決し而不相済に付、諸事大蔵省と熟議疎漏無之様注意奮発尽力之心得之処、内務課之義は大抵財務に関係事件多く万事財務課近接之職に候処、現今内務課之義役員三名に候処病気其外等にて格別事功も不相挙、夫故原を第二科内務課江御部相成候はは何事も談合、安川にも大に力を得猶又内務中財務に関係之事件は固より同志に付ては原も力を合せ、大蔵省にも審議熟談愈邦家之為め理財上之義に付尽力可仕候条、一刻も早く原を正院出仕被仰付候様尊君まて僕に托し相願候との事に候間、猶可然御高慮を以願くは其通速に御運相附候様奉依願候。恐々頓首

（福岡市博物館所蔵）

44－5　鍋島直彬書翰　大隈重信宛

（明治九）年五月十五日

乍唐突申上候。過日已来屢相願候原忠順任職一件者極めて御処置難被成御模様相窺候に付、其後は念を絶ち候積罷在候処、今般松方大蔵大輔殿勧業頭兼任之趣太政官記中新聞紙に掲載有之候を見受、又候勧業寮へ奉仕は相出来間敷哉と愚考仕、高崎正風は幸松方殿と同県之人にも有之、小生兼而懇意柄之訳を以に〔て〕高崎より松方殿へ原相用被呉候様周旋相頼候処即領承、今日松方殿方へ参り相談相成候処、松方殿にも其人となり等訊問有之、高崎には最前左院同勤中一通り原の人物承知之事にて概略答相成たる由。然る処松方殿にも承知相成猶又勘考可致との挨拶相〔成脱〕候趣、偖高崎へ

相頼候砌兼て尊公には御世話被成下候に付、猶尊公へ御願可申上と咄し候を松方殿へ尊公よりも必御沙汰可有之と相談し置候段今日高崎より承候。就て又候申上兼候得者猶相願候。松方殿には尊公御管内之人と申既に高崎より一通り承知相成居候に付、何率尊公より猶原人となり且是まて御心配被成下候訳を以て御一言被下候様奉伏願候。此段参上可申上含之処、風邪にて熱発平臥罷在候に付、不憚不敢〔取脱〕以書中奉願候。何れ快癒之上は参上拝顔可奉願心得に御座候得者、呉々も松方殿へ御一言丈は急に被成下度奉祈願候。固より成否は論する所に無之候。恐々頓首

五月十五日　　　　直彬

大隈公玉床下

尚々不快にて平臥中相認め候に付殊更乱毫平に御宥免奉希候。

（福岡市博物館所蔵）

44－6（鍋島直彬）書翰　大隈重信宛

（明治九）年五月二十六日

過日已来御気体御不勝之由側に拝承、如何被為在候哉奉伺候。何率国家之為め御保養御専一奉願候。此一品極めて麤薄に候得共御窺之験まて晋呈仕候。偖今般旧県より中野伊東両氏幷愚兄県下洶々之景況に付上京相成、段々其形勢相尋見候処実に不得已情実にて気之毒の義に御座候。一昨年失体之末又々不都合相生し候様にては、旧藩之為め不相済義に付如何之尊慮に被為在候哉、折角参上可相伺心得に御座候。且過日奉願置候松方殿へ御一言之義如何被為成被下候哉奉伺度、旁一両日中参殿之心得に御座候。既に右府公へも原一条は又々精しく奉陳述置候条尊公より猶又可然右府公へも御申上被下、何率勧業寮へ出仕被命候様祈願、御用繁其上御不勝中右等申上甚恐縮仕候得共、兼而柄に任例之通御難題申上候。幾重にも御諒察被成下度候。何れ拝鳳縷々可奉陳述候。恐々

五月廿六日

大隈公閣下

（福岡市博物館所蔵）

44—7　鍋島直彬書翰　大隈重信宛

（明治九）年七月十二日

寸楮敬呈。時下雨意未収炎気蒸鬱難凌候処、御気体如何被為在候哉奉窺候。兎角御保愛速に御出仕之程奉希候。此糟香魚軽微之至に候得共只今旧郷より到来候に付晋呈仕候間、何率御哂留被下度奉願候。偖曩日より屢奉縋願置候原忠順任職一件は其後如何之御都合に御座候哉。閣下にも御養生として熱海表へ不遠中御発軔之趣、然るに嘆願之一件も余り遅引万一御留守にも相成候得者他に依頼すへき向無之、右之亙り相考偏に当惑罷在義に御座候。何率一日も早く何れ之場へなりとも任職仕候様乍此上伏て奉懇願候。恐々頓首

七月十二日　　鍋島直彬

大隈公閣下侍史中

（福岡市博物館所蔵）

44—8　鍋島直彬書翰　大隈重信宛

（明治九）年九月十七日

秋霖連日殊に本日は風伯暴威を発し御互に困入候。昨日朋友某より尊公に温泉より御帰之由初めて伝聞、即御容体等承候処御入浴中始めは御瞑眩之姿にて頗る御衰弱、然し終には大に御爽快御覚にて余程御相応之趣、先以国家の為め奉大賀候。全体早速御窺に参上可仕之処昨今之天気に辟易し大失敬仕候。扨御帰懸け最御用繁且御疲も可被為在其御央如何にも難願候得共、曩日已来御心配被下候原生義勧業寮へ任職相出来候様周旋、高崎正風重野安繹伊丹重賢等へ及依頼、右諸氏松方氏へ相談同氏にも承知相成大久保卿にも承知は相成居候由に候得共、今日に至るまて埒明不申、此上は又々尊公より松方氏へ御一言被下候様奉願外方略無之、不得止奉懇願候間、何率松方氏へ原生登用之義尊公より御相談被成下度幾重にも奉願候。然ら者此節は多分御蔭を以て願意可相届歟と企望罷在候。右之情実御汲取被下度偏に奉縋願候。何れ拝鳳万縷可奉陳述候。恐々頓首

九月十七日　　直彬

大隈公閣下

（福岡市博物館所蔵）

44－9　鍋島直彬書翰　大隈重信宛

（明治十一）年三月二十八日

前略　述者今般福岡県下小倉に而銀行設立願之事に付而、同僚建野郷三拝晤相願度参堂候間、御面会被下度候也。

三月廿八日

［巻封］大隈賢兄玉床下　直彬

（福岡市博物館所蔵）

44－10　鍋島直彬書翰　大隈重信宛

（明治十二）年三月十六日

鄙箋拝呈。愈御清穆奉賀候。述者御庇に昨日属官等相出来臨時取調局為開事務取懸り候。偖閣下にも兼而御承知毎々御世話相成候旧臣原忠順不遠上京候筈に付、内務省御用掛に撰挙琉球出張候様致度、尤同人に者御承知之通之履歴も有之、左院議官正院七等出仕をも相勤候人故、此節非常之際右を貶し判任に致し候は不忍事に付、沖縄県少書記官に致し度、小生出立之砌任少書記官之御書付持参彼地に於て同人江小子より相渡候都合可然、左すれ者過日松田一同出張候俣野景明同様之訳にして（俣野は出張之上多分大書記官可被命と存候。然し出張之折者内務省御用掛取扱准奏任之命に而月俸五拾円）、出張致し候はは可然候。而して今日之処己れの知る所を挙け候者少しも無所避筈とは乍申、何分旧藩中之人物を用ゆるは何歟自分一人に而事を為すの兼てなく其故旧臣之輔佐を待ち候様或者旧臣に私する抔と妄評等受候而者残念之次第に付、固より小子より猶内務卿江可申立心得に者候得共、原之事は閣下にも余程御心配被下候末其頃都合能不参実に左院之改革彼是甚不幸之末唯今迄幽屈致し居、幸此節者好機会と申し御存之通原には民治経済等は尤長所に而漢学之力も有之気胆あるものに付、琉球新置県奏任に御命し相成将来着手之目的等尚閣下より同人江精敷御含置相成候はは大に御用に可相立候に付、何率原之人物等是迄一体之次第且沖縄少書記官に御采用相成候通閣下より内務卿江御談示被下度、原義者年来御懇命を蒙り閣下には御熟知之人故今又此事深く奉懇願候。全体本日参上可申上とも相考候得共本日者日曜に而御客来も多かるへくと態々相扣へ乍失敬書中奉願候。何れ彼是相伺候事件も多々有之候間、明夕辺り拝趨之心得に御坐候。頓首拝

三月十六日　　　　直彬

大隈賢兄拝呈梧右

尚々尊兄限り申上候。松田引率出張之人中には恐くは原丈之者者決してあるましくと存候。再拝

（沖縄県教育委員会所蔵「鍋島直彬沖縄関係文書」）

44－11　鍋島直彬書翰　大隈重信宛

（明治十二）年三月二十四日

本日者拝顔奉賀度、大蔵省に而御尋申上候処内務省に而御用之談之御跡に而、其後又々本日に而御尋申上候得共御退出後に而遂に不得拝晤候。扨小生司法省御用掛内願之情実者大木先生にも允許承諾に相成居、而る後如何之御都合に候哉。小生内願不当之義も有之允許を蒙らさる訳にも候得者、猶其次第相伺不得止理由確と有之候得者固より致方無之候。然し過日小生之申上候愚見者頗る自是として不疑事に付度々願兼候得共、万一故なく遅緩に及ひ候義にも候はは、猶今一応尊兄より大木先生まて小生切迫之事情御噺被下、速に御用掛りに被仰付候様偏に奉懇願候。御承知の通甚事務に疎なる小生最早時日も無之候処に俄に判事に被仰付候而も調査其他伺事件等も不相運、出張之期に至り極めて当惑可仕甚痛心仕候。扨原忠順義明後廿六日には着京可致歟と存候に付、御用掛にて准奏任とか或は願くは内務省六等出仕に被命候歟、其辺者尊兄思召も可有之、兎角同人者多年尊兄之御世話に相成候者に付、尊兄之思召を以て此度は何率都合能相運候様可然奉依頼候。現今出張致し居候

准奏任之侯野者抑陸軍警視等経歴之人に而旧藩之時より民治上之事者如何に可有之哉。固より精神気力者慥なる人之様子に候得共、新置之県に付而は事務に慣れたる人者必なくては不相済、幸原なれ者藩已来大参事相勤左院正院を経歴し、気胆も有之智略学問も一通りは具はり、殊に経済者最長所に付適任と熟考仕候に付其処者十分御含み被下、只管尊兄之御吹嘘を奉願候。是も急に御運相附候へば御庇に早速より事務に為取懸御用弁にも相成候条、万事御依頼仕候。恐々頓首

三月廿四日　　直彬

大隈賢兄錦褥下拝啓

尚々唯今帰宅大乱毫平に御海恕被下度奉願候。

（福岡市博物館所蔵）

44－12　鍋島直彬書翰　大隈重信宛

（明治十二）年三月二十八日

前略失敬　述者原忠順拝命一条に付而者不一方御厚配被成下実に御懇情之程奉鳴謝候。然る処今朝内閣に於て御噺之次第拝聴甚驚愕仕候。尊兄に於ては猶更御迷惑御面倒之御事と万々奉察候。斯迄御心配被成下原にも態々上京致し居、拝命不相出来空帰京（ママ）候通に而者甚以残念之至り、去迚左院正院とも奏任之位地に在りし者を今日重大困難之間に於て判任に貶し義は何共不忍事に御坐候。惣して相考候に開港場有之県にては令之申立に由り大少書記官共置く之例も有之、畢竟琉球之事たるや大に外国に関し御国威にも指響候場所柄に付而者、特別之御評議を以て奏任出仕之名号を以て書記官之外別に被命候訳には不相成もの哉。乍此上兼而柄に任せ偏に尊兄之御周旋を奉仰而已に御坐候。恐々頓首

三月廿八日　　直彬

大隈賢兄硯北

尚々右之次第参を以て可申上と一応相考候得共、屢願拝顔御迫申上候も深相憚り態と以書翰此段懇祈仕候也。

（福岡市博物館所蔵）

44－13　鍋島 直彬 書翰　大隈重信 宛

（明治十二）年三月二十九日

本日者御高庇を以て存意通司法省御用掛被命難有奉感謝候。述者今朝相願候末猶申上置候。小生判事を兼該県裁判所長之願者畢竟県庁裁判所之間彼是抵触等不致様施治上之工夫より内願候訳に而、是迄法律之事者甚暗く殊に所長一人に而者何分弁し兼候義も有之、少くとも民刑事を兼ね判事一人別に無之而者不相済、普通之県裁判所にすれ者所長之外民事刑事各一人つゝ之判事有之趣、然れ者小生之外判事一人相加り候迚更に不都合之事有之間敷存候。或は草創之間裁判所長無事に付別に判事を不要抔と申説も可相興候得共、既に県に相成候上者何分是迄之出張所とは相異り候に付、小生之外一人判事相出来候とて贅物には有之間敷、保野景明者大警部相勤居候に付而自ら法律等相心得居候に付、右を判事兼沖縄県奏任出仕之訳に相成候得者更に差支無之事と万々確信仕候。原忠順者旧藩大参事より左院正院に歴仕致し候へ者大書記官適任に可有之と存候。且最前予算月俸高如何と之御懸念者更に無之、其計算者県令及大書記官幷過日出張在勤之判任三十一人、現今内務省に而小生に属し居候四名之判任官を併せ其月給計算候処、予算之高より一ヶ月に大概九百円許之残金を生し候に付其辺之御心配者少しも有之間敷、其上保野之方は裁判費より支出候へ者県庁費額に関係無之両便事と愚考候。此上猶保野へ判事被命候義者何率司法卿へも御談被下度、小生よりも司法卿へ可及相談心得に御坐候。右之次第不顧贅口又々陳述仕置候。此中午略義御都合次第、明後三十一日には午後より大木先生御一同敝屋へ御枉駕相願候心得、猶拝顔御都合御支之有無可奉伺候。恐々不宣

三月廿九日　直彬

大隈賢兄

尚々愛野静雄にも此節内務省御用掛拝命勉強致し居候。猶其内御逢も被為在候はは十分御鞭策被下置度奉願候也。

（福岡市博物館所蔵）

44−14　鍋島直彬書翰　大隈重信宛

（明治十二）年十一月十九日

前略　滞京中者不相変御懇遇感佩候。発京之際余り繁忙御暇乞にも不参上大失敬多罪。爾後御蔭に海上無異過る十四日着県候。然し九日十日之七島洋中に而大風波に逢ひしは少々困却、直ちに近来一体之模様見聞候処、人心之折合は申迄もなく百姓輩者喜悦之色益顕れ士族抔も仕官を願ふもの陸続、余行過位のものは土人を小使抔にしたるもの（警察署等にて）既に散髪になれり。日々納税等ありて（大かた代銭納を願ふ）租税課出納課は余程繁劇になれり。御蔭に当年の士族家禄渡方も夫々着手すべし。各間切とも税種其他細密調査方に勉励し居るジャワ米は早速各間切へ区別配分試験を申付たり。唯今播種之時少しく遅きを以て先つ半を試み此次の時に又々其余半を試むへく存候。ジヤガタラ芋も神戸より聊持帰、先以少々屋敷内の畑位に試験せんと欲す。豚も売れ口さへ善ければ土人のコレラ養ふことは如何様にも可増殖見込なり。扨士族等之内実を探るに困窮之者十中七八に居れり。これは内地諸県と同様にも難見做愍然之次第も有之、何れ諸事調査等相出来候はは何程か家禄之外士族授産のため別途支出奉願心得なり（旧藩にて役知役俸抔と唱へしもの其他名義なき曖昧なるものにて士族輩は所得ありしものみな消滅す。貧困を憂る所以なり）。正しき家禄のみにては迚も旧来の士族過半衰滅すへし。去迚無名のものを取り或は人民より刻領する抔の弊自ら毫も取る可らす。又自然に除けん、願くは後日士族救恤資金取調願出候心得なり。人民一般貧なりとは雖とも百姓は一三年も経は余程能くならん。右匆々帰県後之景況に御坐候。原には益勉強諸事精密注意、属官を督促奨励し日夜寸暇なき位なり。御安心ありたし。小官には甚感心し実に民政上には適任之人と存候。属官中一二の妙な人物ありて面倒なれとも到底大害を為し得ず（もと湯川抔と心を同ふせし輩共なり誹謗の程なり）。警察の方は至急の召募にて殊に暴客多し。警察仲間にて互に猜忌時に口角のみ多し。右文章の不敬なるは之れを短簡にするの意より出るを以て御高免有之度候。

恐々頓首

十一月十九日　　直彬

大隈兄研北

尚々原抔余程心配やゝもすれば属官共は若いきにて頻りに金の入ることなと存立或は疎漏にして費用多き如き事往々有之、頻りに無用の費を省く方に注意す、然し何分絶海一種の県にて属島も多、不得已事とは申なから意外之費用有、是非不遠増額相願候心得なり。

（沖縄県教育委員会所蔵「鍋島直彬沖縄関係文書」）

44－15　鍋島直彬書翰　大隈重信宛

（明治）十二年十二月一日

愈御清祥奉賀候。述者少子にも着県後御庇に無恙日々出庁勉強仕居候間乍憚御放念被下度候。士民の折合日々益々よく、士族輩の迷夢も段々醒め近日は進て仕官の請托を為すもの陸続たり。浦添富川（旧三司官なり）已下県庁に采用せし本県士族輩各課に加はり、夫々事務を執り大勉強、其他士族中更に異議なし。何事も令すれは直に行はる平民も是迄地頭抔の圧制刻御に苦しみ居、今日之政体に相成喜悦安堵之模様なり。本庁租税課は勿論各間切詰官吏を督促し、精密調査以来諸税其他の事追々に明白なり。納税等は陸続不断渋滞（旧慣納税の期は其品各種なるを大抵月々連続なり）。扨原忠順過般不満不平の私論家等より讒謗を招く通り一途に勉励、公を以て私を忘れ属官中聊にても不条理なる私より出し如き事、或は無用の資金を要する如き粗漏迂遠之説等は之れを排き周密心を用ひ日夜勉励小子の至らさるを輔け、実に大困難の地を非常の精神尽力を以て今日御安心之場に至らしめし次第上申書通の義に付、特別之御詮議にて速に上申之趣御允裁其通りに仰出候様偏に尊兄の御海諒を仰申候。小子より頻りに原の功労を申述し御賞典請求之次第俗論家者流より之れを見は旧君臣の嫌疑もこれあるへく候得共、苟くも本県の長官にして次官の大なる功労あるを旧臣なればとて之れを上申せす埋没せしめ候は却て私にて職務上公論に於て黙止し難く、別紙上申書差出し候。原苦心尽力の程御遥察被下今日之無事平穏を致せし功を思はせられ、速に御賞典下賜之程偏に尊兄に懇願奉り候。右深く奉懇請候。余は後鴻に譲り候也。恐々頓首

十二年十二月一日　迂弟鍋島直彬

大隈賢兄研北

尚々紙幣通用追々都合よく相成候。尊諭之如く是より新銅貨を多数散布せんと欲す。

（福岡市博物館所蔵）

44―16 鍋島直彬書翰 大隈重信宛

（明治十三）年五月十三日

前略　別紙箇条書御手元へ差上置候に付、兎角速に相運候様御含置被下度候。地方税類似のもの区分県に於て収納の一件は租税局出張員川井其他とも協議、右は全く国税に加ふ可き性質にあらさる故即ち区分し、県に於て収納の義上申候はゝ御許可相成へく川井等も申聞候に付上申候義にて、租税局長及吉原少輔にも承知相成居候に付、何率上申通御許可之程希望する所なり。内務卿へも尚其辺委曲相談之心得に御坐候。扨原忠順叙勲一条、成程文官の叙勲は武官の比較にも参り兼候次第も可有之候得共、客歳沖縄県の事たるや全く非常の処置にて尋常県官の職務に勉励せしものとは日を同ふして語り難く、既に過日賜金相成候得共、是は矢張職務勉励の名を以てのことにて即ち慰労の性質、県治更始非常尽力の御賞賜には矢張叙勲位は有之候とも濫賞には属すましく、何率此上可然御高配被下度所禱なり。頓首

五月十三日　　　　鍋島直彬

大隈公閣下

尚々伊藤殿へも御依頼申上置候也。

（福岡市博物館所蔵）

44―17 鍋島直彬書翰 大隈重信宛

（明治十三）年五月二十日

換啓

一　最前より切迫なる事情之勧業費御貸下けは何率一日も急に御運之程奉願候。

一　小弟にも余り滞京長く県地之方にても頻りに小弟之帰県を待ち手を束ね居候模様、此上は一日も早く帰県致し度、尤唯匆忙帰県候も無益来月二日よりは是非出立之心得に候。諸事其御含みにて可成御運被下度候。

一　原叙勲之義は何分御取計難被成趣、然し大書記官に任せらるゝは必しも賞するに非す、官は其人の才力と場合とに因るものにて、官を以て人を賞すると申訳には参り申間敷、小弟原を大書記官に任せられ度段請稟候は別紙相添内務卿へは申陳致し置候次第にて、全く賞典上より来れる精神にこれなく、願くは大書記官に任せられ且位

を進められ（昨日申上候御辞令の意にて）候様小弟滞京中御運相成度偏に奉懇希候。
一　昨日備御内覧候無禄士族狼狽之者へ給与之義は浄書直に差出候に付御含置被下、兎角上申通救助之道相立候様偏に奉懇願候。万一無禄士族輩其所を失ひ我政府を怨望する如きこと有之候ときは、其影響や直にある隣国に及ひ関係不少義は眼前に付、此義は厚く御含み置被下度候。
一　大有丸一件既に太政官へ差出し相成居候間、是れも早く奉願候。
此他彼是得拝晤度事件有之候得共両三日前より寒冒之気味を推て外出奔走致し居候処、昨夕より甚脳をあしくし熱を帯ひ気分勝れす今日は保養之積に付、乱毫換舌書を以て如茲申述候也。

五月廿日　　迂弟直彬

大隈老兄研北

（福岡市博物館所蔵）

44―18　鍋島直彬書翰　大隈重信宛

（明治十三）年十二月二十二日

爾後者益御清祥為国家奉大賀候。述者迂生義も御蔭に御暇を賜り旧里へ帰着、私事相弁帰程過る十七日鹿島港着、此地にて東京より帰県の者に面会、来京之都合承候。過般本県租税課員差出し置候に付ては最早大概本県租税之一件者租税局に於ても十分明瞭致し候事被存候。扨東京に於て新聞紙等に本県之事を掲載候趣、全く無根の讒謗説にて其原因は例之不平不満連中即ち小人輩の輩言に可有之、御承知之通小生幷原忠順に於ては只一片之精神世間之毀誉小人輩之誹謗等は毫も意に介せす、専ら朝廷之御為め県之為めと存し、客歳已来非常之艱苦を経歴し御蔭に漸く今日の場合に至り、固より依仰天地に愧る事さへなけれは曾て患ることは無之候得共、動もすれは小人輩己れの意の如くならす己れの私を成す能はさるより無根の説を流浮し、小生等を誹謗候段甚以遺憾之次第最前より小生幷原を知るは尊兄に過るなし。何率其辺は飽まて御含み置被下度候。此段兼而之御懇意に任せ申上置候也。

十二月廿二日

大隈賢兄研北内啓

迂弟鍋島直彬

（福岡市博物館所蔵）

44―19　鍋島直彬書翰　大隈重信宛

（明治十四）年四月十七日

昨日は芳筵に陪し不相変御懇遇を蒙り、実に沖縄にての苦痛を忘れ骨に肉するの思を為し奉感謝候。扨昨朝書中を以て端緒而已申上置候得共猶又篤と熟考定思候次第左に申陳す。

一　小弟義は御承知之通地方吏務等は極めて短処なれとも敢て御請申上直に赴任候は、唯一精神を以て彼の艱難非常の際に当り聊小弟の本分を尽し、随て己れの胆を練るの薬石にも可相成との奮発のみに出て、御蔭に施政上大概緒に就き、平常の今日に至ては始めより自から任する所にこれなきは尊兄にも御承知之事にて、加ふるに脳痛胃痙等に困難し実に身体衰弱職務に堪へ難く、既に着京懸け辞表可差出と存候得共、尊兄にも御相談不仕右様軽忽の義は甚不宜と思ひ直し、昨朝梗概書中を以て申上候次第に候。然るに猶熟考候処是迄尊兄御誘掖之御庇を以て乍不及艱難創業の地に黽や角相勤め、病故とは乍申全く弱質沖縄の風土に適せさるために付、東京にては左程の事は無之自然と健康に復す可く、因て此儘にて朽敗するは余り残念に付尊兄の力に依て此地に於て奉職可仕、尤種々事務の省等は迚も小弟之短処にて又自ら冀ふ所にこれなく、元老院議官に被命候はゝ飽まて勉強仕度、斯の如く申上候はは或は遽かに高等の官を望む抔と御怪みも可有之候得共、小弟平生法律学に志ありて果さす、且つ元老院は華族の最尽す可き所にして別に面倒なる事務なく、大木先生の下に立ち勉強し山口楠田鶴田等の諸氏あり、小弟は乍不及地方其他の所より小弟には自ら任して愈勉励常に尊兄の御高誨を願ひ、他日国家に尽すことも可相出来存候。然れは御蔭に微弱なる身体をも保全するを得、一片の志操をも達するを得へくと自信仕、遺す所なく申上候。

一　小弟は沖縄を離ると雖とも、既に創業の時より全二周歳の今日迄管せし所の得失を抛ち顧みさる如き薄情の事は不仕、抑県の不幸は往々長官交代の時施政の針路忽ち違乖し人民方向に迷疑するより生し、沖縄人民の愚なる如きは最可憐ものなり。因て小弟の跡は即ち原大書記官に被命候はは毫も其心配なく人民も亦安着し旧藩吏等も異義なく、殊に原には創業より諸事周密尽力せし人にて人情習慣等にも深く暁通し、其功労も小弟の跡を続くは至当の事と勘考仕候。然し原にも初めより艸創困難の際尽力の心得にて、是も余程沖縄の気候にては衰弱困難し、小弟此度上京候に強て辞表を托し小弟持参候位に付、此上二年も三年もと申しては迚も御請申上間敷、一年位のことは是非小弟より十分説諭致しても相勤候様可致存候。

一　原県令に転するときは又新書記官を要せさる可らす。而して小弟の考にては、久しく下民の情状をも熟知経歴し直実懇切なる人を得るにあらされは沖縄の如きは最不可なり。其人は小弟多年識る所の福岡義弁極めて適当の人と存候。然るときは御蔭に小弟にも安心し第一沖縄人民の幸福なり。何率断行主義を以て尊兄の御賛成御周旋を仰くより外これなく、胸中切迫一日も止み難きより又々乱毫を以て申上候間、小弟の衷情御憐察被下滞京中速に右の情願相達し候様専ら尊兄の力を仰く。若し成らさるときは退て病を養ひ暫く学問等致すより外これなく候。頓首再拝

四月十七日　　小弟直彬

大隈賢兄研北内啓

尚々書中不尽の処は得御面晤緩々御閑話申上度存候。此書御一覧之後は直に御焼捨被下度候也。

（福岡市博物館所蔵）

44―20　鍋島直彬書翰　大隈重信宛

（明治十四）年四月二十三日

前略　御繁劇之際屢参上、自分勝手の事のみ長々御咄し申上御妨け仕候も頗用捨に相心得候条以書中左の事件陳述仕候。本日郵船問屋より沖縄便船之都合申来り、来月十日頃よりは是非出立不仕候ては間に合はす、一体此度は俄かの上京にて沖縄士族共にも暫時に帰県可致申諭置き有様、一個の手廻荷物丈にて駿速上京候都合に有之、辞職するも幸に尊兄御篤情を以内願之通転任相出来候も到底一旦は沖縄へ不罷越候ては不相叶、就ては殆んと余日も乏しく候に付、乍御面倒御差含み可然御処置被成下度奉懇請候。明後廿五日御出仕前ともに一寸参上御都合可相伺存候。扨幸に請求通り相成候はゝ別紙一内呈候条御熟覧被下度奉願候。且士族輩愚民を蠱惑し窃に盟約を結ひ血署せ〔し脱〕ものに写しも手扣

中より抜記入御覧候。是を御一覧相成候はは、実際艱難の事情大概御推測の一端に可相成候。此の盟約書は松田処分官帰京木梨帰京迄も見れす、八月末に至て之を探知し始めて手を下すの緒相開け候。此段旁例之乱毫を以て申上候也。頓首

四月廿三日

迂弟鍋島直彬

大隈賢兄玉床下密啓

（沖縄県教育委員会所蔵「鍋島直彬沖縄関係文書」）

44−21　鍋島直彬書翰　大隈重信宛

（明治十四）年四月二十七日

前略　御高免是祈。兼て御繁劇の御模様は承知罷在なから切迫申上候は甚恐縮候得共、如何せん船便の時期日々益迫り実に途に迷ひ候に付、何率直彬身体上の事より原後任之事迄速に御決定被下候様偏に奉懇願候。後任之義今日俄然他より被命候ては第一本県の不幸且肥前即ち鍋島の気運にも関係候事に付十分御差含み被下、矢張原を以て後任に被命候様深く奉願候。乍平常此度は最も尊兄の勢力を仰き、随て直彬の微誠も御庇に相顕れ候義に付直彬一生の栄辱窮通の機関今日と存候。何率事情御憫察被下度奉願候也。

四月廿七日

迂弟鍋島直彬再拝

大隈賢兄研北

（福岡市博物館所蔵）

44−22　鍋島直彬書翰　大隈重信宛

（明治十四）年五月二日

換舌

今朝申込候義は是非被行候様、否されは直彬は至誠を表するに足らす。扨此度は原にも辞表差出すことに決し強て直彬に托し、直彬現に右辞表は所持致し居、御都合も有之事に付実は暫く差扣居候得共、到底原にも辞職之心得と推察候に付、直彬之後任原へ難被命訳に候はは節角原よりも委托されし者を其儘何つまて所持致居候も如何に付、不遠可差出とも存候。然し原にも種々之誹謗怨望をも避けす、今

日に至るまで困苦尽力候に付ては、何率内閣書記官に転任仰付られ、位階にても御進め相成候様致度、然れは同人之冤罪をも雪き猶難有勉強可仕存候。此段深く御勘考被下度、且兼て申上候通県令交代之際は最大事なる場合に有之、十分御工夫奉願候也。頓首

五月二日　　　　　　　　　　　　鍋島直彬

大隈賢兄研北

（福岡市博物館所蔵）

44－23　鍋島直彬書翰　大隈重信宛

（明治十四）年五月三日

換啓

余り屢々参上国家之万機御担任之尊兄に向ひ自分之勘考せし事のみ申上御迫り申も如何と、本日は先以て左の件々以書中申上置候。

一　昨朝申上候通右大臣より被相渡候書面の箇条に付ては諸公之御面前に於て飽まて弁説不致候ては心に安せす候間、一日も速に其運相成候様奉願候事。

一　沖縄へ向ての船便は多分本月中頃に可相成、因て十一日横浜発之船にて出発候へは好都合、実に直彬は脳と胃とを悪くし、本年沖縄の夏を通すを困却するより辞職の覚悟も相定め処、来る六月中旬之船より沖縄へ罷越候時は残務引続其他公私の用を弁了し、帰京する頃は既に八月に及ふへく炎熱中之往復は私情に於て甚当惑困窮仕候。然し是者朝廷之御都合次第之事に付左程に勝手之事も申上兼差扣居候得共、其実情や前文之通に候間御愍察被下度候事。

一　原を後任に命せられ度願は、直彬辞職し長官交代之為め部下の人心に関係を帯ふ様の事ありては直彬は既に辞するの時に至ると雖とも心に安んせす、且つ外より県令被命候時は又自ら書記官も新県令之注文之人相挙り候は当然の事に有之、原にも県令外より新任依然書記官相勤候哉直彬に於て保証難致、到底両人とも辞表を捧くるに過きす。直彬は昨朝申上候事件に付て明かに平生の精神を以て誠の在る所を十分陳述し余蘊なくして始めて心に快よく辞表を捧け、官に就くと就かさるとは何れにても宜しく候。然るに原も辞職するに至らは、世間の見る所沖縄県は何歟大不都合ありて書記官は県令の後任たるを得すして、県令は外より命せられ書記官も同しく県令と

辞表を捧けし抔と評せられては甚栄誉上に関係し、最肥前之名に妨害を生し、且支那抔に聞へても美事に無之、抑世間に於て無根之誹謗あるため、原は県令と為す可らさる等の説もあらは公理上より直彬如何様にも弁駁可仕候に付、即ち原を後任に命せられ、矢張紅林抔を書記官に被命候通、是は専ら尊兄の勇断を仰望仕候事。

右文字は甚疎なりと雖とも直彬精神の往く所は飽まて御汲取被下度候也。頓首

五月三日　　迂弟鍋島直彬

大隈賢兄研北

尚々右大臣幷伊藤参議へは書面或は口頭を以て原を後任に命せられ候方適当の愚見を主持致し置候也。

（福岡市博物館所蔵）

44－24　鍋島直彬書翰　大隈重信宛

（明治十四）年五月五日

換舌

一　原義今日之処にて動かされぬことに候はゝ直彬後任の義は必しも此度御差向けに相及間敷御内定位にも可然、而して今朝の御高誨を熟考すれは成程直彬辞表を出すは県の人心にも関係しよろしく有之間しくに付斯く迄御心配被下候義最早寧ろ両三日中に転任被仰付度、然れは此十一日横浜出発の船にて事務引続被命、沖縄へ可罷越公私とも都合宜敷と存候。

一　原にも直彬転任を聞かは尚更辞職之念切に可相成、殊に此度は直彬原之辞表を托せられ持参致し居、中途にて直彬限り其辞表を押へ動かさす自分は転任しては、実に原に向ての申訳には甚当惑仕候得共、既に茲に至ては愈一日も猶予すへき時に無之、原には十分説諭相談を遂け半歳なりとも唯今之儘勉強候様可致、然し其上是非内閣大書記官に御采用之程日今願置候。

五月五日　　鍋島直彬

大隈賢兄

（福岡市博物館所蔵）

44—25　鍋島直彬書翰　大隈重信宛

（明治十四）年五月七日

又々今朝は御繁劇之際を奉妨候。其砌御沙汰之次第に従ひ来る十一日より出発は先つ見合候事に決定候。然し来る廿日頃別に沖縄に向て差立候汽船可有之筈に付、それ迄には何も歟も十分相運候様乍此上奉依頼候。否らされは公私とも殆んと困却仕候条、事情御諒察被下度候。而して沖縄県治上に不幸を与へす、沖縄人民安堵し小弟及原とも名誉を汚ささる様御保護奉願候也。

五月七日　　鍋島直彬

大隈大兄研北

（沖縄県教育委員会所蔵「鍋島直彬沖縄関係文書」）

44—26　鍋島直彬書翰　大隈重信宛

（明治十四）年五月十五日

前略　今朝右大臣より招かれ小弟元老院及後任某云々之内意あり。是れ全く尊兄御厚情の為す所と奉感佩候。早速御礼として参堂可仕之処、例之後任者拙宅に来る筈にて相待居不得已意外之失敬相働候。明朝必拝趨之心得に御坐候。右に付て又々一言相願候。是等の事未発中漏洩するは甚不好事にて、未発之間長ければ小弟は勿論後任者も迷惑仕候に付、寧ろ速に御発表希望仕候也。頓首

五月十五日　　鍋島直彬

大隈賢兄

（公益財団法人鍋島報效会所蔵）

44−27 鍋島直彬書翰　大隈重信宛

（明治十四）年五月三十一日

愈御壮康為国家奉大賀候。扨小弟義過る廿九日午後六時神戸抜錨之末本日午後五時鹿島着港仕候。乍憚御降神被下度候。此度は非常の御高庇を以て小生には十分の名誉を全ふし将来の目的も相定り難有奉鳴謝候。唯新旧更迭の際人心の鎮撫方には苦慮罷在候。就中原忠順に於ては差当り後任可被命、地位功労も有之身を以て猶旧の儘在職、少しく廉恥ある人は決して安して奉職致間敷、況や原には頗る気節のある人に付到底説諭無覚束存候。然し尊兄にも同人名誉上に関して飽まて御保護の御趣意に付、是非共三四月なりとも勉強為致度存候。而して将来御奨励之一端にも可相成旁功労を被賞、責ては位一級にても急に御進め相成候様被致度、然れは原に於ても大に其名誉を維持し大に感佩可仕と存候。此義は専ら尊兄の御周旋を以て右大臣亙りへ御話し被下、此一義は至急を好しとすることに付、上杉沖縄県令赴任の便にて宣下書相達し候様懇願此事に御坐候。是は啻に原に向て気の毒と思ふ為めのみならす、県庁其他管下一般の思想に関係し自ら県治上にも波及候事に付如茲切迫

相願候。途中より御周旋之義急迫申上御怪みも可有之候得共、既に此度同行帰県の属官中にも種々想像論も有之候処より一層速なる御処置を奉願候也。

五月三十一日

鍋島直彬

大隈大兄研北

尚々旅兼匆々執筆乍例系文乱書御高免被下度候。

（福岡市博物館所蔵）

44−28 鍋島直彬書翰　大隈重信宛

（明治十四）年七月十二日

盟兄愈御勇剛為国家万機日夜配慮之御事と奉抃賀候。述者小弟にも御蔭に無滞引継事務を了り本日帰京候。就ては早速拝趨過般出京中不一方御高配被下候御礼且彼是心配之事情等陳述御教誨を蒙り度候得共、沖縄出張中例の肝臓痛及脳痛にて一週間余平臥、未た全く清快に至らさるに数百の海程密閉せし汽船中に蟄し居候ためか脳痛今日至ても全癒せす稍困難、それゆへ失敬仕候。新聞紙にて山口会計検査

院長鍋島幹議官に被任候由承知、是も専ら盟兄之御心配に出て候事に可有之、追々肥前之気焔も御庇に漸く揚るの好機に至る可くと愈扼腕、乍不及為国家尚盟兄の明誨に従ひ大勉強大尽力可致奮発罷在候（空論を好ます学問と経験とに勉励の心得也）。何れ両三日拝顔緩々御高話をも拝聴、御内々御高慮相伺候義も可有之候也。匆々頓首

七月十二日　　鍋島直彬

大隈大兄研北内啓

尚々着懸け紛雑不相変紊文乱毫御推領奉希候也。

（福岡市博物館所蔵）

44―29　鍋島直彬書翰　大隈重信宛

（明治十四）年七月十八日

昨夜は全く自分の目的を定め度、且原の切迫困窮の事情属官警部及該県心ある士族輩等の疑惑説に付、原の此上一日も沖縄へ在職するの弊本人の名誉を汚損するは固より一般の人心鎮定せす心配之極、盟兄之御指示を以て定む可く既に強て托せられし辞表を懐にして参堂候処、遂に意外之良莚に列なり種々の御饗接を蒙り奉万謝候。原の処は既に其不測の地に陥らんとせしを、盟兄の御厚情を以て甚しき汚名を加へられすして幸に冤を免れ居候事ゆへ、今日に至て兎も角も非常の新県に尽力苦心せしものを其終を全ふせしめす辞職、旧里に帰らしめ候は甚好まさる事に有之、一日も忍ふ可らさる実際の情況に付、此上結末を全ふし名誉を失なはさる様十分御保護被下、今朝は小弟伊藤参議の方へ参り、飽まて実地之事情其他毫も私を交へす公然条理と得失とを以て相迫可申に付盟兄よりも大臣及伊藤参議へ御咄し置被下度、来月は早々沖縄行之艦有之筈に付其艦にて辞令書送致相成候様致度、大至急相運候通之御工夫乍此上切求候。然らされは原には今日切迫の地位ゆへ多少の御譴責位は人間の廉知には代へられす、暑中休暇等にて奮然去て旧里に帰（かへり）候歟も料り難く、判任等の思想論は或は破裂、政府の事を議する如き勢に相成哉も難料（知る可らす）甚心配仕候。而して兎も角も四等官には是非御登用相成、何率内閣へ特別の御工夫を以て御入れ有之度、それには小弟の頗る思を焦せし次第有之候に付、御出発前実に申上兼候へ共御賛成御庇保の程幾重にも懇願候。此節のことは啻に原の面目を失ひ恥辱を天下に曝すのみならす、其彼の及ふ処人心に関係し頗弊害を生し将来沖縄県治の得失にも渉り政府有為の士

を奨励するの趣意にも戻る可き歟と剴切の感慨を帯ひ居候。小弟の衷情をも御諒察被下度候。伊藤咄し之都合は直に可申上候。大臣へは本日夕刻迄には必申陳可致置然し小弟に先ても尚盟兄より大臣方へも概略なりとも御咄し置被下度、又子供の阿爺にねだる様御願申上候。右者御懇遇の御礼旁早々執筆乱文如斯に候也。頓首再拝

七月十八日

鍋島直彬

大隈大兄研北密啓

尚々御令閨様へ御序可然奉願候。

（沖縄県教育委員会所蔵「鍋島直彬沖縄関係文書」）

44－30 鍋島直彬書翰 大隈重信宛

（明治十四）年七月十八日

昨夕は将来の形勢に付蘊奥御持論拝承深厚之御教誨を蒙り、原進退上に於て実地甚処し難き情況御愍察被成下、加ふるに種々の御馳走に預り、久振砕を尽し、彼是御篤情奉鳴謝候。今朝は伊藤参議を訪ひ幸に得面話候得共、他に来客も有之充分の時間を得す。然し条理と実際の景況とは先つ無遺漏申述置候。盟兄へ御咄し致したる歟との尋に付、昨夕概略を咄置きたれとも来客中にて細微の事に渉るに暇あらさりしと答置けり。何率太政官中適応之場所に四等官へは是非御采用相成度、而して至急御発輦前に相運候様幾重にも奉願候。当月末来月一日頃迄には必神戸より沖縄へ向ての郵船可有之相考候に付其前速に相運候様致し度、深く奉懇祈候。是者豈原の名誉を保全するのみの趣意ならんや、万一此上原には在職候へは遂に沖縄県官等の挙動にも大関係を帯ひる可き事情は小弟明かに洞知大に心配罷在候。偏に盟兄を仰き候に付、伊藤参議へ尚可然御談し被下度、伊藤参議へは盟兄へ相談相成度段申置候。唯今より左大臣の宮幷に太政大臣方へ参り明かに陳述致し置候心得なり。此段御含迄先以梗概申上置候也。

七月十八日

迂弟鍋島直彬

大隈大兄研北

追て是はまた小弟の身上の事にて本文の事件御願申上候傍故猶更御迷惑は奉存候得共、盟兄御留守に相成候へは是等の事談すへき人無之に付申上候。元老院中海江田関口抔は従五位なりしに先達て二級を進め従四位に叙せられ、今日に至て元老院中五位のもの小弟一人にて外見も殊に目立ち

遺憾に存候。小弟者一級を進められは可なり。此義も願くは御発輩前情願通相出来候へは無此上恩沢なり。然し果して小弟には才学倶に乏しき新任者故、位階昇進難被仰付義に候はは致方無之候。其辺者専ら盟兄の御援護を仰く東西本願寺即ち大谷光尊、大谷光勝の如きは正五位より正四位に二級を進められたり。苟くも華族にして御蔭に元老院へも奉職、院中唯一人五位に在て動かさるは小弟の甚恥る所なり。何率御勘考被下度候。他の事に付て飽まて御面倒相懸け居候央、自分のこと迄相願候は思召も如何と用捨不少候得共忍ひ兼相願候。尤原の事さへ速に成れは、先つ小弟の義は一身に止まる事ゆへ仮令政府に於て抛棄せられ候とも実際弊害の着明なるものは有之間敷、唯官員録を開き見るもの議官中一人の五位あるを怪み思ふ可きのみ。御諒察被下度候。不悉

（福岡市博物館所蔵）

44-31　鍋島直彬書翰　大隈重信宛

（明治十四）年七月十九日

前略　原転任之義切迫企望するの理由昨日太政大臣へ申述、今朝左大臣の宮へも上申致置候。松方へは猶今少し内閣の御都合相分り候上相談可致存候。尤盟兄より御咄し置被下候得者猶好都合なり。呉々も県令に為りそこなひたるに付ては四等には御采用相成度候。一両日中必参上御内議之次第速に相伺度候。匆々不悉

七月十九日　　　　　　　　　　　　　　鍋島直彬

大隈大兄梧右内呈

追て御発輩前速成之義深く奉依頼候也。

（福岡市博物館所蔵）

44−32　鍋島直彬書翰　大隈重信宛

（明治十四）年七月二十八日

過刻者又々御繁劇之際を妨け恐縮。扨辞表差出候義者不可と御高誨に付差扣可申、然し一日も唯今の形にて差置候節者愈不都合を醸し、随て原も益面目を失ふことに可相成に付、御発輦前転任の御運ひ被附け兼候訳に候はは不得已直に早速上京すき（〈へ脱〉）旨御用状被差出候様深く奉願候。而して池田には直に沖縄県少書記官被命候通懇願候。然るときは自ら不言の問に衆の疑も解け候事と想像候。扨節角厚き御配慮にも相成候央甚恐縮なれとも司法部は法律学より成立ちし人にあらされは技倆あるも伸ふるを得す、徒らに苦むのみに止まり却て原の（行政上の人物）品位も下り候訳に付其辺は深く御洞察被下度、且内務省へ御采用は甚宜しからすと愚考候。此段寸楮内申候也。

七月廿八日　　　　直彬拝

大隈大兄

（福岡市博物館所蔵）

44−33　鍋島直彬書翰　大隈重信宛

（明治十四）年八月十八日

日々新紙上にて敬承、聖上益御機嫌克被為在無御滞御日割通御巡幸被為在奉恐悦候。将又尊兄益御清祥御供奉処々御伐覧御苦労被為成候由為国家奉大賀候。突然なから吉原大蔵少補神経症にて時々痙攣鬱塞殆失神之模様気の毒なる事に候。偖現今財政上御繁用の際同氏不起の症に候はゝ後任御撰用緊要の事なるへし。石丸安世は多年の勤労と申人物も極めて温厚にて人の上に立には最可然、現今の地位上より論するも吉原氏の後任は即石丸的然相当之事と存候。是大に公論なるへし。小弟の言ふ所軽々の思考にあらす。既に佐野先生へは右之意見申述置候。兎角機を失はす、他の為めに先鞭を着けられぬ様小弟の禱る所なり。尊兄何率此愚翰を御熟覧被下、御巡幸向よりにても何とか被成方も可有之、希望茲事に御坐候。頓首

八月十八日　　　　鍋島直彬

大隈大兄研北

尚々原忠順も既に昨十七日鹿島着長崎を経て上京の電報到

達、然れは晩くも廿五六日之頃は着京す可し。尊兄御留守にて何も歟も運ひ兼残念なり。然し小弟は自分の思込之言黙りたることは容易に属せす（己れの言ふ所条理ありと決したる以上は毫も憚る所なし。請御一粲）、頻りに其処置致居候。未た如何の都合になるや確定せす、茲書翰は弟の権外に渉りし事ありて其事甚他見を憚り候に付、御一覧後者何卒御注意被下度候也。

三白　御序大木先生へは別に書翰も呈せす失敬候に付、御序可然御鳳声奉希候也。

（福岡市博物館所蔵）

44―34　（鍋島直彬）書翰　（大隈重信）宛

（明治十四）年（　）月（　）日

副呈　別紙原履歴幷に人と為り、尊兄には能く御承知之事ゆへ更に呈するに不及候得共、或は他へ御咄し之種にも可相成と概略相認候ものなり。

［別紙］

原忠順義は旧鹿島藩の時より頻りに経済上に着眼し文教武備に潜心し直彬を輔け孜々怠らす、必一藩の力を以て国家に尽す所あらんと大に志を定め、維新前佐賀政府云々の頃にも隠然苦心尽力、戊辰の二月直彬佐賀北陸道先鋒の兵を率ひ発途せし時、原には鹿島の兵を督し既に京都に着し、不日戦に赴かんとするに際し俄に宗家に代り長崎警備巡視の事あり。直彬及原にも甚遺憾なれとも不得已帰藩、爾後原には益奮発勉励藩政を鞏固にし、必国事に尽す可しと日夜苦心焦慮致し居候処廃藩置県の命あり。此時に当て鹿島の義は原多年の尽力に因り幸に一金の藩債なく翻て若干の余裕を存して之を国庫に納めたり。暫くして東京に至り左院正院に奉職し、正院廃官後は旧里に在て田園樹芸に従事し感慨を慰め居候を、一昨十二年直彬本官を命せらるゝに至り之を薦挙し本県書記官に命せられたり。偖琉球藩を廃し沖縄県を置かれ候已来旧藩吏及士族輩右御処分に不服を懐き官吏を見る讎敵の如く、警察署間切番所等に暗に乗し瓦礫を投し又は属官某に石を投し其足を傷くる等の所為一にして足らす、藩政追慕の念常に絶ゑす。復旧の陰計を為し遂に政府の命令を遵奉せさるの盟約を結ひ間切人民に至るまて悉く連署せしめ、或は窃に公租を私収する等の所為其姦黠陰悪詐偽百方枚挙するに遑あらす。右情況は其時々内申仕置候通にて命令一も行はれす。然る際虎列拉病劇発、直彬にも既に該病に罹り死せんとせし位の実地困難苦慮の事情は固より筆紙に尽し難く、施政の機関運転の道殆んと絶ゑ可きかと県官中にも多くは疑を抱き候程の形勢にて、今日より回顧すれは総て夢の如し。実に十二年十月初旬迄は全く凝結釈けさりし人心百事命令を遵奉し、止水の如くなりし政漸次流疏に至りしは朝威の然らしむる所にして、即ち朝廷の御洪福本県人民の慶福、直彬も亦大に其幸を蒙れり。然れとも創始紛雑の際諸般不明瞭の件多く、旧藩引継の書類等無きに非すと雖とも概ね粗漏なる古帳簿、或は遽に作為偽造せしものにして徴証するに足らす。其間猶曖昧模糊の事多く、租税を始め其他の調査甚困難なり。旧間切吏等にも厳責を加へ照準に供す可き書類漸次捜得候得共、到底本県の事たるや一種内地に殊なるものにして是れを判然断明ならしむるには一々実際に就て調査するに非れは難し。各事斯の如きを以て毫釐些瑣の間も意を用ひされは或は旧藩吏等の詐偽に陥らんとす。而して諸般錯雑紛糾其緒を求むるに由なし。務めて従来の慣例に仍らんとすれは一般の成規に矛盾乖戻し、他府県の比準を為さんとすれは行ひ難きこと多し。其調理整頓の地を為す、実に困難を極め実地の情況殆んと名状す可らす。日を積み月を累ね各課の属員及間切詰員等を薫督勧勉し、属員其他大に奮励日夜怠らす、二周歳を経て既に梗概整理の途に赴くを得るはまた最初困苦の時を回顧すれは意想の外に出つ。来今百事漸を以て改良し一般智識の進むに至ては、県治の及ふ所固より限涯あらさる可し。然れとも錯雑困頓の事は最早自今已後これなきと存候。前顕経歴の顚末逐一細記せんとするときは其錯雑紛擾の実況容易に記載し難く、一大冊子を為すに非れは詳悉す可らす。是等の事既に成るの跡より之れを観れは甚難からさるか如しと雖とも、其実際艱難の景況を回想すれは尚悚然思に感する所あり。固より筆舌の能く尽す所にあらす。原には瘴烟毒熱加ふるに虎列拉病劇発の間に立ち日夜奮励、殆んと欠勤なく非常の精神を以て直彬を輔け属官警部等を鼓舞し、勇往邁進身を公事に委ね毫も逗撓する所なく始終変せす。殊に直彬には一昨十二年更始困難の際虎列拉病に罹り候節三週間許引入、爾後出京すること今回に至るまて三たひ、右等の間総て代理一人にて苦慮赴任已来今日に至るまて一歩も任所を動かす勉励各般計画其宜に適ひ、非違の士族輩をして悔悟恭遵の念を生せしめ、無智の農民等をして各安堵業に就かしめ無事妥穏今日の寧康を得る、其功労豈尠少ならんや。何率前顕の事実御洞察相成、本県の義は他府県の成立と大に其性質を異にし、成敗得喪の係る所浅小ならさるに付ては其功労を賞せられ、此度勲章を賜はり候方と存候得共、責めては位階二級を進められ候様特殊の御詮義在せられ度直彬より切願懇請仕候也。

（福岡市博物館所蔵）

44—35　鍋島直彬書翰　大隈重信宛

（明治十九）年八月二十日

三伏中は非常之暑気に有之候処逾御清勝為国奉賀候。述者爾後者心外之闕礼有様本年之暑気には頗る困り全く射的抔も相止め候景況、両三日は涼雨一洗殆秋色を催し候に付参上可仕存候得共、買入候新邸目今増築模様替等（聊なれとも）之着手最中専ら其方之指揮命令之事而已致居、甚閑隙に乏しく今暫く者不本意なから失敬仕候。移転候事は多分来月中旬に相成可申、此度之邸は極めて褊小なりと雖とも極静閑幽邃御閑話等仕候には最宜しく、小生にも右土木之事抔楽みにし移転を急き居候得共、何分作事之義気勝ちには不行困り居候。移転候上は緩々御来遊可相願と今より楽待罷在候。余り御無沙汰仕候に付一書御断迄啓呈候。余者期拝晤候。頓首再拝

八月二十日

直彬

大隈大兄

尚々矢野帰朝之由新聞にて承知既に御面話相成候哉、小生にも其中一夕得会話度存候。乍憚御序可然御致声奉願候。

（福岡市博物館所蔵）

44—36　鍋島直彬書翰　大隈重信宛

（明治二十）年三月四日

愈御清祥奉遥賀候。述は小生出発之際は種々御高誨を蒙り奉感謝候。

三位公御始め客月六日佐賀御着已来全県士民歓欣抃舞種々の御饗応等至らさるなく、三位公御始め日々学校会社其他御巡覧、小生にも陪随実に盛なる事に有之候。然し小生節角陪随毫も稗益なく、徒らに唯々宗家の御世話にのみ相成候は実に恐悚慙愧之至、首として盟兄に対し何とも御申訳無之、帰京之上者早速昇堂謝罪譴責を甘受可仕心得に御坐候。呉々も小生の微力宗家の裨補たらんと企て候が畢竟力を揆らさるの過と汗発背の至に候。小生義数日病を勉め奔

走、遂に平臥するに至り有田にて三位公御始めへ奉別、鹿島にて五六日加養是を以百用事停滞、節角来る七日長崎出港の艦に搭し帰京之心得の処何分其順序に不参、多分帰京の期は本月十七八日之頃にも可相成歟と存候。余は着京之上拝趨逐一申陳可仕と擱筆候。頓首拝

三月四日　　　直彬拝

大隈仁兄

（福岡市博物館所蔵）

44－37　鍋島直彬書翰　大隈重信宛

（明治二十）年三月十三日

逾御清勝奉賀候。述者三位公御始め皆様無御滞既に御帰京、種々御下県中之御模様等も承知之御事と慶祝奉遥想候。小生にも客月下旬三位公と有田に於て御別れ致し候末、鹿島に到り経済教育其他青年者之心配抔之事を了し本月初旬より節角帰京之途に上らんと計画之際、一週間許前より鹿島寄留之老母時気に中られ候歟少々風邪之様有之候末、俄に悪寒熱発骨節疼痛等にて加ふるに咳嗽不眠を以てし、爾今全癒に至らす。何分既に七十八歳之老親平臥罷在候際、別を告け出発するに忍ひす、万一老親離情のため神経を労し又々熱発等致し候様にては甚人子の道に戻り候事と不得已少々出発之期相見合せ、老母之気体今少し快く相成候はは一日も早く帰京種々の心緒吐露可得暖晤存候。或は余り延引候故御待にも相成候事歟と存し一書如斯に候也。

三月十三日　　　直彬拝

大隈仁兄

（福岡市博物館所蔵）

44－38　鍋島直彬書翰　大隈重信宛

（明治二十）年四月十六日

昨日者節角弓町尊邸へ拝趨可仕相楽居候処、退出懸けより頭痛稍甚しく平臥差懸り御理申上恐悚之至に候。扨佐賀にも幸に青年会組織相出来候に付、逾将来在京青年を鼓舞し乍不及飽迄尽力可致存候得共、実際小生の奮発心程に行は

れす、蓋し小生の力微に才薄きか為めなるへし。要するに面倒な事は誰れもいやがるものと見へ肥前人近来の景況是等の事に注意する者甚乏しき様存候。最小生は肥前人の賛成有無に依らす小生は小生丈の信する所を以て勇往邁進、乍不肖祖宗日峰公以来の精神に原つき其遠裔たるの本分を尽さんと期するのみ。必しも他の助けを哀請する如き卑屈人には無之候。〇永田町御邸より此度三位公へ陪随佐賀に至る迄の小生費用之分迄一括に支払相成候経費是非弁償之義、御邸へ申立候得共、特別の訳を以て右者御邸より小生へ賜はり候段御示諭を蒙り愧懼之至に候得共節角の御事に付難有相受唯々感泣の外無之候。小生不肖常に宗家即ち三位公の為めに尽す所あらんと日夜苦慮するも才力薄微毫も為す所なく、盟兄に対しては殊に御申訳も無之、而して此度の御下県者莫大の御入費も有之候処に何の用にもならさりし小生の旅費迄も弁せられ、甚以恐懼罷在候。唯小生は将来実行を以て拝酬可仕、三位公及深川へも陳述仕置候。小生は小生の務め首として宗家に尽すを以て吾事の根本と自ら期して疑はす、逾将来御教誨を仰き候。乍憚御序三位公及深川にも可然御一言奉願候。其中参上万縷申陳可仕候也。

四月十六日　直彬

大隈仁兄

尚々御一覧後者御投火被下度候。

（福岡市博物館所蔵）

44-39　鍋島直彬書翰　大隈重信宛

（明治二十一）年一月十日

病を勉めても参上仕度候得共何分肥前之方言に申す挟み箱の如きものにて耳下腫起炘衝脳に交感し、外出致し兼遺憾之至。扨一昨日にては大凡相纏り候事とは存候得共、伊黒の外は畢生之力を極め痛狂可致、伊の断に乏しき遷延緩慢之際或は種々之妨害可相生、而して邇来数回之会合は全く水泡に属し可申、万一不幸にして右様之事に至らは最早天下之事言ふ可らさるに至らん。客歳は政府策尽き略窮するの迹を露はし、立憲政体の準備は毫も挙らす、人心は日に激昂に赴き情実百端、官民敵視如是にして止ますんは我大日本帝国は実に不祥なる空気を全国に充満せしめ、恐なから明治維新の盛業は地に堕可申、悲痛斯事に御坐候。最早是非とも盟兄内閣に入られ速に前途之大体上御着手あるの外別に為す可きの途無之、勿論進退出処を苟くもせさるは丈夫之常なり。況んや盟兄に於ては唯なんでも内閣に出さへすれは宜しと云ふ如きことは、小生に於ても喜はさる所に候へとも、偏に国家の為め事の破れすして成らんことを切禱仕候。何卒大体上盟兄之御説行はれ権力の握れる丈の約束相整候はは、余り初めより精密果決なる御注文は無之内閣に御入り相成候上は、将来之組織制度上より即其精神に及ほし如何様にも黜陟淘汰は相出来可申、唯々事之一日も早く成らんことを切願仕候。昨夜抔者病の為め逾神経を敏にし憂慮不能舎、一日も早く吉報を得て速に国家の治安隆盛の基本を観るを得んことを熱望仕候。此翰最枢要に渉り候事柄に付、御一読後者寸裂御焼却相願候也。

一月十日　　直彬

大隈大兄

尚々切望之余釈迦前説法に近き事を申上失敬、御海恕を乞ふ。

（福岡市博物館所蔵）

44－40　鍋島直彬書翰　大隈重信宛

（明治二十一）年二月二日

昨夜号外官報に接し昨日被任大臣候事拝承、為国家慶賀茲事に候。然し反覆御計画之件不被行種々御苦慮之事と奉察候。此上は何率平生之御主義を貫徹せられ、猶誤て御蹉跌無之様乍失敬為国家奉翹望候。小生は過日以来殆んと寝食を忘れ日夜種々苦心御模様を想像し、国家前途之事を憂ひ一日も早く御任職あらんことを懇禱切祈罷在候末に付、直に車を馳せ参上可呈賀詞之処、過る三十日夕より感冒にて咳嗽に苦しみ何分外出之気体無之、且御任職懸けは御繁忙加るに車馬如雲高門為市候事と存候に付、其中稍御閑隙を伺ひ参上、縷々微誠之次第申陳仕度候。小生は平素為国家思考せし件々追々具陳可仕、就中帝室之事と元老院の事に至て小生不学無識と雖とも小生丈は勉強調査罷在、近頃其改正案細目迄調査起草致居候に付、最此二者は十分愚見陳述可仕存候（帝室と元老院の事は屢々或る大臣へも意見申述、元老院の事抔は既に其組織権限等まて認め差出置候へとも総て無用之事に帰す）。此他筆に上す可らさる極めて秘密にして盟兄の御注意を惹起すへき思考之件も有之候に付、是非不遠中夜分にても不苦一夕緩々御内話仕度存候。将来は猶又万般御高誨

相願候。臥褥上執筆。匆々不罄

二月初二　　直彬拝

大隈大兄

尚々御一読後者早々御入火是祈。

（福岡市博物館所蔵）

44―41　鍋島直彬書翰　大隈重信宛

（明治二十一）年三月九日

過日は御来客御準備中昇堂御妨仕候。扨其砌御約束仕置候通愚衷之一件左に記載御教諭相願候。今日之急務は政府規模の大体立ち官民調和に在る歟と存候。最国会開設準備要務中の要務なるへし、政府に於て自ら憲法調査は一日も緩慢の事無之と存候得共、小生之考にては乍恐勅詔を以て憲法調査委員を命せられ、而して陛下御親臨其議を被聞食即総裁の地位に被為立候事、乍恐御当然の御事歟と奉存候。随て帝室憲法の如きも調査之着手相成、飽迄討論協議を尽され、然る後陛下の思召を以て御決定被為在候事、事実と道理とに於て至当歟と奉存候。単に内々密に極少数之人にて調査済相成候事は、天下の人心上に於ても如何可有之哉と掛念仕候。御取捨を仰く。○小生節角本夕は参上可仕心算之処、一両日僂麻質斯にて難渋外出不相叶、因て愚衷前綴無諱憚窃に盟兄の御考案を仰き候。此事は曾てより小生の持論にて既に其説を吐き候事も有之、聴者別に非難する者も無之候得共到底実際に行はれす、故に盟兄の御勘考を仰き候。匆々不悉

三月初九　　直彬拝

大隈大兄

（福岡市博物館所蔵）

44―42　鍋島直彬書翰　（大隈重信）宛

（明治二十一）年四月七日

内申

頃日政府に於て参議院設置の内議あるやの風聞側に耳朶に達し、右は小生平素冀望の事にして果して真ならは欣慶の

至に候。而して参議官は二三の勅任官及奏任官を以て組織せらるへきやの風聞又倶に耳朶に達したり。若し其組織果して然らは小生欣慶の意を減殺すること尠からす、抑参議院を置かるゝは立憲政体制定の始めに於て頗喫緊の要務なり。行政の部分を整頓し責任内閣の本を固くし、各省一致の方針を取り、帝国議会の開くるに当ては法律草案調査の責と議会に向ひ各大臣に代り法案説明答弁主持の任に当るものにして其責任実に軽からす、故に院長は必親任官として内閣大臣と其地位を均くし、参議官は総て勅任官とし、其数は二十名より少からす広く朝野に求め、毫も情実に拘らす学識経験ある者より擢任せられんことを切望す。其奏任官の如きは参議官の下に立て調査事件を分担すへきものとして可なり。今日にして節角参議院を置かるゝも、其地位卑く唯内閣大臣の使役に供する如きものにては他日効を見るの少からんことを恐る。参議院云々の風聞其真否をも拝承致さす軽忽卒爾甚恐縮候得共、参議院の設置は曽てより小生熱心の一事件に付窃に盟兄に質す。小生の微衷を諒察せられは幸甚。

四月七日

直彬

（福岡市博物館所蔵）

44-43 鍋島直彬書翰　大隈重信宛

（明治二十一）年五月四日

爾後者心外之御無沙汰仕候。近来者最御多忙と奉察候。小生にも両三日僂麻質斯にて熱発加養罷在、本日者元老院にて担当の責任あり推て出勤仕候。必一両日中夜分にても参上可仕存候。〇九日には永田町公にも御来臨に付、何率御差繰御枉車相願候。〇扨元の警保局次長今般内務参事官に転任洋行の企ある寺原長輝、右者小生沖縄県在勤中警察署長に相用候人にて極めて正直沈着規模頗大に鹿島壮年中にて将来に望みある人と存候。同人義一時間にても宜布候に付是非拝顔相願度、小生より相願呉候様依頼に候。小生にも其人物の慥なるを認め居候間、参上候はは何率暫時にても御面接被下度相願候。種々相伺度件山の如し。期拝首之時候也。

五月四日

直彬

大隈大兄

（福岡市博物館所蔵）

44–44　鍋島直彬書翰　大隈重信宛

（明治二十一）年五月十七日

爾後者御疎情罷過多罪。扨浅学薄識自ら揆らす僭越の至に候得共国家の事思ふて已む能はす、苟くも思ふ所あれは之を盟兄に向て告けさる可らす。別綴内申書御一読被下御参考之具にも相成候はは実に小生之幸なり。書不尽意。拝具

五月十七日　直彬

大隈大兄

[別紙①]

枢密院官制に付ての意見内申書

官制第四条に曰く、何人たりとも年齢四十歳に達したるものに非されは議長副議長及顧問官に任することを得すと、この年齢の制限必要なきのみならす実際に於て障礙あり。何となれは維新前後教育の程度才識の発達大に逕庭あれは、今後四十歳未満にして学識経験ある人往々輩出すへく、又勅令に曰く元勲及練達の人を撰み枢密院を組織すと。此両者豈四十歳内外を以て区別すへけんや。況んや大臣は年齢の制限なし、又制限あるへからす。而して大臣は枢密院に於て顧問官たるの地位を有し議席に列し表決の権を有するものなれは、若し大臣中年齢四十歳未満の人あるときは年齢の制限は甚た薄弱効力なきものに帰せん。之を極言すれは其理由なきか如し。且各国枢密院参議院の例を考るに、仏を除くの外（仏国参議院千八百七十二年の法律議員を三十歳以上とす）英孛墺土皆此制限なし。近く明治八年我元老院を新設せらるゝや其章程に議官は満三十年以上とす、但勅任官経歴の者は此限に在らすとせり。今宜しく参考融通して修正を加ふへし。将又今回我帝国に於て新創の憲法及皇室法典の会議あるに方り、皇族にして此席に列ならさるは我国体の精神に於て之を欠典と言はさるを得す（外国の例を考へ別紙に記す）。

第十一条に曰く、各大臣は其職権上より枢密院に於て顧問官たるの地位を有し議席に列し表決権を有すと、然るに近日宮内大臣の特に兼任を命せられたるは矛盾せりと云へし。之を内閣各大臣と解すへきものとせは則ち内閣の二字を脱漏せしものと言はさるを得す、甚た明瞭を欠きたり。前陳の理由あるを以て左案の如く追加改正あらんことを冀望す。

第四条但書追加案

但勅任官を経歴したる者は此限に在らす。

第十一条改正案

第十一条　満十八歳以上の皇族は勅旨を承け其資格に依り、内閣各大臣は其職権に依り枢密院の会議に加はり表決の権を有す。又内閣各大臣は委員を差して会議に出席し演述及説明を為さしむることを得。但表決の数に加らす。

［別紙②］

皇族参議枢密院議員例

仏帝国元老院決定書　千八百五十二年

第六条　日後或は帝位を嗣く可きの権利ある懿親及ひ其卑属の親を称して仏蘭西の皇族と云ふ。

第七条　仏蘭西の皇族満十八歳の齢に至りし時は元老院及ひ参議院の員に列すへし。然れとも皇帝の允許を得たる上に非されは元老院及ひ参議院に出席すへからす。

英枢密院組織

第二　枢密院は左の職員を以て成る。

一　王族

一　内閣員

以下略之。

孛参議院　千八百十七年勅令

第四条　参議院は左の人員を以て成る。

一　朕か家の親王（齢十八年以上の者）

以下略之。

（福岡市博物館所蔵）

44 - 45　鍋島直彬書翰　大隈重信宛

（明治二十一）年六月一日

換舌

政体一変せんとするの時に際し、百般御計画御多忙の期に当り申上兼候得共、多年御心配を蒙り候原忠順義目今旧郷に帰休罷在候。右者維新前より国事に尽力し、肥前元勲諸先生と気脈を通し其事功外面に著明ならすと雖も副島大木両先生にも十分記臆相成居候事と存候。当時鹿島内政の事に汲々たりしを以て遂に出て天下の事に尽力することを得さりし、然れとも当時三条岩倉の二氏へ面謁し飽まて勤王の素志を陳述せし事もあれは、三条氏にも必其時の事は承知ならん。旧藩に尽力し勤王を唱へし以来、遂に彬と共に沖縄置県創業艱難の際に尽力し外国の笑を招かす、今日有るを得るに至れり。種々意の如くならさる事情ありて不幸にも辞職断然帰休々々後者教育上経済上に尽力し、又県治一体の事に於て隠然県知事を助け、以て県下の幸福を保持せり。忠順は御承知の通り頗る学問ありて、又決して時勢に後れたる古学者にあらす。現今は自ら学校に出て書生に率先し、仏国五法の講究を為し居ると聞く。最も初めより経済上に注意し、其言行感賞すへきもの多し。人物は確実剛直極めて耐忍力に富み、目今殖産上の事抔協議奨励昼夜士農商等の来客に接し毫も倦怠の色なきは到底彬等の企て及ふ所にこれなく、斯人にして空しく郷里に埋没せしむるは彬の深く遺憾とする所に有之候。然れとも其時機を得されは致し方なし、時機あるも其人に依て為さされは成らす。今や憲法将さに定まらんとし、上院の組織権限即精神に於て大に其根本を固くせさるへからす、而して究竟人を得るに在り。側に聞か如くんは上院には各地方より人物を登庸せらるへしと、是れ甚美事なり。而して地方に於て実験あり思慮あり気力あるものを上院議官とせらるゝこと彬の熱望する所に有之候に付、何率大木議長にも御咄被下（彬よりも大木議長へは相談可致候得共、何率是迄の末に付盟兄専ら御周旋被下度相願候）是非上院の議官に被命候様、伏て縋願仕候。時期切迫に至らさる中預め此事懇願仕置候也。

六月一日　　直彬

大隈大兄

二申　別紙簡約に履歴を記し差出し候。

［別紙］

原忠順は少壮より気節を貴ひ当時の英俊と交際多し。東行遺稿中の送原応侯序を以ても一証と為すに足る。応侯とは忠順の字なり。大和天川にて義兵を挙けし松本謙三等と計画せし所ありし維新前大に見る所ありて間接に力を上国に用ひ又宗藩勤王の挙を翼成し、其事間接に出てしと雖とも其功又尠からす。北陸道先鋒鹿島の兵を督し上京中道にして師を旋すの不幸ありて、当時の衷情其精神摩滅す可らさるものあり。箱館残賊追討先鋒の請願を為せしに至るまて、維新前後始終渝らす一勤王の誠忠を貫かんとせしも、往々種々の障碍に遭遇し最苦心を極めたり。廃藩の際に至るまて藩政に尽力し、一金の藩債なかりし。沖縄置県創業困難の際に尽力し其功労僅少ならす。其職を執る正直曲くるなきの反動種々の私怨誹謗を来たして之を顧みさりし、帰休後今日に至るまて士族の家産を保護し風俗名教を維持し教育其他百般の事業を奨励し其効著名なり。

（福岡市博物館所蔵）

六月六日

大隈大兄

直彬

（福岡市博物館所蔵）

44-46　鍋島直彬書翰　大隈重信宛

（明治二十一）年六月六日

今朝は御出勤前を妨け恐悚。扨原忠順之事内願候処事情御諒納被成下奉感謝候。原は常に閣下の再ひ御入閣あらんことを冀望し、閣下にして要路に御仕へ無之ては到底望なく、閣下再ひ局に御当り相成候はは自分も国家之為め応分の力を尽すへくと兼々申居候。今朝之御咄しに追々多数の議官可被命御模様、然らは其序に一人位之議官殖へたとも少しも差支有之間敷、沢山相出来候序なれは目立たすして却て好都合歟と存候。大木伯には固より維新前原とは格別之交誼有之（常に時事を憂ひ窃に原に就て小生に其意思を通したり）、柳原伯にも原は面識有之、小生よりも正副議長へは猶相談可仕候得共、何率先年以来御心配被下候続きを以て大木伯へは十分御咄し被下度切望仕候。旧臣之事を誉め候而者如何に聞へ候とも、原は今日之議官中に列ね少しも愧る所これなきと存候。伏て請願之衷情御推察被下度候也。

44-47　鍋島直彬書翰　大隈重信宛

（明治二十一）年七月十日

逐日溽熱相催候処先以逾御清康為国家奉賀候。扨歳月流るゝか如く国会開設準備の時間は益短縮せり。最早明日より暑中休暇々々後歳末に至るは実に瞬間にして情実談中直に明治廿二年に可相成、固より盟兄に於て十分之御胸算可有之、小生輩叨りに国家の大計上に思慮を労せさるも可なるへしと雖も、唯願ふ一日も早く政治思想即道理の新空気を内閣に入れ内閣の実権実力を固くし、而して又帝室独立の実を挙け大に宮内省之空気を一洗し、立憲政体創立の際に当て毫も不都合なく波瀾起らさる様にあり度事と帝室の御為め国家の為め政府の為め切禱懇祈する所に御坐候。既に暑中休暇之期に臨み本年も亦匆忙歳末に至らんとするを憂ひ一書内申候。本日は御相伴旁幸橋之方より案内を受け緩々可得拝話と相楽み候処、昨日より所労にて本日迄外出不相叶残念に存候。此翰何率小生満腔の衷情なる事御諒察被下、御一読後は御焼捨被下度候也。

七月十日　彬拝

大隈大兄

（福岡市博物館所蔵）

44-48　鍋島直彬書翰　大隈重信宛

（明治二十一）年八月七日

炎威赫々先以盟兄愈御佳勝奉賀候。述者過刻参上候処御出勤中に付尚午後重ねて参趨之心得罷在候処腹部少しく不調為めに在宅保養、乍略義以書中相願候。小生にも来る十一日より出発鎌倉へ海水浴の為め相赴き候筈、盟兄にも不遠中熱海へ御越に付ては何率過日柳原副議長より内閣へ申立候結果相伺度、乍此上必成之御賛助呉々も奉懇冀候。小生出発前には帝室之事等に付て愚衷申陳御高誨を蒙り度件も有之、是非官邸歟早稲田歟に於御緩話相願度存候。此段旁寸楮如斯に候也。

八月七日　直彬

大隈大兄

二白　賜暇中帝室制度調査事件勉強候心得に付、是非出発前帝室大体上之事に付て十分御内話仕度存候也。

（福岡市博物館所蔵）

44-49　鍋島直彬書翰　大隈重信宛

（明治二十一）年九月十二日

暴風雨気候甚悪しく候処先以倍御勇健為国奉賀候。述者元老院議官に推挙之事、実者休暇前にもと企望せしなれとも到底内閣各大臣諸君にも処々漫遊に相成り致し方無く、既に休暇も相終り候に付一日も早く相運候様致度、昨日盟兄御賛助之事も拝聴候に付、本日も総理大臣へ催促可致旨柳原副議長申居候。

○是者別段小生より相願候。兼て御世話相成居候原忠順義、此度の事成らさるときは再ひ朝廷に頭を出し候機会無之、同人義勤王之大義に原つき旧藩以来尽力今日に至り、此儘埋没朽果させ候事何分忍ひさることに付、公私の情御憐察被下此度は偏に必成の御賛助奉禱候。此事盟兄の力にあらすんは其必成を期す可らす。何率小生を御見捨無之候はは此情願相届候様御垂憐奉仰候也。猶一両日中参上内閣之都合等可相伺候也。

九月十二日

彬拝

大隈大兄

（福岡市博物館所蔵）

44－50　鍋島直彬書翰　大隈重信宛

（明治二十一）年十一月二十三日

逾御清勝奉賀候。述者昨日者退出懸け参上候処内閣より御帰邸無之不得拝晤。扨日野資秀（柳原の弟）義此度帝室より特命を以て明宮御用掛之名義にて英国留学被命、帝室就中皇子教養学問之状況等調査可致筈之由、始めての洋行に付倫敦着之上は就学其他便益上心配候様我公使館へ御示諭之一書御遣はし相成度日野より是非相願候心得之由、右御添書願に同人参上候はは宜敷相願候也。

十一月廿三日

直彬

大隈大兄

（福岡市博物館所蔵）

44－51　鍋島直彬書翰　大隈重信宛

（明治二十一）年十一月二十七日

前略　爾後は御疎情多罪。偖来る三十日には永田町公幸橋龍土其他両三肥前先輩之小集にて緩々御高話拝聴致度候間、何率御繰合御来車深く希望仕候也。

十一月廿七日

直彬

大隈大兄

尚々乍此中目今地方自治制重大の法案元老院会議中、且是れを実際に施行するの順序を立つるは実に不容易一大事業に有之人民休〔体〕裁の係る所、然るに其際主務大臣たる山県伯にして匆々顧みさるか如く洋行あるは、責任のある所世間の見る所其挙動甚軽卒なるとの評論を来たさは、政府の為め山県伯の為め慨歎に堪ゑさる所なり。聊微衷を述ふ。

（福岡市博物館所蔵）

44―52　鍋島直彬書翰　大隈重信宛

（明治二十二）年二月三日

寸楮内呈。述者原忠順義元老院議官候補者中に推薦有之候由之処、御都合に依り議官新任之事中止之姿に相成候哉之趣側に伝承、就ては忠順には御承知之通維新前より頗尽力忠実篤厚之人にて始終社会之為め尽力致し居、理財又は民政上には多年経験其実効も多々有之候に付、府県知事抔には適当之人と存候。忠順之履歴は盟兄御承知之通にて此儘埋没為致候事如何にも憫然と存候間、何率松方伯へも御咄し被下、今一度出て国家之為め力を伸へ候事相出来候様懇願仕候。松方伯には略忠順之事は承知相成居、曾て懇切なる心配も被致候。右偏に盟兄之御眷顧を冀候也。

二月初三　　直彬

大隈大兄

尚々松方伯猶忠順之人と為り等承知被致度との事ならは、本田親雄高崎正風同五六又渡辺清昇抔皆忠順之朋友に有之候間、同氏等へ尋問相成候へは精しく相分り可申候也。

（福岡市博物館所蔵）

44―53　鍋島直彬書翰　大隈重信宛

（明治二十二）年二月十四日

余寒不可人貴恙飽迄御治養為国家所禱に候。扨森大臣之不幸時も時にて何とも言語に絶したる次第なり。右に付後任者自ら陛下之御親撰可被為在事にて固より直彬等叨りに唇を動かす可き義に無之候得共、平生之御交誼に依り立憲政体御創始之際単に一片之微衷敢て盟兄に而已密申候。最早逾責任内閣たるへき今日に当ては、偏に先輩と歟何とか云ふ訳を以て入閣は有之間敷、要するに将来立憲政体に於て陛下主権の機関たる大臣は其責実に重く、大に政治の思想に富み頗る気力ある人を以てせられ候は国家の利益にして、河野柳原等は其人なるへく存候。最直彬交際輻輳其人を識るに由なしと雖も、唯々思ふて言はさるは却て盟兄と平素の交誼に負き候事に付、極密愚意を述へ候而已。御一覧後者直に御焼捨被下度候也。

二月十四日　彬拝

大隈仁兄

（福岡市博物館所蔵）

44-54　鍋島直彬書翰　大隈重信宛

（明治二十二）年二月十六日

寸楮敬呈。時下余寒甚しく候処貴恙如何哉、御自愛専一奉禱候。御見舞の為め参上可仕筈に候処、小生にも過日以来風邪を強め外出何分平癒致兼、本日も在宅加養罷在失敬仕候。扨来る十九日午後三時より華族同方会首唱華族会館へ衆華族相集り伊藤伯にも出席、同伯今般御発布之大日本帝国憲法に関したる演説等も有之、聊か会衆に粗酒を供し候筈に有之候。盟兄にも何率御気体次第御差繰御臨席被下度、同方会員一般の希望心を代表し此段小生より請願候也。

二月十六日　彬拝

大隈大兄

（福岡市博物館所蔵）

44-55　鍋島直彬書翰　大隈重信宛

（明治二十二）年七月二十七日

前略闕礼。扨鹿島人牟田豊義、維新前より石丸等に就き英学勉強、小生明治五年米国行を為せし折には随行、帰朝後海津調査専門商船条例起草は全く牟田の手に成り、此度塚原管船局長米国に相開け候万国海事会議へ派出被命候に随行年来の宿願を遂け度熱心最之事情と相考候間、是等御繁劇之際申上兼候得共、何率前島密氏迄牟田之志願塚原之推挙（塚原は是非牟田を随行せしめ度望の由）相届候様御一言被下度切願候。同人参上候故、乍御面倒極暫時御面接事情親しく御聞取相願候也。

七月廿七日　彬

大隈仁兄

尚々乱毫多罪。

（福岡市博物館所蔵）

44―56　鍋島直彬 書翰　大隈重信 宛

（明治二十二）年八月一日

炎暑一層甚しく相成候処愈御清寧為国奉賀候。御休暇前にて無々御繁忙と奉察候。扨昨日柳原元老院副議長より原忠順推挙之事総理大臣へ委細面陳候由（他推挙之人之事と一同）、就ては乍此上何卒御差含み被下好結果を得候様御賛助奉懇願候。○小生之婆心杞憂と御一笑相成候事歟と存候得共、近来朝野之物議隠然盟兄に集まり候様被相考候。勿論十分之御勘考有之候義と存候得共、何率為国御自重飽まて御注意懇禱仕候。毎度是等失敬之事申上候者全く小生平昔之御厚誼に奉謝するの微衷に候間、不悪御諒納切願候。○前述之事に付種々御高説相伺度件有之、就中帝室の事に至ては小生多年之熱心譬へは第一要務たる御領地之事等其他愚考之次第も有之、要するに立憲政体に対応し永く帝室の尊栄を保ち人民之愛敬心を繫くへき大体に原つき大に宮内の空気精神を一変せさる可らさることと窃に憂慮罷在候。是等之事を始め緩々得拝晤度候間、是非両三日中稍々晩涼に赴き候頃より拙宅へ御来車相願度候に付、何率御都合宜敷日を御指示被下度希候。御一閲後は直に御投火を請ふ。頓首

八月一日　彬拝

大隈仁兄

（福岡市博物館所蔵）

44―57　鍋島直彬 書翰　大隈重信 宛

（明治二十二）年八月二十七日

蒸熱酷しく天気不常候処先以盟兄逾御佳勝為国奉大賀候。述は過日早稲田へ憂慮之次第相認め内呈候書簡は定めて御一読被下候事と存候。本日内閣出頭、午後迄相扣へ候得共司法大臣参閣無之、不得已徒らに退出候。明日は枢密院会

議も有之趣各大臣も参閣之事と存候に付明日又々出頭、是非司法大臣へ事情精しく内話可致存候。然し此事たる決して西阪一郡の小事を以て看過し難く、殊に小生には初めより多少間接之関係有之殆当惑、抑又官民の関係軽からさる事と存候。且小生には来る九月四日頃より出発鹿島へ罷越候筈、然るときは必此苦情直に耳朶に及ひ可申、因て出発前には明々白々帰着する処承知罷在度候間、何率小生憂慮の衷情御洞察被下、藤津郡人民切願之通郡長申立之通速に決定相成候様御心配被下度深く相願候。明朝御出勤前寸時昇堂可仕存候也。

八月二十七日

直彬

大隈大兄梧右内呈

二白　地価低減之令発せられ感服仕候。定めて種々御配慮之余此に至り候事と存候也。

（福岡市博物館所蔵）

44−58　鍋島直彬書翰　大隈重信宛

（明治二十三）年五月八日

天機益御麗く被為在還幸御同然恐悦。扨過日以来御参内之御咄し拝聴、御心情御最之事に候得共御承知之通宮中は段階之昇降場所多く義脚御熟練不相成中は頗る危難と存候。それとも是非不日に御参内相成義に候哉、大凡日頃と云ふこと御内示被下度候。

○乍此中両潤社之事少々行違ひ、門馬生其方向を失ひ秀英社に当分日給を仰き生活候事に秀島氏心配、右之訳にて過日も頻りに小生へ哀請尚別紙之通内書到来候に付、乍此上何率御工夫被成下度小生よりも懇願仕候也。

五月八日

彬拝

大隈仁兄

［別紙］

門馬尚経書翰　鍋島直彬宛

（明治二十三）年五月七日

奉謹啓候。陳者過日は拝趨難有奉深謝候。扨而其節奉願候処御承諾被成下候に付而者重而申上候も恐縮之儀には御座候得共、熟ら身上を考候得ば実に遺憾に付不顧失礼左に奉申上候。尚経は若し邦家之為め累泄之苦に遭へ候事之如きは決し而意に介する訳に無之候得共、此度之如く不幸に遭遇し日給取之身と相成、友人及親戚等に顔向けの不出来事に立至り候は惘然自失、肉体上之苦者固より厭ふ処に無御坐候得共、精神上之苦に至候而者累泄之苦に比すれば勝さる事万々に御坐候。付而は何卒本月中に者大隈伯之御意中御問合被成下候様伏而奉願上候。若し三枝君之言の如く果し而終に者筑州之方へ御差向を願はれ候儀なれば当分両潤社之紛紜相極り候迄之間は秀英舎に可屈居と奉存候得共、左なくは不得止に付断然方向を変じ候外無之、依而呉々も伯之御意中御問合被成下候様奉願上候。誠恐謹言

五月七日夜半　　尚経拝具

鍋島三位公閣下

二白　無礼之罪真平御宥恕奉願上候。以上

追啓仕候。過日も願上候通生活之道不立間者社会之為めに尽力も難仕候に付、筑州之方へ御差向けを蒙り度は万々に御座候得共、若し空く待居候様に而は実に「つまらぬ」事と奉存候故本文之如く奉願上候儀に有之候に付、愚意之存するは宜く御汲量奉仰候。

〔編者註〕別紙は福岡市博物館所蔵「鹿島鍋島家資料」では３７７７として整理されているが、日付・内容より本書翰に付随するものとした。

（福岡市博物館所蔵）

44—59（鍋島直彬）書翰　大隈重信宛

（明治二十四）年三月七日

拝啓　本年は余寒殊に烈しく候処盟兄逾御安康御母堂様にも逐日御全癒と遥に奉抃賀候。述者小生義在郷老母昨年以来之病症（心臓病）差重く候電報に接し急遽狼狽百事を抛棄し直に出立、為めに不遑告別心外之失敬仕候。着郷後は日夜湯薬に侍り偏に天地に号泣し余寿を保たしめんことを禱るのみ。偖官民睽離之景況は益甚し、痛嘆之至に候。小生は今少し幸にして老母の病軽快するを得は、第一一家の根拠を固くし而して傍ら地方実際之研究を事とし前途国家に尽すの礎を定めんと欲す。故に第二期召集までの間は上京

不致覚悟に候。尚時々以書中高教を請ひ候義も可有之、予め相願置候。書不尽意匆々頓首

三月七日

大隈大兄研北

尚々御一覧後は丙丁。

（福岡市博物館所蔵）

44―60　鍋島直彬書翰　大隈重信宛

（明治二十四）年四月十一日

花開風雨多春晩難免気候先以盟兄逾御壮康奉遥賀候。小生義老母心臓病頗重きの報に接し驚愕憂痛、急遽狼狽不遑告別匆々帰（ママ）京日夜憂慮、総て国事を抛ち四十六七日間専ら看護而已に従事、唯々天地に俯仰し老親の余寿を保たんことを哀禱候処幸に格別之異状も無之、追々気力も相復し本月三日には全快祝之験等相整、九日には桜花盛開に際し旧鹿島有志者宴会に招かれ（相集る者五千余人）老母も一回右会に赴き候気体に相成、勿論病気柄時気変換之際若くは其起居等少しも油断は不相成候得共、御庇に此に至るを得稍安心仕候。小生にも二月已来光陰を空過し、帰郷後も一為す所無之候間、自是自家経済上之事は申迄もなく、地方之事即教育及殖産上之件等に注意し、猶地方小民之情況等研究（実地上に就て）聊政治思想之素を養候はんと存候。始終為す所なく懶惰勝ち慚愧之至に候。田舎は空気最清爽山野田圃之徜徉は別して愉快を感し、而して市街中を散歩するより自ら有益の事も多き様存候。呉々も追々地方之事挙り、真に自治之精神発達するにあらすんは立憲政体之真相を顕はす事は難き歟と被存候。右は時下御見舞旁寸楮如斯に候也。匆々頓首

四月十一日　直彬

大隈仁兄

（福岡市博物館所蔵）

44―61　鍋島直彬書翰　大隈重信宛

（明治二十六）年十二月二十七日

雨雪霏々先以尊兄愈御健勝為国家奉大賀候。御母公にも爾後漸次御快癒之御事と奉存候。議会停会之期限も既に明日

に迫り種種党議上御配慮と奉察候。此天下の大勢に対し鹿島は区々たる蟻垤中の争を為し居候事、小生之地位として慚愧之至に候。偖深く永野永田等の相争ふ其焦点を考察するに、結局原を攻撃するにあるか如し。其是非曲直は姑く舍き、御承知之通原は維新前より勤王家にして隠然宗家勤王の挙を助け旧藩以来其尽せる所の功労尠からす。今日まて重きを地方に為し、殊に佐賀県選出之貴族院議員たるものなり。然るに頻に之を攻撃し、延て小生に向てまて穏ならさる挙動を為すは実に鹿島の醜態を世間に表白するものにして、永野等の為めに取らさる所なり。尊兄之御厚意は固より小生に於ても鹿島士民の為めには勿論、藤津一郡のため安寧幸福を謀るの念は暫くも止む時なく、小生の地位としては一々公平を主とし候事は申まても無之、原を攻撃するに就て併せて小生に対しやかましく且疎暴剛情の挙動を為すときは其心者如何にせよ、其形迹上に於て鹿島の旧臣幾輩歟は旧知事に向て云々之世評を免れす、失態これより甚しきは無之、畢竟小生不徳不肖の致す所とは申すものゝ、永野永田等も今少しく反顧し自ら慎まさる可らさるものと存候。然し行懸りより遂に此に至りたるものにて小生にも深く憂念罷在候。遠からす同肥会員も上京可仕、何率呉々も可然御処置被下度、而して最も原攻撃より延て小生に向て彼是やかましく申様の失態なき様、且永野等の如きは今後政治社会狂風怒濤の間に立て、国家の為め尽力せさるへからさる者が何つまても人身攻撃のみに心身を労し居るへき時勢にあらす。右等の事は尊兄の力を借るにあらされ者是までの末容易に鎮静に帰し申間敷、鹿島に永く此不幸を存するときは矢張間接若くは直接に佐賀県の不幸にも可相成、小生力と徳と足らさるは呉々も汗顔之至に候得共、前述之事情御諒察被下緩和調停尚永野等へ御戒諭偏に奉願候。此翰之事柄者孰れへも不申積りに候間、御他言は不被下様切に奉願候。恐懼々々頓首

十二月廿七日　　　　　　　　　　直彬

大隈大兄研北密啓

尚々御一覧得後者必す速に御焚捨被下度候也。

（福岡市博物館所蔵）

44-62　鍋島直彬書翰　大隈重信宛

（明治二十六）年十二月三十日

拝啓　衝突之極遂に解散に至るへしとは相考候へとも、実

に急迫の事なりし。偖解散相成候へは秀島武富江藤諸氏永野永田等も帰県と申事に可相成歟、就ては鹿島より上京候人も来る一月一日には是非着致し候筈に付、秀島武富江藤諸氏及永野永田等も併せて直に帰県不致様御命令被下、此際申兼候得共節角之御厚意故何卒調停方御面倒偏に奉願候也。頓首

十二月卅日　直彬

大隈大兄研北

二白　議員選挙にも関し候事に付、猶更調和方偏に翹望仕候。

（福岡市博物館所蔵）

44–63　鍋島直彬書翰　大隈重信宛

（明治二十六）年十二月三十一日

拝啓　今歳又将尽人事多端感慨殊に深し。先以て盟兄逾御清勝為国家奉賀候。小生義平素何歟に就て御世話而已相成居、本歳此度之如きは実に小生之不徳より丸て思ひかけなき不幸不面目之事に相成御申訳無之、為めに不容易御心配を懸け慙懼之至に候。今日之行懸り小生の微力不幸鎮定者到底難相出来憂念候。而して旧臣たるもの相陵轢するの余、旧主人之名誉も旧主家の名誉も犠牲にせんとするが如きに至ては何共名状し難く、畢竟小生は常に種々之紛争等なき様との念慮なるに、遂に此大失体に至り実に遺憾之極。さりとて小生之愚なる殆ん（ど欠）処置之良方便を得す、只管盟兄年来之御厚誼と盟兄之威望とに由て何卒一日も速に調和に至らんことを切祈懇禱候。日一日より長けれ者逾醜態醜聞を惹起し、小生之一身は如何にせよ家の名声に関する事をも不顧大紛争、且小生に向ても益失態の事あるに至るへく候に付、乍此上明一月一日までには遅くとも鹿島より上京候（廿八日より出立せしよし）事と存候間、新年早々殊に今日天下の形勢如是の際深く恐悚候得共、鍋島の二字の為め呉々も仲裁混和之労を御取り被下度、偏に懇願仕候也。

十二月三十一日　直彬

大隈大兄研北

尚々御一覧後は直に御焚捨被下度候也。

二白　同一之事に就て屢くどく申上候は実に不好事に候得共、不得已此に至り候段者御海容被下度候也。

（福岡市博物館所蔵）

44-64　鍋島直彬書翰　大隈重信宛

（明治二十七）年一月五日

拝啓　明日は鹿島人双方御召寄せ御仲裁調和方御苦労被下候段深厚之御情誼難有感佩候。是非此度は何とか平穏に帰せされは公私大小其弊害の及ふ所尠なからす。延て或は後世に及ふやも難料、一に専ら尊兄の御力を仰くのみに候。倩明日は小生も参列候様御伝言に就ては少々の病なとは勿論厭ふ所に無之、参上候は礼に於て当然に候得共、熟慮候に小生相列り候事は却て面白く有之間敷、因て明日之処は御断申上候。不悪御諒恕被下度候。猶明日者若し双方相互に人身攻撃の兆有之候はは直に御叱り相成度、人身攻撃者最人心を激し不調和之基に有之候間、其辺は何率篤く御含み被下度相願候。此段明日之事に就て用事而已捧寸楮候。孰れ御仲裁之御蔭を以て調和相出来候御礼之為め不日参上可仕候也。頓首再拝

一月五日

直彬

大隈大兄研北

（福岡市博物館所蔵）

44-65　鍋島直彬書翰　大隈重信宛

（明治二十七）年五月二十八日

拝啓　過日者昇堂不相変懇遇を辱ふし種々御高説拝聴奉鳴謝候。短期之議会実に繁忙日々帰宅の期日暮に及ひ、為めに不得暇隙爾後失敬仕候。本日者尊兄年来御配慮相成候復禄事件案先々無事に三読会を通過し、小生にも漸く安心仕候。過日之御礼其御報道旁乍延引寸楮匆略如斯に候也。

五月廿八夜

直彬

大隈大兄研北

（福岡市博物館所蔵）

44-66　鍋島直彬書翰　大隈重信宛

（明治二十七）年七月二十一日

拝啓　本年は何地にも大旱魃にて炎威殊に烈しく候処尊兄逾御清勝為国家奉慶賀候。述者曩に者府下非常之震災にて一時は嘸々御心配之事と奉察候。引続き朝鮮事件遷延、今日に至り内を顧みれ者総選挙の期何月日に在るへき歟、第七議会之期も三ヶ月許の近きにあり、実に内外多事の秋に有之、能く行け者国家無此上慶事、万一内外之政略其宜きを誤るときは国運前途之不幸を醸すへく、尊兄に者種々御配慮之事と奉存候。要するに国家之事は今後尚数年を期し進歩の序に就くへく、兎角貴体第一御自重此非常之炎熱に御中りなき様所禱に候。帰郷後心外之失敬、右御詫時下御見舞を兼ね寸楮匆略如斯候也。

七月廿一日　　直彬

大隈大兄研北

（福岡市博物館所蔵）

44-67　鍋島直彬書翰　大隈重信宛

（明治二十七）年八月十九日

拝啓　旱余不順之気候に候処、先以逾御健勝為国家奉賀候。述者国の大事変に際し小生にも不取敢天機伺として上京、偖此際輝仁親王殿下薨去被遊御同然何共奉恐入候。上京後御見舞且今後之国事猶経済上に就ての御高説拝聴の為め節角拝趨仕度存候処腸胃加答児等にて難渋、段々延引失敬を重ね何共恐縮仕候。軍機軍略は小生等の叨りに談すへき所にあらすと雖も、近来戦報を耳にせす、何率神速の処置を以て彼の胆を奪ひ大に悔悟せしむる丈の大活働国家の為め所禱なり。初めより戦はさ〔せ〕ね者兎も角も既に一たひ戦を開き堂々たる宣戦の御布告も被為在候以上は国の全力を尽しても再ひ彼をして倨傲暴慢の挙動を為し能はさるまでに屈伏せしめさる可らすと存候。贅語は茲に擱き余り心外之失敬仕候に付御断まて呈寸楮候。必不遠中昇堂縷々可奉謝、尚将来の事に就て御高話拝聴可仕存候也。草々不悉

八月十九日　　直彬

大隈仁兄研北

（福岡市博物館所蔵）

44—68　鍋島直彬書翰　大隈重信宛

（明治二十八）年二月二十六日

拝啓　御忌明に付て特に御枉車御叮嚀之至奉深謝候。偖乍此中此節高千穂艦帰航候趣、就ては兼て御愍配被下候件此上何率宜敷御処置被下度奉願、乍憚奥様へ宜敷御鳳声希候。匆々不宣

二月廿六日　直彬拝

大隈大兄梧右

（福岡市博物館所蔵）

44—69　鍋島直彬書翰　大隈重信宛

（明治二十八）年三月四日

粛呈　過日者遠方特に御枉車被下候処意外之失敬相働候段、後にて承知候位之漠然たる事にて何とも恐縮之至、因て御礼御詫旁拝趨可仕存候得共咽喉加答〔児脱〕にて困却、昨日者軽快然るに拙邸舎営之近衛輜重隊出発之為め夜に至るまて其心配に羈絆され尚相懸り、漸本日議会散会後暇隙を得参上仕候処、麹町辺御出懸け之趣御取次之人より承り其儘帰宅仕候。明日も午後同僚之集会又は日暮よりボアソナード送別会等に関係、弥ケ上失敬深く背本意候次第に相成候。何れ両三日中重ねて昇堂万可奉謝候。乍憚奥様へも右御断申上度候間、可然御鳳声奉願候。匆々頓首

三月四夜　直彬

大隈仁兄研北

（福岡市博物館所蔵）

44-70 鍋島直彬書翰 大隈重信宛

（明治二十八）年四月二十一日

逾御清勝為国家奉大賀候。述者馬関仮条約も整ひ、前途最有望の時に相成候。而して大有力者は大に進んで事に当るにあらずんば国家前途の多事善く之れを料理し世界の新大強国たるの名に負かず、東洋の盟主たることは非常の大事業にして、画策一たひ錯つときは翻て意外の大不幸に陥らさるを保ち難し。別紙書載の大綱に就ては大に盟兄の御画策を請ふ。皇室の事此機を失はす、大に其面目精神を新にささ〔せ〕るへからす。是は積年の微誠今日に至て逾感する所深し。孰れ遠からす臨時会開かるごとく存し候。其節は速に上京高誨を請はんと欲す。不復一々頓首拝

四月廿一日

直彬

大隈大兄研北

（福岡市博物館所蔵）

44-71 鍋島直彬書翰 大隈重信宛

（明治二十八）年七月二十一日

昨日は専門学校得業証書授与式場に参し、尚宴会の芳席に列し難有奉存候。退会候節者御挨拶も不申上略義失敬仕候。乍憚奥様へ宜敷御鳳声相願候。偖大給子之模様聞繕候処未た腸胃痛全癒せす、然し四五日中には多分平癒なるへしと被為考候。鹿島人にて賞勲局へ出勤候もの有之候間、大給子の容子は時々相分り可申、同子の平癒次第直に飯倉之方へ為相知、同邸令扶之人参上総て相願候事に可相成。小生にも此度は暫時の滞京の積りゆへ、大凡其結果をも承り帰県仕候へ者別して仕合せに存候。大給子平癒次第兎角可然御指揮御高配之程切冀仕候。小生百事御世話にのみ罷成候上尚種々面倒の事のみ勝手に御依頼仕恐懼候得共、是所年来特別之御懇意に任せ総て無遠慮に相願候訳に付其辺は深く御諒察被下度候。

過日大体御咄申上候鉄道鉄壙等の事及台湾移民計画に就て高教を蒙り度、旁不遠中必昇堂可仕候。鉄道線路得失利否の調査書類未た到達せす、手に入次第直に差上候事に可致候。要するに東京の大株主を動かし賛成を得候事緊要にて、

是は最盟兄之力にあらすんは難し。大木佐野深川諸氏へも地方の公益殖産之基礎に候間、飽まて尽力相成候様盟兄より御咄し置被下度候。鉄壙の事農商務省の方調査はなきや、其向聞合せ置候得共多分能く分らぬことかと被存候。盟兄之御手筋にて何と歟関係の書類確乎たる憑拠物手に入候得者無此上幸に候。

島田高田鳩山市島諸氏之懇切なる心配にて小生私立の鹿島鎔造館卒業生は専門校某科某級へ無試験にて入学候様聯絡相附き、田舎青年者之幸福小生に於て欣謝之至に存候間、乍憚御序も有之候はゝ前諸氏へ可然御致声相願候。余り錯雑冗長に相成候に付筆を擱き候。拝鳳万縷申述可仕候也。頓首

七月廿一日　　　　直彬

大隈大兄研北

二申　山口俊太郎氏は帰京候哉、小生にも面会致し度希望に有之候也。

（福岡市博物館所蔵）

44-72　鍋島直彬書翰　大隈重信宛

（明治二十八）年七月二十四日

前略闕礼。不相変御鄭重之賁貺奉鳴謝候。過日之御礼旁且大に前途実業上之事等に就て、殊に早岐より之大村線を止め武雄より鹿島諫早を経る長崎鉄道線路の計画九鉄会社之意思を一変せしむる事に於て尚高説拝聴、最も盟兄の御尽力相願度昇堂之心得に候処、一両日腸胃悪しく未た全く整腹に至らす時分柄医師より外出を戒められ、それゆへ御疎情失礼仕候。然し不遠参上之積りに候。要用而已。不宣

七月廿四日　　　　直彬

大隈大兄研北

（福岡市博物館所蔵）

44―73 鍋島直彬書翰 大隈重信宛

（明治二十八）年十月八日

寸楮拝呈。時下秋冷之候に候処逾御健勝慶賀。偖九州鉄道武雄より之支線布設之件に就て、県会正副議長常置委員等県民之希望を代表し意見書相副へ会社に向て請求書差出し候筈、尚東京大坂等重なる株主へも同様差出し候事に相決し、県知事も飽まて之を賛助することに相成候。右請求書及意見書とも供貴覧候間、岩崎三井其他可然大株主諸氏へ何率盟兄より十分御咄し被下度相願候。会社之重役等に者有志者飽まて尽力、近来頗る好都合之傾きを持ち候様被存候。乍末毫爾後御令閨御病気如何哉、御見舞申上候。要用而已草略如斯に候也。頓首

十月八日

直彬

大隈大兄研北

（福岡市博物館所蔵）

44―74 鍋島直彬書翰 大隈重信宛

（明治二十八）年十月十九日

拝啓 時下逾御佳勝為国慶賀。述者又々朝鮮王室に変乱あり。抑征清の源は朝鮮にあり。宣戦の詔勅に於ても明なり。而して政府の対韓手段は確乎遠大の見込ありしや否や、小生は最初より甚之を危ふめり。然るに対韓の事常に我に不利なり。政府は今にして速に之に処するの道を講し、鞏固不抜の根本を定め大に為すあるにあらすんは実に我帝国の面目に関し、加ふるに意外の禍根を其間に養成するなきを保ち難し。杞憂の余敢て茲に呈一書。草略不罄

十月十九日

直彬

大隈大兄研北

尚々過日相願候鉄道一件に就ては尚宜敷御処置相願候也。

（福岡市博物館所蔵）

44—75　鍋島直彬書翰　大隈重信宛

（明治二十八）年十一月二十九日

逾寒気相加はり為国家御自愛奉禱候。政府自由派と提携条約成れりと報す。然れとも到底今日之儘にては時勢の進行之を許さす、前途益御尽力切望候。節角昇堂可致存候処本日は不得閑暇、余り御無沙汰仕候故一書御詫申上候也。

十一月廿九日　　直彬

大隈大兄研北

（福岡市博物館所蔵）

44—76　鍋島直彬書翰　大隈重信宛

（明治二十九）年二月四日

厳寒之候逾御健勝奉賀候。爾後は大御無沙汰誠に以て背本意候。偖毎度尊兄を煩はし恐縮候得共、今般各政党合同実施の暁には門馬尚経又々所を失ひ如何にも惘然に存候。然る処専門校に来る四月頃中学科を置かれ候計画之由、門馬を何率取締りとか何とか云ふ名義にて采用相出来間敷哉。門馬は漢籍の力は中学の教員には十分と存候間、其方に尽力候ても可然歟。兎に角多額の給料なくも一家の口を糊するに足れは宜敷候に付、高田氏へ御咄し被下特別に是迄門馬が正直に堅固に勉強せし精神を憐れみ御保護之程、偏に奉懇請候。乍憚高田氏へも宜敷御伝語相願候也。頓首

二月四日　　直彬

大隈大兄研北

二申　来る十二三日頃までは何分不得暇隙失敬仕候事と存候。予め御断申上置候也。

（福岡市博物館所蔵）

44—77　鍋島直彬書翰　大隈重信宛

（明治二十九）年二月七日

前略失敬。門馬之事過日願置候末尚又相願候。此節合同之

新政党に者事務員亦多数を要すへく、就ては門馬を右事務員中に采用相出来間敷哉、盟兄より尾崎氏へ御一言被下度。兎角学校之方にても政党之方にても何れにても出来易き方に御心配被下度伏願候也。

二月七日　　直彬

大隈大兄研北

（福岡市博物館所蔵）

44―78　鍋島直彬書翰　大隈重信宛

（明治二十九）年三月五日

拝啓　爾来気候甚不調御病後別して御用心相成度切禱候。インフルを屢すれは或は意外なる余症を続発するか如き恐れあるを以て最篤く御摂養公私の為め望む所に候。扨種々御高説拝聴致し度件も有之旁参上之心なりしに、頃日貴族院は引続き予算の会議にて、兼て同志者と協議之次第も有之、風邪を推し勉めて出席致居候処何分平癒不致、遂に今日は頭痛咳嗽を加へ難渋、貴族院の方も相断り在宅加養致し候事情に有之、それゆへ狸穴家来に付し呈書す。誠に切迫に御催促申上候様にて恐縮候得共、大凡縁談御心配に就ての向方の模様相分り候はは鹿島の方老母及妻へも通知仕度、小生にも明日亙り迄は参上相出来候や否や難料、因て概略にても宜敷候間、爾後之都合狸穴家来まて御教示被下度相頼候。何も三四日之中必昇堂可仕存候。用事而已。草略不盡

三月五日　　直彬

大隈大兄研北

（福岡市博物館所蔵）

44―79　鍋島直彬書翰　大隈重信宛

（明治二十九）年十月五日

拝啓　秋冷之候愈御清勝慶賀之至に候。偖内閣組織漸く成り内外多事議会之開期は僅に二箇月を余すの時、前途の方針其他の画策嘸々御繁忙の事と奉遥察候。小生には此際最皇室の事に就て積年憂慮之次第吐露仕度、且内治上に就て

も意見有之候得共、孰れ不遠拝晤之日を期し縷陳可仕候。今般盟兄の御発意にて永田町邸に於て佐賀協会組織の協議被相纏、既に其端緒に就かれ候由新聞紙にて覧知、右者如何なる規模方法なるや未た承らす候得共、要するに先般御下県の節親しく御聞見に由り、邦家今日の形勢より御感発之余御考案の厚き其結果此に至りしことゝ想察、欣祝之至に候。目今我国の形勢百般の事、都て各地方人民の智識富力を増進し国民の品位を高むるは最大急務にして、第一佐賀県の事に徹するも遺憾多く、町村の自治郡の自治未た充分の発達を得す、就中郡衙の如きは其効用甚微にして殆んと望なきが如し。其実況者盟兄にも親しく御聞見なりしなるへし。郡の自治聚団の力旺盛なるときは県庁は別に何の世話もなく、又地方共同之事業も此基礎ありて初めて勃々振興するに至るへく、即ち国力の増進此に外ならざるへしと存候。然るに其極めて緊切なる地に立つ郡長は如何と一顧するに（人物の誠否は小生の言ふ所にあらす）、如何なる故歟明治廿五年頃以来他県人若くは久しく佐賀県に在らさりし者等に被命候実況に有之候。抑郡長の如きは最其地方の風俗習慣人情歴史等に審らかに其地に在て人民の信用も有之者を被用候が施政の得策なるべく被存候。突然他より人を入れ最人民に直接なる郡長となし、而して官民一致協和地方の事業を挙けんことを望むも到底出来能はさることかと相考候。地方政治の進行を欲せは最知事書記官参事官各郡長等に十分の責任を負はしむるにあらざれは望を達すること難かるへし。願くは地方多数の人之許す所の人物を参事官最郡長の地位に采用せられ候様有之候ては如何哉、然し目下県地に在りて尽力しつゝある人にして其資格を有するもの甚尠く、僅に石井翼古川龍張田中馨治の三人あるのみ、此三人は御参考のため申上置候。大山綱昌にも上京候に付御面会之節御咄之什にも可相成と此事御考慮を煩はし候。草略不罄

十月五日　　　　直彬

大隈大兄研北

（福岡市博物館所蔵）

44-80　鍋島直彬書翰　大隈重信宛

（明治二十九）年十一月四日

拝啓　朝夕は既に軽寒相催候処逾御健勝為国家慶賀。偖時運茲に迫り盟兄の入閣を余義なくするの機に臨めりと存候。

進んで御尽力渇望之至、要するに盟兄の御入閣は天下宇内の刮目注視する所、何率飽まて地歩を占め必しも急功を求めす平素御薀蓄の経綸十分其目的を達し、立憲政体皇室の根本即其精神作用を発揮鞏固にし国利民福を増進し、国権を伸暢し外侮を禦き政府の情弊を一洗し以て東洋の盟主宇内の強国たる実を挙けんこと熱望懇禱之至、呉々も国家の為め御自愛是祈。頓首再拝

十一月四日　　直彬

大隈大兄研北

（福岡市博物館所蔵）

44–81　鍋島直彬書翰　大隈重信宛

（明治二十九）年十一月二十三日

内啓　今般一小雑誌の記事より実に意外なる景況に相成、浩難大息之至に候。小生は百事無学無識なれとも明治九年以来優渥の聖恩を奉蒙、皇室の御事宮内省の事に就ては苦焦講究、明治廿一年頃よりは別して立憲君主国たる皇室の性質其精神及作用上微衷愚見之次第有之、屢々当路の人に内陳せしも毫も行はれす、畢竟小生の精神所説他を動かすに足らさるためなるへくと相考、逾々益々講究微衷一日も休むときなく、是非一度は愚見の精神有力者に容れられ幾分にても其効果を見るを得れ者、之れ蔭なから聖恩万分の一を報し奉る所以と自信し、節角年来蓄ふる所のものを一文章となし、内々当路の人々へ差出すへき歟と相考候際、既に今日之事あるに至る、故に又再ひ憂慮を加へ逾々周密なる考案を要し候場合と相成申候。因て暫く緘黙の自由を守り世論相休み候上小生は乍不及積年蓄ふる所の意見を独立独行提出の決心覚悟に有之候。来月初めには早々上京拝鳳万縷申述可仕候也。火中々々

十一月廿三日　　直彬

大隈大兄研北

尚々乍失敬此際別して周迊御注意所禱に候也。

（福岡市博物館所蔵）

44-82　鍋島直彬書翰　大隈重信宛

（明治二十九）年十二月二十四日

本年も早已に無余日、殊に議会開会前極めて御多忙と想察候。参趨得拝晤度候得共官舎にては何分草々たるの情況難免、来る廿七日朝若くは夕早稲田へ拝趨可致存候。偖永田町直縄殿養子之事既に順序相立、来一月には遂養子之願書可差出、御蔭に拙家之基礎相定まり老母及鹿島人士に対し漸申訳相出来旁大安心に候。直縄殿之事に就ても都て可然御心副被下度御依頼仕候。表向確定候上は公然御報道可仕候得共、先以て前記之次第内々御通知申上候。書余は譲拝青之時、時寒威俄に料峭為国家御自重是禱。頓首

十二月廿四日　　直彬

大隈大兄研北

（福岡市博物館所蔵）

44-83　鍋島直彬書翰　（大隈重信）宛

（明治二十九）年（　）月（　）日

換舌

直彬は為すへからさるを知て為すものに非す、故に退て休養常に兀々几に凭り形槁木の如くなれとも、心未た死灰の如くならす。脳裏の動機は暫くも歇ます江湖に在りと雖も君を思ふの情は一歩も自唱忠臣の輩に譲らさるの覚悟なり。但為すへからさるを知て為すの愚を演せさるなり。然れとも行蔵時あり、一に偏すへからす。今や時運日に進み内外多事の期に際し、前内閣は国家の長計を定むるに遑あらす、漫に誇大の事を為し、其困難に迫るに当て避去、以て責を負ふ所なく茲に遽に内閣の更迭を見るに至り、又加ふるに一小雑誌一新聞の記事より遂に言ふへからさるの失体を醸し成すに至ては、直彬長く緘黙するに忍ひさるなり。直彬不肖明治九年命を侍従に拝せしより擢てられて侍補に任し、叨りに拾遺補闕の重任を荷ひ、常に玉体に咫尺し優渥の聖恩を蒙り、爾後一も聖徳に裨補する所なく惶懼感愧、沖縄県令と為り南洋孤島に在るの間岩倉故右府に書翰を贈る毎に未た曾て皇室の事に関し微誠を縷記せさるなし。元老院

議官に在るときも亦傍ら皇室に関する制度典令支那欧羅巴各帝王国宮中の制度等を講究して姑くも舎かす、蓋し聖恩万分の一にても報し奉らんことを切冀するの微衷に外ならす。明治二十年より宮中に制度取調局を置かれ直彬の無学を以て委員の一人に加へられ、皇室典範制定に就ての調査及宮中制度の調査に従事し、制度取調局廃せられ元老院廃せられ、一の常務なく単に貴族院議員の職責あるのみの身と為りしを以て、徒に悠々東京に在て歳月を経過せんよりは郷里に帰り老母に侍り、而して三百年来の旧交ある士民と倶に地方の為めに為す所あるに如かすと断然見る所ありて、今日の如く然るなり。然るに今や世論囂囂、復た曩時宮内省を別乾坤視せし時の人心にあらす。俗吏痴人の失体遂に皇室云々の説を為し、恐れ多くも皇室を党争渦中に捲去らんと欲するか如きの勢に迫れり、痛歎大息直彬実に食味を甘んせす寐席を安んせす。嗚呼我万国に冠絶たる最も尊ふへき皇室をして其神聖至尊の品位を落さしめんとするは実に無学不識の徒の為す所、慨歎切歯思ふて止む能はす。直彬は明治十九年頃より我立憲君主国の性質其精神及作用に就ては頗る慮る所ありて、当路者には勿論朋友間にも屢々愚見を述へしも、皇室の事に関しては深く研究するもの鮮少なるか如く、唯一場の皇室談として一も其効を見す。然れとも直彬は深く前途を慮るの念霎時も止む能はす。直彬は決して宮内省官吏に向て人身攻撃を為さんと欲するものにあらす。直彬は無責任の空論を為すものにあらす。専ら立憲君主国の皇室の基礎を固くすることに於て頗る熱心に研究せしに、皇室典範は既に制定せらるゝも、典範の綱領に附随して規定せさるへからさる諸条規等多々虧欠のものありて、之を要するに紀律厳整周密ならす、是を以て這回の如き種々の世評を来たすに至りしなり。直彬は之有〔ママ〕あらんことを恐れ頻りに百般の制度を規定し其機関を備へ、以て疎漏放漫の弊なからしめんことを主張して止まさるものなり。其組織制度及其精神活動に至ては直彬別に積年思考編録せしものあり、時機未た至らさるを以て公に人に示さす、試に其項目を挙けん、宮内省に於て典範に原つき編製すへきもの皇族令、会計法、皇族会議規則、明治式、皇統譜、皇族牒籍、山陵志、制規類纂、皇室財産目録等の如きは速に編製せさるへからす。普漏西の如きは王室会計の検査は公然之を検査院に託し、伊太利の如きは経済会議の如き組織ありて宮内大臣の権を制限し、露西亜の君主専制国にして宮内省中各部に顧問を置き議長副議長ありて議場を設け此討議を経て始めて之を実施するの順序なり。蓋し宮内省の事、政治以外に立ち他の関り知らさる所なるを以て特に慎密鄭重を加へ、疑を宮中に容れしめさる為め百事紀律を厳にし、以て一種超然独立の高位地に立つの基を固くせしものならん。欧洲各帝王国の制度周密なる、特に伊太利宮内省財務諸条規の如き感服の外なし。直彬の視て以て欠点と為すの件々を概挙すれは即ち皇族の御親昵、経済整理、制度其他重要の件を議する組織、爵位授与の取扱、朝野の名望家及学者等に対する道、篤実躬行発明者等に対する道、東宮職の精神、御料地の性質及其精神法律の関係等、本省と各職及所管の各支部との関係、人民より宮内省に請願書を出せし時の方法等の如き其他種々の小節は枚挙するに遑あらす。以上の数欠点あるか為めに立憲君主国の宮内省の性質完からす、其精神に乏しく活動の作用なし。我帝国の皇室殆んと一家族長の大なるものにして、欧洲各国及支那の武力を以て強て国民を制服し君を易ふる奕棋の如きものとは大に其歴史を異にし、従て我帝国の皇室は威厳自ら備はり、故らに厳霜烈日の体を装ふに及はす、朝となく野となく国民を同視し赤子を保するか如くし玉ふの聖意深く民心に入るときは国家の事憂ふるに足らす、万一之に反し宮内省中の人或は大体を弁せす、一に皇室の威厳を頼み放縦事を誤まり皇室と国民を甚しく懸隔し、聖徳を宣揚し国民をして赤子の慈母を慕ふか如くならしむること能はさるときは、宇内に比類なき我立憲君主国の皇室に隷する宮内省の精神を謬まり或は遂に言ふへからさる不祥の現象を睹るに至らさるを必し難し。直彬の大に憂慮する所は最此点に在り、況んや我至公至大乾坤と其徳を合する皇室をして党争の渦中に入るゝに於てをや。直彬の極めて忌むの所なり、彼の英吉利の如き内閣の交迭と倶に宮内官吏を改任すへきの論議起り、遂に宮中の女官に至るまて更代せしめさるを得さるか如き結果に至らしめたるは、直彬の鑑みて以て深く慮る所なり。嗚呼今や此不祥の傭を作り皇室を以て党争の利器と為さんとするか如きことなきや否や。抑宮内省の事百般完整せす欠点比々、故に其間弊実甚多く隙の乗すへきものあり、蓋し宮内省に大体の識見を備へ至誠事に当るの人乏しきに因ると言はさるを得す。若し今日の情勢を養成せは政治上の波瀾往々宮中に連及し、宮内省と内閣と相争閲するの不祥を呈出せさるを保ち難し。然るときは知らす識らす大日本憲法第三条と第五十五条との精神を毀損するに至らん。豈痛歎せさらんや。而して内閣と宮内省とは自ら相関せさるものなるも、今日の趨勢宮内省の不整失体は内閣基礎の強弱に関すへく、従て行政の渋滞を来たし国家の不利を醸すへきは炳乎として明なり。是故に宮内省の釐革は実に我帝国の要務なり。直彬積年宮内省の事に於て稍思考の成案あるを以て之を推敲し当路者に提出せんことを期せしに、這回突然二十六世紀の評論世に出て遂に意外なる失体を見るに至り世論尚ほ囂々、此際に当り直彬も亦宮内省の事を云々するときは徒に世論に簸蕩せられたるの形迹あらんことを恐る。直彬は世論の如何に拘はらす、十数年来積累する所の憂慮微衷を内陳せんことを欲するものなり。故に目下暫く緘黙し、徐に曾て聊か調査せし所のものを輯綴し、決して他の援助を借らす独立独行（皇室制度等の如きは好んて熱心に勉強調査するもの稀なるか為め已むを得す）意見書を侍従長まて内呈するの決心なり。其行はれさるは直彬の明知する所、然れとも既に立憲政体に於ける皇室の不利を知て之を言はさるは人臣君に事ふるの道にあらす。唯一片の誠を尽すに止まるのみ。進て従来政治の情況を観るに、外無事を粉飾して少康に安んし、一時に誇耀し専ら名聞を好み、実力を養はす局量褊小猜忌嫉妬情実百端糊塗弥縫の際外交其宜を失ひ内治挙らす戦勝の美名は戦後の事実に於て或は将に毀損せられんとす、歎せさるへけんや。政府に向て言はんと欲するもの常に懐に蓄ふる所多々なりと雖も、尊兄に向て言ふの必要なし、故に記さす。特に宮内省の事に至ては直彬聊か経験あり、仮令贅言に過きさるも直彬聖恩に浴する殊に深し。是を以て微誠のある所形勢の切迫なるに当てや之を尊兄に告けさるを得す。尊兄幸に一時の宮内省論者と同一視する莫れ。

右憂痛の余口将に言んとするもの丶梗概を記するに過きす。故に文理不慁字句無法冀くは文字を取らすして微誠のある所を忖度せられんことを。一読せられは寸裂爐中に投せられたく候。

其中拝鳳書余縷陳可仕候。

直彬頓首

（福岡市博物館所蔵）

44―84　鍋島直彬書翰　大隈重信宛

（明治三十）年二月一日

粛啓　此度大喪に丁らせられ各地方慈恵救済の為め特に内帑の金を各府県に下賜せらる。直彬恭しく聖意の渥きを奉戴し感泣仕候。苟くも佐賀県人たるものは奮て此賜金を基とし中等以上の人民は各々応分の寄附を為し（一万円内外の額に上るは難事にあらさるへし）、県庁に於て飽まて責任を負ひ賜金と倶に之を管理し痛く濫出浪費を戒め、厳密の規則を定め長く窮民をして聖恩に浴せしめ英照皇太后の紀念と為す、是亦国民として皇室に対し奉るの道なるへし。尊兄幸に直彬の微衷を諒納せられは佐賀協会之か主唱者となり其方法順序より県庁と協議の事等に至るまて可然御考案之上無遅延御挙行相成度、無量の感を帯ひ茲に意見を吐

露す。頓首
二月一日
大隈大兄研北
直彬
（福岡市博物館所蔵）

44-85　鍋島直彬書翰　大隈重信宛

（明治二十）年二月十二日

春寒凛冽肌膚に砭するを覚ふ、尊候如何。例之神経痛に御障は無之哉と掛念候。小生にも御蔭に無事、京都御斎場参列の務を了り帰着、明日より明後日は緩々早稲田へ参趨久振御高話をも拝聴仕度、且微衷縷陳すへき件も種々有之候得共、明日午後及明後日午前後とも不得已事故あり、乍遺憾御無沙汰仕候。十五日より者議会相始まり、此余寒中屢御出院御困難之御事と奉察候。現内閣前途甚多事なるへし、最篤く御摂養国家の為め所禱に候。過日以来黒田清綱屢拙邸へ相見へ、飽まて胸襟を吐露し懇談仕候。それに就ても是非不遠中官舎にても夜分歟若くは予め御都合相伺、他に御来客無き折御閑話相願度存候。扨尊兄にも御承知之人の由にて福島県人添田周次郎なる人相見へ、種々政治上談話之末福島県之現況に及ひ、既に一応尊兄にも申上候との事にて、小生を同県知事に推すの相談有之候。然し小生者自ら小生の志ありて動かすへからす、殊に御承知之通他に同伴致し難き八十八歳の老親も有之、旁断然辞退致し置候。地方之事に就て者意見も有之候得共、自ら官吏となることを欲せす、小生は佐賀県の為め漸次力を致すの宿志熱心者に有之候。福島有志者の衷情は可憐者に候間、重ねて尊兄へ何歟申上候義も候はは程能く御慰藉御挨拶被成下、鍋島は頑固にして一旦考定したる意志は如何に迫まるも動かす者にあらすと御答置相願候。小生官員たるを望まさるとて隠居人の気取は不致候。寧ろ小生は此度は飽まて間接の尽力可致覚悟にて黒田清綱抔にも無忌憚意見を吐露し置候。其中松方樺山等に面会、又矢張毫も無忌憚十分の精神談可致試相期し候。楮末乍失敬奥様へ宜敷御鳳声相願候。兎角呉々も此余寒不気候ゆへ篤く御注意御保養専一希望候。御一読後は直に御焚捨被下度候。四五日中には夕より夜分に掛け官舎へ拝趨可仕候也。
二月十二日
直彬
大隈大兄研北

二白　黒田は元老院以来の同志者親友にして総て小生へ協議致し候意志に相見へ、至て深切之事に候。尚今後も同人と飽まて相談、現内閣の為め出来能ふ丈の尽力可仕決心に候。内閣逾其根葉確定せし上は、是非とも宮内省の改良なかるへからず。然し目今直に何も歟も一時にと申事は無理に付、宮内省の事に就ては乍不及十分研究考案、其時期は尊兄へ相伺ひ意見飽まて主張可致存候也。

（福岡市博物館所蔵）

44―86　鍋島直彬書翰　大隈重信宛

（明治三十）年二月二十四日

昨夕は不相変御懇話拝聴感謝。殊に御退出後御休息も無之御厚待痛却候。偖動輒すれは長より薩との聯合を固くせんとの企あるへく、即ち尊兄の勢力を抑へんとするの策に出つるは疑ふへからず。故に最御注意、十分の御画策懇希之至に候。松方へは決して他の離間策に陥る勿れと忠告致し置候。黒田清綱病気平癒次第樺山へ面会、是には大体上痛切に意見を述へ、毫も忌憚なく情弊一洗立憲政体之内閣たる精神論を為さんとす。其対談の状況者他日御内報可仕候。別紙は現内閣に望む所の綱要を試に箇条書にしたるなり。是は勿論吾れより持出す積には無之、然し苟くも国務大臣に談するときには自ら己れの冀望丈は確言する所なかるへからず。無責任の言論を為さゝるの一証とも可相成歟と試に平素の意見を記せしのみ、御一覧被下候はゝ幸甚、是れ固より凡庸の言のみ、独り宮内省の事に至ては其不都合を実験せし事多し。官制より事務より細かに記載せは五六十枚を連綴せさるへからさるに付、若し果して宮内省釐革の時機に遭遇せは第一尊兄へ御一覧に供し、尚宮内省に向て内々差出すへく存候。別紙の箇条書に就ても毎条説明を為せは少くも半日を耗やさゝるへからず。然し尊兄に向て説くの必要なし。其中重ねて参上可得拝晤候。御一覧後者依例寸紙を余さす御焚捨相願候也。

二月二十四日　　直彬

大隈大兄研北

［別紙］

一　立憲君主国たる宮廷の基礎を確立し其精神作用を発達する事。

一　陛下の御特権に関する事件は最も慎重を加へ軽卒容易

ならしめさる事。

一　財政の整否は国運盛衰の分るゝ所実に目今の最大要務なり。宜く急激の膨張を戒め、国力の増進を計るへき事。

一　軍備の充実は国家の要務なり。而して其拡張の程度順序は常に国力の如何を顧み、確実なる計画なかるへからさる事。

一　外交の方針を確定し、国の威信を失堕せしめさるを期する事。

一　地方行政の改良を為すは国力を増進するの第一著手たる事。

一　地方行政の改良は地方官又は郡長の人選を精しくし、其職責を重くするを以て急務と為す事。

一　教育の指針を一定し、其普及を計る事。

一　当路者の徳義品行の如何は人心嚮背の係る所慎まさるへからさる事。

一　勉めて官民の親善を図る事。

一　当路者は政治上他の論説非難を兼聴し、以て己れの識見を広くする事。

一　国民にして疑懼の念なく人心をして倦まさらしむる事。

〔編者註〕別紙は福岡市博物館所蔵「鹿島鍋島家資料」では3834として整理されているが、内容より本書翰に付随するものとした。

（福岡市博物館所蔵）

44―87　鍋島直彬書翰　大隈重信宛

（明治三十）年三月十二日

拝啓　不順之気候に候処逾御健勝日夜内外之事に御繁忙御尽力為国家慶賀候。然し此気候に候故最御自愛所禱に候。小生の如きは意外にも本月始めより僂麻斯性顔面神経痛強発脳痛を併発し頗る困却、幸に佐々木国手の来診を得脳の実質に少しも申分無しとの断を聞き大に安心候得共、目今重要之時期を臥褥上に空過し遺憾感慨啻ならす候。右之事情にて一昨日亙りまては執筆も不相出来、最早大に軽快今四五日を経候はゝ全癒外出の気体に可相成、誠に以て心外之御無沙汰仕候。議会は格別之事も無之、追々閉会期に近つき候。歳月は人を待たす、早已に三春其半を過きたり。議会開会中は政府部内却て一致を為し易し。然し議会閉会後に至ては種々の情弊百出、現内閣甚危殆なりと杞憂を抱き候。議会閉会期に先たち飽まで御計画、閉会後所謂疾雷耳を掩ふ御遑あらさるの壮挙に出てさるへからすと存候。

若し議会閉会後気永き処置あらは寧ろ他の先んする所となり、現内閣の不幸之れより甚しきはなかるへし。何率どこもこゝもどぶざらへ大急務と存候。小生病褥上憂慮殊に切なり。黒田清綱も不快小生も不快、例之件も未た実行せす是非飽まても為すの約束黒田と相結ひ居候間、遠からす其結果報道の時あるへし。小生義議会閉会後（養子の事さへ速に整ふれば）直に帰県之心得、然し大英断ありて宮廷の事若しくは其他の意見を大に発表し得へき時機又は高教に因り奔走論説すへき事柄も候はは、一週間位は帰期相延候事に可致候。小生愚と雖とも国家大事の時機尊兄非常に御苦心之際に当ては毫も謙退の時にあらす、進んて飽まて積年の微衷を吐露憚からさる覚悟に候。病褥上走筆乱文御高恕被下度候。全快之上者直に昇堂万縷申述可仕候也。火中々々

三月十二日

直彬

大隈大臣研北

（福岡市博物館所蔵）

44-88 鍋島直彬書翰 大隈重信宛

（明治三十）年三月二十六日

議会も無滞相済み慶祝。偖過日来必昇堂養子願済に就ての御礼等可申上之処茂孝方之病人及其不幸に関し日夜心配、殆他事を抛ち病気未た平快に至らさるに夜中奔走等にて、昨日も閉会式後参上可仕存候処昼頃より少々熱発脳痛にて平臥、本日者余程快く相成候得共医師より外出を警められ益失礼を重ね恐懼不啻候。此日曜までには必参趨之積に御坐候間、何率御宥恕被下度候。是よりは実に大事之時期、十分之御計画（根本的改革）皇室の御為め国家の為め切禱仕候。黒田とも引続き協議中に有之候。彼の人全快次第飽まて衷誠を吐露可致存候。縷々細陳仕度件尠からす都て期拝晤。小生にも四月十七八日頃まては滞京候事に可相成、何にても小生の力に応することは毫も無忌憚小生丈の誠は尽して余蘊なからんと決心仕候間、総て高誨を希候也。

三月廿六日

直彬

大隈大兄研北

（福岡市博物館所蔵）

44－89　鍋島直彬書翰　大隈重信宛

（明治三十）年三月三十日

拝啓　農商務大臣御兼任此際別して御劬労之御事と存候。暫時之御兼任にて不遠専任之大臣被命候事なれは可なり、彼の情弊多き官紀紊乱の甚しき農商務省之事、長く御担任相成候は尊兄の為め小生の欲せさる所なり。今朝黒印と十分協議、同人にも目下此国家大事の時に当て内閣に向て忠言を吐くの人乏しく、上流に在るの人概ね対岸火視するの景況なるは実に可歎事なりと奮慨致居候。同人は全く小生と同感能く小生之説を信納候極めて公平正直之人なり。昨日御内話之○○○の釐革せさるへからさる、且其利害論は小生多年聊講究せしものに付、乍不及飽まて意見衷誠を申陳可致候。小生の年来憂慮して頻りに其筋之人に向て論せし事果して今日に顕れ痛歎之至、断然たる大掃除は一に当路の有力者に望む。此大事之時に当ては小生一も顧慮する所なく直論讜言、唯われの本分を尽し聖恩万分の一にても奉報度決心にて、自己の利害抔は寸毫も脳裏に無之候。前途国是の確定愈皇室の尊栄を加へ、国家の福利を進むることを祈るのみに御坐候。彼の人に面話之都合未定、其結果は直御報道可仕候。末毫人物論に及ほし候。谷近衛曾我児島抔と云ふ人物は有為の人にして、前途最尽力せしむへし。黒印は忠実公平大体を弁す。○○○中に適当ならん。○○○中或方の臭気あるものは到底何と歟処置なかるへからす。此翰は別して機密に亘り候ものゆへ、御一読後は直に暖炉中之一灰燼に処せしめられ度候。頓首

三月三十日　　直彬

大隈大兄研北

尚々来月中頃まては滞京可仕、それまての間時々相伺畢生の力を尽し可申覚悟に候也。

三申　進歩党内部之事情は飽まて御注意、島田楠本の如きも時々御招き相成、前途之事に就て御咄等有之候方可然歟、愚意概陳。

（福岡市博物館所蔵）

44-90　鍋島直彬書翰　大隈重信宛

（明治三十）年四月八日

拝啓　不順之気候中非常之御繁忙、尊体極めて御大事に御保養皇室の御為め国家の為め所禱に候。目今施政の根本完固之際総理大臣病気引入憂念之至に候。扨佐賀県知事更任相成新知事は既に上京せしや、佐賀県治前途之事に就ては尊兄より十分御訓示相成度切望候。余は期拝鳳之時。草々

四月八日　　直彬

大隈大兄研北

（福岡市博物館所蔵）

44-91　鍋島直彬書翰　大隈重信宛

（明治三十）年五月十一日

拝別後者常に東天を望み感意不啻候。九州之気候さえ例年に比すれは不順に候処都下の時気は如何哉、定めて冷暖無常事と被察、殊に外務農商務両省とも目下極めて多事、而して松方伯は尚引入中政府大体の改革着手も追々遅延、嘸々万般御心配之事に可有之、御気体如何と遥に挂念仕候。特に御見舞申上候。誠に在京中は不相変御深切なる御配慮に預り、小生の無力なる毫も裨益する所なく徒に現政府之事を憂ひつゝ帰県、御申訳無之候。偖養子之手段も御蔭に首尾好相整、続て直縄同伴帰県候情願も相貫き、出発之際迄も極めて御懇切御見送りまて被成下感銘之至に候。直縄此度之旅行幼稚者始めての事に就き、小生に於ても頗る懸念候処、新橋発車以来甚活発元気能く我々への親昵も至て深切に海陸至て平穏無異、客月廿七日鹿島着、旧藩士民雀躍歓迎、其誠相顕れ直縄にも余程満足之模様にて、中川拙邸逗留中も日々盛に遊戯し、毫も倦厭之色なく十分自分之家と云ふこと脳裏に浸染し安心之状況、着明旧臣輩との親みも相付き小生に於て頗安心、永田町御両親様にも実際之景況御承知相成候はは多少御安心可相成、啻に拙家の幸なるのみならす鍋島家の幸福と欣悦此事に候。就中老母には極めて愛憐し大喜に有之候。直縄には是非此暑中休みには鹿島に来ると今より楽みの様子に有之候。是亦厚く御心副へ被下候効果と奉深謝候。荊妻より在京中及出立之砌まて彼是御心配被下度相願候。乍末御令閨様へも宜敷御鳳声被

下候御礼御見舞申上度、小生より可然申上呉候様申出候。県知事昨夕巡廻本郡着、昨十日は直縄上京の途に就き候ゆへ武雄まて見送夕刻帰宅、本日午前より県知事相招き夕景迄緩々談話、地方之事に就ては大体上十分果断を以て決行候様申含め置候。東京に於て尊兄之訓令も有之、同人も十分奮発尽力之覚悟之様子に有之候。右様之次第にて帰着後幼童の保護に従事し、尚知事招餐等にて遂に唯今まて緩々執筆之余間なく、漸く今霄閑を得て何も歟も混交乱毫如斯に候也。頓首再拝

五月十一日夜　直彬

大隈大兄研北

尚々国家の為め厚く御自愛奉禱候。宮内省の事に就て頗る考案之次第も有之尚意見書相認め可供御内覧、樺山伯へも精しく見込相認め可差贈存候。之を要するに是非とも同省の精神を（宮内省は精神はなし。情弊を仮に精神と書す）一変し、純粋なる高尚なる優美なる皇室隷属の一省たらしむるには、二三公平忠実気胆あり識力ある人物を速に入れさるへからす。若し同省を今日の儘にして一年間も経過せは、益々言ふへからさる不祥の形跡を暴露し、陛下に対し奉り恐入たる結果を見るに至るへく、直彬の憂念寸刻も忘るゝ能はす。大体に就ては樺山伯へ二時間許を費やし内話致し置候。尚十分御工夫御画策切望候。此翰御一読後者直に御焚捨相願候也。

（福岡市博物館所蔵）

44－92　鍋島直彬書翰　大隈重信宛

（明治三十一）年六月二十八日

此度伊藤候〔侯〕の決断はさすかに政治家の本領を失はさるものと彬は感称す。偖政治歴史の一大進更之期に当り尊兄之任実に重し。彬皇室を思ひ国家を憂ふるの切なるより僭越を顧みす重ねて贅言を進む。飽まて謹厳の態度を以て務めて情実の積弊を一洗し、上み宸襟を奉安下も民望に副ふ鞏固なる立憲政治の内閣を構成せられ、併せて皇室の基礎を堅緻にし其尊厳を保つことに御尽力あらんこと実に翹望之至りなり。目今御繁劇容易に不得拝晤事と相考候に付茲に呈一書候也。

六月廿八日　直彬

大隈大兄研北

（福岡市博物館所蔵）

44−93 （鍋島直彬）書翰 （大隈重信）宛

（明治三十一）年（六）月（ ）日

別申

佐賀県知事突然更任、芳川の小智地方の事情をも察せす此乱暴の挙動に及ひたるならんと存せられ候。内閣既に更迭、公平なる立憲的の政を施くに当ては、如是乱暴なる政治中より生れ出てたる平山とか申人を其儘に為し置かるへき道理無し、平山には孰れより歟辞任候様内諭し武内をして速に復職せしめられ度、若し之れを緩にせは大に地方の人心に関し不容易情況に立至るやも難料候に付、何率速に新内務大臣へも御咄相成至急御決行所仰に候也。

（福岡市博物館所蔵）

44−94 鍋島直彬書翰 （大隈重信）宛

（明治三十一）年（六）月（ ）日

換舌

此前の松方内閣の組織甚不完全なりしため、実に名状すへからさる失体を醸し土崩瓦解、笑を天下に招きたり。殷鑑遠からす、此度は是非とも立憲的頭脳の人を以て堅固なる内閣を組織せられんこと懇祈熱望の至なり。寸毫も情実を交ゑたらんには憲政党成立の精神と相容れさるのみならす、屢々根柢なき雑駁なる内閣組織せられて往々自滅するか如きことありては国家の不幸、乍恐陛下にも常に宸襟を被為悩候御事と奉察上候。此機会に於て従来の情実政府の積弊を一洗せすんは、復た何の時を期すへきや。時勢は人を待たす、機は逸すへからす。憲政党中の重なる人々の入閣すへきはもちろん、貴族院にても近衛、谷等の如き公平なる思想を抱きたる人は入閣せしめられ可然（谷は陸軍大臣に適当なるへし）、近衛は学習院長なれとも学習院長は田中光顕兼任にても可ならん、貴族院議長は今の黒田副議長陞任し、副議長には二条等にて可然、其辺は如何様にも融通可相附被存候。此際寧ろ組織の計画に十数日を耗やすも軽々しく、種々の色変りものを雑入し後日の悔を貽すか如きは断然無之様切望の至なり。扨此度従来の積弊を一掃し、新面目を開くと倶に、時勢国運政治法律の進歩と相伴ひて立憲君主国たる皇室に親隷する宮内省の改善整理、是又極めて緊要にして一日も忽せにすへからす。目今宮内省に就ての意見書起草中にて、未た稿を脱せさるに付貴覧に供するに由なし。遺憾とする所なり。憲法第五十五条内閣責任の実挙かるに従ひ、之れに照応し憲法第三条神聖侵すへからさるの根本基礎を鞏固にすへきは、表裏密着離るへからさるものと信して疑はさる所にして、宮内省の不整理は最も恐るへき患害を他日に現出せさるを保ち難し。然れとも内閣の更迭ある毎に宮内官吏の進退任免あるか如きの慣例を為すは、彬の取らさる所なり。今日の事は実に明治第二維新の期にして、漫に拙速を貴ふへき時にあらす。十分遺憾なき様計画せられんこと熱望の至なり。

直彬

（福岡市博物館所蔵）

44－95　鍋島直彬書翰　大隈重信宛

（明治三十二）年一月十五日

新歳倍御多祥慶賀。述者過日来既に御帰京之事承知罷在昇堂可仕存候処、此五六日腸胃違和時々微痛を感し常に温保在宅、為めに心外の御疎情多罪々々。扨小生支那の近状に於て外交上大に慨する所あり、此度東亜同文会に入り国の為め聊尽す所あらんことを期す。就ては今後対清の国是上及同文会の機動方法に於て御高説拝聴致し度、幸本日は休日に付奮発車を馳せんと存候処また十分平常に復せす、推て外出再発候ては却てつまらぬ事に相成可申存候に付、一両日闕礼必不遠中参上、微意のある所も委詳陳述、随て高誨を仰くへく存候。寒風凜冽国の為め御自愛是禱。

一月十五日

直彬

大隈大兄研北

（福岡市博物館所蔵）

44―96　鍋島直彬書翰　大隈重信宛

（明治三十三）年六月二十日

黄梅の時節逾御健勝奉賀候。述者清国の形勢日に非なり。列国の兵を以て頑迷不節制の徒を鎮圧威服するは枯を摧くか如くなるへしと雖も、其結局は何の辺にまて進行連及すへきや測るへからす。此間に於て我国の関係実に容易ならさる事と被存候。今日の事其安危得喪の判るゝ所外交上之処置に於て間一髪を容れさるの機これあるへく、平素の如何は如是場合には論する遑あらす。尊兄に於ては何率内閣に於て甚しき遺算なき様御注意相成、国家の為め飽まて御画策宸襟を奉安られ候様懇禱候。憂念之余、此段内申候也。頓首拝

六月廿日　　直彬

大隈仁兄研北

（福岡市博物館所蔵）

44―97　鍋島直彬書翰　大隈重信宛

（明治三十三）年七月十六日

拝啓　新聞紙の報する所に依れは近来御脚部の疼痛にて御困難之趣、此隠冷の不気候に原つく所なるへき歟篤く御加養所禱に候。偖清国駐在公使の生死すら未た審かならす候へとも最早軍隊増発の順序も相立候に付、直縄を携へ来る廿一日出発帰県候事に決定候。其前告別旁昇堂可仕筈に候処、一僕を従へ居候状況にて出発前頗る多端、乍不本意此度は失礼可仕候。国の為め御自愛千万奉禱候也。

七月十六日　　直彬

大隈大兄研北

（福岡市博物館所蔵）

44―98　鍋島直彬書翰　大隈重信宛

（明治三十三）年八月六日

拝啓　連日陰雨之末俄に炎熱相催し殊に府下は炎冷無常趣に候処分手後愈御健勝慶賀之至に候。小生にも児を携へ客月廿一日出発、御陰に天気都合も宜敷旅程面白く賑やかに極めて平安予期の如く廿五日著郷、暑中休業中なるにも拘はらす学校生徒抔多数出迎小生にも満足候。児は着郷後至て活潑に遊嬉致し居、凡そ同年位の生徒を相手にし屋後の川に舟を掉し又は網を投し魚を捕へ、真黒の面になり体重も少しく相増し候様存候。田舎の空気は少年には著しく効能あるを覚へ候。小生は可成中学又は高等小学の優等生徒と児の親しみ相附き候事に注意致居候。事小なるか如しと雖も鍋島家の為め国家の為め頗る重要の事と存候。東亜の情勢前途如何可相成哉、今後内治外交とも確乎たる方針を定め十分国是の根本を堅立するにあらすんは、我帝国は遠からさる中非常の艱難に陥り可申歟憂念の至に候。著郷後早速呈書可仕筈之処少々腸胃を悪しくし閉口、為めに段々延引闕礼候。乍末毫奥様へ宜敷御鳳声相願候。不尽意草略如斯に候也。

八月六日　　直彬拝

大隈仁兄研北

（福岡市博物館所蔵）

44―99　鍋島直彬書翰　大隈重信宛

（明治三十四）年七月二十四日

拝啓　爾後は心外之御無沙汰多罪、時下酷暑之候先以逾御健勝為国家奉慶賀候。九州地方は客月中旬より打続きの霖雨にて漸く此両三日日光を仰くを得るに至れり。県下水害を被りし箇処も不尠、地方の情況百事萎靡不振、県治其宜きを得す全く活気無之際、又々凶作等を来たし候ときは県民如何なる不幸に遭遇すへき哉と頗る憂念仕候。今後者順当なる晴暑に相成、甚しき農間の不幸無之様祈望罷在候。直縄には近来至て強壮活潑、食量抔在京の頃に一倍し一体に余程肉つき真黒なる顔色にて霖雨中も欠席なく通学勉強、学校教員も極めて深切に世話致し呉れ、家庭と学校との気脈は頗る善く貫通し、鹿島との親み生徒として相互の親みも追々篤く相成、別に中学校生徒三名高等小学校生徒六名を相手に選み舟こき網打ち水泳器械体操山行海遊御蔭に成立ちも宜しき事と相楽み、乍不及児童心理教育学の梗概を研究、他日是非とも一種偉大の人物と為し度切望一に家庭教育を誤まらさる様それのみ注意罷在候。先つ大間違は之積りに候間乍憚御安心被下度候。呉々も官民とも公徳の養成、殊に地方行政の刷新は頗る急務と存候。地方費の負担は歳々増加、之に伴ふへき生産事業は進む所なく人口は年々非常の増殖、国家経済は実に今後の最大急務にして極めて当局者の注意を要する事と存候。尚直映君前途の事は深く御依頼仕候。乍末毫奥様へ暑中御見舞申上度、宜敷御鳳声相願候。寸楮匆々に候也。頓首

七月廿四日　　　　　　　　直彬

大隈大兄研北

（福岡市博物館所蔵）

44-100 鍋島直彬書翰　大隈重信宛

（明治三十五）年四月十三日

拝啓　時下不調之候に候処先以尊兄逾御清祥国の為め奉慶祝候。然し近来屢激変之気候篤く御保愛奉禱候。小生には議会閉会頃より流行性感冒にて時々熱の発作に悩み、加ふるに腸胃加答児を以てし案外疲労し、近来漸く体力相復し候様の事情にて、健康体の時すら国家の為め佐賀県の為め毫も裨益する所なき小生東京に於ては公私の務を欠き帰郷の期は段々延引、郷里に於て心配すへき重要の用事を欠き、児直縄は小生の帰るを待ち候。可憐の情況誠につまらぬ事にて慚感不啻候。右之次第にて不相済御無音御申訳無之候。余り滞京も長く相成、県地にては目下企図計画中の一大事業も有之、旁来る十六日頃より出発帰県仕候事に相決し候。出発前御話し申上度件も有之、且告別の辞を呈し度、過日の御礼も申上候積り之処、医師より出発前此不気候中未た全く平常体に不相成中処々奔走丈は相慎み候様との戒告を受け、近親を除くの外凡そ代理を以て相断り候次第にて、甚以多罪恐懼之至に候得共代理差出し失敬仕候。何率御仁恕被下度相願候。

扨直映君前途の御事は深く御考案被下厚く御注意被下度懇願仕候。要するに今少し社会の事に頭角を御露し相成候様小生の冀望に候。佐賀県の事は退嬰の小規模小競争を止め、今少し進取大競争の域に赴き候様有之度、而して交通機関の発達は頗る要務と存候。目下小生頻り主張し武雄より祐徳稲荷神社まて十哩許馬車鉄道敷設之計画中にて、幸東京の馬車鉄道不遠不用に帰し候を牟田口氏の心配も有之候に付、右を引受け候へ者余程創業費を節減し得て最有利の線に相成、従て鞏固なる会社設立相出来可申、明年は是非開通候様致し度、此事や藤津杵島一小部分の事にあらすして県下官民の便物産増殖の為め尠なからさる利益ありて、第一交通の便の開くると倶に人智の啓発を促し候に付、佐賀県下有力者の尽力奮発を得て責めては余り寂として声無き地方の活気を生し候様致し度、小生に於て頗る熱心に有之既に永田町家扶へは其事相話し置、逾創立の際には永田町にも御加入相成候様冀望を陳へ置候。此鉄道者啻に乗客の多きのみならす、荷物車を付すれは又一層収益も可相増、殊に牟田口氏の注意にて創業費極めて軽便に相弁し候に付別して有望の事業と確信候。逾会社創立の願書提出着手の時機に及ひ候はは何率事業御賛助被下度切願候。小生は実に何一つとして為すことなく候に付、聊郷里の人物養成即ち教育上又は着実なる実業上の心配にても可致、それのみ相考居候。右等の事に付ては殊に高教を請はんと欲すもの多しと雖も、二豎に困められ候末にて強て医師之深切なる注意にも戻り難く、甚以不本意千万に候得共此度者大闕礼仕候。呉々も国の為め御自重所禱に候。孰れ此次の議会に上京候節直に拝趨万縷可奉謝候。乍末毫奥様へ宜敷御鳳声相願候也。頓首拝

四月十三日　　直彬

大隈大兄先生研北

（福岡市博物館所蔵）

44－101　鍋島直彬書翰　大隈重信宛

（明治三十五）年七月三十日

拝啓　本年は夏時不順之気候近来俄に炎威相加はり候処、或新聞紙にて御病気御平臥との事承知、此炎熱中如何之御気体なるや、懸隔之地御案し申上候。為国家厚く御保養奉禱候。小生には当春病気之末帰県静養、郷里は風土宜しき為め御蔭に体力平常に復し、乍不及地方教育の事抔心配致

居候。児直縄には大に成長、此暑中休暇を以て過日廿二日出発上京候。御蔭に気象も活潑に相成候。乍憚御休神被下度候。奥方様へも暑中御見舞申上度、宜敷御鳳声相願候。御見舞まて寸楮匇々に候也。

七月卅日　　直彬

大隈仁兄研北

（福岡市博物館所蔵）

44―102　鍋島直彬書翰　大隈重信宛

（明治三十五カ）年十二月四日

内啓　時運の進む宇内形勢の許さゝる長く情弊の政治を容れす、今にして政海の汚濁を一洗し真に立憲的文明の政を施くにあらすんは、我国運は或は衰退の大不幸に陥らん。実に千載の一時国家隆替の分るゝ所、此れ宜しく尊兄の技倆を伸へらるへき時と存候。過日内申候件も有之、且前途国家の事及地方の情況等に就て御高話拝聴仕度、漸く明日は午後聊得暇隙候に付参上可仕存候処明日午後は園遊会御催之由、然るときは却て御邪魔に相成到底高誨を得候事も相出来申間敷存候に付、余り闕礼恐縮候得共明日明後日まては失敬、来る七日頃拝趨緩々得御閑話度候。此段内々申上置候。余は譲拝鳳之時候也。頓首拝

十二月四夜　　直彬

大隈仁兄先生梧右

（福岡市博物館所蔵）

44―103　鍋島直彬書翰　大隈重信宛

（明治三十五）年十二月八日

昨日は御出掛り之際を妨け長談恐縮候。深川氏殆んと死に瀕し佐野伯急に斃る。鍋島家の為め肥前の為め惋惜痛嘆之至に候。扨彬は常に佐賀県の一隅に在りと雖も帝室の事国家の事宗家の事は寤寐懐に忘るゝ能はす、彬は一に忠孝の道を践まんことを期するのみ。漠然期する所なくして山林に隠遯し槁木死灰を学ふ者にあらす。徒に衣を被る者にあらす。徒に飯を食ふ者にあらす。食ふ所の飯被る所の衣皆

国恩祖沢之に依る故に衣食するは国恩に報し祖先に酬ひんを欲するか為めなり。彬不肖と雖も多年尊兄の高誨に預り平素聊修養し得る所あり、成仁取義の気節に至ては未た甚しく人後に落ちさる覚悟なり。其中御暇隙の時を伺ひ昇堂緩々御高説拝聴致し度候。先以三箇の大綱を別紙に録し微衷の梗概を致す。言字の露骨なるを咎むるなくんは幸甚。

十二月八日　直彬謹言

大隈仁兄先生座下

尚々別紙は御一覧後直に丙丁童子に付せられ度候也。

［別紙］

換舌内啓熱誠録

一 宇内の進運東洋の形勢は我帝国の追随を待たす。我内治の如何を顧みれは風俗頽廃朝野の公徳将に地を掃はんとし百事挙らす国力疲弊、前途の艱難識者を俟たすして知るへし。外立憲政治の美を装ひ内情実纏綿の病を帯ふ。斯の如くして止ますんは外交の手段も施すに策なく、国の利権は寧ろ減縮するも遂に伸張するの期なからん。豈寒心せさ［ら脱］んや、天我帝国を佑け点冥の暁霧茲に将に開かんとし曙光始めて分れんとす。実に千載の一遇機は逸し易く時は得難し。尊兄及伊藤侯の如き幸に大政党の首領として既に公に時弊を救治し根本的革新を為すへきを宣言せらる。而して之を言ふ難からす、之を行ふ実に易からす。必大手腕に依て其実行を見るを得へきなり。

尊兄及伊藤侯は決して之を第二流以下の人物に委ぬへからす。必自ら進みて仮令国家の為め一身を犠牲に供せらるゝも大に責任を負ひ尽瘁せらるへきの秋なり。我国民の心は既に非立憲的の行為無責任の政府に睽離せり。天下咸な二君に謳歌せんとす。所謂千載の一遇失ふへからさるの機なり。此機一たひ失はゝ国家の前途復た望みなかるへし。区々の微衷自ら禁する能はす敢て茲に吐露す。

一 政界の刷新を図らるゝと同時に宮内省の積弊を一掃せられさるへからす。宮内官吏にして種々の政略に干繋し偏私の行為あるか如きは帝室の神聖を瀆すものなり。国務大臣の責任を傷くるものなり。政府の革新あるも宮内省中に非立憲的の妄想あるときは責任内閣の実を挙くることは到底為し難かるへし。

一 永田町の事は末家の一人として親族の一人として、殊に維新前よりの経歴として苦心焦慮憂念に堪ゑす。一に尊兄の高配を煩はす。憂ふる所の大要根本は親子の情意疎隔し易きに在り。上下男女意思疎通せさるに在り。是を以て統一を欠き責任の帰する所なく、甚しきに至ては一家の中忌疑乖離内事動もすれは輙ち外に漏洩し、所謂針小棒大之を誇張し外間の侮を来たし家政の撹乱を為さんとするに至り直大公の家長権は殆んと将に地に堕ちんとするに至る。其本斯の如くにして家事の整理を望まんとする豈難からすや。彬切に之を救ふの道を講究し聊意見ありと雖も未た熟せす、且つ直虎直柔二君の最も近親として賛画せらるゝあり。此二君を擱き叨りに口を開くことを憚る。飽まて熟慮し直大公困却諮詢せらるゝ時を待て言はんと欲す。

［編者註］別紙は福岡市博物館所蔵「鹿島鍋島家資料」では３８３７として整理されているが、内容より本書翰に付随するものとした。

（福岡市博物館所蔵）

44—104　鍋島直彬書翰　大隈重信宛

（明治三十六）年二月七日

大雪冽寒暦已に春にして未見一片和光、尊兄平素の御痛所に御障りは無之哉、爾後余り心外の御疎情打過大闕礼仕候。此節者御庇に腸胃は整復、然るに少々下部に病所有之、極軽症には候得共寒中人力車にて奔走候事当分見合せ候様医師の戒告を受け、是迄心外之失敬仕候。最早大概平常に復し候に付、不遠中昇堂可奉謝候。尤今五六日は尚失敬候哉も難料、御断申上置候。扨総選挙期も追々近まり政界之大勢も判然可致、就ては政府の一大刷新、尚宮内省の一洗滌とも異るへからす、此際飽まて御注意御画策申上候迄も無之候。微誠申述仕度件も有之、必参を以て縷陳可仕候也。頓首拝

二月七日　　直彬

大隈大兄先生座下

尚々直縄前途之事に就て小生主張之趣旨御聞知相成、頻りに御心配相成候御模様略久米氏より承り、いつも尊兄にまて御煩を掛け候様之次第恐悚候。客月廿六日永田町に於て御相談申上候処、実に意外之次第にて当惑、深思之末第一直大様に御気の毒且宗家を思ふの情に於て忍ひさるものあり。断然是迄之主張考案を抛棄し、即ち思召に従ひ来る三月には必直縄をして上京せしむへく決心仕候。明日は久米古川田中三氏拙邸へ参り候筈、右三氏へ十分小生之誠意を談し然る後永田町御二方様へ直縄を上京せしめ候段御直に可申上積に候間、尊兄にも何率御休慮被下度候也。

（福岡市博物館所蔵）

44-105　鍋島直彬書翰　大隈重信宛

（明治三十六）年二月二十三日

余寒難退候処逾御清勝為国家奉欣賀候。述者児縄義来月中頃には是非上京為致度、右に付小生にも廿七日頃より一応帰県、三月末頃には上京可致積りに候。就ては其前告別の為拝趨可仕存候処、出発期に近つき一時に用事相生し、加ふるに終日人力車にての奔走、医師の戒を受け不本意千万失敬之至恐縮候得共、此度は御無沙汰仕り不遠重ねて上京其節直に昇堂、公私とも緩々可得拝話候。乍憚奥様へ宜敷御鳳声相願候。扨小生には何事に拘はらす平素御世話相成居候に、又々此度者児縄の事に関し御心配相掛け何とも恐縮之至、児縄上京之上は折々参上候様可致、兎角よろしく相願候。小生には依然碌々為す所なく慚愧々々、然し年来の精神は未た毫も消磨せさる積りに候。永田町之事殊に直映君之事は飽まて御注意被下度、偏に冀望仕候。小生にも過日高諭之次第も有之、固より及ふ限り誠を尽し可申候。但小生寸力の微なるを奈何せん、然れとも天下の事苟くも至誠を以てするに貫徹せさることは無之筈と存候。事の成らさるは蓋し誠の至らさるなり。是れ小生の自ら信して疑はさる所なり。時下為国家御自愛奉禱候也。頓首拝

二月廿三日　直彬

大隈大兄先生座下

（福岡市博物館所蔵）

44-106　鍋島直彬書翰　大隈重信宛

（明治三十六）年四月八日

時下春暖之候先以逾御健勝為国家奉慶賀候。述者小生義昨七日上京候。就ては早速参趨可仕之処、直縄府立第一中学校入学之事に関し、著京懸けより種々の用務に羈伴せられ多分来る十三日頃まては闕礼可仕存候間、何率御海恕被下度候。第一中学は百五十人の募集に殆んと七百人の志願者にて、競争試験に打勝ち候事困難なるへく大に心配致居候処、幸に平均点数八十を得第八番目にて及第候事本日発表御蔭に安心仕候。直縄の事に就ては意外之御面倒相懸け候末に付乍此中御通知仕候。第十八議会の期も相近つき前途如何と憂念罷在候。孰れ参を以て万縷陳述可仕候得共、先

以て小生上京直縄及第御報道且当分失敬之御断旁寸楮匆略に候也。

四月八日　直彬

大隈仁兄先生研北

（福岡市博物館所蔵）

44-107　鍋島直彬書翰　大隈重信宛

（明治三十六）年七月三日

密啓　内閣総辞職との電音に接す、真耶。蓋し十八議会は妥協の名のもとにやっと通り脱けたるも、さて無方針無策の現内閣内外多事財政困難、手も足も動かぬ場合に陥り、案分比例抔と云ふ愚なる児戯に近き処置を取るの窮境に行つまりたる事と思はる、要するに卅七年度の予算編製は到底不可能の事なりしより来れるものならん。何故に潔く十八議会開会前に於て総辞職を為し、以て立憲内閣の良慣例を為さゝりしや。扨今日者実に内治外交一日も忽せにすへからす、情実のため苟くも安を偸むの秋にあらす、日本国民中殊に政治界の上流に在るものは都ての私情は断然棄却し、大活眼大英断を以て非常の大改革大刷新を為し、第一官紀の振粛より始め職制の改革を為し、従来の役人根情を一変し活機ある施政の方針に進み、財政の基を堅くし国民の耳目を聳動する程の大手腕を以てするにあらすんは、前途の国運者如何に可相成歟と憂念罷在候。何率大に奮ふて御蹶起相成、為国家畢生の御尽力切望懇祈之至に候。灯下執筆匆々に候也。

七月初三　直彬

大隈大兄研北

（福岡市博物館所蔵）

44-108　鍋島直彬書翰　大隈重信宛

（明治三十六）年八月二日

酷暑之候内外多事之際逾御健勝為邦家奉慶賀候。述者予て御承知之祐徳馬車鉄道株主会社、既に成立の期に近つき小生に於ても県下交通機関の一大有益の事業、殊に杵島藤津二郡最適切の関係を有し候事柄に付、小生に於ては主として力を尽すへく奮発罷在候得共近来家事多端、何分小家の事とて出資意の如くならす、此度創立委員等より永田町御邸へ壱万五千円丈御出資被成下候様願書差出候趣、何率永田町に於ては拙家の行届かさるを御助け被下候特殊の思召に依り（勿論利益少なき線路にあらす、開通之上は両三年間に非常の発達繁盛を視るへきは信して疑はさる所なり）、速に委員等の願之通御聴容相成候様久米氏等へ御話し相成、此事速に相運候様御助力被下度懇願候也。頓首

八月二日

直彬

大隈仁兄先生座下

尚々永田町より之御出資は何率委員請願の額より減せさる様御含み被下度候（寄附と申す性質にあらす、即ち相当の収利有之ものに付）此段特に申上置候也。

（福岡市博物館所蔵）

44－109　鍋島直彬書翰　大隈重信宛

（明治三十七）年六月二十三日

爾後者心外之闕礼多罪。時下梅雨之候此地方抔は時季適応降雨若くは曇天挿秧も速に相出来候。農況本年麦作は県下概して平年作位には可有之、乍此上何率米作の豊穣ならんことを禱る而已。先以逾御清裕国家の為め厚く御尽力の事と遥に奉抃賀候。戦争の情況陸海軍人の非常なる働きにて常に勝利を得候事国家の為め慶祝之至、戦闘艦を始め軍艦の沈没殊に運送船の沈没に至ては実に遺憾千万、陸戦に於ても多数の死傷総て哀むへきことに候得共、是亦大戦争中には已むを得さるものなるへく、要するに欧洲一大強国との大戦争なるに於ては、国民一般十分元気を振起し今より戦後の事をも予画し、此非常の時運を利用し大国民たる規模を以て国家の隆盛を謀らさるへからさる秋と存候。兎角田舎にても人気銷沈の傾きあるを以て、小生は常に種々の方面に向て活動の端緒を開かんことを努め居申候。此度直映様の御渡航の大御奮発は誠に好時機にて、啻に国家の為めのみならす鍋島家の為め直映様前途の御為め且佐賀県の為にも無此上盛事と欣悦罷在候。定めて尊兄の御注意御配

慮に成りし事と相考候。然し此度の御渡航は只々戦地御巡覧位の事ゆゑ、御帰朝後は是を緒として大に前途経営に直映様の全力を尽させられ候事を偏に翹望、右に就き小生は間接に計画尽力の心得に候得共、未た致明との話しも熟せす、余り小生の主唱に成り候事は良策に無之歟と相悟り候に付、小生は間接に心配人にて佐賀県有力者の発起にて朝鮮協会と云ふ如きものを組織し韓国経営の一大事業を企画し、其組織基礎果して鞏固ならは直映様を総裁に推戴し永田町に於ても亦経済の許す限り御計画相成候はは、随分世間の耳目を聳動するに足る遠大の鴻図も立ち大華族たるの面目を施すを得へき歟と存候。藤津郡よりは一通り財産ある者十名余の団結にて其中より先以て三四名渡韓の筈に候。未た差立ち御報道仕候程の成績も無之慙愧之至に候。然し直彬として戦後経営の事、国家の為め宗家の為め直映様の為め佐賀県の為め心身の続く限り経済力発展に努めんと欲するの志は毫も屈撓せす、御安心被下度候。梅雨中又は梅雨後の俄の暑熱に向ては厚く御保愛所禱に候。乍末奥方様へ宜敷御鳳声冀候。時下御見舞且御無音の御詫旁寸楮匆々に候也。

六月廿三日　　　　直彬

大隈大兄研北

（福岡市博物館所蔵）

44-110　鍋島直彬書翰　大隈重信宛

（明治三十八）年一月三十一日

嗚呼肥前元勲の先輩甕矣浩歎之至、小生の如きは実に今昔の感に堪へす。偖今朝密書云々の御話しは李容翊が尊兄の韓国理財論に警醒せられ、敬服の結果韓帝を聳動し尊兄に信頼するの念を起さしめたるにあらさるか、是れ真に得難きの時にして実に逸すへからさるの機なり。切に願くは尊兄内閣とも御交渉相成、場合に依りては親しく御渡韓相成、韓帝に韓国将来に向ての大方針を授けられ韓国の全局に大手腕を伸へられんことを、豈に啻に侯爵家の為めのみならんや、東洋の平和の為め帝国安全の保障の為め世界の文明の為めなり。而して直大公には何率能く御了解相成候様速に御申上相成度奉願候。貴族院之方小生主担の件ありて明日も昇堂の暇を得す、必両三日中には差繰拝趨機密の御高説詳細拝聴愚考之次第も陳述可仕候也。

一月卅一夜

大隈仁兄先生尊下　　　　　　　　　　　　　　直彬

（福岡市博物館所蔵）

44―111　鍋島直彬書翰　大隈重信宛

（明治三十八）年七月二十日

酷暑之候愈御健勝為国家奉欣賀候。爾後は絶て御無音心外之闕礼仕候。御寛容被下度候。日本海々戦は実に有史以来未曾有の大勝利、意ふに曠前絶後の大成功ならんか、此の海上権の掌握は忽ち米国大統領の媾和勧告の機を作り、我媾和全権委員は既に渡航中にありて着米の期も遠からす、其際樺太島占領其緒に就き他の方面の戦局も追々発展可致、媾和談判上には好影響を及ほすことゝ被存候。陸海軍将卒の忠誠壮烈着々偉功を奏するは感喜賞歎の外これなく候。然し外交の手腕に至ては果して如何、露国の狡猾なる清国の横着なる独国の陰険なる等少しも油断ならさるものと被存候。殊に現今政府の清韓に対する方策は極めて機敏閉塞を要し候事ならん。

尊兄には常に深く対清の御考案も有之に付ては何率時々政府に御忠告相成、場合に由りては大に進んて御尽力被下度懇禱之至に候。対清策其宜しきを得すんは東洋の覇権を握ること恐くは難かるへく、此大戦争の効果を減殺するに至るへし。

乍末筆奥方様へも暑中御見舞申上度候間、宜しく御鳳声相願候。時下御自愛専一奉禱候也。頓首

七月二十日　　　　　　　　　　　　　　直彬

大隈仁兄研北

尚々書中誤字抹殺の所有之、御海恕被下度候。御一覧後は丙丁。

（福岡市博物館所蔵）

44―112　鍋島直彬書翰　大隈重信宛

（明治三十九）年二月三日

冱寒之候逾御健勝奉賀候。扨直映君前途之事に就ては小生常に焦慮罷在候処、這回厚き御配慮に依り伊藤統監にも承

諸相成同侯と倶に御渡韓府務に御従事之趣、直映君の御為めは申すに及はす侯爵家の御為め欣躍慶祝言辞に尽し難く、是れ全く尊兄百事鍋島家の為め御尽し被下候積年の御誠意の貫く所と支家たり近親たる直彬に於て深く御礼申上候。早速参上可仕之処両三日少々不快にて不得外出、直映君御出発前には必昇堂御高見をも拝聴、猶又相願候義も有之候。直彬よりも直映君へ十分忍耐、前途の成功を期し御勉励相成候様可申上積りに候。実に創業大事の時期、侯爵家の世子として国家の為め御尽し相成候は無此上御事と、呉々も尊兄の御厚情銘肝仕候。御渡韓後も万般御心副へ奉願候。尚一体の注意方桂次郎へ厚く御示し置被下度候。余は譲拝青之時候也。不悉

二月三日　　直彬

大隈仁兄尊下

（福岡市博物館所蔵）

44―113　鍋島直彬書翰　大隈重信宛

（明治三十九）年七月二十一日

酷暑之候逾御健勝国家の為め奉抃賀候。述者爾後は心外之御無音大闕礼仕候。過日村上博士へ之御添書は拝受仕候。同氏を拙邸へ相招き緩話、文学上宗教学上に就て面白話抔承り候。偖田舎に在りて親しく小民の生活情況を観察し、逾々政府及議会に於て無謀の財政計画は多数の人民を苦め国富の源を涸らし、国力発展の前路を遮障するものにあらさるやと憂慮致し候。四十年度予算は政府に於て如何の考察なるや、瞞着的の財政計画無之様切望する所なり。貴衆両院議員も真面目に其責任を尽ささるへからす。炎暑中は殊に御自愛奉禱候。奥方様へ暑中御見舞申上度、乍憚宜しく御鳳声相願候也。頓首

七月廿一日　　直彬

大隈仁兄研北

（福岡市博物館所蔵）

44-114 鍋島直彬書翰　大隈重信宛

（明治四十）年九月二十一日

拝啓　爾後者心外之御無音多罪々々。時下炎冷交代気候変換之際に候処、倍御健剛百般御尽力之御事国家の為め奉慶祝候。伊藤統監の尽力にて遂に日韓新協約成り、誠に可喜事に候。然し実際上其効果を顕はすことに於ては朝野とも一層力を入れさるへからさることゝ被存候。尊兄の方寸中には既に成竹を具せられ候御事と奉察候。扨本年は府下を始め各府県非常の水害にて、殊に両丹地方は実に惨状を極め気之毒千万、畢竟治水之事はいつも目前姑息の処置而已にて根本的研究を欠きたるの致す所、是は官民とも大に考ふへき事と存候。九州地方も或る県の或る場所に依り随分被害も有之候歟と存候得共、佐賀県の如きは幸に格別之被害もなく米作も予想より減収なるへしとの事に候得共、先々十分の作にて農民は喜ひ居候模様に候。府下は十六日以来又々降雨続きの様新聞に相見へ居如何之気候に候哉、兎角国家の為め御自愛専一奉禱候。乍憚奥方様へも御見舞申上度、宜敷御鳳声奉願候。時下御見舞旁寸楮草略に候也。頓首拝

九月廿一日

直彬

大隈仁兄研北

（福岡市博物館所蔵）

44-115 鍋島直彬書翰　大隈重信宛

（明治四十一）年一月五日

冽寒国の為め御自愛所禱に候。扨開国五十年史上巻速に御送付に預り、議会公務の暇孜々講究せは御庇に多少識見を進め得へく欣謝之至に候。明後七日伊藤侯［公］と御面話の結果遠からす拝承可致翹望罷在候。余は期拝青之時候也。頓首拝

一月五日

直彬

大隈大兄研北

二申　昨日は直大公拙邸へ御来臨相成談尊兄御心配相成居候事柄に及ひ、公の御心情深く察上候次第に候。

（福岡市博物館所蔵）

44–116　鍋島直彬書翰　大隈重信宛

（明治四十一）年一月十六日

降雪寒威相加はり候処逾御清康奉慶賀候。述者昨暁御別邸御累焼之事今朝新聞紙にて始めて承知、甚た相驚き乍延引御見舞申上候。扨例之一件に付て今朝宮内大臣へ面会、緩々対話十分熟談を遂け協議之末尚ほ歩を進め、聊か活動可致積に候。然し小生之微力其効果に至ては如何可有之哉、兎角尊兄之御尽力偏に所仰に候。余者其中昇堂委細御面話可仕擱筆候也。頓首

一月十六日　　直彬

大隈仁兄研北

（福岡市博物館所蔵）

44–117　鍋島直彬書翰　大隈重信宛

（明治四十一）年一月十七日

雪後之冽寒尊体如何、十分御自愛所冀に候。叉手今朝者土方伯を訪ひ一時間余例之事件に就て対話、同氏は先年同僚として君側に侍りたる旧交情有之、極めて懇切なる話も有之互に無遠慮に相談相出来候。同氏より尊兄へ伝言をも託せられ候に付、早速昨朝宮内大臣面会以来之事御報道旁参上可仕之処、来る十九日までは既に定まりたる要事有之、何分参趨難仕候に付御断申上置候也。再拝

一月十七日　　直彬

大隈仁兄先生研北

（福岡市博物館所蔵）

44-118　鍋島直彬書翰　大隈重信宛

（明治四十一）年三月十一日

春寒料峭積雪成堆是此不順の気候、尊体最御自重懇禱之至なり。誠に爾後は相済まさる御無沙汰御宥恕奉願候。昨今頗る多事、本日は少々腸胃を悪しくし在宅温保の傍ら貴族院之方の受持の事調査致居候情態にて、彌ケ上の失礼謝するに辞なく惶懼之至に候。扨新聞紙に近々伊藤公爵上京相成候様掲載有之、其事真にして若し御面会の好機も有之候はは何とそ彼の三侯爵家陞爵の事御相談被下度切願仕候。爾後大闕礼の御詫旁前件参を以て可相願筈なるを書中を以て請希候疎慢、御咎めを蒙らす候へは幸甚。頓首再拝

三月十一日　　　　直彬

大隈仁兄先生研北

尚々此不調の気候に候故呉々も国家の為め厚く御自愛奉祈候也。

（福岡市博物館所蔵）

44-119　鍋島直彬書翰　大隈重信宛

（明治四十一）年四月一日

拝啓　議会後は直に参上可仕筈之処、廿八日已後昨日まて風邪にて不得外出、最早平癒致候得共右之事情にて未た義務を了らさる向有之、今回五日闕礼仕候事と存候間何卒御寛恕被下度相願候。叉手来る十一日には閑叟公臨時祭典を肥前協会にて御挙行之趣、誠に御誠意の在る所感佩仕候。小生にも是非それまては在京の積りに候。要するにあらゆる手段を以て閑叟公の偉業を朝野に紹介するは頗る要務と存候。而して之を成すは一に尊兄の力に依らさるを得す。乍此上厚く御依頼仕候。孰れ其中昇堂万拝承可仕候也。

四月一夜　　　　直彬

大隈仁兄先生研北

（福岡市博物館所蔵）

44-120　鍋島直彬書翰　大隈重信宛

（明治四十一）年四月六日

過刻者御出掛り之際御邪魔致し恐縮候。定めて十一日之御計画祭文の完整等十分御着手相成候事と存候。鍋島家の事に付ては細大となく御配慮被成下、御蔭に小生の意を強くし候。十一日臨時祭典は実に千載の一時、偏に其効力の強大にして天下の耳目を聳動するに至らんことを切望して止まさる所なり。小生の如き家を以てすれは末家、身を以てすれは侄なり。而して宗家の老公叔父君の偉大なる功業を朝野に紹介して之を表彰し、其光輝を発揚せしむる能はさるは実に慙懼汗発背之至に候。切に尊兄之御尽力を奉願候也。頓首拝

四月六夕

直彬

大隈仁兄先生尊下

（福岡市博物館所蔵）

44-121　鍋島直彬書翰　大隈重信宛

（明治四十一）年四月十四日

不順之気候先以逾御健勝奉慶賀候。述者這回在京中も不相渝各般不容易御世話に相成奉万謝候。閑叟公臨時大祭者全く尊兄の御熱誠御配慮に依り盛に挙行せられ感謝辞なく候。其節の御演説中文久慶応頃の事に至て、小生に於ては頗る当時の実験ありしを以て非常の感に打たれ申候。当時佐賀の情況者実に危哉、岌々乎たりと云ふへく、若し閑叟公微せは佐賀之運命者如何なりしや料るへからす。今日にても其頃の事を回想すれは猶肌栗を生するの感有之候。痛切なる御演説に依り少壮年者等も当時の事を知るを得て、肥前人の元気を旺盛ならしめる事と不堪欣喜候。是れを端緒として愈々陞爵の盛典を現出するに至り候様、乍此上御尽力被下度懇願仕候。小生帰県期も段々延引、来る十六日頃より出発之積りに候。其前に是非とも得拝晤度候得共、或者不得暇隙心外之失敬仕候哉も難料候に付聊表微誠如此に候也。頓首拝

四月十四日

直彬

大隈大兄先生研北

（福岡市博物館所蔵）

44-122　鍋島直彬書翰　大隈重信宛

（明治四十二）年五月三十一日

拝啓　打絶心外之御無沙汰仕候。本年は別して不順之気候、気候最適順の称ある九州地方にして猶降雹等異常の兆候、然し幸に現下麦作養蚕等に格別の被害を視す、府下は殊に気候定まらさることゝ想像仕候。先以尊兄逾御佳勝各方面に御尽力国の為め奉慶賀候。扨輦轂の下之一偉大の学校たる高等商業学校の紛擾は誠に苦々しき事に有之候。過日佐賀中学に少々騒き有之候得共最早平常に帰したり。要するに教育界の事は当局者当事者飽まて熱誠を以て注意あり度ことゝ存候。小生田舎にありて殆んと観るへきの事業なしと雖も乍不及祖先育英の精神に原つき、教育上之事には聊か心を用ひ出来能ふ丈尽力候積りに候。然し御承知之通り之小生にて無能成る所なきは誠に慙懼之至、猶一般風俗上自治体の精神発達而して殖産事業の伸暢に向て聊か心配等致し居候。乍憚御休慮被下度候。呉々も此不順之気候に候間、十分の御保摂所祈に候。尚乍憚奥方様へ宜しく御鳳声希候。余り御疎情罷過候に付時下御見舞まて捧寸楮候也。

五月卅一日　直彬

大隈仁兄先生研北

（福岡市博物館所蔵）

44-123　鍋島直彬書翰　大隈重信宛

（明治四十二）年十月二十七日

爾後は絶て御無音背本意候。扨哈爾賓に於て伊藤公爵韓人の毒手に斃れられし電報を得て只々驚愕、国家の為め痛恨憤慨之至、韓国政府の責を問ひ同政府をして相当の道を尽さしむへきは当然の事なるへき歟如何なるもの歟、箇様の事の公法又は事例の如き小生に者誠に不案内に有之候。事態容易ならすと存候に付急に上京御高説拝聴仕度候処、来月六日は亡母十三回忌日に相当、菩提所に於て仏事相営み候に付是亦子としての已むを得さる務に付右相了り直に上

京可仕考に御坐候。不遠中拝青万縷申述可仕候也。頓首拝

十月廿七日

直彬

大隈大兄先生研北

（福岡市博物館所蔵）

44―124 鍋島直彬書翰 大隈重信宛

（明治四十二）年十一月十九日

逾御健勝奉慶賀候。述者上京後速に参上可仕筈之処過日十六日外出途上人力車より転落、乍卑陋臀部及外股辺を打撲し爾後疼痛を感し十七日より今日まで外出不相叶在宅静養罷在、為めに心外之失礼仕候。最早痛部も大凡治癒致し候に付、明廿日之同仁会大会に者勉めて出席可仕存候。孰れ拝青御詫可申上候得共余り失礼罷過候に付、御断旁呈寸楮候也。

十一月十九日

直彬

大隈仁兄先生研北

（福岡市博物館所蔵）

44―125 鍋島直彬書翰 大隈重信宛

（明治四十三）年三月十三日

爾後は心外之御無沙汰多罪。現今不順之気候此地にてさへ猶風雪雨霰あり、都下の気候想像するに堪ゑたり。先以尊兄逾御勇健国家の為め社会のため奉慶祝候。此不気候之時季特に御自愛奉禱候。小生には病後医の勧告に依り此地に転し日々運動、体力大凡旧に復し遠からさる中帰京可仕心算に候。貴著国民読本早速購読、誠に御注意の厚き敬服仕候。地方青年団等をして善く咀嚼玩味せしめは其効果の及ふ所実に宏大なるものあらん。此上尊兄を煩はしたきは歴史的道徳文明の発達進歩せし跡、及将来国民の百尺竿頭に一歩を進むへき心掛けに就て教訓的に国民読本大全と云ふ如きもの御著述相成度、隴を得て蜀を望むの欲望を内陳候。小生には今後大に国民読本を講究し立憲国々民の精神を発揮せしむることに努めんと欲す。呉々も時下御自愛専一奉禱候。不尽意旅窓略対匆々に候也。

三月十三日

大隈仁兄先生研北　直彬拝

（福岡市博物館所蔵）

44―126　鍋島直彬書翰　大隈重信宛

（明治四十三）年九月十六日

爾後は御無音闕礼仕候。洪水後の府下者如何之気候に候哉、尊兄には倍御勇健不相渝各方面に向て御尽力為国家奉慶祝候。扨過る八月卅一日華族への御沙汰は森厳荘重、直彬に於ては難有中実に惶懼措く所を知らす候。明治四年以来華族には特別なる厚き御訓諭を賜はり候事三四回に止まらす、世に知れさる学習院臨幸華族会館臨幸の節の如きも篤く御訓戒を賜はり、今に至て又々軫念を煩はし奉ることあるは実に恐懼之至にして、華族たるもの深く自ら内々省み大に自ら責むる所ありて感憤激励、有為の気象を養はさるへからす。否らすんは国民一般の華族に対する望は逾々絶無に帰し、新附の人民に対しての活動抔者到底思ひも寄らさる事に候。過る十二日には華族会館に於て時勢に徴し懇篤痛切なる御話し被成下難有奉感謝候。本年はいつもよりは少し早く上京可致、不遠中拝顔親しく教誨を請ふへく相楽み候。不尽意草々に候也。頓首

九月十六日　直彬

大隈仁兄先生研北

（福岡市博物館所蔵）

44―127　鍋島直彬書翰　大隈重信宛

（明治四十三）年十二月一日

爾後者心外の御無沙汰多罪、謝するに辞なく候。近来別して不順の気候に候処先以逾御健勝為国家奉慶祝候。非常なる御配慮と国民多数の同情とに依り南極探検隊も芽出度出発相成、帝国文明の為め祝賀之至。小生義候〔侯〕爵の御病気に全く心を奪はれ他を顧みるに遑あらす、而して此三四日腸加答児にて少々相悩み、それゆえ弥ケ上失礼仕候。過般来直縄の縁女相定め候事に心配し、永

田町に於ても御満足御承諾を得て漸々然るへき縁女略内定の場に至り候得共、未た公然発表して差支なきまてには至らす候故、得拝青候はは精しく可申上存候得共、書面にて申上候事丈は今四五日相控へ申候。此縁談愈内協議相互間に相定まり候へは、直に尊兄に御媒妁相願、是非とも年内には結納相整へ度希望に有之候。医師より外出を許されす、拝晤を得て精しく申上くるに由無きは遺憾に存候。右之分御含置被下度予め内申仕候也。

十二月一日

直彬

大隈大兄先生梧右

尚々乍憚奥方様へ宜しく御鳳声相願候也。

三申　病中乱毫御宥恕を請ふ。

（福岡市博物館所蔵）

44−128　鍋島直彬書翰　大隈重信宛

（明治四十三）年十二月八日

逐日寒気相加はり候処先以逾御健勝国の為め奉慶賀候。小生過日少々風邪、最早平癒于今御無沙汰御申訳無之候。永田町も漸次御軽快に被為赴候御模様に候。扨過般略申上置候直縄の配偶を求め、此度徳山毛利現戸主毛利元秀子妹政子を貰受度、此方よりの要求向方に於ても異議無之事に相運ひ候に付、両三日中小生参上、御媒妁相願候順序可相立存候に付、此段御含み置被下度予め相願置候。右之次第奥方様へも申上度候間、乍憚宜敷御申上被下度是亦相願候也。早略頓首

十二月八日

直彬

大隈仁兄先生研北

（福岡市博物館所蔵）

44−129　鍋島直彬書翰　大隈重信宛

（明治四十三）年十二月十日

逾御清適奉慶賀候。述者本日は毛利男〔子〕方へ御使を以て御媒妁被成下、其上直に小生方へ特に御報知に預り、周密懇到之御配慮不相渝御厚情感佩奉深謝候。是にて御蔭に表向順

序相立ち、我々夫妻は申すに及はす在東京旧臣重なる者等皆々大喜に御坐候。此上今後之事猶宜敷御依頼仕候。奥方様へも御礼申上度候間、乍憚可然御申上被下度候。其内拝趨御礼可申上候得共、先以て寸楮如斯に御坐候也。頓首

十二月十日　直彬

大隈大兄梧右

（福岡市博物館所蔵）

44―130　鍋島直彬書翰　大隈重信宛

（明治四十四）年二月九日

爾後は心外之御無沙汰仕候。目下春寒料峭気候不可人尊体殊に御自重所禱に候。小生には御蔭に無異貴族院の公務を欠かさる丈の勉強は致し居候間、乍憚御放念被下度候。正二位公にも大磯御転地後此節者御運動の程度も相加はり候由、漸次御全復祈念之至に候。正二位公之御健否者其及ほす所の影響尠少ならさる事と相考、小生には頗る憂慮罷在候。祖先神霊の擁護に依り速に旧健康に御復し相成候様禱望之至に候。乍末毫奥方様へも時下御伺申上度、宜敷御鳳声相願候。徳山毛利子爵も本月は上京之筈、其上は前途諸般打合せ結婚に付ての順序可相定存候。余者譲拝青之時候也。

二月九日　直彬

大隈仁兄先生尊下

（福岡市博物館所蔵）

44―131　鍋島直彬書翰　大隈重信宛

（明治四十四）年三月三日

拝啓　時下不順之気候に候処逾御清勝為国家奉大賀候。誠に其後は心外之御無沙汰仕多罪陳謝するに辞なく候。御海恕被下度候。偖家児結婚之事御蔭に宮内省へ之願も速に認許を得候に付、毛利家と協議之上永田町の御内意をも相伺、婚姻期日を来る四月九日と決定仕候。勿論右期日相動き候事は無之と存候得共、頗る余日も有之候に付未た表向の御

報道者不仕、不取敢小生より先以て御内々為御知申上候。奥方様へも右之次第乍憚よろしく御申上被下度奉願候。御懇切なる御配慮之結果何事も都合好くすら〳〵と相運ひ奉深謝候。結婚の時期近つくに従つて逾々益々何歟と御世話可相成厚く御依頼仕候。小生近来大に感する所ありて社会政策の講究罷在右に就て高誨を得度、尚閑叟公御伝記之事等も相伺度過刻参上仕候処御外出中にて不得拝晤、必其内重ねて拝趨可仕候。不尽意。草々頓首拝

三月三夕

直彬

大隈仁兄先生研北

（福岡市博物館所蔵）

44–132 鍋島直彬書翰　大隈重信宛

（明治四十四）年四月十四日

拝啓　昨日は披露会芽出度無滞相済難有御礼申上候。本日は御使を以て来る十九日御懇招を蒙り欣々として参上可仕厚く御礼申上候。尚成瀬女子大学校長よりの案内状及執行順序書共数葉御贈付被下必常子へ送り遣はすへく是亦先以小生より御礼申上候。昨日は御疼痛未た御全癒不相成際、会館楼上楼下御昇降嘸々御難渋なりし御事と察上候。本日あたりは為めに御痛み相加はり候様の御事はなきやと懸念罷在候。孰れ十九日に参上万可奉謝候也。

四月十四日

直彬

大隈仁兄先生研北

（福岡市博物館所蔵）

44–133 鍋島直彬書翰　大隈重信宛

（明治四十四）年五月二日

拝啓　時気猶不順に候処拝別後倍御安泰不相渝各方面に御尽力の御事と邦家の為め奉大賀候。小生在京之節は例年何歟と御世話にのみ相成候処、殊に本年は家児の結婚に就て始終尊兄を煩はし奉り、御蔭に諸般無滞首尾好く相整はり其上御懇招を蒙り厚饗を辱くし奉感謝候。出発候際は早朝態々停車場まて御見送り被下、重々の御厚情辞に尽し難く

感銘仕候。若夫婦には御蔭に旅中も至て元気よく過る廿六日に鹿島安着、筑前地より出迎人陸続有之、武雄より鹿島までの出迎人非常に多く、廿八日廿九日両日奉告祭を挙行し、鹿島中各町村より種々余興の催し等有之、田舎相応に賑ひ鹿島士民殆んと狂するか如く欣々然、若夫婦を歓迎するの至情事々物々に現出し小生に於ても満足仕候。東京に於ての御礼且御安心を冀ふ為め此地の情状を概記し御報道旁如斯に御坐候。乍末筆奥方様へも御礼且御見舞申上度候間、御序に宜しく御申上被下度相願候也。頓首再拝

五月二夜　直彬

大隈仁兄先生尊下

（福岡市博物館所蔵）

44―134　鍋島直彬書翰　大隈重信宛

（明治四十四）年五月三十一日

爾後は御無沙汰仕候。本年は此地方も気候頗る不順、東京附近は処々降雹等有之候由、随て極めて不気候之事と想察仕候。先以尊兄倍御剛健各地御巡歴誠に御壮之事にて為国家奉抃賀候。然し気候変換之際は別して御自重御保愛奉祈候。直縄夫婦在鹿中旧臣民一般之歓喜不一方、其至誠事々物々一挙一動に現はれ小生にも大に満足仕候。将来直縄夫婦の為め拙家の為め無此上幸福と存候。直縄前途之事に就ては尚宜敷奉願候。乍末筆奥方様へ時下御伺申上度、乍憚可然御鳳声被下度候。佐賀県下麦作は平年作或は平年作以上との事、全収穫まで天気都合好く候はは農家困難中の仕合せならん、農民の情態は誠に気の毒に存候。今日之儘にて長く経過せは国民中の六割に居る農民は次第に疲弊し、妄りに都会之地に集中し国家の衰運社会の紊乱を徠たすやも料られす、我国現下の社会政策は寧ろ農村振興策にあらん歟。贅言は斯に止め擱筆候也。

五月卅一日　直彬

大隈仁兄先生研北

（福岡市博物館所蔵）

44—135 鍋島直彬書翰 大隈重信宛

（明治四十四）年七月十九日

酷暑之候に相成候処東西とも本年は炎熱殊に甚しき歟と被存候。先以逾御健勝不相渝諸般御尽力為国家奉抃賀候。本月十日より我々親子夫妻四人此地に（別府温泉場）相集り、一家団欒之保養無此上楽み幸福之至に候。直縄洋行期も追々近つき頻りに心配罷在候。乍此上兎角宜敷奉願候。奥方様へも暑中御伺申上度、乍憚宜しく御申上被下度候。草々頓首

七月十九日

直彬

大隈仁兄先生研北

（福岡市博物館所蔵）

44—136 鍋島直彬書翰 大隈重信宛

（明治四十四）年九月十三日

拝啓　家児洋行に就ては全く御高配に依り永田町にて万般御世話戴き、平素諸般御厄介にのみ相成居候上又々尊兄を奉煩候段実に恐縮仕候。永田町に御打掛り仕候事は余り無意気地行為にて不本意千万、多少財本を欠きても自力にて何とか致し度相考候得共、家政に関し者共皆異口同音に右様なる将来の目途もなき無謀なる瘠我慢を為し、累を後毘にまて貽す如きは直縄に対しても宜しからす。寧ろ永田町に懇願候方可然と云ふ訳にて遂に其運ひに至り、厚き御配慮之御蔭を以て洋行の志願も相達し候事に相成、慙懼之側安心仕候。実者拙家小なりと雖も明治十八九年頃の東西家政の紊乱小生の概算を以てするに、凡そ十八九万の財本を失亡せしかと存候。是畢竟小生の理財に迂闊なるの致す所にして人を尤むる訳無之、只々遺憾に存候而已。尤先年来専門技師に依頼し十三年計画之殖林事業に着手致し居候に付、直縄の世代に相成候はは年々山林の収入増加致すへく、小生一代非常の節約を旨とし辛抱致し候外無之候。今朝は御痛所も有之際特に御見送り被下、一家の光栄感銘

奉深謝候。扨便乗の加茂丸十七日に門司に入港、同処にて見送り人も多数可有之歟と存候に付、我々は十五日朝より出発、門司にて相会し分手致し候積りに候。此度の御礼且告別の為め参上可仕は勿論に候得共、何分不得暇隙、甚以相済まさる次第恐縮仕候。此度は心外之失礼仕候に付、何率御寛容被下度相願候。右要事而已。匆々如是に御坐候也。

九月十三日　直彬

大隈大兄先生研北

（福岡市博物館所蔵）

44-137　鍋島直彬書翰　大隈重信宛

（明治四十四）年十月一日

逾御勇健為国家奉慶賀候。述者在京中は不相変御懇配を蒙り、殊に厚き御配慮に由り直縄独逸国留学の志を達するを得て拙家の幸福之より大なるはなく、実に感佩鳴謝之至に御坐候。其出発之際は早朝特に新橋まて御見送り被下光栄之至、厚く御礼申上候。直縄には旅程如予期九月十八日門司港出船後無事平安上海香港とも着港時々電報到達、御蔭に安心仕候。明二日は必新嘉坡へ安着仕候事と存候。小生義八月末頃気候に中てられ少々熱発体候常を失ひ居候際推して上京、在京中はパン若くは粥にて生活致し居候状況其儘に直縄門司出発まて心配抔致し帰郷、程なく肋間神経痛にて閉口執筆不相叶、それゆえ誠に相済まさる心外の闕礼仕候。何卒御宥恕被下度相願候。乍憚奥方様へも在京中之御礼御伺申上度候間、宜しく御鳳声被下度候。時下不順之気候爾後神経痛の御症は如何哉、呉々も篤く御自愛御自重所禱に候。不尽意。草略頓首拝

十月一日　直彬

大隈大兄先生研北

（福岡市博物館所蔵）

44-138　鍋島直彬書翰　大隈重信宛

（明治四十五カ）年三月十八日

昨日は御繁用之際参上、誠につまらない事柄を以て奉煩御

配慮候処事情御憫諒被成下奉感謝候。兎角宜敷奉願候。扨今日鍋島資高氏拙邸に相見へ、此節佐賀に瓦斯会社創立に付御蔭に是迄経験し得たるものを以て此度佐賀の会社に従事し、創業の際専務取締役の地位を得て飽まて勉強尽力致し度との冀望至極可然義と被存候に付、何卒本人の望通りに相成候様御心配被成下度小生よりも御願仕候。余者譲拝青之日候也。頓首拝

三月十八日　　直彬

大隈仁兄先生研北

（福岡市博物館所蔵）

44－139　鍋島直彬書翰　大隈重信宛

（明治四十五）年五月二十二日

逾御健勝為国奉慶賀候。述者政子事御蔭に五月十九日午前十一時四十五分至て安らかに分娩、極めて丈夫なる大きな男子出生体量三千七百瓦、実に拙家の大幸福なり。出産後母子とも至て安全、乍憚御休慮被下度候。早速御祝電且御鄭重なる御祝品を賜はり家内一同難有厚く御礼申上候。乍末奥方様へも御礼申上候間宜敷御申上奉願候也。頓首拝

五月二十二日　　直彬

大隈仁兄先生尊下

（福岡市博物館所蔵）

44－140　鍋島直彬書翰　大隈重信宛

（明治　）年一月七日

新年連日之雨天困入候。閣下愈御清祥万祝。扨新宿試験場内に試植相成候米国アップランド産之草綿種幷極上品インヂコ種旧県へ為植試度、先以極聊御払下相願候義は叶間敷哉、閣下之御考量を以其筋へ可然御咄被下御周旋之程偏に奉願候。爾後打絶失敬罷在候に付、御庭園植物拝観旁不遠参趨之心得に御座候。過日奉願候酒見生（愛野捨五郎事）官途に就き旁ら植物学勉強相出来候様御引立呉々も奉依頼候。猶拝姿万縷陳述可仕候。頓首再拝

一月七日

尚々過日酒見生参殿候処御留主に而引取候趣、重ねて参上候はは何率御逢被下同人之志願等も猶委敷御直問被下度候。頓首

［巻封］大隈公閣下　　直彬

（福岡市博物館所蔵）

44―141　鍋島直彬書翰　大隈重信宛

（明治　　）年一月十八日

尊書之趣拝承候。此一週間許喉頭加答児に而平臥温保罷在御無沙汰仕候。偖門馬氏之事に就て縷々御示諭之次第誠に御入念之至、同氏には小生年来之懇意なるのみならす鹿島学校に於て勤勉之末に候間、這回議員候補にも選定せられ者同氏之名誉小生に於ても無此上満足、即ち鹿島学校へも右之次第申遣し候事に致し候。此段拝答而已。匆々頓首

一月十八日　　直彬

大隈大兄研北

（福岡市博物館所蔵）

44―142　鍋島直彬書翰　大隈重信宛

（明治　　）年一月二十日

前略　今や一日寸刻も早く百事立憲政体の精神に一変し、公明鞏固施政の機関渋滞せす、朝野相敵視する情態を脱化し、速に前途の方針を確定せられすんは、恐くは国家の事復た収拾す可からさるに至らん。是れ小生之喋々を俟たす、而して今日の事たるや唯頃日之事速に熟し、政権原つく所ありて尚政治上の眼を具へし人を二三内閣に入れられ、其他枢要の地に政治の思想と学問あるものとを置かれ、而して始めて小生の憂痛解け安眠を得候事と存候。小生之神経を疼ましむるは如何様にても佳しと雖も独り国家を如何せん、特に陛下を如何せん。盟兄何率十分の御工夫を以て事一日も速に成るに至り候様天地に禱り切望仕候。此度之事万々一成らす或は成るも延引遅緩するに至らは、最早時機を失し、到底挽回す可らさる不幸に陥る可し。其時に至りては如何なる英雄豪傑と雖も国家の供福を維持すること実

に難たかる可し。唯偏に一日も早く事の成らんことを切禱々々。頓首再拝

一月二十日　　直彬

大隈大兄

尚々御一読後者早々御焼捨奉願候。

二白　何率盟兄の名節を汚すに至らさる限りは大概之事は御堪忍。是又切禱。

（福岡市博物館所蔵）

44-143　鍋島直彬書翰　大隈重信宛

（明治　）年一月二十二日

拝啓　爾後は心外の御無音怠慢之至、御海恕を請ふ。時是厳寒御近履如何哉、国家の為め御自愛奉禱候。述者過日古川を招き侯爵家に於ける韓国農事経営之事、最初中野が発言以来今日に至るまての事情精しく相尋ね候処、韓国農業の利益尠なきとかの評判佐賀あたりに流布し、中野も今は余程趦趄躕躇之模様、一体に只々何となく危疑致し居、且目下直に事業資金を投することの困難と申位の話にて別に深き理由も無之に付、小生は初めより之を賛成せし所以徹頭徹尾賛成なる次第を申聞け及熟話候処、永田町に於ても決して之を不可なりとして為さゝる積りには無之と申事に帰著し、愈々着手の時に至れは財源の見込も可有之確め得たり。然し目今直に多額の金円を出すことの到底行はれ難きを看取候に付、更に小生の意見として直映君自ら中野其他農業土木等専門の技師を率ひられ御渡韓相成、第一根拠とすへき適当の場所地質水利、若くは植林且農業に就ての習慣利弊等細かに実地に就て調査計画を定められ候様有之度、右旅費及調査費の如きは多くも三四千円を超ゑさるへくに付、此段御決定相成度旨申述置候。古川も異議なく同意致し候。小生之考にては速に右之御決定相成実際を調査せられ、傍ら財源の工夫有之方事速に順序立ち行はれ易きことゝ存候。只々いつまても金が無いとか韓国農事はあぶなしとか、座上架空の想像而已にて日を暮すか如きは面白からさるに付、小生には前議を取り候事に致し候。此事親しく御話仕度存候処此五六日風邪にて加養罷在、尚是より議会之方担当之件有之参上候義段々延引可致存候に付、先以一書梗概申上置候也。頓首

一月廿二日

大隈大兄研北

直彬

（福岡市博物館所蔵）

44−144　鍋島直彬書翰　大隈重信宛

（明治　）年一月二十八日

前略　昨鳥者失敬相働候。扨愛野生之事段御懇配被成下難有奉謝候。早速同生へ申聞候処頻に勧喜、明廿九日午後三時後より四時迄之中必参殿可仕と申居候。同生義者既に学齢をも相超居候に付何率等内に御用被下、左なくは寧ろ御雇之名義にして捷径を践み、実地習学相出来候様乍此上相願候。其中御庭拝見旁少々御咄等申上度義も有之候に付是非参上緩々拝晤仕度候也。頓首拝

一月廿八日

尚々本日者参上右等之次第御直に申上度候得共、奈何せん風邪にて温保罷在其義不相叶因て書中申上候也。

［巻封］大隈公玉翰下拝呈　直彬

（福岡市博物館所蔵）

44−145　鍋島直彬書翰　大隈重信宛

（明治　）年一月二十九日

風雪連日寒気難凌候処閣下倍御清祥奉抃賀候。述者今日華族会館に於て柳原議官へ面会候処、各国貴族之体裁等に付御尋問仕度義有之候間近日中僕同伴に而参上一夕緩々御高話拝聴仕度、就而は何日何時に参殿仕候而可然哉僕より相伺呉候様嘱托に付、乍失敬時日之義此家僕まで御示し被下度奉伏願候。恐々頓首

一月廿九日

鍋島直彬

大隈公

（福岡市博物館所蔵）

44―146　鍋島直彬書翰　大隈重信宛

（明治　）年二月二十一日

梅天陰鬱之候先以愈御清勝慶賀。扨近来は殊に御繁忙と奉察候。此際申上兼候得共此度九州鉄道会社々長仙石氏上京候由、若し御面会相成候はは過日永田生より相願候件親しく御咄し置被下度相願候。百般尊兄を而已煩はし候得共、是又不得已次第御諒恕被下度候。用事迄。匆々

二月廿一日　　直彬

大隈仁兄研北

（福岡市博物館所蔵）

44―147　鍋島直彬書翰　大隈重信宛

（明治　）年三月十五日

時下不順之候に候処逾御清壮奉賀候。小生義三四日咽喉腫起医師之為め寒風中外出を禁せられ、爾後御無沙汰背本意候。扨兼て御承知之鹿島人永野静雄（愛野静雄、永野の養子となれり故に姓変せし）私用にて上京、地方之事情に付て御含迄御咄し申上度件有之趣（最内申なるへし）、夜分抔参上可仕に付何率暫時にても御面会被下度相願候。○藤津即小生旧郷は英語学校も御蔭に先々少しは進歩（法律経済の二科を兼ね拵ゆるもの）、他県よりも追々留学生抔有之由先安心なり。然し小生之補助も不十分にて校力微々愧入候次第なり。士族就産之事等も少々つゝ著手、何も御承知之通鹿島之方は百事不活潑にて小生にも頻りに心配罷在候。○別紙微誠録御内々汚尊覧候。少々にても快方に赴き候はは昇堂猶御高誨を可煩候。久しく不得拝首煙辺養痾中走筆匆略如茲に候也。

三月十五日　　直彬

大隈大兄

尚々此翰御一読後者御焼捨相願候。

（福岡市博物館所蔵）

44-148　鍋島直彬書翰　大隈重信宛

（明治　）年三月二十日

過日は参上不相変御懇待を蒙り難有奉鳴謝候。偖帰宅之後原任職に付而御咄しの次第本人へ申聞候処頻に感悦閣下之恩徳知遇の厚きを仰き、内務課に候はは稍慣習致し居候事に付猶又奮発御奉公可申上と無此上難有かり。可然序も候はゝ先以小子より宜敷申上置呉候様申出候。何率閣下之御英断を以乍此上速に其命相降候様被為成被下度、偏に奉懇祈のみに御座候。尊邸へ拝趨後岩公へ罷出御咄しの余原一条に及ひ候故閣下思召之次第精敷申置候間、右様御承知被為成置度奉願候。恐々

三月廿日　　直彬

大隈公

（福岡市博物館所蔵）

44-149　鍋島直彬書翰　大隈重信宛

（明治　）年三月二十一日

春寒猶未退候処逾御清裕慶賀。然し爾後は諸般御配慮御繁劇と奉察候。偖逾来る四月四日出発帰県候事に相決し、其前告別の為め昇堂之積りに有之候処、児直縄を引取り倶に帰県候に就て平常以外に紛糾、最早何分日子乏しきに至り甚以不相済次第に候得共、昇堂告別之礼を闕き申候。御海容被下度候。乍憚皆様へ宜敷御鳳声相願候。国の為め御自重奉禱候也。

三月卅一夜　　直彬

大隈仁兄研北

（福岡市博物館所蔵）

44-150 鍋島直彬書翰 大隈重信宛

（明治　）年四月四日

前略　昨日者不相渝御懇諭を蒙り奉鳴謝候。偖彼の内部錯盤の事情始めて承り憤慨之至に候。別紙其筋へ差出し候意見書供御内覧候間御一読被下度候也。頓首

四月初四　　直彬

大隈仁兄先生梧右

［別紙］

謹みて惟ふに名爵は陛下の御大権に属するものにして、固より軽々しく授くへからす。而して与ふへきものには之を与へ又毫も吝なるへからす。人臣にして敢て名爵の事を云ふ。其僭越冒瀆の譴免るへからす。直彬既に僭越冒瀆たることを知りて而して猶黙止する能はさる所以のものは何そや。陛下の功臣を御優遇遊はさるゝの叡慮を奉戴し維新御大業の光彩を発揚し帝国隆運の起因を表明せんことを冀ふの微衷に外ならす。夫れ維新の御大業は大義名分の然らしむる所皇室御盛徳の致す所なりと雖、内にしては公家忠誠の人あり、外にしては武家勤王の藩あり、以て維新御大業の確立を速にし此の赫々たる文明の礎を建つるに至りしこと何人も疑はさる所なるへし。夫れ然り、然らは則ち公家武家にして艱苦尽瘁或は大政の参画或は軍事の功労若しくは藩籍奉還の主唱又は文明の率先等総て偉績あるものは一の遺漏なく之を表彰せらるゝこと又自ら明治昭代の活歴史として以て万世に誇耀すへく、尚ほ後進者をして奮励感発せしめ前途の隆運に資するに於て其効最も著大なるものあらん。而して之を表彰せらるゝは、其爵を陞せられ父祖の光栄を永く子孫に伝へしむること極めて適当の恩典なるへし。而して旧公家武家の有爵者中其選に当るものあるへきを信すと雖敢て其人を枚挙直指せす。宜しく周密公平なる調査を遂けられ此盛事を挙行せられんこと直彬の悃冀切望する所なり。謹言

子爵鍋島直彬

（福岡市博物館所蔵）

44-151　鍋島直彬書翰　大隈重信宛

（明治　）年四月二十六日

厥后は御疎闊罷過背本意候。扨愛野生陞転一件者如何哉、最早本月之処も余日無之、固より閣下之御考有之事故不成義無之と安着仕居候得共、御用繁之御事に付邇来如何之御都合に候哉。万一勧業寮中或は大蔵省内に於も御周旋被成下候訳に難至候はは猶又他に勘考之次第も有之、重ねて御相談申上度筋有之候。愛野にも既に月末に相成、如何之御模様歟と延領相待居候に付、何率御繁劇之際屢御催促申上兼候得共、至急相運候様乍此上奉依頼候。尤此節は願くは旧十二三等位之処に拝命候様偏に奉懇願候。何れ両三日中参堂猶委詳陳述可仕候。頓首拝

四月廿六日

直彬

大隈賢兄硯北

（福岡市博物館所蔵）

44-152　鍋島直彬書翰　大隈重信宛

（明治　）年五月二十一日

時下愈御清勝奉賀候。述者有田平林之少年（名は専一）之事、此地之都合一通り相分候迄上京不致様申通し有之候処、今日突然上京敝邸へ罷越候。目今手塚にも帰県中旁何共致し方なく、既に上京候上者最早何れとか不致候ては不相済、実は当惑仕候。同人参上仕度一書付托致し呉候様申出候に付、寸楮同人に托し此段申上候。乍此上何と歟御工夫奉願候也。

五月廿一日

直彬拝

大隈大兄

（福岡市博物館所蔵）

44―153　鍋島直彬書翰　大隈重信宛

（明治　）年五月二十二日

愈御清祥奉賀候。一昨日者拝趨不相変種々御高誨を蒙り奉鳴謝候。尊邸へ西岡其他参集之日限尚茂彬より可相伺候得共、廿四日歟廿七日廿八日廿九日之中なれは何日にても小生は差支無之候。何率日限御定め相成御指示被下候様奉願候。扨相願候旧臣山崎荒太郎参上候に付、暫時御面接被下候得者小生に於ても難有奉存候。右之人即御依頼申上候。商業学に志し是非卒業之上県地実際に及ほし度志願にて、小生にも隠然賛助候に付可然深御依頼仕候。匆々頓首拝

五月廿二日

直彬

大隈大兄

（福岡市博物館所蔵）

44―154　鍋島直彬書翰　大隈重信宛

（明治　）年六月十一日

爾来者御疎闊背本意候。扨唐突申上兼候得共原忠順義近頃出京罷在候。尤廿日頃よりは帰県之筈に付、現今差付可然奉務之場所共は有之間敷哉、御考被下度候。何れ一両日中拝顔猶御考慮可奉伺候。頓首再拝

六月十一日

直彬

大隈賢兄研北

（福岡市博物館所蔵）

44―155　鍋島直彬書翰　大隈重信宛

（明治　）年六月十三日

寸楮敬呈。過日は告別之為昇堂不相変長坐御妨け仕候。偖前途種々御心配奉察候。呉々も為国家御自重奉禱候。小生

にも愈明日より出立帰郷候。十月には重ねて上京直に拝趨、尚御高説拝聴可仕候。門馬尚経には御承知之通格別に尊兄の保護を蒙り常に感戴致し居極正直に大奮発精神家に候間、何卒将来逾用だち候人に相成候様御心配被下度、特に小生より相願候。匆々頓首

六月十三日　直彬

大隈大兄研北

（福岡市博物館所蔵）

44-156　鍋島直彬書翰　大隈重信宛

（明治　）年六月二十一日

爾後は心外之御無沙汰仕候。今両三日者方々約束有之何分参上不相叶失敬仕候。其中愛野生同伴参趨可仕存候。扨段々盟兄の御心配の為めなる可く印刷局に於て雇日給金二拾銭位之処如何哉との事忠之へ内沙汰有之たる趣、是も盟兄御配慮の訳を以て方今為し難き所を無理に考相成候事と被察候。然し何も今日に至り一月二月を争ひ候程の事に無之、幸に盟兄の御工夫を以て何れの省へなりとも二拾五円内外にても被給候所に奉職候様、小生に於ては希望候。過日御勘考も有之候通、強て六ケ敷印刷局へ一月五六円位にて職務に就かさるも、今暫く相待ち大蔵省と歟工部省とか何れの省になりとも奉職致させ度、是小生之願なり。精しき事は本人より可申上候に付、可然御差図奉願候也。

六月廿一日　直彬拝

大隈大兄

（福岡市博物館所蔵）

44-157　鍋島直彬書翰　大隈重信宛

（明治　）年六月二十五日

向暑之候逾御清勝奉賀候。述者先頃より専ら天機伺の為め上京可致存候処老母病気にて未た発程致さす、今一両日を経は老母の気体も平復可致、必両三日中より出発之心得に候。此度の上京は全く天機伺の為ゆへ、何も言はす何も為さゝるの決心に候。深く憂ふ、前途内外の事如何。直彬は

十余年間微誠のある所毫も動くことなし、一に望を皇室に掛け奉るのみ。前述之次第にて十日内外滞京の予定、行李一つにて上京候。着京候はは直に昇堂御高話拝聴可致相楽居候。時下御見舞旁寸楮草々に候也。頓首拝

六月廿五日　　直彬

大隈大兄研北

（福岡市博物館所蔵）

44―158　鍋島直彬書翰　大隈重信宛

（明治　）年六月二十五日

爾後者御疎情。扨来る廿八日迄は会館之事や其他兼約等有之何分参堂不相叶、多分廿九日日曜には差繰拝趨可仕（愛野生を伴ひ）存候。近頃面白き可然邸地手に入る可き都合有之、然に家来共之考にては可成徒に金円を遊はせるは得策に有之間敷、可成今之邸地売却一件見込大抵相付候上購求之手段に掛り候方良計ならんと是亦最なる考に付、若し例之向にて望無之景況に候はは芝紅葉館は平素余程敝邸迄合併せんことを希望し居、数万円を出す之金主即社員無きため遺憾に思ひ居候由側に承り候。就ては紅葉館に於て好方法相立て相当代価に買求候様之御工夫は相出来間敷哉、又は何れの向歟三万已上の金額を出し能ふ人へ御周旋被下候御明案は無之哉、勿論一時に代価金額を要するに及はす、慥なる証拠と慥なる約定とさへあれは先半額位を要し、後半額者本年中にとか何とか云ふことに相成候ても宜しく、種々速なるを好しとする事情内外有之（大に目的予算計画を為んと欲す）候に付、小児の申分の如く御催促申上恐縮候得共是等の事亦大兄へ相願候より外可然人無之、因て不得已尚及御依頼候間不悪御諒察御周旋之程深く希上候也。

六月廿五日　　直彬

大隈大兄

（福岡市博物館所蔵）

44—159　鍋島直彬書翰　大隈重信宛

（明治　）年七月三日

前略欠敬。扨神崎〔埼〕郡長田中馨治なるものは鹿島壮年中錚々者にて佐賀有志壮年とは総て懇意に有之、将来御用にも可相立と存候に付何率御面接被下猶御教諭奉願候也。

七月参日　彬拝

大隈大兄

（福岡市博物館所蔵）

44—160　鍋島直彬書翰　大隈重信宛

（明治　）年七月四日

雨意濛々暑気鬱蒸気候甚悪く御座候処閣下御病痾如何被為在候哉奉伺候。述者過日已来屢参殿御繁務之御央をも顧みす御面働之事件奉依頼候処、都て御領承被成下候御懇情之程千万難有奉鳴謝候。偖休暇之期も益相迫り余日も無之候に付、何率急に御運相附候様偏に奉願候。原志願之義は尊公之騏尾に附き尽力仕度模様に相見候間、可相成は大蔵省中へ拝命候様被成下度奉願候。兼而柄とは乍申屢奉迫促其上彼是我儘而已申上思召の程も如何と恐入候得共、右之至りは幾重にも御諒恕被成度奉希候。

前条参を以可奉申上之処御繁劇之御央頻に願拝謁にも甚用捨に相心得候に付、乍失敬禿毫を以奉申上候。何れ其中参上縷々可奉陳謝候。恐々頓拝

七月四日　鍋島直彬

大隈公梧右

（福岡市博物館所蔵）

44—161　鍋島直彬書翰　大隈重信宛

（明治　）年七月十一日

酷暑之候倍御健勝為国家奉慶賀候。爾後は御疎音多罪。扨這回内閣総辞職は其理由明白ならす、行為児戯に類す。立

憲政治責任内閣は果して是の如きものなるや、呵々従来内閣の為す能はさるは智愚となく之を知ると雖も、根本的立憲思想を以て政を施すにあらさる以上は、何人と雖も能く為すなきを知るへきなり。現下国民の声甚低し、是れ慨すへきなり。国民を基礎とせさる妄意の政は到底国運の隆昌を期すへからす。小生は田舎に在りて常に多数小民の生活難の情況を目撃し深く感する所あり。贅言は此に止む。今後は弥々炎熱の候に相成候間、厚く御自愛奉禱候。乍末筆奥方様へ暑中御伺申上度、乍憚宜敷御鳳声相願候。時下御伺旁如斯に候也。頓首拝

七月十一日

直彬

大隈仁兄先生座下

（福岡市博物館所蔵）

44－162 鍋島直彬書翰　大隈重信宛

（明治　）年七月十三日

逾御佳勝為国奉賀候。述者昨日は昇堂事柄之目而已を申上不尽意、固より差急き一月二月を争ひ御催促申上候訳には無之、頗る重要之件に付兎角盟兄の御心配に任せ奉り候心得に候得共、到底宗家の幼稚なる御男子を強ても相願一家相続人と致度熱心之請願、右者小生家の為め祖先に対し両親に対し旧臣に対し別に将来安心之道無之、且一方に於ては長く本末間の逾親密なる基にして、小生決して毫も動かさる之決心に有之、右之都合盟兄之御心配に因り相分り次第旧郷にも直に通知致し度候間、昨朝は其後之模様相伺候為め参上仕候。尚公務非常之御多忙殊に諸般不一方御心配之際又々是等を以て煩し奉り候は甚恐縮に候得共、平生之御懇意に任せ且一家将来之事を慮るの切情より不得已頻に縋願仕候也。

七月十三日

彬拝

大隈大兄

尚々本文之事一家之私事に関し候もの故御一覧後者火中相願候。

（福岡市博物館所蔵）

44-163 鍋島直彬書翰 大隈重信宛

（明治　）年八月二十六日

爾後は心外之失敬仕候。過日以来屢参上可仕思立候得共、常に執筆起艸等之事に妨けられ又或は脳痛等にて困却、今日も参上可仕存候処又々帝室之事に関し小生起案担当、必両三日中には昇堂可仕候得共、余り闕礼且此不気候溽熱如何之御気体に候哉、御伺旁寸楮匆々に候也。

八月廿六日　直彬

大隈仁兄

（福岡市博物館所蔵）

44-164 鍋島直彬書翰 大隈重信宛

（明治　）年九月九日

百事尊兄に而已御打懸申何共恐悚之至に候得共、別紙之通有田平林生より申来候に付、何とか御工夫も有之候はは可然御処置被下度、平林は有田中之頗る気節家に有之、同人志願相叶候時は小生に於ても満足仕候間、御繁劇之際是等を以て奉煩候は実に背本意候得共、右様之事心配致し呉れ候人無之不得已尊兄を奉煩候次第に付、何率過般差上置候平林忰履歴書御調査被成下、何とか京浜間に出て実地及学問上執行相出来候様偏に奉依頼候也。

九月九日　直彬

大隈大兄

（福岡市博物館所蔵）

44-165 鍋島直彬書翰 大隈重信宛

（明治　）年十月二十七日

前略　今朝書翰を以て原忠順を土地の形況等為可相伺差出候段申上置候末、猶原とも篤と談合候処固より此事良策には相違無之候得共、家事時産向之義は重に旧御家事職之者等担任罷致居、現今彼地にても既に田地抔曾て買入候都合に有之、固より二千円位之金は何とか工夫之致様も可有之、然し猶向後着手之見込等も難相立、篤と右等之事件担当致居旧郷家事職之者の了簡工夫をも不承候ては、実際手を下すの場に至り難く、節角之御親切ゆへ迂弟にも御教諭を奉し断乎たる処置をも致度候得共、御承知之通是等之事は自ら従来担当之旧家来抔も有之、迂弟には甚疎闊ゆへ大概之節目は相委置候訳に付兎も角も旧御家事職の者の将来の見込現今之処置之次第等も一応承候方可然と原にも相考候様子に付、御親切を無に致し候様相見へ候得共決して左様なる心底に無之、如茲理由に付右土地購求の件者暫く御取扱之程御見合置被下度、乍略義此段重ねて申上候也。

十月廿七日

鍋島直彬

大隈大兄研北

尚々本文之次第に付原にも参堂不仕（今日明朝は）候間、右様思召被下度候也。

三白　唯今来客有之匆々之乱毫請御高恕、余者譲拝晤候也。

（福岡市博物館所蔵）

44-166　鍋島直彬書翰　大隈重信宛

（明治　）年十一月十九日

拝啓　過日原参堂鹿島に於て同胞会なるもの設立、已来之事に就て縷々御配慮被成下候趣不相変御厚意感佩候。畢竟地方之安寧協和を計るの趣意却て意外之状況を呈出し、遂に盟兄にまて不一方御面倒相懸候次第に相成慚懼之至に候。小生にも推てなりとも拝趨仕度候得共、病軀何分不任意甚背本意大失敬仕候。軽快候はゝ直に昇堂可仕存候。匆々頓首

十一月十九日

直彬

大隈仁兄研北

（福岡市博物館所蔵）

44―167　鍋島直彬書翰　大隈重信宛

（明治　）年十一月二十一日

昨日者盛会に列し御優待を辱くし奉鳴謝候。告けすして退出失敬仕候。偖鍋島資高（監物嫡子）義大学を出てし後大患等にて帰県致し居于今不得其所本年上京候由にて、民間の銀行会社の中何れにてもよろしく候に付御心配相願度其中参上可仕申居候間、本人へ御面会被下候上可然様御配慮被下度相願候也。

十一月廿一日　直彬

大隈仁兄先生梧右

（福岡市博物館所蔵）

44―168　鍋島直彬書翰　大隈重信宛

（明治　）年十一月二十七日

愈御佳勝奉賀候。述者過日御約束之末来月三日御別墅へ参趨可仕申上候処、大兄には午前十時頃より御行向被相成候御都合之由、小生には到底午後に可相成相考候。因て略々敷候得共来月二日（日曜日）差繰午前十一時頃より参趨可仕、而して鍋島忠之同伴仕度右等御都合如何や、今又改めて相伺候。何卒貴答賜はり度候也。

十一月廿七日　直彬

大隈大兄

（福岡市博物館所蔵）

44—169　鍋島直彬書翰　大隈重信宛

（明治　）年十二月三日

一昨夕は御懇招に従ひ拝趨盛宴に陪し、種々御饗応を蒙り奉感謝候。乍例爛酔失敬仕候。昨日者御礼旁弓町迄参上之心得に候処、元老院退出遅く歯医者に療治に参り候等にて時間に乏しく参上不相出来、為めに失敬仕候。公私御高誨を蒙り度件有之候に付、其中早稲田御邸へ参上可仕候。扨近頃勉強調査致度件両三有之、今三四日は尚参上不相叶事と存候。〇扨別紙頗る痛心之余平素之御懇親に任せ一家私事の愧つ可きをも不顧、趣意の概略を認め御考案奉願候。其中拝鳳是亦御教誨を蒙る可く存候。是等之事を以て奉煩候は甚以汗顔恐懼之至に候得共、実際不得已事情御憐察奉禱候。来る七日頃には必早稲田へ拝趨可仕候。其砌万可奉謝候也。

十二月三日　　直彬

大隈大兄

（福岡市博物館所蔵）

44—170　鍋島直彬書翰　大隈重信宛

（明治　）年十二月二十三日

歳尾将尽人事匆々たり。先以尊兄倍御多祥百般御尽力国の為め奉抃賀候。述者永野より直縄洋行前結婚の事御高慮相伺候由、右者小生夫妻者固より鹿島人重なるものゝ熱望する所にして一家基礎の重事、直縄の帰朝を待ち候ては小生夫妻も頗る老年に達すへく、之を思へ者意甚た安からす。因て直縄明治四十四年春卒業候はは同年の夏位に妻を迎へ候様致度冀望にて、妻を選定すること又軽易の事にあらす。十分其手続等にも念を入れさるへからす、且其媒妁人其人たらさるへからす。而して小生夫妻及鹿島人の望みは同爵の武家華族より迎へたしと云ふに在り。何となれ者家風相類し権衡程度自ら宜しからんとの意なり。過日古川を経由し（家の重事なるを以て）永田町御二方様の思召相伺置（結婚の時期等なり）候得共、何故歟于今御答を賜はらす。聊か心にあせり居候。何卒可然御援助被下度候。平素諸事御面倒相成居如是一家の私事に至るまて総て尊兄を奉煩候は惶懼之至に候得共、拙家に取ては何よりの重要事件にして家礎於是定まるものに候間事情御諒察被成下御力を副ら

れ度懇請斯事に候。孰れ新年拝青縷陳可仕候也。頓首

十二月廿三夕　　直彬

大隈大兄先生研北

（福岡市博物館所蔵）

44―171　鍋島直彬書翰　大隈重信宛

（明治　）年十二月二十六日

逾御健勝為国家奉抃賀候。述者過日御懇招を蒙り候御礼旁参上可仕之処段々延引本日も参上仕度存候処、過般来胃腸病院長長与博士の診察を請ひ服薬、時間等の規律に煩はされ心ならす本日も闕礼仕候。御海恕相願候。政界甚乱脈不条理最早尊兄及伊藤侯断然自ら進みて従来の弊を一掃し立憲政体の内閣を組織せられ、大に内政を整へ以て力を外に伸ふるにあらすんは我帝国前途の事実に悲むへき境遇に陥らん、是非今一度伊藤侯と御会談、今後の御画策切に所希に候。家史談話会之事過る廿一日直大様直映様へも申上御始め相成候事に御約束相出来候。昨日久米氏へ面会候に付同氏へも其段相含め置候。此義は主として唱道必急に御実行相成候様致すへく候。時下寒気日々加はり候際に付、御自重専一奉禱候。余者期拝青之時。匆略不宣

十二月廿六日　　直彬

大隈大兄先生座下

二申　御一覧後は速に火中。

（福岡市博物館所蔵）

44―172　鍋島直彬書翰　大隈重信宛

（明治　）年（　）月（　）日

不順之気候に候処逾愈御佳勝奉賀候。述者爾後は公私匆忙心外之失敬仕候。扨唐突之至甚申兼候得共蓮池親類故甲斐守侄に当る鍋島熊太郎義、不遠高等商業学校卒業期に近つき候に付今より卒業後直に実業に従事之準備致度段小生迄依頼に付、勿論鍋島家一門之人にも有之且其人物も頗る着実随分相応之気象も有之様存候間心配致度存候処、小生何分民間会社之人等に知人尠く、且同姓之人に付他県人等へ

直接依頼候事困却旁、乍毎度岩崎之方歟何れ之会社銀行等歟憔かなる向へ御心配被成下度偏に奉懇願候。同人は佐賀青年会等にても幹事にて、先つ肥前生徒中にても稍たちのよき方之様被存、殊に甲斐守之続きも有之候間何〔卒脱〕御引立被下度、即同人参上仕候に付乍御面倒御都合次第暫時御面会被下、猶親しく同人之志願御聞取被下度候。余は期拝鳳之時。草々不悉

直彬

大隈大兄

（福岡市博物館所蔵）

44−173　鍋島直彬書翰　大隈重信宛

（明治　）年（　）月（　）日

舟侵風浪泛長流、按櫓雲時ト去留、挙首前洋猶万里、如今未是卸帆時

右今朝聊感慨を慰むるため口に任せて成りしものに御坐候。御一粲被下度候也。

即時

直彬拝

大隈大兄

（鹿島市民図書館所蔵）

44−174　鍋島直彬書翰　大隈重信宛

（大正一）年十二月三日

爾後は心外之御〔無欠〕沙汰多罪々々。時下向寒先以逾御健勝不相渝諸般御配慮為国奉慶賀候。扨小生義過る七月中旬腸胃の病に罹り平臥加養罷在候処、廿日夜に至り忽ち先帝陛下御不例御重態との飛報に接し驚愕措く所を知らす、直に蹶起病を忘れ昼夜兼行上京、然るに腸胃は依然として整復に至らす在京中概ね粥糜麪麭等少量を摂取し、幸に平臥するに至らすして御不例中より青山御斂葬参列霊柩奉送まて相務め、先つ本分を怠ることは為さゝりしも営養不十分なると精神感動の甚しかりしとに因る歟脳貧血症にて殯宮祗候中より時々眩暈にて困難し、御五十日祭後漸く医より旅行の許を得て帰郷々々後も矢張時々眩暈の気味有之、遂に医より海岸温暖の地に転し静養せよとの切なる勧告にて、御大

喪中転地保養等は甚た好まさる所なるも無余義表記之温泉場に転地し、目下海岸の散策と温泉の入浴とを以て日々の課程と為し居候状態にて呈書をも相怠り大失礼仕候。本月中頃には鹿島に帰り可成議会召集期までに奮て上京可致存候処、身体平常に復せさるに遠途の旅行を為し直ちに東京の気候に触るゝことは養生上甚たよろしからす、暫く静養体力常に復したる後に上京すへしとの厳戒を受け、或は来年一月中位は上京不仕哉も難料、尊兄に於て直彬は何故上京延引する歟との御考等有之候ては誠に恐縮之至に付、有の儘を叙し予め事情御内報仕置候。多少心臓の力微弱なる位の事にて別に病あると申す訳にも無之、只々少々疲羸を感し候而已に付必す御心配等不被下様相願候。書不尽意右は時下御伺旁草略に御坐候也。頓首拝

十二月三日　　直彬

大隈仁兄先生研北

（福岡市博物館所蔵）

44-175　鍋島直彬書翰　大隈重信宛

（大正二）年四月十一日

愈御健勝為国家奉慶祝候。述者過日は御邸御取込之央児婦及孫を伴ひ多人数参上御妨け仕候処、緩々御懇遇を蒙り種々の頂戴物奉感謝候。小生には来る十四日出発帰県候事に決定、就ては其前御暇乞且御礼の為め昇堂可仕筈之処、小生過般より健康相勝れす、纔に貴族院出席丈医の許を得候状態にて、上京後親族朋友間無沙汰致し居今に至り俄に多忙に相成、誠に以て先輩に対する道に於て不相済事とは無論自覚致し居候得共前述之次第にて心外の闕礼仕候間、此度は何卒御海恕被下度切願仕候。

閑叟様御銅像除幕式之節は御下県可相成、其節は鹿島の矮屋に御来遊相願ひ緩々得拝話度今より相楽み候。乍憚奥方様へも前文之次第宜しく御鳳声奉願候。不尽意匆々に候也。頓首拝

四月十一日　　直彬

大隈仁兄先生尊下

（福岡市博物館所蔵）

44—176　鍋島直彬書翰　大隈重信宛

（大正二）年六月十九日

聖上十五日に御床払被為在聖寿無疆御同然奉恐悦候。扨其後者御無音多罪、府下は如何の天候に候哉。県地者入梅前日より概ね陰雨続きにて鬱陶しく候。先以尊兄愈御堅固相渝らす都ての方面へ御尽力之事、皇室の御為め国家の為め奉慶賀候。県下雨天勝ちに有之候得共、幸に麦作には格別之損害無之由承候。要するに多数小農之情況は如何にも憫むへきものにて、今少し生活の度之高まら〔ママ〕以上は其人格の向上を望むこと頗る困難と被存候。家孫は御蔭に非常の発育成長にて、従て智慧の進みも早く拙家の為め唯一の楽みと致し居候。直縄には御蔭に相変らす元気にて勉学、明後年九十月の頃帰朝すへき予定にて頗る希望を大にし、奮発の精神茲に相顕れ小生に於て大に満足仕候。英語も勉学致し居、遠からさる中白国英国抔遊歴之積り之由に候。梅雨季御伺旁捧寸楮候。

奥方様へも時下御伺申上度、乍憚宜しく御申上奉願候。不尽意草々に候也。頓首拝

六月十九日　　直彬

大隈仁兄先生尊下

（福岡市博物館所蔵）

44—177　鍋島直彬書翰　大隈重信宛

（大正三）年十一月三十日

拝啓　其後は久しく御伺も不申上心外之失礼仕候。時下向寒之候先以倍御剛健、軍国多事之際各般御尽忠国家の為め奉大賀候。青島も意外に早く陥落欣祝茲事に御坐候。我帝国は事実愈々世界的に相成り前途国民の大決心大覚悟なかるへからさる時期に進みたるものと存候。扨直縄にも御蔭に留学の目的を達し欧洲大陸大騒乱之際英国に避難し、過る十二日リバープール出発米国を経て帰朝之筈にて、過る廿二日紐育に到りシャートルより歟サンフランシスコより歟遠からさる中乗船帰朝仕候事と日夜其時期を相待居候。小生には昨年よりの盲腸の疾患何分慢性にて于今平癒致さす、医より断然寒に向ての旅行を差留められ誠に以て遺憾千万に御坐候。直縄には早けれ者年末、遅けれ者明年一月

に帰朝致すへく、直縄をして一家の事をよく呑込ませるまては小生父たるの義務あるを以て目下小生の身体を犠牲にして顧みさる訳に参り兼ね、此国家多事の秋に際し不本意千万に候得共、今二三年は小生の生命を保持せさるへからさる一家の事情に付上京不仕、尤も議員たる任務を曠くし候事は恐懼之至に候間、遠からさる中辞表差出し候決心に御坐候。而して専ら静養、幸に疾患軽快に赴き候はは気候よろしき時を以て天機伺の為め上京可仕、其節必す可得拝顔候。孫に者田舎の空気宜しき為め歟非常の発育大元気にて、小生何よりの楽みと致し居候。時下御伺旁如斯に御坐候也。頓首拝

十一月三十日　直彬

大隈仁兄先生研北

（福岡市博物館所蔵）

44-178　鍋島直彬書翰　大隈重信宛

（大正三）年十二月二十四日

寒気日々相加はり候処先以尊兄逾御剛健、軍国時局の前途極めて重要なる秋に於て帝国議会に臨まれ、或る党派の如きは挙国一致世界的大発展を為すへき得難き機会なるをも顧みす、一に党派の利害をのみ偏視して国家の大体を思慮せす、強て種々なる口実を設けて政府を攻撃せんと欲するの情状、新聞紙の所報にて其梗概を察知し得たり。誠に以て其器局の小なる其心事の明かならさる慨歎之至に候。此間に処せられ（殊に冱寒の侯〔候〕に向ひ）御配慮相成候事実に御苦労の御事と奉存候。扨直縄には御蔭に外国留学の目的を達し本日無事帰朝、拙家の幸福これに過くるなし。小生には客歳以来の盲腸の疾患何分慢性にて于今平癒致さす、寒気の為め時々疼痛を感し医より上京を差留められ、甚以て遺憾に候得共不得已専ら静養罷在候。小生の健康右の状態に付直縄帰省致し候はは当分同棲、家政十分実際上に於て練習致させ公私となく何事も小生平素の意志を中含め、小生不幸にして病勢相進み候ても後の心配なき様致し置き度、一家前途の事に就て深く考案罷在候。孫の盛んなる発

育成長は此のヂ、ーの老後の楽みとする所に候。近来は神経痛の御持病如何哉、勉めて議場に臨まれ随分御困難の御事ならんと奉察候。世界大局の終結随て其の東洋に及ほす影響の如何十分判明、我帝国としての地位今後の大発展を為すの順序確乎相立ち候まては、是非とも尊兄の内閣を御維持あらんことを国家の為め祈望する所なり。情長紙短先以直縄帰朝に就ての御礼且つ御健康を祝し、匆略如斯に御坐候也。頓首拝

十二月廿四日　直彬

大隈仁兄先生研北

尚々乍憚奥方様へ宜しく御申上奉願候。

（福岡市博物館所蔵）

44-179　鍋島直彬書翰　大隈重信宛

（大正四）年一月七日

拝啓　日々寒威相加はり候処尊兄逾御健勝国家の為め奉抃賀候。述者直縄には御蔭に無事帰朝、過日帰省久振にて面会一家団欒の楽み頗る安心仕候。独逸国に於て林学の全課卒業、農学の大体園芸等修得候に付今後は一層研鑽、他日皇室の御為め国家の為め力を尽し尚国民の模範と為るの覚悟なかるへからさるは申まても無之候得共、小生義昨年以来盲腸の疾患に罹り医博士より慢性に付急快は期し難く、可成温暖の地に就き温泉浴等致し候事適当の養生法なりとの戒諭を受け静養罷在候。何分小生斯の如く病衰の徴を顕はし一家将来の事を思ふの情日々に切なり。随て直縄をして家政上の事凡そ了得せしめ、不幸にして小生遂に全く臥褥上の人となるも直縄自から家政を主宰し仔細に料理するの人たらしむへきは家の為め祖先に対し後昆に対しての義務と存候に付当分同栖致し度、旧臣等も小生の病を憂ひ直縄の家政を親からし能ふ様実際に研究致させ度熱誠を披瀝し候状況に御坐候。僅少の場所には候へとも凡そ五六百町歩の所有の山林原野有之、右経理上直縄の修め得たるものを出来能ふ限り応用すへく、就ては曩に宮内省に奉職の予期これありたるも小生の健康常を失ふ今日、家の将来を憂慮するの念殊に切なるより、前述の事情益々剴切に相成たる次第に有之候。因て当分之処宮内省奉職相見合せ候考に候。拙家の事情御諒察御含み置被下度奉願候也。不悉

一月七日　直彬

大隈仁兄先生研北

（福岡市博物館所蔵）

44―180　鍋島直彬書翰　大隈重信宛

（大正四）年五月十三日

内外極めて御繁劇之際猶小生身上之事に御留意被下、特に御懇書を賜はり誠に相渝らさる御厚情感泣仕候外無之候。先以尊兄逾御健勝内外諸般御尽力、殊に対支要求之件誠意貫徹、彼の政府に於ても遂に悟る所ありて承諾に至りし事実に東洋の平和確保の目的を達せられ、我帝国の東洋に於ける利権の伸張自衛の基相立ち候事、是全ら〔て〕尊兄の御力に依ることにして国家の為め東洋の為め慶祝抃賀茲事に御坐候。万一交渉破裂隣国との大葛藤を生するに至らは、病軀を犠牲にし天機伺丈にても上京せさるへからすと窃に心に期し居候処、先に今日の平和を得候に付這回の臨時議会には別段重大の問題も有之間敷相考へ欠席仕候。扨御聞込の通屢々議席を欠き候事深く恐懼仕候処より辞職可仕一旦決心仕候得共、御懇到の高教を蒙り拱手深考候に、不敏なる小生にして斯くまて厚き御勧告を辱くすること実に小生の光栄にして、積年の御厚誼遂に此度の御懇諭を煩はし候に至りしこと実に感銘之至、独り暗涙を催し候。尊諭の如く世界の大勢如何に帰着候哉未た分明ならす、殊に対支要求は非常の御尽力に依り貫徹したるも、其結果として亜細亜大陸に向って其実効を収め得ること、此上は国民一般其れ自身の大奮発善隣の歩を進め、支那民国人民と相提携することに努めさるへからすと存候。然からされは東洋平和の主人公たるへき大日本帝国国民として此度の良結果の実を挙くること能はさるへし。扨小生には反覆御厚意の在る所を思考し、辞職は思ひ止まり此度の臨時議会は欠席し専ら静養を事とし自重心を堅くし、御厚意を空くせさる様可仕候。呉々も至懇至篤の尊諭に対し感銘の余り涙を帯ひて執筆、微衷の万一を記し謹みて拝答仕候。君国の御為め尊体御愛重偏に奉祈望候也。頓首拝

五月十三日　直彬

大隈仁兄先生研北

（福岡市博物館所蔵）

44-181　鍋島直彬書翰　大隈重信宛

（　）年一月十日

気候不順御自愛是禱。別紙宮内大臣へ差出し候建議書写供御内覧候。宮内大臣へは本日面会、建議之件は一日も早く着手相成度段縷陳致し置候。今後尚他の方面に向て主張可致考に候。何卒御賛助被下度候也。不盡

一月十日　直彬

大隈仁兄先生梧下

（福岡市博物館所蔵）

44-182　鍋島直彬書翰　大隈重信宛

（　）年一月十三日

南風飈塵之際遠途特に高軒を枉られ候処、折悪く召使の男女概ね外出致し居年若き不なれの家婢一人残り居不都合を極め意外の失敬仕候。宮内大臣へは一日得緩話度段予め申入置候に付、彼の方之差支なき日時承り合せ候上必す罷向候積りに候処、恰も好し整然たる最も条理正しき高誨を得逾々以て自信力を強くし奉万謝候。

閑叟公の偉徳を発揚し、延て直大公の面目を新にすることは其効果の如何は何とも申し難きも孰れの方面に向ても微力の及ふ限り尽瘁可致決心に有之候。特に御枉車且不相渝懇厚の御教誨を蒙り候御礼走筆如斯に候也。再拝

一月十三夜　直彬

大隈大兄先生研北

（福岡市博物館所蔵）

44-183　鍋島直彬書翰　大隈重信宛

（　）年二月二日

国府津より御帰京之事承候に付参上可仕之処、過る一月廿五日頃より風邪之処遂に腸胃加答児に相成熱発数日困臥、最早軽快に赴き候得共極少量之流動物のみ用ひ居候故体力

疲弊、未た医師より外出を許されす心外之失礼仕候。久米氏の文稿出来上り候はそれを根拠とし小生の及ふ限り大運動を為すの決心に御坐候。其事の成否は頗る難判候得共、小生は已れ一たひ思立ちたる事は其成敗利鈍を顧みす、むやみとやる流儀に御坐候。今少し平常の気体に復し候はは必昇堂可仕候。時下冱寒之候殊に厚く御自愛奉禱候也。不宣

二月二日　直彬

大隈仁兄先生梧右

（福岡市博物館所蔵）

44―184　鍋島直彬書翰　大隈重信宛

（　）年二月五日

残寒未退候処逾御健勝国家の為め奉慶賀候。述者小生義昨年上京後無程順天堂へ入院、佐藤博士の手術を受け極めて懇篤なる治療に預かり経過頗る良好なりしも、尚医師の戒に依り大森海岸の一旅店に滞在静養すること凡四十日許、心身大に爽快強壮に相成過る一日帰宅候。就ては早速参上可仕筈之処何歟と紛糾闕礼仕候。御宥恕被下度候。扨外交手段甚妙ならす遂に今日に馴致せり、慨歎々々。然し過去之事は致し方なし、此上は全力を尽しても終結の利益を期せさる可らす。小生は御蔭に此度の養生にて体力入院前よりは余程強壮に相成り、精神も若（わか）く相成候に付、将来多少の活動を試み度希望有之、其事柄者拝青の日申述可否の御教示を請はんと欲す。不遠昇堂万縷可奉謝候得共、余り心外の大失敬仕候に付一応御断りまて呈寸楮候。近来流行感冒甚多し。御自重所禱に候也。頓首

二月五日　直彬

大隈仁兄先生座下

（福岡市博物館所蔵）

44―185　鍋島直彬書翰　大隈重信宛

（　）年二月十二日

余寒猶凜冽先以老兄逾御健勝奉賀。述は政界之事益々出て

益々慨歎に堪ゑす、殊に宮内省の事に至ては前途実に憂念之至、小生は総て宮内省の事に就て釐革改正又は新に為すへき件に於て調査意見の節目等も稍相定まり候。然し尚熟考之積にて極秘密にし、未た決して人に語らす種々御話し仕度件も有之、爾後余り御無沙汰罷過候故本日は一寸参上可致存候処、調査研究すへき議案等に逐はれ勉強の暇を得す今日まては失礼仕候。今少し閑暇を得候ときに至り緩々昇堂可仕候。余り御疎情打過候に付呈寸楮候。余は期拝青之時候也。

二月十二日　直彬

大隈大兄研北

（福岡市博物館所蔵）

44—186　鍋島直彬書翰　大隈重信宛　（　）年二月二十六日

過刻者昇堂不相変御懇話拝聴奉謝候。扨其砌直大様御容体に就て医師に於て猶憂念之次第は直大様には態と不申上、御本人に者全く普通之感冒なりしとのみ御承知相成居候都合に有之、右申上済し候に付為念御含まて呈一書候也。

二月廿六夜　直彬

大隈大兄研北

（福岡市博物館所蔵）

44—187　鍋島直彬書翰　大隈重信宛　（　）年三月八日

拝啓　近来気候に中られたる病人多きやに承候処爾後貴体如何哉、御自愛所祈に候。過日来御見舞旁昇堂可仕存候処、去月廿五日頃より少々感冒にて熱発、然し議会の終期に近つき委員会等も有之時々推して参院致し居候末何分時々熱発、遂に医師の厳禁に依り此両三日在宅加養、右之次第にて弥ケ上失敬を重ね不相済御疎情多罪々々。偖全快候へは千葉県下香取郡へ拙家初代之墳墓有之候に付、二三泊の予定にて参拝可致、右帰後御無沙汰の御詫旁拝趨可仕も、余り失礼仕候に付御近況御伺旁呈寸楮候。臥褥上執筆蚯蚓満

楮御海恕被下度候。余者期拝青之時。匆々不悉

三月八日

直彬

大隈大兄研北

（福岡市博物館所蔵）

44-188　鍋島直彬書翰　大隈重信宛

（　）年三月十七日

春寒料峭先以逾御健勝奉賀候。爾後は絶て御無沙汰仕候故参上致し度存候処、議会々期余日に乏しく稍々冗雑、今暫く失敬仕候間御海容被下度候。侯爵家の韓国経営も御蔭に前途拡張の事に可相成候。尚永田町の事に就て内々相伺度義も有之候間、今少し暇を得候はは必昇堂可仕候。余寒の厳冽は甚た人身に可ならす、国家の為め御保愛所禱に候也。頓首

三月十七日

直彬

大隈仁兄研北

（福岡市博物館所蔵）

44-189　鍋島直彬書翰　大隈重信宛

（　）年三月二十八日

分手後逾御健勝為国慶賀。扨在京中は不相変御友誼毎度昇堂御高説拝聴、殊に出発前には遠方特に御枉車被下懇々たる御厚意感銘候。支那に対する欧米列国の運動日々益甚、我国豈酣睡の時ならんや。吁嗟々々地方の事は御承知之通にて別に申述の必要なし。小生は務めて自治精神を進め、多数小民の智識の程度を高むることに力を用いんと欲す。小生にも御蔭に旅程極めて平安、家族一同過る廿三日着郷候。乍憚御休神被下度候。右在京中之御礼旁呈短詞候也。

三月廿八日

直彬

大隈大兄梧右

尚々乍末毫御令閨へ御序宜敷御鳳声相願候也。

（福岡市博物館所蔵）

44-190 鍋島直彬書翰　大隈重信宛

（　）年三月二十八日

拝啓　時下不順之候に候処逾御健勝為国家奉抃賀候。述者閉会後者早速参昇可仕存候処議会之末に当り委員之担務等有之、聊流行感冒之気味なりしを両三度推して出席、遂に慢性之様相成時々熱発、為めに体力稍疲弊医師之厳重なる戒告に依り在宅温養罷在、実に不相済心外之闕礼仕候処、却て特に御訪問を蒙り不相変御懇情感銘不啻候。鹿島には直縄も居候上目下企図致し居候事業も有之、一日も早く小生の帰郷を相待候由に付、速に十分の回復を得帰県の途に就き候様致度、最早御蔭に体力も凡そ相復し候に付不遠中医師より外出之許を可相受存候。奉謝御厚情併せて爾後大闕礼之御詫まて執筆匆略に候也。

三月廿八日　　直彬

大隈仁兄先生座下

尚々其後奥様には如何之御容子なる哉、久しく御無沙汰仕候に付乍憚宜敷御鳳声相願候也。

（福岡市博物館所蔵）

44-191 鍋島直彬書翰　大隈重信宛

（　）年三月二十九日

拝啓　過日は懇招に預り不相変縷々高誨を蒙り其上晩餐の饗を辱くし深く感佩候末段、御咄し之件は小生乍不肖時勢の刺戟より最も熱心に希望する点にして、第一佐賀県前途進取の気象を養ふことを勉め、余り誇大の言の如くなれとも遂には拡めて九州に及ほし誘導者たらんと力を揆らす敢て企図考案致居候。其着手の順序方法等に至ては能々地方の情況を察し処置可致存候。右に就て尚篤と御高説拝聴致度、出立前是非参上之心得に有之候処頻りに他の俗気に遮断せられ暇隙を得す、実に遺憾に候得共此度は失敬仕候。尊兄逾為国家御自重、斯の国家の隆運に乗し必す平素の蘊蓄を伸ふるの好機等を製造せられんことを祈る。臨時会の開くるも遠きにあらさるへし、其節上京重ねて高誨を蒙るへし。乍末筆奥様へ宜敷御鳳声相願候也。

三月廿九夜　　直彬

大隈大兄研北

尚々小笠原家之事は此上深く御依頼仕候。小生未た上京せさる中模様相分り候はは、乍御手数於貞まで歟若くは麻布鍋島の家扶まで歟御内示被下度相願候也。

四月初二　　　　直彬拝

大隈仁兄

（福岡市博物館所蔵）

44―192　鍋島直彬書翰　大隈重信宛

（　）年四月二日

昨日は御病人御看護中を奉妨恐悚。扨々御気の毒之事此不気候決して御病体に不宜と被存候。呉々も鄭重之御加養所禱に候。右之際用捨不尠候得共、苟くも耳朶に触れ候已上者黙止し難く窃に申上候。近来拙宅近傍之先生快々楽まさる景況、其事柄は精しく聞得すと雖とも、要するに廟堂之事意の如くならす、因て退くと歟何とか云ふ情況と被存候。最前盟兄被入閣候節其主となり尽力周旋、就ては逾実地大奮発尽力為国家希望する所に有之候。何率盟兄より十分被為鼓舞、先生自ら進取候様有之度事と存候。蓋し先生は果断之気質に長し方略に短なる歟と思惟す。為国盟兄より周密方略御授け相成度切禱する所に候。御一覧後者早々御投火奉願候也。

（福岡市博物館所蔵）

44―193　鍋島直彬書翰　大隈重信宛

（　）年四月十六日

爾来気候甚不順に候処爾後尊体如何哉、国家のため篤く御自愛所禱に候。誠に在京中は不相渝各般懇誨を辱くし奉深謝候。奥方様御病後如何哉、御見舞申上候。乍憚よろしく御鳳声相願候。小生に者御蔭に旅程無事去る十日着郷、早速呈書可仕之処、着掛け程なく祖先の祭典遠方よりの泊り客等引続き有之、頗る取紛れ心ならぬ失礼仕候。御宥恕被下度候。小生は及はずなから一層青年輩の世話且地方町村自治の精神を発揮せしむることに尽力可致存候。此基礎堅からされは、憲政の実を挙ることは望むへからずと存候。在京中の御礼及時下御伺旁呈寸楮候也。　頓首

四月十六日

大隈仁兄先生研北

直彬

（福岡市博物館所蔵）

44―194 鍋島直彬書翰 大隈重信宛

（ ）年四月十八日

愚翰粛呈。時下春暖之候閣下倍御清穆奉賀候。偖頃日者公務御多端之上土木御盛興に付ては嘸々御繁冗之御事と奉察候。然る御央用捨不少一入恐懼仕候得共、曩日已来奉願候一条最早成否不相分候而は本人去就之決も難相定、且迚も難成事に候はゝ何迄も尊公を煩し奉候義深く恐入候由屢小生まて右之情実陳言仕候に付、猶可相成事に候はゝ何率責ては御内定なりとも被成置度偏に奉縋願候。右之御都合大略御見定も可被為在、来る廿一日には午後四時前後暫時参殿御運振奉伺心得に御座候。御懇意に任せ毎度我儘の義御面倒奉懸候亙りは幾重にも御宥恕被下候様奉願候。書余は拝鳳之上可奉陳述候。恐々頓首

四月十八日

直彬

大隈公閣下

（福岡市博物館所蔵）

44―195 鍋島直彬書翰 大隈重信宛

（ ）年四月二十日

逾御健勝為国家欣祝茲事に候。議会閉会後は宇内の形勢帝国の前途に就て時々昇堂高誨を請ひ、従て微誠之次第も陳述可仕相楽み候処、貴族院の任務に付病を推して事を執りしため遂に流行性感冒より軽症の肺炎となり、貴重の光陰を長々臥褥上に空耗し上下に対し悚怍之至に候。滞京意外に延長候に付て郷里に於て小生の帰来を要し候事件も頗る多き趣に付、医師の許を得て逾々来る廿二日より出発帰県候事に決定、実に遺憾之至不相済次第に候得共此度は無余義闕礼仕候。何率御仁恕被下度候。小生此度の病にて聊か身体を傷ひ候得共、精神は毫も屈せす郷里の山野を跋渉し十分元気を養ひ、小生は小生丈の識力を以て国家の為め社会の為め殊に多数小農の作振に勉強致し度存念に候。小生

在京候とて少しも永田町の御為め相成候事は無之候得共、帰郷候後は尚諸般とも尊兄の御注意相願候。祖先を尊ひ宗家を思ふは小生積年の微衷たるを御諒察被下度候。尚直映君之御事は宜敷御世話御申上相成度特に相願候。乍末筆奥方様へ宜敷御鳳声希候。匆忙中寸楮不尽意。頓首拝

四月二十日　直彬

大隈仁兄先生座下

（福岡市博物館所蔵）

44-196　鍋島直彬書翰　大隈重信宛

（　）年五月三日

逾御健勝為国家大賀。近頃世間の風評を聞くに曰く、盟兄起て内閣に入らんとすと。是れ抑小生の切望する所にして、唯時機の来らさるを憾とせり。今や内外多事前途有為の時固より当に然るへし。偏に世評の真ならんことを禱る。而して這回は何率先年の轍を踏まさる様飽まて御注意、鞏固の地歩を占め御入閣相成度懇希候。扨内外之形勢一変するか如きあらは、小生の愚固より何の用をも為さすと雖も積年の微誠郷里に安居するに忍ひす、必速に上京可致覚悟に有之候。外に向て功を伸はすへきの説者小生帰郷懸けより頻りに主張致居候。鹿島地方よりも追々朝鮮又は大連湾辺に向て為す所あらんと企図するもの有之候。此節二三十人の漁夫先つ以て朝鮮海に漁業試験の為め出発せり。是等一旦帰郷せし上は一団体を組成し手を伸はすに至るへきか、何分急に大事業を発達せしむることは難しと雖も、外に向て為すの気象は稍々相見へ候様存候。時事総て高教を請ふ。右要用まて内啓、御一読後者直に寸裂片紙を余さゝる様御焚捨被下度候也。

五月三日　直彬再拝

大隈大兄研北

（福岡市博物館所蔵）

44−197 鍋島直彬書翰　大隈重信宛

（　）年五月十七日

拝啓　先以盟兄逾御健勝為国家慶賀。偖積年の微衷言はんと欲する所あるも今や言ふ可らす、切に徳識兼有之人国家前途の大計画を為さんことを冀望する而已。直彬は逾確信する所あり、宮内省の精神作用を一新し、大に更革釐正を為すは今後の最大要と存候。是は決して漠然たる概論にあらす、頗る深く思ふ所ありて極めて適切なる感より出る也。御一考を煩はす満腔誠あり、奈何せん筆にすへからす。上京拝晤の時に譲る。時下御自愛専一奉禱候。

五月十七日　　　直彬

大隈大兄研北

尚々御一読後は丙丁。

（福岡市博物館所蔵）

44−198 鍋島直彬書翰　大隈重信宛

（　）年七月十五日

酷暑之候に相成候処先以尊兄逾御清勝為国家奉抃賀候。都門の天候は如何に候哉。此地方は入梅後殆んと虚日なく降続き湿潤低温、稲田の状態佳ならさるか如し。麦の収穫期既に雨の為め損耗を徠たし、若し米作まて不十分なるに於ては啻に農家の疲弊而已ならす、直に商工業者に不幸を及ほすへく、農民の生活此上困難に陥るときは国家の前途大に憂ふへきものと存候。昨日（八日）〔マヽ〕も此地方の村長を集め地方振興談を為し、高等小学卒業生の同窓会なるもの即ち多数の青年団の奮起活動、勤勉力行、自治精神の発揮を鼓舞し青年の智識業務の発展を期し、最も品性の向上を図ることに就ての方法等大に進んて講究実行することの協議を為し、小生にも及ふ丈助力致すへく約束致し置き候。急に其効果を顕はすことは難かるへきも、一両年の内には多少観るへきものこれあるへき歟と存候。是れ小生にして三百年の歴史に原つき聊か国家に報するの衷情に候。今後炎熱之際は特に御注意御自重所冀に候。奥方様へ暑中御伺申上度、乍憚宜しく御申上相願候。時下御見舞旁匆々に候也。

七月十五日　　直彬

大隈仁兄先生尊下

（福岡市博物館所蔵）

44―199　鍋島直彬書翰　大隈重信宛

（　）年七月二十一日

時是酷暑而して気候未調候処先以逾御健勝為国家奉大賀候。扨此度一種之権謀遂に又一種の現象を呈出す。小生之に対する解釈あり。之を口にするを欲せす。只々桂氏が頻りに聖上を煩はし奉りたるは憤慨之至なり。直映君には青山園芸御着手相成御悦之御模様にて、特に御叮嚀なる御報告御挨拶之御手簡拝睨、尚田中永昌よりも現下の景況通知を得申候。永田町史談会も月中二回御開き相成候事に御決定之趣是亦報知を得たり。小生に於ても先々安心仕候。然し永田町の御都合直映君前途之事は尊兄に於て深く御注意被下、常に事を未発に被察久米抔へ十分御含め相成度懇希仕候。炎熱之際は別して厚く御保愛所禱に候。乍末奥方様へ暑中御見舞申上度候間、宜敷御致声相願候。時下御見舞旁捧寸楮候也。頓首拝

七月廿一日　　直彬

大隈仁兄先生座下

（福岡市博物館所蔵）

44―200　鍋島直彬書翰　大隈重信宛

（　）年八月一日

酷暑之候日々御多忙為国家御自重所禱に候。扨余田生之事御依頼仕早速御承諾被下奉鳴謝候。本日夕参上可仕申上候処、小生義四五日前より腸加答児之気味を勉め奔走し居腹合甚整はらす、本日は参上不相叶事と存候。孰れ両三日中参堂可仕候也。

八月一日　　彬拝

大隈仁兄座下

二白　申上兼候得共、余田生之事は時期頗る切迫之由に付御含み被下度候。

（福岡市博物館所蔵）

44－201　鍋島直彬書翰　大隈重信宛

（　）年八月二十九日

残熱蒸鬱先以逾御健勝為国家奉賀候。述者今日の場合小私事等御話し仕候時に無之候処、本日易子参り井伊常子過日来神経痛にて相悩み、弥ヶ上神経過般益々気を揉み衰弱の模様と申す事にて、易子も亦先般軽き盲腸炎相煩ひ候後于今健康全復不致頗る憔悴、矢張神経過敏に陥り候様子にて頻りに常子の事を憂慮し、曩に尊慮を煩はし候通り可成速に井伊家の隠居として大体上全く分離独立し、本邸との直接関係なく安易に生活致させ候様無之ては、常子の健康上深く心配に堪へさる次第を以て、此上小生より爾後井伊家の方之都合等相伺、可成速に過般より希望仕候件々実行の運ひに至り候様今一応相願呉れ候様との依頼に有之、其内昇堂可得拝話存候。実は易子にも罷出委しく御話し仕度存候由なるも病後の身体意の如くならす、宜しく申上呉れ候様との事に有之候。孰れ参を以て前途取るへき方針等に就き尊慮相伺ひ御高配を煩はすへく候。実は今日の場合小生の頭脳は殆んと茫然、全く赤子か慈母の懐を離れたる心地にて、右様の鎖事に関係難仕候得共、是又親戚間殊に婦人の神経的依頼に余義なくされ、極々つまらぬ事を以て重ねて御面倒相掛候場合に遭遇し、恐懼之至に存候。此段予め申上置候に付、何卒右様御含み被下御諒恕奉願候。余者拝青易子依頼之次第陳述可仕候也。頓首拝

八月廿九日　　直彬

大隈仁兄先生研北

（福岡市博物館所蔵）

44－202　鍋島直彬書翰　大隈重信宛

（　）年九月二十二日

爾後は絶て御無音失敬仕候。本年は暑気殊に酷烈、秋熱も亦未退候処尊兄逾御佳勝為国奉慶賀候。小生には前月より

大分県別府温泉場海岸へ転地罷在本月帰郷仕候。扨地方多数の農民負担の重き誠に憫むへし。其購買力は減退し延て商工業の不振となるは睹易きの現象なり。幸に近年に稀なる豊作の模様にて先々仕合せなり。自今気候変換の時に及ひ候間、殊に御自愛奉禱候。乍憚奥方様へも時下御伺申上度、宜敷御鳳声相願候也。頓首拝

九月廿二日　直彬

大隈仁兄梧右

（福岡市博物館所蔵）

44-203　鍋島直彬書翰　大隈重信宛

（　）年十一月九日

軽寒之候逾御清勝為国家奉大賀候。述者曩に者御懇厚之至芳翰御投贈爾後武富氏相見へ候得共遂に事不諧、不得已事情尊兄に対し誠に気の毒に奉存候。小生義意外之病に罹りし已来欲癒而又発し概ね帰県後より臥褥上に在りて時々僅に庭園抔徐歩仕候。気体其際種々錯雑病を勉めさるへからさる情勢にも有之、体力頗困弊稍旅行も可相出来体力精神に相成候に付大奮発、過る三日県地出発一昨七日夕着京候。然るに無休之旅程舟車中非常に疲弊、今日抔は聊気分も宜敷様相覚候。尚患部も不至全癒に付不遠中又再佐藤国手に十分之治療可相頼存候。右之次第に付今暫く之処心外なから失敬相働可申候。孰れ病間を得参堂縷々御内話可仕候。此田舎之両魚土産之験晋厨下候。御笑味被下度候。右者着京之報道御見舞旁寸楮匆々如斯に候也。

十一月九日　直彬

大隈大兄研北

（福岡市博物館所蔵）

44-204　鍋島直彬書翰　大隈重信宛

（　）年十一月十四日

逐日寒気相催候処爾後逾御平快之趣為国家奉慶賀候。述者内外之形勢我帝国の貪眠を容さす、今後の御画策最も切冀する所なり。小生には積年深く憂ふる所のものありて、必

其点に於て何とか着手する所なくんは前途頗る困難なるへく、愚考之次第は不遠上京拝晤委細申述可仕候。時下御見舞旁呈寸楮候。余者譲拝青之時。草々頓首拝

十一月十四日　直彬

大隈仁兄研北

尚々御一読後は直に丙丁是希。

（福岡市博物館所蔵）

44-205　鍋島直彬書翰　大隈重信宛

（　）年十二月六日

過日は参上御静養の際を妨け恐縮候。時下寒威俄に相加はり候に付御病余最厚く御注意御加養切禱候。扨政府部内官吏の状態慨歎すへき事多しと雖とも、小生は極めて宮内省の病根を抜去らされは第一立憲君主国たる帝室の尊厳を毀傷し而して到底憲政の美を全くすること能はすと確信す。小生は満腔の熱誠一身の利害を顧みす、飽まて宮廷中或部分の宿弊を洗除することに勉めんとす。是れ乍恐上聖恩に報し奉り又国家に尽すの衷情に御坐候。其中昇堂意見の次第縷述随て高誨を可煩候。事宮廷に関し候故、御一読後は直に御焼捨被下且他には御無言に奉願候也。

十二月六日　直彬

大隈大兄研北

（福岡市博物館所蔵）

44-206　鍋島直彬書翰　大隈重信宛

（　）年十二月十三日

過刻は参上維新前之歴史談拝聴感慨啻ならす候。鹿島之老人等小生之事に就て御配慮相掛候段呉々も恐縮仕候。小生は彼の古体にして時勢を観る能はさりし連中を相手にし頗る苦心致し候得共、英明なる閑叟公に親炙し忌憚なく時事を談するを得たるは小生の于今感佩、毫も忘るゝ能はさる所なり。呉々も当時藩吏之迂に依り閑叟公の明徳を傷けさる様歴史上の研究厚く御注意被下度深く御依頼仕候。今日は小生身上に関し御配慮恐縮候次第と前記之事と親しく申

上候積りに有之候処、他に御客有之時刻も余り遅く相成候に付陳述するを得すして引取候。右者何率親しく申上候ものと御諒承被下度冀候。尚其中参上重ねて歴史上之御高話拝聴可仕候也。頓首

十二月十三日　　　　直彬

大隈仁兄先生尊下

（福岡市博物館所蔵）

44-207　鍋島直彬書翰　大隈重信宛

（　）年十二月二十日

拝啓　鹿島老人等之熱望を齎らし上京したる永田生が専ら尊兄に御依頼仕候趣、精しくは聞くを得さりしも要するに小生勤王の微誠を御諒察被下、従来の御厚情を以て御配慮被下候事たるを識り得て銘肝感佩候。小生の事に就ては徹頭徹尾一々御厚配に預り謝するに辞なく候。参を以て可奉謝之処、今夕永田生より承り候に付不取敢一書表感謝之意候也。

十二月二十夜　　　　直彬

大隈仁兄先生研北

（福岡市博物館所蔵）

45　鍋島英昌書翰　大隈重信・綾子宛

（　）年六月二十九日

梅雨之候御座候処倍御清康被為渉奉恐賀候。陳者在京中は多人数参殿仕り万般御懇待を忝し言辞難伸候而何共御礼之申上容も無御座候得共、先以御礼謝申上度如斯御座候。頓首拝

六月廿九日　　　　鍋島英昌

大隈公閣下

令夫人閣下

侍史

（公益財団法人鍋島報效会所蔵）

46　西岡逾明書翰　大隈重信宛

（明治二）年十一月一日

御多用之御半私身分之歎願申上候而者甚奉恐入候得共衷情不得止儀奉献一書候。去月廿四日按察使並判官当県着相成、同廿六日私同勤太田衡太郎迄書附被相渡、私義牧民の大任を受施行不得其宜、大に人心を失ふのみならす如何之所業も有之哉、令按察候条於白石按察府差扣候様有之、且驚且歎朝より当処発足罪を白石府に相待申候。就而は是迄之処分私等微力之者に而は十分に御盛意を栄出候事は出来兼居其罪科は遁に地処無之候得共、当処之情実私丈探索仕候得は逐一建言申上御附紙頂戴之上こそ処分致来、勿論斬首断頭之張紙は毎日之様私門前江致候者有之候得共、一心に朝廷之御為と思込少も不介意尽力、抑当表人心之揺動は実に因源為有之事に而上に煽動致候者有之決而人心不服より致候訳に而無之、此節田川郡削地有之より又々処々村寄等数百人屯集致居、素より此節之揺動少々別に因源有之由、私丈逐一探索致置併事果激被出候而者揺動之上揺動を重候とも難計、因循致居候而者当年之租税半高位ならて取納出来申間敷、一張一弛之処分如何に致候而可然歟日夜苦心罷在、懇切に御趣意を諭告致偏に大義名分に明し候はは可也に治可申候。略定算相附居候処、此等之見込一切当県知事之見込と相違ひ今日に至り前文之通按察使より蒙按察、素より見込違ひは人々に而必可有之候処其情実も問合せも無之、第一種々因源有之場所柄表面計に而御沙汰有之候而者乍恐御体裁如何に可有之哉。併按察使よりも如此栄出候而者今更弁解も恥を取候訳にも決而相附候心得にも無之候得共、先般高柳熊吉迄知事と異論有之至難に相移候はは引揚可然云々御沙汰相成候由同人より態と申遣、御懇切之至難有奉肝銘、是迄之事功は如何相成共懸念は無之候得共方面相当り冒死尽力罷在、今更空敷引揚候而は実に鶴ヶ岡対し面皮無之、同処より今日と相成指笑被致候而丈夫之所恥奉存候間、乍恐何卒私赤心御推重被成下鶴ヶ岡へ面皮相立候様御取扱被成下候道は出来申間敷や。副島参議江被御談合被下度拝天俯地奉祈候。此段私身分上而奉歎願候。以上

霜月朔日

西岡周碩　花押

大隈大輔下執事

（公益財団法人鍋島報效会所蔵）

47 西久保紀林書翰 大隈家家令宛

明治二十二年十月二十二日

謹呈 陳は去る十八日閣下御帰館之途上悪漢の為め不慮之御災難にて御重傷被遊候趣官報及ひ新聞紙にて承知仕誠に恐愕之至に不堪、爾来如何之御容体に被為在候哉。必充分之御治療被為尽速に御全快被為在候様、乍恐邦家之為め誓神明奉祈候。此段御容体奉伺度呈愚書。謹白

明治二十二年十月廿二日

西久保紀林

大隈伯閣下御家令御中

（公益財団法人鍋島報效会所蔵）

48 野村盛秀書翰 大隈重信・井上馨宛

（慶応四）年九月二日

米里幹留学生一条付教師ウヱルベッキ上坂致候間、万事宜布御依頼仕候。以上

九月初二

野村宗七

井上兄
大隈兄

（大阪商工会議所所蔵）

49 土方久元書翰 大隈重信宛

大正三年十月十六日

拝承 愈御安康奉賀候。陳は来廿二日午後五時御官邸へ御寵招を蒙り辱奉謝候。必参上御礼可申上候也。敬具

大正三年十月十六日

土方久元

伯爵大隈重信閣下

〔封筒表〕永田町官邸 伯爵大隈重信閣下
〔封筒裏〕小石川林町 土方久元

（国立国会図書館憲政資料室所蔵）

50　深川亮蔵書翰　大隈家家扶宛

（明治　）年六月八日

拝啓　過る五日石橋方に而粗御噂有之候古代之仏画其他松尾儀助より入展覧度明後十日御邸江持入候に付、御都合宜候はゝ午後三時より差出被進度申上候様御申附相成候間、可然御上申可被下御頼仕候也。

六月八日　　深川亮蔵

大隈殿御家扶中様

（公益財団法人鍋島報效会所蔵）

51　古川氏潔書翰　大隈重信宛

（　）年四月十九日

拝啓　昨日は御使被下候処折悪敷病気に而失敬仕候。蜜蜂動揺は定而御配慮と拝察仕候。当方に罷在候生徒山本助一と申者、予而飼蜂に手伝いたさせ蜂王之形状等は承知罷在候者に而差出候間御見せ可被下候。処置の要件は申付置申候。脱走の蜂は時節柄の事故決し而遠方には参らすと相察申候。御邸内の樹木御捜索相成度存候。右早々拝具

四月十九日　　氏潔

大隈様侍史

追而此山本は伝左衛門孫に而、即ち常朝之子孫に有之候也。

（公益財団法人鍋島報效会所蔵）

52　古川源太郎書翰　大隈家執事宛

（明治二十）年一月二十五日

園田女に而初事伝云、三位様御始佐賀御越者弥明廿六日午前八時十五分新橋発之汽車に而御出御座候。此旨御通知申上候也。

一月廿五日　　古川源太郎

大隈様御執事御中

追而横浜者高島殿御立寄之筈御坐候也。

（公益財団法人鍋島報效会所蔵）

53－1　松方正義書翰　大隈重信宛

（明治七）年（一）月十八日

過刻御内談申上候星亨権助江一等御昇級之事者本省より過刻申出相成申候間、願くは今明日中に者是非横浜税関方江御向け御達相成候様御注意可被下候。乍失敬一日も早き方に御願申上候也。拝具

月十八日

［巻封］大隈参議殿至急　松方租税頭

（国立公文書館所蔵）

53－2　松方正義書翰　大隈重信宛

（明治七）年十月十七日

一昨日夜者昇堂種々御馳走頂戴難有奉万謝候。陳明後十九日吉田氏江夫婦江離盃相催し候付、先生御多忙之砌恐縮之至に御坐候へ共必す御繰合当日御閑静被成下置候様今日より願度候付、左様御含置可被下候。尚拝顔御願可奉申上候得共、早々奉得尊意置候。敬白

十月十七日　正義

重信先生

御妻君是非御気配之程是亦願上候。宜可被仰上候。拝首

［巻封］大隈殿御直披至急　松方正義

（鮫島弘武氏所蔵）

53－3　松方正義書翰　大隈重信・伊藤博文宛

（明治）十一年七月二十五日

両閣下御壮健奉敬賀候。先便御書通以後更に異状無之、卑官始一同勉励罷在候。御放念可被下候。最早審査も十中之八九は相済申候。先便中申上候通、本邦教育幷陶器之審査は別て都合宜しき事に御座候。

一　過般到著之新聞紙に依れは有島義も愈六月初旬之便船にて発程之趣に有之、左すれは此次便にて到著可致義と日々相待申候。鮫島公使にも例之改正一条に付取調向に力を得候迚大に相悦居申候。同人著之上は御地之模様も細大承知可仕旁相楽罷在候。

一　伯林会議も愈平穏に相整ひ過日調印済相成申候。右条約の事は鮫島公使より詳細御報知可申上筈に付、別段贅陳不仕候。右条約に付伊国に於ては聊か得る処無きより国中不平の党派を起し漸く動揺之萌し相見候由なれとも、到底為対事には至り間布歟と被存申候。英国は例の模稜手段を以此度も亦土国より地中海之一島を譲り受け到底全勝を制したる姿にて、これには各国も殆んと舌を捲き候様子に御座候。

□□〔破損〕砂糖器械之事に付本日より至急龍動行相催し申候。□□〔破損〕は右関係之用向のみにて、中四五日丈之逗留にて直様引返□□〔破損〕に御座候。

□□〔破損〕生糸リヨン府等にて不評判相聞候に付、過般三井組より一人同府へ差向け篤と探偵為致候処、其原因相分候に付今便委細之義前島少輔へ宛報知仕候間、同人より御承知之上将来之注意方可然御指示被下度奉存候。且つ昨今生糸之代価は大に下落し六十七円内外之相場に有之、依て先つ捌方相見合候義に御座候。過般井上議官出立之頃には凡そ八拾円位之相場に有之候処、昨今は右之次第に成り行き申候。

一　富岡糸之義、昨今リヨン府にて数ヶ処に分配し試みに織り立て方為取懸申候。追て其成果之義は詳細に御報知可申上奉存候。右之外万緒都て帰巴之上可申上奉存候。

此段不取敢得貴意候。草々誠恐

十一年七月廿五日　　於巴里府　松方正義

伊藤内務卿殿
大隈大蔵卿殿　閣下

［封筒表］伊藤内務卿殿
大隈大蔵卿殿
閣下

［封筒裏］十一年七月廿五日　於巴里　□□〔破損〕□□

（国立国会図書館憲政資料室所蔵）

53－4　松方正義書翰　大隈重信・伊藤博文宛

（明治十四）年三月二十五日

御揃御清適御出仕之御事と奉敬賀候。陳明廿六日駒場野者可成者諸公方九時過より御繰合御出向被成下候様平に奉願上候。明日は九時より随分面白農事上之演説有之筈御座候故、一同よりも早目諸公方御出席奉企望候。此段再応御願申上候。何卒諸公江者尊公より御通知被成下候様乍憚奉願上候。拝具

三月廿五日　　従浅草本願寺　正義

大隈公
伊藤公

（国立国会図書館憲政資料室所蔵）

53－5　松方正義書翰　大隈重信宛

（明治三十）年十一月一日

拝見仕候。今朝は安場中村御伺致し為申候由、就而縷々陳述之次第も為有之由御知らせ被下難有奉謝候。両人之懸念も尤之至に候。今夜者西郷侯帰宅必大隈伯とも打寄度積に存罷在候。其会者到底見込合同仕候義者万々無之事と視察罷在候。御含置可被下候。今夜之形行は則御報知可申上候間御待可被下候。御答酬迄。草々頓首拝具

十一月一日　　正義

大隈伯閣下

（鹿児島県歴史資料センター黎明館所蔵）

54　松田正久書翰　大隈重信宛

（明治二十一）年九月二十三日

謹啓　御動履清泰為天下蒼生奉恭賀候。正久無恙職務に勉励罷在候間、乍余事御放慮可被下候。先般帰任之途上長崎に寄港二三之旧識に会面地方之情況を尋ぬるに、近傍之有志者も漸次振起し人民其職任之重大にして前途甚た遼遠なるを覚悟する趣、加之佐賀分県後両地之関係固より薄きも将来政治上之運動に至りては相互に聯絡を通する希望あるやに見受候。其思想之程度如何は姑く之を置き、立憲政体之人民中に仲間入を為すには充分なりと思考仕候。鹿児島県下之如きは未た表面に顕著なる新面色を呈せされとも、時々他方より来遊して裏面の事情を揣摩する人々の説には微や新政の空気を吸入する有様之由、併当地は到底二党派並立するに至る可き歟と被察候。要之社会一般次第に地歩を進むる者の如し。我政府も愚民何為乎と傲然自負するの日には非さる可しと思料仕候。正久輩平生之主義より之を観れは、概して気力之脆薄思想之卑近は言迄も無之候得共、明治政府之内閣には十分有余之民力かと被察候。呵々。却説過日拝謁之折正久身上に付御懇諭之件も有之候処、文部或は他部より一時之任務を帯て西行するは大に望む所には無之、積年之素志は外務部に入り領事若くは参事官、不得已は書記官の地位にて、少なくも二三年間は欧洲に奉職致度。実は先年来屢々企て毎々失敗致候処、幸に閣下其要衝に被為当誠に千歳の一遇、若し此時にして宿志を達せされは復た再時機に会せす更に方向を一転するの外他策無之、遺憾之至に付深御推酙被下度。抑も閣下広く天下之志士を被為容門下其人不乏、併狗盗之客有所用、鉛刀亦非生一割之利。凡そ慮慮の遠く将来に及ふは大智也、仮令今日之大用を為さゝるも他日或は匠師之甲材に具ふ可きも不可知、聊か私情請託之嫌疑有之候へ共感慨之深き不遑顧、小事敢て衷情を吐露すること如此、閣下請恕焉。頓首再拝

追て本文之心情に付某々の間に周旋するは不屑所にして、御示諭の程も有之候得共先以見合、拝別の後直ちに帰途に上り候。為念申添候。

九月廿三日　　正久敬具

大隈伯閣下

（公益財団法人鍋島報效会所蔵）

55　馬渡俊猷書翰　大隈重信宛

（　）年九月二日

謹啓　残炎未去倍御清穆可被遊御起居奉敬賀候。陳者恐縮之至に御坐候得共、友人北田正董なる者拝謁仕度旨申出候間、拝謁被賜候はゝ幸甚此事に奉存候。右者御願迄如斯御坐候。敬具頓首

九月二日　馬渡俊猷

大隈公閣下侍史

（公益財団法人鍋島報效会所蔵）

56　牟田口通照書翰　大隈重信宛

（明治二十二）年三月二日

謹啓　春寒之候益御健勝被為在候段大慶奉存候。降て通照にも去廿三日発帰任いたし候。在京之折は不相替御懇命を蒙り不堪感謝候。実は在京中親しく御教示を受度事又御依頼申上度事も有之候へとも、怱忙之際其機会を不得竟に致帰任候段遺憾千万之至に候。何れ早晩上京之機も有之候はゝ可相願候。

当地方も憲法発布後人気頗る宜敷不平不満之声抔一向無之、只国会に就て之準備に忙しき模様に候。

時下不勝之気候為国家御自愛被遊候様奉禱候。頓首再拝

三月二日　牟田口通照

大隈伯閣下

乍憚何分之御眷顧に預り候様奉祈望候。

（公益財団法人鍋島報效会所蔵）

57−1　陸奥宗光書翰　大隈重信宛

明治六年五月十七日

別紙之通宮内卿より照管有之候処、一統正院江被為召候は明十八日と御決定相成候哉。然る上は宮内省之方は明後十九日と治定回答可仕哉に候得共、右は明日之御決定次第之

義に付此段相伺申候。御下命被降度候也。

明治六年五月十七日

陸奥宗光

大蔵省事務総裁大隈参議殿

［編者註］別筆にて書翰の端に「一統正院へ罷出候義は明十八日と決定致し候条、宮内省之方は明後十九日と治定御回答可有之候也」と書き付けあり。

（国立公文書館所蔵）

57－2　陸奥宗光書翰控　大隈重信宛

（明治二十一）年八月八日

馬場辰猪之義に付而は是迄機密信を以て数次上申仕置候通り、公使館にては大体の事は取合ひ不申心得に候処、此程中小生当地に避暑罷在候に当地の「ホテル」に一日本人滞在之由承知致し候へ共未た其何人たる哉は承知不致候中に、一日忽然馬場辰猪と申名刺を以て面会を乞ひ来り候。小生本邦在住中は僅に唯一度後藤の家にて面会せし迄にて、素より懇意と申者には無之に付来意如何と相尋候処、「ベェー、レスペクト」（尊敬を表する為め）に来れりと申事故先一通りの挨拶を了し候後、小生は彼か従来の処置を詰問して解悟する処あらしめむと一時存し候へ共、左りとては仮令議論に屈服するも却て激しく愈狂妄を逞くするに至りては不妙と存候に付頗る淡泊に対話致し、其日は相別れ候。然に其後両三回も参り候時には種々日本の事情も相尋ね候に付、答へて指支へ無之廉々は相答へ申候。然るに同人義は此比病気之様にも有之、随分貧窮致し居候趣に付従来如何生活致し居候哉相尋候処、専ら講義若くは著述を事とし少しつゝの金銭を得、又傍ら小商買（売）をして生活致し居候由相答候。此小商売とは日本の古物若くは生糸なとを売買する事にて、追々各商店の請取証なと相見せ申候。又た同人申候に者此程日本より参り候人々（是は誰と申事は聞き不申候へ共、定て末広之徒に可有之）より者何分いつ迄も滞米之義被相勧、福沢よりの伝言（是者末広への伝言にあらす）にも金子入用なれは相送り可申と申来り候由、其事実は真偽素より判断難仕候へ共、多少自己に食も多少日本よりの給助を相受け居候に者相違無之様に見受け申候。又た同人か滞米の目的如何と相尋候処、同人答に者米人は実に日本の事情を知らす、故に可成は今日迄の進歩の事情を広く知らしめ、何卒東洋に日本国なるものある事を明にしたき存寄の由申候に付、小生少しく詰問して今足下の言はるゝ所は至極宜敷御考之様なれ共、是迄足下が新聞其他に公言せらるゝ処は唯に現政府を攻撃するのみにて、幾分歟国家の名誉を汚し候傾なしとは難申、果して足下が今被申候主意なれは何卒彼の党与心を棄て、一体「ナショナールチイ」の上に着眼せられては如何、否されは足下は唯た日本政府に対し復仇心を抱き立論する様に相聞へ候而は、折角足下の目的も相違し難き事ならむと申聞け候処同人云ふ、私は決して党与心にて事を論し「ナショナールチイ」を顧みすと申訳に者無之候へ共、随分是迄不平なる事も多き故に自然に党与心に流れ候傾は有之候哉は難計なと、唯平々凡々之話にて相済候。其後三回目に尋訪いたし来り候節者種々雑話之末、小生云ふ国会の設立も最早一二年之事故一応帰国被致而は如何と漠然と申聞け候処、帰国も致し見度候得共今日之処にては未た確定は致さすと相答申候。小生が此言を発したる所以者到底彼か如き輩当国に滞在候とも固より指たる利害は無之事には候へ共、当国者欧洲君主国と違ひ内閣員なとも随分誰にても面会致し（既に馬場なとも数名の内閣員と交際ありと申事は偽にては無之様子に候）候事出来候故、何かの機会には種々人心を迷し候事出来間敷にあらす（去年保安条例発布之時の事情も馬場の煽動与りて力あるは事実に候）。去れは彼の輩が茲に居り候は日本の為め損ありて益なき訳に付、兎も角も帰国為致候方と存候に付相試候義に候。○右之諸談話も必意〔竟〕双方に幾分歟城壁を構へ到底打ち解たる訳に者難参に付、此方より申事も勿論十分に相貫き不申義に候へ共、最初より小生は頗る淡泊に出懸け申候に付彼方にても幾分歟打ち解けたる様子にて、九鬼公使に者四五度面会を乞ひ候へ共許可なく〔欄外〕候処、今日者御懇待を蒙り辱仕合に候。爾後或者公使館へ罷在候も御指支は有之間敷哉と申候に付、小生之に答へて曰く、少しも指支無之候間何時も御出可有之と申聞け相別れ申候。其後同人者別所に旅行致し候趣にて、当地発足致し候由。此件些細之事なれ共乍序申上置候。匆々頓首

八月八日　　宗光

大隈伯閣下

〔欄外〕曾て九鬼公使より承り候と者全く反対之事なれ共、必意何れにても宜敷事故其儘に致し置候。

（国立国会図書館憲政資料室所蔵）

58 望月小太郎書翰控　大隈重信宛

大正五年一月二十五日

謹呈　愈々御清健為邦家万賀此事に御坐候。陳ば今朝親敷拝謁御高教可相煩の処、風邪の為め取急ぎ以書状御高見奉煩候。扨貴族院の還元問題は其起因は単に多く外債償却の希望に不過候も、此院議を利用致し居候野心家は之に依りて内閣に致命傷を与へんと狂奔罷在候。即ち此等野心家は現内閣は衆議院に多数を擁し、此多数は内閣死活の問題に対しては下院の院議を翻して迄も必らす貴院案に賛成否盲従すべく、而して万一下院の既決院議の変更能はざる場合は内閣は不得止自から倒るゝに至らんとは実に彼等の計画に有之、而も察する処山県公の如きも此第二の結果に至る事は想像以外なるのみならず、彼等は公に向っても単に内閣は貴院の院議に結局服従可致候へば、予算不成立又は内閣への致命傷等の虞なきものと誤報致居られ候はん乎と被存候。旁々順良中正なる貴院議員中にも此誤導に陥り絶て還元問題の貴院々議を固執致候もの数日来増加致来候旁々、此際政府は断乎たる御決心を以て到底下院の院議を翻案することは憲政上不可なること、併し下院に於ては到底貴院案に翻案すること不可能の形勢なれば、若し絶て貴院に於て其院議を固執する場合は政府は乍遺憾予算不成立の責任及び内外多事の此局面に対し、内閣動揺の責任は之を貴院の良心に訴ふるの外なき旨を宣明被遊度痛切に相感候事有之候。殊に貴院の還元論の目的たる成丈け多く外債を償却せんとの希望は、却って現内閣の財政々策こそ其目的を達すべきものなる事を更に一層天下の耳目に明了相成候様御発表被遊様懇請此事に不堪候。之に反し万一にも貴院の院議に聴従せんとするが如き内意を以て、あらかじめ之を下院の与党に計るが如き体度を示さん乎、愈々以て貴院の野心家に乗ぜられ容易ならざる難境に陥り可申候。万々止を得ざる政策上より申上候ても此際は一旦断乎たる決心を以て貴院に対し、貴院遂に其院議を固執致候暁には更に施すべきの方策可有之候へば、回す〳〵も寸毫たりとも譲歩の御内心有之候ては此戦局は閣下の不利益否国家の一大不幸と被存候間、何卒々々此義御熟慮被遊下様為邦家衷誠を吐露して切に御指教奉仰候。恐々謹言

大正五、一、廿五日夜

小太郎拝

大隈首相閣下

（国立国会図書館憲政資料室所蔵）

59　本野盛亨書翰　大隈重信宛

（明治）十三年一月八日

拝読。来る十日宴会御催に付、深川三菱社別業江参趨可仕旨敬承仕候。此段御答申上候也。
　十三年一月八日
　　　　　　　　　　　　本野盛亨
大隈重信殿

（公益財団法人鍋島報效会所蔵）

60−1　柳原前光書翰　大隈重信宛

（明治七）年一月二十九日

弥御清栄奉賀候。然者台蕃処分に付任垂命愚論取調差上候。至急之儀に付乍荒涼不取敢呈覧候間、可然御判読岐望候。外にリーゼントル氏建議書壱冊附呈候。右者昨年副島前参議より正院へ差出し御経覧歟共存候得共、尚又為御参考呈上候。不宣
　一月廿九日
副啓　明日延遼館にてリーゼンドル氏へ御会晤之諸事弁理仕置候也。

［巻封］大隈参議殿　　柳原前光

（国立公文書館所蔵）

60−2　柳原前光書翰　大隈重信宛

（明治七）年三月二日

前日昇堂拝唔之節及略述置候、
宮内権大録　桑原戒平
清国視察　黒岡勇之丞
外に成富忠蔵、右三名清国辺疆情況実地目撃致候者に付、台蕃御着手に臨み陸軍官員に被命度為御記臆尚又再啓仕置候也。
　三月二日

〔巻封〕大隈参議殿　柳原前光

（国立公文書館所蔵）

61　山尾庸三書翰　大隈重信・伊藤博文宛

（明治四）年五月十八日

度々申上候仏教師之事首長ウヱールニー申候に者已に仏国江申越候間、教師御入用無之候はゝ仏国江破約可申遣候に日々申来候間、否之御答早々ウヱニー江御申越可被下候。実は近日之飛脚船にて申越候由に付、教師参り候而も不都合無御座候はゝ其段御達し可被下候。尤学校他に移し候見込は御書加可被下候。若し教師御不用に候はゝ其故を以御断御遣し伏而奉願上候。実に前途に込り居候間一両日之内御答奉希上候。先は右御願迄。頓首頓首

五月十八日夜

山尾庸造〔ママ〕拝

大隈様
伊藤様

（国立国会図書館憲政資料室所蔵）

62　山県有朋書翰控　大隈重信宛

（大正四）年二月二十日

拝啓　春寒料峭に候処倍御清勝欣然之至に候。扨対支談判開始後之情況は新聞紙上にて発見候外談判進捗之程度承知不致候処、彼是高配不尠儀と不堪遠察候。于時欧洲列強之戦争は殆と七ヶ月に到るも一勝一敗、于今戦闘日夜継続し何の日鎮定可致歟難予測形勢に相見候。仮令終局之捷利聯合軍に帰するとも、此戦乱之結果は列強之勢力に変更を生すべきは必然之勢に候。依而将来極東平和維持之策は北隣露国と協商を一歩拡張すべき好時機と存候付、諸元老と申談試候処孰も所見同一に帰し、概要別冊に相認め供清覧候。内外情勢御洞察之上迅速御着手相成度、為国家不堪希望候。草々敬白

二月廿日

有朋

大隈首相閣下

猶本文書面にては何歟角立候様相考拙老一応帰京之上御示談可相試と考慮候へ共、此節総撰挙之時機殊更御多忙之際却而御妨けと存し一書呈し候。可然御判読所祈候。匆々

（公益財団法人山縣有朋記念館所蔵）

63　山口尚芳書翰　大隈重信宛

（明治四）年一月十六日

昨日御帰館之由承知仕不取敢参伺可仕処、過日間々風気再発散々痛苦、夫れか為失敬、しかれは今晩肥後藩米田其外僕宅に而集会之約定仕置候。米田事兼而閣下江拝謁仕度志願之由に付、先生にも御枉駕相成候様可申通旨乍憚相約置候間、御退室懸より無御故障御光来奉祈候。井ノ上には昨日面会致候由に而略談議候趣、最も今夕も猶又示談可仕儀に付同人出勤に候はゝ御壱声被下度奉希候。いつれ拝姿可申上候。万々早々頓首拝

正月十六日

［巻封］大隈参議殿至急　　山口尚芳

（公益財団法人鍋島報效会所蔵）

64　吉井友実・門脇重綾書翰　大隈重信・伊藤博文宛

（明治二）年八月七日

以手紙得貴意候。然者頃日贋金取扱候奸商七八人探索糺問為致候処、此言横浜在留之英商に被頼買入候由。尤追々確証取糺御相談可仕候処、孰れにも英人に被頼候に者相違無之容子に御坐候に付、御心得にも可相成義不取敢為御知申上置候。一応之申口に而者英人過日引替御約束に相成候口二万金ほと贋金不足に付、是非手入可致為に買入候ものゝよしに御坐候。虚実如何。

一当台御入用金之義是迄両度巡察入用と而受取申居候処、当時草創之義に付巡察之外入費案外多分有之趣に而、毎々出納司渡方彼是手間取甚困入候由に御坐候。尤入費之義は差向御用□〔破損〕以後早々相渡呉候様に致置被下度、此段乍序御願迄如此御坐候。草々不備

八月七日

［巻封］大隈様　伊藤様　　吉井　門脇

（国立国会図書館憲政資料室所蔵）

65－1　吉田清成書翰控　大隈重信宛

明治八年（二カ）月十八日

以書状致啓達候。然者別冊当国海軍省年報書幷水利局太平洋測量報告書之儀、何れも御一閲を経候はゝ多少御有益可相成と存候に付即御送致及候間御落手御展覧被下度、此段得貴意候也。

明治八年十二〔ママ〕月十八日　吉田清成

大隈重信殿

（京都大学総合博物館所蔵）

65－2　吉田清成書翰控　大隈重信・松方正義宛

明治八年十二月二十二日

先般御雇米人ウヰルリヤム氏帰国いたし当府下に一周間滞在中、大統領及国務卿大蔵卿其他議員モルトン氏等江同氏之意見を以て我邦と米国との条約改定之儀に付我邦之事情申述候処、孰れも粗了解致候趣拙生迄申聞候に付応答之概略手記為致写差出候間御熟覧被下度。右事件に付而者先信縷々申述候通り征税之権我に帰し、貿易之権衡平均不致候而者到底御国計難相立と□□〔消損〕致候に付、当地に於ても百方便法を尽し周旋尽力可仕候得共、結局御□〔消損〕在留米国公使於て充分同意致し必す改定之議行届可申見込相立候上に而、外務卿より公然拙生江委任之命令有之候運に相成不申候而は空敷当地に於て焦慮仕候も其詮無之と存候間、外務卿江も御協議之上米公使ビンガム氏江老兄方御親昵相成篤と御内話有之度、左候はゝ当政府より内命も奉し居候こと故同氏於て必ず同意協力一致のみならず、定約書案文も同氏江起草為致候御都合出来可申と存候。右之運に立至り候はゝ同氏は老練之法律家ゆへ万事御裨益不少事と存候。且又同氏於て条約改定之議に同意致候時は、兼而英仏米蘭四ヶ国公使連署之改税約定（千八百六十六年六月改定の約書）有之候処、独り米国のみ之を応候に付而者同国政府より他三ヶ国政府江対し弁駁すべき条理有之候ことと存候間、可然御便法を以て予め同氏之見込御聞糺相成度。御注意中候迄も無之儀には候へ共、先つ同氏之意見を尋ね次て我邦之事情を論弁し、終に同氏之一致を得候様御尽力之程希望致候。就而者ウヰルリヤムス氏より差出候大統領其外江応答之概略書は御含も可相成と存し差進候儀に候間篤と御熟覧相成度、右は反訳之上可差出筈には候得共原文之方却て意味貫徹致候様被存、且反訳之時間も無之に付其儘差進申候。且前文之儀は外務省江も概略申送り置候得共、伝播之怖有之候に付老兄方迄詳細申送候儀に候間機密に御取扱被下度、猶条約改定之儀に付而は追々卑見可申進積に候得共差向要用の件御協議致度、此段申進候也。

明治八年十二月廿二日　　吉田清成

大隈重信殿
松方正義殿

（京都大学総合博物館所蔵）

65―3　吉田清成書翰控　大隈重信宛

（明治）九年一月七日

於華府公使館　九年一月七日

客歳十二月九日発之貴柬（枢密内信）相達一閲致候処、ローザ詐偽之狡計云々御申越相成右は既に電報にて了承、桑港新約克領事等江も相通し其手を経由銀行等江も内々通知せしめ、且つ新聞紙にも不日して相見得候付而は此コンチネントにおひては万々懸念之義は有之ましくと存候。

我征蕃之役に相勤候米人カスセル氏死去に付送祭料として御送金候処、当方におひて公然所分いたしかね候より云々貴省幷本省迄申送置候次第有之候。右は既に御落手夫々御吟味有之候事と存候。然る処近日同人之友達なるHiggins氏幷コロニングシールド氏入来閣下御手記之一書写取出候付一閲候処、カスセル氏若仕役中病死するか又は蕃地にて設症し後日死去候節は半年分之給料を可与云々相見得候へは、同人義は彼島にて罹病其為終に死去候義か又は帰国後他之病にかゝり候義か分明難致存候。右に付而はHiggins氏におひても証書難差出旨に候。乍併右御手記之書類実物に候へは、大小寛恕之御吟味有之候様いたし度候。尤死去之原因は姑く不問方と被存候。該件に付而当政府之手を経由候様に而は何分難被行候間、拙者より直に同人家内又は朋友之内へ通信候而可然と奉存候。今般Higgins氏より差出候書類写外務省江差出置候間、自ら閣下へ掛合之次第に可及と存候へ共為念申進置候義に有之候。

小笠原島概略之説此内より為取調置候処、今般御着手可相成歟にも被存候。幸機会と存し横文之儘差出候。右は達人江御申付訳之上御一閲有之度、万一御見合之一助とも相成候へは多幸之至に候。

朝鮮之一条は実に関心不尠罷在候処、既に弁理大臣相差向之運にも立至り候由にて此末如何之御遠策有之候歟は不存候へ共、実に一大難事と存候。弟等之愚見に而は此等之一挙は所謂吹毛疵を求るが如く存候。愚案には外に緊要至大之事務ありとす、故に朝鮮征伐とか又は和親条約とか之事は姑く措て可然儀と存候。併廟堂之諸賢遠大之妙策あり、且つ確認被為在候は疑を不容事に候間、予か愚案は単に婆心に過ざるのみと思ひなすより外無之候。先便取急き一二之愚案申進置候処御落掌被下候哉、伏而願くは廟堂之諸彦豁然として条約改締之焦眉之急、且つ目今之一大難件たるを固認し非常之予備を設置き着手有之度ものと奉存候。

近来寸暇之折々開港以来我彼貿易之実況を取調候へは益右之愚論に偏り候外無之候。不日該件に付申進候義も有之へく候間、御高閲あれがしと兼而相願置候。

此内浅田徳則（当時一等書記生元大蔵国債八等出仕に而頗る用立居もの也）昇級之義に付外務卿へ申送置候義有之候処、于今（五六ケ月を経過せり）如何一報を不得存外之事に候。右は御序に寺島へ御促被下候はゝ多謝之至に御坐候。御存通浅田義は貴省に而も充分勉励、殊に数年之勤功も有之候者故他人とは相替り居候事は閣下より宗則士へ御通知被下度、迅速所分無之候而勧奨之術を欠き不都合之事と存候間右等御含置被下度。尤該件に付老台を煩候は心外に候へ共同人義に付而は御承知之事にも候間御依頼申上候義に有之候。

　此件は内信に属す、左様御含可被下候。

当地当分シーゾン相始り日々尋問招待等之贅礼に神体を困しめ居頗る難渋之極なり。実に此文明開化之ソサイチーのシーゾンと云ものは愚輩不開化之人にしては非常之骨折に御坐候。御笑察可被下候。愚夫なと大困窮是又御洞察可被下候。

　シーゾンは議事院開院之季中に止るなり。

申進度海山有之候へ共難尽筆頭御宥恕被下度候。不一

吉田清成

大隈重信様侍史

追啓　時下御厭万禱之至に候。乍憚御令閨江御鳳声奉頼候。愚夫より宜しく申出候間是又御含可被下候。

（京都大学総合博物館所蔵）

右まで。あら〳〵稽首

大隈老台閣下　　　　　　　　　　清成

（京都大学総合博物館所蔵）

65－4　吉田清成書翰控　大隈重信宛

（明治九）年九月二十二日

於華府公使館　九月廿二日発

爾後打絶御疎遠罷過候処尚御清栄御鞅掌之筈奉欣然候。二に劣弟依旧無事奉職罷在候間、乍憚御休神可被下候。扨はヂネラルウヰリアムスより別封開き之まゝ近日到達致し最之見込も有之候様存候。尚御一覧之上御取捨有之度候。◯定約改締之儀に付先便花房江托し申立置候次第も有之、猶今便増加いたし度ケ条も有之送致置候間盟兄方におひて充分之御尽力有之、可相成は愈々着手相成候様冀望之至に御坐候。貿易上之不平均従前三四年之ごとく今五ヶ年も打続き候様に而は、国計上バンクラプトシー之憂遠に有之ましく苦慮之至に不堪候。◯輸出税は成丈け迅速御廃止相成候様致度候。◯禄制御改定是も御尽力之為す所と存候。一時之御融通とは可相成候へ共、到底出入物品之平均を得さる間は我国計は難物に御坐候。井上氏相見得候。当館へ一七日程も滞在、近時之形勢共逐一承候。今は竜動滞在と被察候。乍末筆老兄も少々御病気之由、目今は御全快之筈と奉存候。折角御厭御奉職奉祈候。

65－5　吉田清成書翰控　大隈重信宛

（明治）十一年五月二十三日

久々無申訳御疎音不知所謝候。御海涵可被下候。偖本月十四日夕八字と云頃俄然凶電を得、我良師と仰ける甲東子兇徒之為に非命に陥候段、邦家一大禍害又不外候。悲歎之愚状は御遠像被下度候。何も難尽筆頭候。就而は老閣は申迄もなく朋友中之慨歎万致遠像候。此末何卒重復之凶事無之様御自護御注意為邦家偏に所祈御坐候。伊藤氏内務卿を奉命之由、既に電通有之候。難場之役、折角自愛被致候様是亦冀望之至に不堪候。是も久敷無音御序に御致声可被下候。野卑常に知る、甲東素より為国家非命は甘する所、又鞅掌之臣孰か此意なきはあらすと雖、国家内外之艱難此時より無大、然るに俄然此挙に及ひしは遺憾にも亦歎泣に余あり。

嗚呼子は非常之英傑なり。可惜々々。子共なとも数多あり。何卒御心添被下度候。帰朝之上は拙乍不及幇助之心組にも御坐候得共、其内不取敢御依頼申上置候。野生も春来発途之願意有之候処改締之儀于今結局に不至、終に今日迄駐米仕候。該件も八分目迄はやり付候やう愚考仕候間、終に成るものなれば数月を不出して奏功候様可有之と存居申候。尚此上内場之御廟議は宜布御揖取偏に奉頼候。他得芳意度儀は海山に候得共何も譲御面唔候。右まて。匆卒如此御坐候。稽首

十一年五月廿三日　　清成

重信様玉案下

追啓　松方よりも細書あり。御国展覧品之名誉は費府之挙に十倍なる云々、御互に々々同慶之至御坐候。鮫島も改正一件に付尽力最中之由を報せり。且つ都合も宜布哉に而是亦御同慶御坐候。

〔編者註〕大隈重信に送付された書翰は日本史籍協会編『大隈重信関係文書』第三巻三三三頁にあり。本書翰は吉田清成の控をそのまま翻刻した。

（京都大学総合博物館所蔵）

35	渡辺千代三郎	大隈家家令	明治 31 年 1 月 1 日	B5283	年賀状
36	渡辺亨	副島種臣	(明治 6) 年 7 月 28 日	B109	
37	渡辺亨	大隈家執事	明治 31 年 1 月 1 日 (消印)	B5488	はがき・年賀状
38	渡辺福三郎	板垣退助	明治 31 年 10 月 (　　) 日	B5285	
39	渡辺正行	大隈家家扶	(　　) 年 1 月 1 日	B5275	年賀状
40	重一　姓不詳	武富時敏	(明治 32) 年 2 月 9 日	B3455	
41	俊介　姓不詳	高柳	(明治 7) 年 5 月 23 日	B366	
42	姓名不詳	(大隈重信)	(明治 8) 年 (　　) 月 (　　) 日	B2961	欧文
43	姓名不詳	(大隈重信)	(明治 31) 年 (　　) 月 (　　) 日	B5198	書類
44	姓名不詳	不明	(明治　　) 年 10 月 17 日	B2962	書類
45	姓名不詳	三枝守富	(　　) 年 3 月 5 日	B5299	
46	姓名不詳	不明	(　　) 年 7 月 2 日	B5530	書類
47	姓名不詳	不明	(　　) 年 (　　) 月 (　　) 日	B105	
48	姓名不詳	不明	(　　) 年 (　　) 月 (　　) 日	B366	断翰

『大隈重信関係文書』第 11 巻
掲載該当書翰中非収録分

番号	差出人	宛　先	差出年月日	『大隈文書目録』番号	備　考
1	青山胤通	大隈綾子	(　　) 年 (　　) 月 (　　) 日	B239	
2	池田寛治	五代友厚	(明治 11) 年 10 月 23 日	B5305	
3	市島兼吉	大石熊吉	(明治 30) 年 (7) 月 19 日	B4437	
4	岩崎長武	多久茂族	(明治 5) 年 4 月 18 日	B5287	
5	仰木臨	大隈重信	明治 31 年 1 月 1 日	B5455	はがき・年賀辞退
6	大芦梧楼	原	(明治 26) 年 8 月 12 日	B267	
7	大三輪長兵衛	添田寿一	(明治 29) 年 11 月 20 日	B4976	
8	勝部静男	北畠治房	(明治　　) 年 12 月 13 日	B5304	
9	神頭巳之助	大隈重信	明治 31 年 1 月元旦	B5433	はがき・年賀状
10	北畠治房	松濤	(明治) 31 年 9 月 18 日	B4451	
11	北畠治房	春木義彰	(明治) 31 年 10 月 13 日	B5314	
12	雑部	不明	(明治　　) 年 1 月 17 日	B1433	書類
13	四条隆平	春木義彰	(明治 5) 年 7 月 20 日	B1739	
14	杉本正徳	久松信親	(明治 25) 年 8 月 16 日	B2954	
15	谷口藍田	谷口復四郎	(慶応 4) 年 9 月 2 日	B4977	
16	成富・重松	吉村	(明治　　) 年 (　　) 月 22 日	B2616	
17	福沢諭吉	趙秉稷	明治 30 年 11 月 27 日	B5381	
18	真鍋豊平	高柳・副田	(明治　　) 年 12 月 7 日	B366	
19	横山貞秀	林清康	(明治 7) 年 7 月 31 日	B3278	
20	吉田清英	鮫島武之助	(明治) 22 年 10 月 20 日	B3357	
21	吉田熹六	左納巌吉	明治 24 年 (消印) 11 月 29 日	B3287	
22	吉田源三郎	大隈綾子	明治 38 年 5 月 14 日	B3358	
23	吉田二郎	渋沢栄一	明治 4 年 5 月 1 日	B3359	
24	吉田豊文	左納巌吉	(明治　　) 年 12 月 3 日	B3371	
25	吉武誠一郎	左納巌吉	(明治　　) 年 4 月 26 日	B5264	
26	吉原重俊	吉田清成	(明治 7) 年 5 月 27 日	B360	
27	吉原重俊	松方正義	(明治 10) 年 6 月 10 日	B3374	
28	吉村新六	大隈重信	明治 31 年 1 月 1 日	B5300	年賀状
29	米田サト	大隈綾子	大正 3 年 4 月 14 日	B3378	
30	よろづや	大隈家執事	(明治) 31 年 1 月 1 日	B5487	はがき・年賀状
31	来助次郎	左納巌吉	(明治 31) 年 3 月 16 日	B5266	
32	渡辺易吉	大隈重信	明治 31 年 1 月 1 日	B5286	年賀状
33	渡辺嘉一	大隈重信	(明治　　) 年 1 月 1 日	B5278	年賀状
34	渡辺清	民部大丞・民部少丞	(明治 3) 年 4 月 9 日	B3422	

第 7 巻	184 頁上段	747-2	所蔵機関記載なし	（早稲田大学大学史資料センター所蔵）
第10巻	46 頁上段	1244	三重県四日市町人民惣代書翰	第 7 巻 768 田中武兵衛他書翰と重複につき、左を削除

追　加

＊［編者註］などの追加情報を示した。

＊ 資料の再移管に伴い、第 3 巻 359 加藤友三郎書翰、第 5 巻 555-2 相良頼善書翰、第 10 巻 1225 松永伝六書翰、及び第 7 巻 809-2［編者註］「相馬家紛擾之顚末」の所蔵機関を早稲田中学校高等学校に変更する。

巻	頁	書翰番号	内容
第 1 巻	170 頁下段	123-2	［編者註］別紙は早稲田大学図書館所蔵「大隈文書」では B527 として整理されているが、内容より本書翰に付随するものとした。
第 2 巻	145 頁下段	167-4	［編者註］別紙①及び封筒は早稲田大学図書館所蔵「大隈文書」では B4183 として整理されているが、日付・内容より本書翰に付随するものとした。
第 2 巻	258 頁下段	203	［編者註］別紙及び封筒は早稲田大学図書館所蔵「大隈文書」では B784 として整理されているが、日付・内容より本書翰に付随するものとした。
第 3 巻	21 頁下段	221-1	［編者註②］別紙は早稲田大学図書館所蔵「大隈文書」では B339-1 として整理されているが、日付・内容より本書翰に付随するものとした。
第 3 巻	243 頁下段	349	［編者註］別紙及び封筒は早稲田大学図書館所蔵「大隈文書」では B989 として整理されているが、内容より本書翰に付随するものとした。
第 3 巻	247 頁上段	353	［封筒表］伯爵大隈重信殿御執事御中 ［封筒裏］桂二郎
第 3 巻	257 頁上段	358-7	［編者註］別啓は早稲田大学図書館所蔵「大隈文書」では B59-4 として整理されているが、内容より本書翰に付随するものとした。
第 4 巻	78 頁上段	397-2	［編者註］別紙は早稲田大学図書館所蔵「大隈文書」では B172-4 として整理されているが、日付・内容より本書翰に付随するものとした。
第 4 巻	253 頁上段	452-6	［編者註］別紙は早稲田大学図書館所蔵「大隈文書」では B95-1 として整理されているが、日付・内容より本書翰に付随するものとした。
第 5 巻	317 頁上段	557-3	［編者註］別紙①、②、③は早稲田大学図書館所蔵「大隈文書」では B2391、B2392、B2393 として整理されているが、日付・内容より本書翰に付随するものとした。
第 8 巻	口絵写真 5 頁下段		於紅葉館　明治四十四年七月二日　佐賀県人会

第10巻　3頁上段　1217-2　（明治三）年十一月一日　（明治四）年十一月一日

訂　正

＊　人名や日付、整理番号などの訂正箇所を示した。

巻	頁・訂正箇所	書翰番号	誤	正
第1巻	口絵写真3頁・キャプション		滄波閣	滄浪閣
第1巻	305頁上段	135-53	所蔵機関記載なし	（早稲田大学図書館収集文書）
第2巻	146頁上段	167-5	上野景範書翰	第8巻880-5中井弘書翰と重複につき、左を削除
第3巻	細目次xxiv頁上段・差出人	291	小栗富次郎	小栗富治郎
第3巻	71頁上段・本文差出人	253-1	鐘一	鍾一
第3巻	71頁下段・本文差出人	253-3	鐘一	鍾一
第3巻	72頁上段・本文差出人	253-4	鐘一	鍾一
第3巻	126頁上段	277-2	岡本徳次郎・中島林蔵書翰	第8巻900中島林蔵・岡本徳次郎書翰と重複につき、左を削除
第3巻	186頁下段	303-4	（早稲田大学図書館所蔵）	（早稲田大学図書館収集文書）
第3巻	230頁上段	337-4	所蔵機関記載なし	（早稲田大学大学史資料センター所蔵）
第4巻	303頁下段・本文日付	460	二月廿六日	二月廿二日
第5巻	細目次xxvi頁上段・年月日	528	（明治三十一）年三月十九日	（明治三十一）年五月二十五日
第5巻	細目次xxvi頁下段・連名	533-2	春田基志郎	春田基太郎
第5巻	61頁上段・［編者註］	485-39	B1316として整理	書翰と別紙はB1315として整理されているため［編者註］を削除
第5巻	215頁上段・［編者註］	509-8	B30-5	B30-4
第5巻	252頁上段・［編者註］	521-11	522-1から522-11の小松原英太郎書翰	521-1から521-11の小松原英太郎書翰
第5巻	259頁上段・見出し年月日	528	（明治三十一）年三月十九日	（明治三十一）年五月二十五日
第5巻	265頁下段・見出し差出人、本文差出人	533-2	春田基志郎	春田基太郎
第6巻	細目次xvii頁上段・年月日	573-106	（明治十カ）年三月二十四日	（明治　　）年三月二十四日
第6巻	細目次xxviii頁上段・年月日	614-12	（明治　　）年十月十五日	（明治三）年十月十五日
第6巻	107頁下段・［編者註］	583-68	B71-8として整理	書翰と別紙はB71-7として整理されているため［編者註］を削除
第6巻	365頁下段・［編者註］	658-5	B53-8	B5318

判明・訂正・追加リスト

年代判明

＊　刊行後の調査で新たに年代が判明したものを示した。

巻	頁	書翰番号	誤	正
第1巻	62頁下段	50	（　　）年五月四日	（明治三十九）年五月四日
第1巻	80頁下段	64-1	（明治九）年十二月二十三日	（明治十）年十二月二十三日
第1巻	143頁下段	103	（　　）年八月十五日	（明治三十一）年八月十五日
第1巻	223頁上段	125-76	（明治　　）年五月二十日	（明治八）年五月二十日
第1巻	232頁下段	131-1	（明治三十一）年二月十四日	（明治　　）年二月十四日
第2巻	2頁下段	141-2	明治二十九年八月十日	明治二十九年八〔九〕月十日
第2巻	30頁上段	151-19	（明治三）年十一月十日	（明治四）年十一月十日
第2巻	51頁下段	151-72	（明治九）年八月十八日	（明治十一）年八月十八日
第2巻	66頁下段	151-106	（明治十三）年六月二十二日	（明治十一）年六月二十二日
第2巻	72頁上段	151-120	（明治　　）年二月二十二日	（明治十二）年二月二十二日
第2巻	87頁上段	151-166	（明治　　）年十月九日	（明治十一）年十月九日
第2巻	113頁上段	158-28	（明治七）年（　　）月二十七日	（明治七）年（七）月二十七日
第2巻	228頁上段	194-52	（明治　　）年四月二十六日	（明治三十九）年四月二十六日
第2巻	238頁上段	197-7	（明治　　）年四月二十六日	（明治十三）年四月二十六日
第2巻	272頁下段	209-1	（明治四）年四月十二日	（明治五）年四月十二日
第2巻	283頁下段	210-9	（　　）年六月三十日	（明治四十）年六月三十日
第2巻	293頁下段	211-23	（明治二十四）年三月五日	（明治三十）年三月五日
第3巻	10頁下段	216-13	（明治七）年十二月十一日	（明治八）年十二月十一日
第3巻	165頁下段	297-6	（大正　）年六月二十二日	（大正七）年六月二十二日
第4巻	96頁上段	404-11	（明治　　）年七月二十七日	（明治十三）年七月二十七日
第4巻	151頁下段	425-7	（明治五）年（　　）月七日	（明治五）年（六）月七日
第4巻	151頁下段	425-7［別紙］	（明治五）年（　　）月六日	（明治五）年（六）月六日
第4巻	271頁下段	458-13	（明治七）年四月二十七日	（明治八）年四月二十七日
第4巻	274頁下段	458-20	（明治七）年七月七日	（明治八）年七月七日
第4巻	278頁上段	458-28	（明治七）年（　　）月六日	（明治七）年（四）月六日
第4巻	288頁上段	458-51	（明治　　）年五月十日	（明治六）年五月十日
第4巻	315頁上段	469-2	（明治　　）年七月三日	（明治四十二）年七月三日
第5巻	204頁上段	504-153	（明治　　）年十一月二十日	（明治七）年十一月二十日
第6巻	24頁上段	573-39	（明治九）年八月二十三日	（明治　　）年八月二十三日
第6巻	25頁上段	573-41	（明治九）年八月二十五日	（明治　　）年八月二十五日
第6巻	27頁下段	573-44	（明治十）年九月十八日	（明治九）年九月十八日
第7巻	167頁上段	739-20	（明治　　）年十月二十七日	（明治二十六）年十月二十七日
第7巻	246頁上段	767-9	（明治　　）年四月二十七日	（明治十三）年四月二十七日
第9巻	385頁下段	1209-11	（明治六ヵ）年十一月二十八日	（明治六）年十一月二十八日
第9巻	428頁上段	1209-99	（　　）年四月二十七日	（明治十三）年四月二十七日

『大隈重信関係文書』第11巻

編集担当者

大庭邦彦　大日方純夫
北河賢三　木下恵太
齋藤洋子　高木重治
高橋　央　星原大輔
望月雅士

大隈重信 略歴

1838(天保 9)年 2 月佐賀藩士の家に生まれる．旧名八太郎．藩校弘道館，蘭学寮に学び，長崎に出てフルベッキより英学を学ぶ．1868(慶応 4)年 3 月新政府の徴士参与職，外国事務局判事に任じられ，同年 12 月外国官副知事に昇進．翌年 3 月会計官副知事，7 月大蔵大輔，民部大輔，70(明治 3)年 9 月参議に就任．73(明治 6)年 5 月大蔵省事務総裁，10 月大蔵卿(～80 年 2 月)を兼ね，財政を主導した．81(明治 14)年立憲制の早期導入を主張して伊藤博文らと対立，10 月参議を罷免された．翌年 4 月立憲改進党，10 月東京専門学校(現早稲田大学)を創立．87(明治 20)年 5 月伯爵．88(明治 21)年 2 月第一次伊藤内閣の外務大臣として入閣，黒田内閣にも留任して条約改正に尽力したが，翌年 10 月爆弾を投じられ負傷，辞任した．96(明治 29)年 9 月進歩党を背景に第二次松方内閣に外務大臣として入閣，翌年 3 月より農商務大臣を兼任．98(明治 31)年 6 月憲政党を与党として日本最初の政党内閣，第一次大隈内閣（外務大臣兼任）を組織した．1907(明治 40)年 4 月早稲田大学総長に就任．14(大正 3)年 4 月第二次大隈内閣を組織し，16(大正 5)年 10 月まで務めた．同年 7 月侯爵．22(大正 11)年 1 月死去，葬儀は国民葬にて行われた．主要編著書に『開国五十年史』『東西文明之調和』．回顧録に『大隈伯昔日譚』『大隈侯昔日譚』があるほか，没後まとめられた伝記として『大隈侯八十五年史』がある．

大隈重信関係文書 11
よこ―わら 補遺 他

2015年3月2日 印刷
2015年3月10日 発行

発行所 株式会社 みすず書房
〒113-0033 東京都文京区本郷5丁目32-21
電話 03-3814-0131(営業) 03-3815-9181(編集)
http://www.msz.co.jp

本文・口絵印刷所 理想社
扉・函印刷所 リヒトプランニング
製本所 誠製本

Printed in Japan
ISBN 978-4-622-08211-8
[おおくましげのぶかんけいもんじょ]